JN175616

霊芝元照の研究

宋代律僧の浄土教

吉水岳彦

法藏館

霊芝元照の研究——宋代律僧の浄土教——＊目次

凡　例

1、本文の表記は、常用漢字、現代仮名遣いで統一した。ただし、固有名詞・引用文等の特殊な場合は、この限りではない。
2、本文の暦年は、原則として和漢暦で表記し、西暦を（　）にて示した。
〔例〕政和六年（一一一六）
3、書名・経典名等には『　』を付し、章篇名や、学術雑誌所収論文等は「　」を付した。
4、巻数・頁数・年号等の数字は、単位語なしの漢数字を用いた。ただし、法数として慣用化されたものは通常の表記を用いる。
〔例〕巻三七　一七九頁　二〇〇八年　十六観　三十二相
5、略称については、本文・注記ともに左記のように表記し、左記以外のものについては慣例に従う。

『大正蔵』　大正新脩大蔵経
『卍続蔵』　新纂卍続蔵経
『浄全』　浄土宗全書
『日仏全』　大日本仏教全書
『韓仏全』　韓国仏教全書
『印仏研』　印度学仏教学研究
『日仏年報』　日本仏教学会年報

6、典拠の表示は、3の書名表記と4の数字表記、ならびに前項の略号表記に基づいて、左記のように表示した。

『大正蔵』三七・二七九頁a（大正新脩大蔵経、第三七巻、二七九頁、a段を意味する）

「浄業礼懺儀序」（『楽邦文類』所収、『大正蔵』四七・一七〇頁a）（『大正蔵』四七・一七〇頁aにある『楽邦文類』所収の「浄業礼懺儀序」を意味する）

霊芝元照の研究

——宋代律僧の浄土教——

序論

一、研究の目的

本書は「霊芝元照の研究――宋代律僧の浄土教――」と題して、南山律宗の復興者であると同時に、中国宋代を代表する浄土教者でもある霊芝元照律師（一〇四八―一一一六、以下敬称略）の思想研究を目的とする。特に律僧元照における浄土教思想の内実を明らかにすることを主眼とし、その戒律と融和した浄土教がいかなる形で展開されているかを考察したい。

元照が活躍したのは、中国仏教史上、最も大きな転換期といわれる中国宋代である。唐が後梁（九〇七―九二三）の太祖朱全忠によって亡ぼされて以後、後唐（九二三―九三六）、後晋（九三六―九四六）、後漢（九四七―九五〇）、後周（九五一―九六〇）の五代にかけて激しく興亡が繰り返された。そして、最後の後周世宗のときに、国家の財政難と僧団の堕落を理由に、廃仏が断行された。このとき、中国仏教において最も華々しく、さまざまな教義が確立、完成された隋唐代の仏教が、衰微するにいたったのである。

しかし、そのように北地で廃仏が行われている間も、南地では呉越の忠懿王銭弘俶（九二九―九八八）の庇護のもと、杭州を中心に比較的盛んに仏教が行われていた。その呉越が宋に帰順して以後、杭州を含む南地が中心となって復興したのが宋代の仏教である。[1] そのため、太宗・真宗の時代には、王室が訳経事業にその財力を注いでおり、多くの経典が新たに訳出されている。

ただし、隋唐代の仏教と異なり、廃仏の影響を受けた宋代以後の仏教は、そのような経典を理解する上でも重要な論書が散逸して限られており、唐代までに基礎が完成している教学をもって再形成された。そのため、ことさらに新しい教義が築き上げられることなく、既存の諸宗の教学が互いに影響し合い、諸宗融合的な思潮を形成していったのである。

浄土教もその例外ではなく、唐代の善導（六一三―六八一）のごとき、純粋専一に浄土教信仰に立脚する者による実践布教がなされたのではなく、天台・華厳・禅・律等さまざまな教学や修行を宗とする僧侶、ならびに在家居士等によって併修された。これは宋代において、浄土教が独立した宗として発展しなかったことを意味するが、[2] 同時に、あらゆる宗の教学の垣根を越えて、良い意味で寓宗的に受容され、議論されることにより、熟成されたことを意味するものである。また、諸宗の僧侶や居士により、中国各地に数多くの念仏結社が設けられ、口称や観想の念仏を行うために用いる念仏図や九品図が創案され、浄土教の道場である十六観堂の建設がなされるなど、元来実践的で一般民衆にも浸透しやすい浄土教の性格が発揮されたことも、この時代の浄土教における特色の一つである。[3]

元照は、宋代に南山律宗の伝灯説を確立し、道宣の律三大部のそれぞれに注釈を施し、その他にも戒律に関する著作をまとめている。その根幹となる思想は戒律にある。そして、元照はその戒律を思想的基盤としながら、天台や禅系の浄土教者の影響を受けて独自の浄土教思想を展開するのである。天台・華厳・禅に通じ、戒律と融合した浄土教を宣説したといわれる元照の思想は、まさに宋代浄土教者の典型であるといえる。

そこで、本書では、元照の思想研究を通じて、宋代浄土教特有の諸宗融合的な思考がどのように形成されているかを具体的に検証し、宋代における浄土教思想の一端を明らかにしていきたいと考えている。

二、研究の回顧

具体的な検討に先立ち、ここでは、国や時代によって過去の研究成果を分類、整理し、現在までの元照の戒律と浄土教の研究史を振り返りたい。元照在世当時の中国から現代の日本にいたるまでの研究の整理は、いまだかつて一度も行われていない。過去の元照研究の動向を把握することは、元照の思想研究の方向性を考える上で不可欠であるため、多少煩瑣な内容となるが整理していくことにする。

中国における元照研究——元照滅後より南宋代の研究動向

宋代における元照の影響はかなり大きく、元照の著作の研究は、戒律についても浄土教についても、ともに元照滅後まもなく門弟によってはじめられている。

元照には、慧亨、用欽、道言、思敏、行詵、宗利、道標、智交、則安等数多くの門弟があったと伝えられている。このうち、道言は、元照の著述した行業記や詩頌などをまとめて『芝園集』一七巻を作成し、後に同門の四明守尋が二巻を付け加えて一九巻としている。(4)

戒律に関する注釈書には、門弟則安が(5)『四分律行事鈔資持記』(以下、『資持記』と略す)序文と続けて挙げられた五例の文を注釈した『行事鈔資持記序解並五例講義』一巻と、(6)『四分律羯磨疏済縁記』序を注釈した『羯磨疏済縁記序解』一巻を著している。[7]道標には同じく『資持記』の題名に対して『資持記立題拾義』一巻がある。[8]こうした元照の戒律関係章疏に対する注釈は、元照の意志を受けて、南山律宗の教判を天台や華厳の教判と同等に位置づけ、小乗律ではないことを主張している。

浄土教に関しては、門弟用欽が元照『観無量寿仏経義疏』(以下、『観経新疏』と略す)[9]の注釈書として『観無量寿仏経疏白蓮記』四巻(以下、『白蓮記』と略す)、『阿弥陀経義疏』の注釈として『阿弥陀経義疏超玄記』一巻(以下、『超玄記』と略す)を著しているが、これらはどちらも現存せず、日本の浄土教諸師の引用するわずかな文章しかみることができない。また、元照滅後三年から九年にあたる宣和年中(一一一九—一一二五)に、四明延慶寺において草菴道因(一〇九〇—一一六七)によって『観経新疏』の非難書である『観経輔正解』[10]が出される。これに対して、元照の門人として戒度(生没年不詳)が滅後六二年後(一一七八)に『観経扶新論』一巻を著して元照の説を扶けたとされている。[11]戒度は元来道因に教えを受けていたが、『観経輔正解』の講義を受けた後に二四項目にわたって両書を比較し、論破したとされる。[12]戒度はこの他にも、『観経新疏』に逐文解釈を施した『観無量寿仏経義疏正観記』三巻(以下、『正観記』と略す)[13]、「無量寿仏讃」の注釈である「無量寿仏讃註」[14]、『阿弥陀経義疏』の注釈である『阿弥陀経義疏聞持記』一巻(以下、『聞持記』と略す)[15]を作成して、元照の浄土教を顕彰している。ただし、『聞持記』一巻は、淳熙年間(一一七四—一一八九)に戒度が病没してしまい、それより二〇年以上後の嘉定一〇年(一二一七)に法久[16]によって補筆されている。また、『聞持記』のなかには、作者不明ながら『円修記』という題名の元照『阿弥陀経義疏』の注釈書が存在したことを記している。[17]

この後、南山律宗が明州(現在の寧波市)で栄え、『資持記』等が開板されているなど、元照の戒律章疏の研究は盛んとなる。南宋に入ると、臨安明慶律寺の聞思の奏請によって、宝祐六年(一二五八)に元照の南山三大部注釈が大蔵経に入蔵を許可され、景定元年（一二六〇）に再び開板されている。このように、元照が復興した南山律宗によって、元照の戒律章疏は道宣著作とともに盛んに研究されるようになった。元照の法系に連なる守一にいたっては、著述した『律宗問答』一巻、『律宗会元』三巻、『終南家業』六巻等において元照著作を多く引用し、律宗に大乗の意を見出した元照の思想を敷衍している。(18) しかし、南宋以降になると、律学自体が衰退する。明末に袾宏（一五三二―一六三二）や智旭（一五八九―一六五五）によって戒律が復興されるも、元照の戒律章疏の注釈はまったく行われていない。(19)

また、南宋以降の元照浄土教著作の研究については、『浄土簡要録』や『浄土晨鐘』など、元、明、清と長きにわたってさまざまな浄土教著作に引用されるも、直接注釈や思想の顕彰などは行われなかった。

中国における元照研究のほとんどが、元照滅後約百数十年間にわたる元照門流により行われた研究であり、それは戒律と浄土教の両面を網羅するものであった。戒律研究は、先述のとおり多くの優秀な門弟達によって盛んに研究され、このときに作成された注釈書や研究書類は、元照著作とともに留学僧によって日本へ伝えられるのである。浄土教研究についてもそれは同様である。そして、ここで注目しておきたいのが、元照滅後百数十年のうちに著された元照門流の浄土教著作が小品であるもののかなり現存しているということである。残念ながら、元照面授の弟子用欽の『白蓮記』と『超玄記』、著者不明の『円修記』は散逸している。しかし、それでも名前の確認されている戒度著述の注釈書はすべて現存しており、いずれも元照研究には欠くことのできない貴重な資料といえるのである。

近代中国、および台湾における元照研究

近代仏教学が確立されて以後の中国では、湯用彤氏[20]、任継愈氏[21]、陳揚炯氏[22]によって中国仏教史研究のなかで触れられているが、日本における研究をまとめたものであり、特に新たな面はみられない。

ただ、近年台湾において、黄啓江氏による元照浄土教関係論文が発表されている[23]。黄氏「北宋時期両浙的弥陀信仰」は、北宋時期に活躍した天台、禅、律の浄土教者の行業、ならびに士大夫の浄土教を略述したものであり、元照の行業もこのなかにとりあげられている。同氏「浄土詮釈伝統中的宗門意識—論宋天台義学者対元照《観無量寿仏経義疏》之批判及其所造成之反響—」では、中国宋代の仏教界のなかに天台門流や元照門流というような宗門意識が存在しており、道因の元照批判と、それに対する戒度の反駁がその表れであることを指摘している。大変興味深い指摘もあるが、一方で、元照『観経新疏』が、天台『観経疏』よりも善導『観経疏』を多く用いているとの認識に基づいて論じている点は、『観経新疏』の分科や逐文解釈の多くが天台『観経疏』に依っていることを無視した見解である。おそらくは、元照が『観経』の要諦をまとめた『観経新疏』の義門以外にあまり注意を払って研究していないことと、元照を善導との関係において論ずることの多い、日本の研究を踏襲した上での見解と推察される。

このように、近代中国、および台湾における元照研究は、日本の研究に負うところが多く、近代仏教学確立以後の元照研究については、やはり日本の研究を省みる必要がある。

日本における元照研究——元照の著作の伝来から明治期までの研究動向

日本における元照研究は、元照の門流である如菴了宏に師事して教えを受けたとされる入宋僧俊芿（一一六六—

一二二七）よりはじまる。俊芿は建暦元年（一二一一）に帰朝する折、南山霊芝真影や律宗大小部三二七巻、天台教観部七一六巻、華厳章疏一七五巻、その他雑書や儒教道教に関する書籍を持ち帰ったことが、伝えられている。(24)また、凝然（一二四〇—一三二一）の『三国仏法伝通縁起』には、元照の浄土教をはじめて日本に紹介したのが俊芿であることが記されている。(25)そして、それらのことを裏付けるかのように、凝然が教えを受けた長西（一一八五—一二六六）の『浄土依憑経論章疏目録』(26)や、明恵蒐集の高山寺法鼓台所蔵宋版章疏中に、(27)元照の戒律と浄土教に関する書物が挙げられており、鎌倉初期仏教における元照著作の受容状況の一端を知ることができる。

○元照戒律章疏の研究動向

俊芿によって日本にもたらされた元照戒律章疏は、大乗梵網の戒法に基づいて四分律を実践するという、当時の南都北嶺で行われていた戒律を折中するような形であったため、広く学ばれ、鎌倉期以降の律学に大きな影響を与えた。それは当時、允堪（一〇〇五—一〇六一）の『会正記』他、元照と近い時代に書かれた多くの戒律疏があるにもかかわらず、元照疏を通して道宣の律三大部を学ぶというのが主流となったほどである。元照戒律章疏の研究は、日本における戒律復興の気運の高まりとともに盛んになり、多くの注釈書が作成された。(28)

はじめに、第一次戒律復興がなされた鎌倉期から室町期にいたる間で、明確に元照戒律章疏に注釈を施したものに次のようなものがある。東大寺戒壇院を中興した円照（一二二〇—一二七七）より受戒し、後に戒壇院に住した凝然は、『律宗綱要』の他に『資持記龍論章』『業疏済縁記評議鈔』『業疏済縁記抄』を著している。(29)弟子の禅爾には『戒疏合記因師鈔疏記（戒疏行宗私覧）』がある。また、昭遠は『資行抄』二八巻を作り、(30)英心は『資覧訣』一五巻を著している。(31)そして、湛睿には『資持記見聞集』がある。(32)

第二次戒律復興がなされた江戸期には多数の元照戒律章疏の注釈書が作られている。[33]第一次戒律復興のときの資料と比べて、時代が下る分、第二次戒律復興において作成された著作の方が多く現存している。

この時期に著された元照戒律章疏の注釈書には、

・晴雲『資持記通考』
・真空『行事鈔資持記通釈』
・慧光『四分律行事鈔資持記指解』
・通玄『行事鈔資持記研精章』
・同『行事鈔資持記引拠』
・瑞龍恵海『夾註四分律行事鈔資持記』
・著者不明『行事鈔資持記江左考』
・性慶義瑞『行事鈔資持記節要』
・同『羯磨疏済縁記撮解』
・良秀『行事鈔資持記講要』
・光天『四分律行事鈔資持記随聞提要』
・普寂徳門『四分律行事鈔資持記分科』
・普潤『行事鈔資持記標条』
・静邁『含註戒本疏行宗会本凡例目録』
・禅龍『随機羯磨疏済縁記集釈』

などがある。元照戒律章疏が、道宣の注釈の注釈であるということを考えれば、直接研究される性格のものではない。それにもかかわらず、元照戒律章疏の直接研究がこれだけなされていることを考えれば、江戸期の戒律修学者においていかに浸透していたかがうかがえるのである。

○元照浄土教著作の研究動向

鎌倉期における元照浄土教の研究は、法然滅後その門下において盛んに行われている。聖光の場合は後半生を九州で過ごしたためか、『徹選択集』[34]に念仏多善根に関する文と元照の浄土教帰依のエピソードを引用するだけである。しかし、長西、親鸞、ならびに聖光の弟子良忠など、法然門弟のなかでも歳の若かった弟子、もしくは法然の孫弟子にあたる人師によって盛んに引用されているのである[35]。これは、元照の浄土教が中国浄土教の主流であったと伝えられていたこと[36]、および法然『選択集』にとりあげられている念仏多善根の文をもって口称の念仏を説く点や、生前の法然が戒律堅固でありながら口称念仏による浄土願生を説いている点をもって、元照と法然を重ね合わせて考えたことによるものであろう[37]。ただし、法然門下のほとんどの者が、師僧である法然の浄土教の立場を終始一貫堅持したため、元照浄土教の理念を継承した者はない[38]。ただ、現存しないものの、凝然『浄土法門源流章』が作成された一三一一年よりも前に、空寂『元照弥陀経疏鈔』というものがあったことが知られる[39]。

このようなことから、鎌倉期の元照浄土教著作は、すでに広まっていた善導・法然の浄土教を解釈する際に、中国宋代を代表する浄土教者の説としてとりあげられたに過ぎず、元照著作そのものに注釈を加え、直接研究したものはほとんどなかったようである。もちろん、そうであるからといって、まったく当時の浄土教者に影響がなかったわけではない。元照の著作は、多くの鎌倉期の浄土教者に引用され、その影響がみられる。それは、良忠のように字句解釈のための引用、もしくは善導や法然の浄土教思想との相違点を説明するために依用する人師にもみられるが、善導や法然の浄土教を元照の浄土教を通して理解する長西や親鸞などの著作において、顕著にその影響が確認できる。[40] しかしながら、現存する鎌倉期の浄土教者における元照著作の依用は、あくまでも善導や法然を念頭に置いたものであり、直接的に元照の思想がとりあげられることはなかったといえよう。

室町期以降、明治期にいたるまでの間も鎌倉期同様に、聖冏著作などさまざまな著作に引用されるが、注釈書は近年、筆者が発見した『観経義疏引拠』という享保一一年（一七二六）に作成された写本以外に確認できない。[41]

以上、元照の浄土教著作の研究動向について概観した。元照の浄土教著作は、宋代中国における主要な浄土教者のものとして扱われ、戒律疏と同様に広く研究されることになる。しかし、その著作のなかに善導の著作を引用し、なおかつ「持名行」と称して口称念仏を勧めている点が、法然門流に大きく評価されたのであり、あくまでも善導・法然の浄土教を念頭に置いた上で受容、研究がなされたのである。そのなかには、結果的に元照の浄土教思想の影響を受けた者もいるが、[42] 直接元照の浄土教思想が深く研究されることはなかったようである。鎌倉期以後も元照浄土教著作の研究は、善導・法然の浄土教の比較対象、もしくは字句解釈として取り扱われるのである。一応、現在確認できる日本の元照浄土教著作の注釈書の記録を挙げれば、凝然の記録にある長西門下空寂による『元照弥陀経疏鈔』三巻と、戒律研究の盛んな江戸中期、戒律研究者で真言僧の通玄が晩年に作成した『観経義疏引拠』一巻のみであり、歴史的に元照研究の主流が、戒律研究にあることがうかがわれる。

近代日本における元照研究

近代仏教学の発達に合わせて、元照に関する研究論文も多く発表された。明治期以降の元照関連の研究を列記すれば以下のとおりである。

《明治期》

佐々木宣正氏「元照律師の念仏[43]」

同右「元照の観経釈を論ず[44]」

《大正期》

佐々木月樵氏『支那浄土教史[45]』巻下

稲葉円成氏「観心と観仏[46]」

《昭和期》

花園映澄氏『諸宗念仏教義の概観[47]』

岩崎敲玄氏『浄土教史[48]』

原口徳正氏「宋代の浄土教について[49]」

麻生履善氏「大智律師元照の業績[50]」

高雄義堅氏「宋代浄土教に関する一考察[51]」

同右「宋代以後の浄土教[52]」

同右『宋代仏教史の研究[53]』

望月信亨氏『中国浄土教理史[54]』

山口光円氏『天台浄土教史[55]』

徳田明本氏『律宗概論[56]』

中山正晃氏「元照の仏教観[57]」
日置孝彦氏「宋代戒律史上にあらわれた元照の浄土教[58]」
同右「霊芝元照の浄土教思想[59]」
石田瑞麿氏「金沢文庫における浄土教典籍[60]」
納冨常天氏「宋朝教学と湛睿―華厳・戒律を中心として―（一）[61]」
同右「宋朝教学と湛睿―華厳・戒律を中心として―（二）[62]」
小野玄妙氏「慈愍三蔵の浄土教[63]」
土橋秀高氏「元照戒観の展望[64]」
佐藤達玄氏『中国仏教における戒律の研究[65]』
村中祐生氏「芝苑における律儀と浄業[66]」
市川隆士氏「霊芝元照の浄土教思想―伝記を中心に―[67]」
柏倉明裕氏「霊芝元照の浄土教と天台浄土教[68]」
福島光哉氏「霊芝元照の浄土教―『観経義疏』と天台浄土教―[69]」
大西磨希子氏『西方浄土変の研究[70]』
蘇瑤崇氏「南山律宗の祖承説と法系説[71]」
岡本一平氏「北宋代の律宗における会正家と資持家について[72]」
佐藤成順氏『宋代仏教の研究―元照の浄土教―[73]』
同右『中国仏教思想史の研究[74]』

殿内恒氏「元照『観無量寿経義疏』四本対照翻刻（一）[75]」
同右「元照『観無量寿経義疏』四本対照翻刻（二）[76]」
同右「元照『観経義疏』についての一考察―文献学的立場から―[77]」
吉田剛氏「本崇『法界観門通玄記』について―華厳復興期の教観幷修論を中心として―[78]」
同右「永明延寿の華厳思想とその影響[79]」
山本元隆氏「宋代仏教教団の檀越への対応について―『四分律行事鈔資持記』を中心にして―[80]」
同右「『四分律行事鈔資持記』における『四分律行事鈔会正記』批判―『行事鈔資持記序解並五例講義』を手がかりとして―[81]」
同右「『四分律行事鈔資持記』に見られる禅宗批判―「禅門規式」に関連する記述を中心として―[82]」
同右「宋代南山律宗における「遶仏左右」の問題について[83]」

以上のような近代における研究動向を概観すると、研究姿勢に大きく四つの流れがあることがわかる。それは、

（一）徳田氏、佐藤達玄氏、岡本氏、山本氏のように、元照の戒律思想を中心とする研究
（二）花園氏や望月氏、小野氏、佐藤成順氏のような元照の浄土教思想を中心とする研究
（三）殿内氏のような元照著作の書誌的研究
（四）大西氏のような美術のなかに思想をみていく研究

である。また、（二）の元照の浄土教思想の研究をさらに三つの傾向に分けることができる[84]。それは、

①佐々木宣正氏や原口氏、高雄氏のように善導浄土教との接点に焦点を置いて論じているもの
②稲葉氏、山口氏、福島氏のように、天台浄土教との関係に焦点を置いて論じているもの

③麻生氏や中山氏、日置氏のように、宋代戒律復興者としての側面に焦点を置いて論じているものである。

この研究動向の四分類のなか、研究成果の分量を考えれば、浄土教の研究が最も多く、続いて戒律研究、書誌的研究、美術を用いた研究という順番になる。また、元照の浄土教思想の研究のなか、①から③の研究成果の分量をみてみると、①善導浄土教との関係と②天台浄土教との関係が多く、③戒律と浄土教との関係が少ない。明治以前は、元照の研究というと戒律章疏の研究が主であったのに対して、明治以降の研究は、浄土教の研究が中心となっている。これは、明治の廃仏毀釈などの影響によるものと考えられる。その他、元照の浄土教に関係する著作の研究が多くなった背景には、元照著作のなかに善導の浄土教思想の影響がみられることと、鎌倉期の浄土教者の著作に多く引用されていることにより、浄土系の宗派による宗学研究として盛んに用いられたことがその一因として挙げられる。そのことは、先ほど元照の浄土教思想の研究を三つの傾向に分類したが、その研究姿勢が、ほぼ研究者の属する宗門によって異なっていることからも知られる。[85] このように、近代の元照研究は、かなり偏ったものとなっているというのが実状であり、それゆえに、研究の余地が多く残されているともいえるのである。

それは、「南山律宗復興者でありながら宋代を代表する浄土教者」と位置づけられる元照の研究であれば、やはり、(一) 元照の戒律思想の研究や (二) の③戒律と浄土教の関係についての研究が、今後必要な研究テーマといえるだろう。元照の戒律研究は前述したとおり、近年山本氏によって意欲的に進められているが、まだ少ない。元照戒律章疏全般にわたる研究は、一部のみでも大著であるため、その困難なことは容易に予測される。これも元照研究の新しい展開のためには必要な作業といえる。同じく、戒律と浄土教の思想的関連についても、いまだ研究が進んでいるとはいえない。

また、戒律関係の論文や戒律と浄土教の思想的脈絡について論じられた研究に比すれば、分量的に多い浄土教思想の研究であるが、これも決して十分な研究がなされているとはいえない。それは、元照が浄土教へ帰入した際の劇的なエピソードや観心観仏の問題、善導の影響を受けての称名念仏、念仏多善根説など、ひとつひとつの問題に特化したものはある。しかしながら、阿弥陀仏観や念仏観、往生観といったテーマで、一貫した元照の浄土教思想を論じた研究はまだ行われていない。

文献的な研究についても、元照著作の整理が佐々木月樵氏や日置氏、佐藤成順氏などによって行われているが、整理が行われるたびに、さまざまな資料が新たに提示されている。これは、宋代の文献は隋唐の文献と異なり、かなり現存しており、宋代から流行する中国の地方史や寺史に残されている場合も多いからであろう。書誌的研究や文献の整理についても、まだ研究で取り扱われていない文献資料の存在の確認や、すでに指摘されたものの文献学的視点からの考察が望まれるところである。特に、上記の論文のなかでも、元照伝には二〇巻とある『芝園集』が現在二巻しかないということについて、残りの一八巻が散逸したと考える説と、伝記の二〇巻というのは、二巻の誤りであったという説があるなど、文献の整理は緊急を要する課題の一つであろう(86)。

その他、儒学も盛んであった宋代における元照の儒教関係著作の研究も、未開拓の分野として挙げることができる。

このように、今日にいたる元照研究を顧みれば、戒律研究も浄土教研究も文献的研究も、どれもまだ十分な研究成果があるとはいえず、この分野の研究がまだはじまったばかりであることが理解されるのである。

三、研究の方法

以上のような元照研究の現状を踏まえるならば、元照の戒律思想の研究、著作の整理、宋代の儒教思想との関わりなど、研究の余地は多くある。そのなか、本書では、元照浄土教思想の研究を試みる。

元照の浄土教に関する研究は、前述のとおり、多くが善導との比較によって論じられているか、いわゆる天台山家派に属する神悟処謙などの化導を受けた天台浄土教者の一人として論じられている。しかし、元照は生涯をかけて戒律を学び弘めたのであり、南山律宗の伝灯説を整理して律宗を復興した人物である。善導『観経疏』や天台『十疑論』によって浄土教に帰入したとはいえ、その浄土教理解に思想的基盤となっている律学が大きく関係していることは容易に予想される。ところが、こうした戒律と浄土教の融合した、いわゆる律系浄土教としての特色について、これまであまり研究されてこなかった。管見の限り、佐々木月樵氏の三聚浄戒を『観経』の三心に配当しているという指摘と、佐藤成順氏の極楽往生を受戒の目的に置いているという指摘、そして、佐々木宣正氏や佐藤成順氏による、『四分律行事鈔』（以下、『行事鈔』と略す）瞻病篇などの道宣著作の注釈において浄土教を敷衍しているという指摘の、わずか三点のみである。

また、宋代仏教の特色である諸宗融合的な思潮のもと、元照は修学しているが、戒律と天台山家派以外の影響はこれまでほとんど論じられていない。佐藤成順氏によって、諸宗僧侶との交流について検討されているものの、その浄土教との思想的関連性については、延寿を通じた宗密の影響がわずかに語られるのみである。

これらの問題は、「元照には善導の思想的影響がある」との意識を、研究者の側が有していることに起因すると思われる。たしかに、元照の浄土教関連典籍には、善導の著作の引用が多くみられる。しかし注意しなくてはならないのは、元照の浄土教思想の研究が日本の伝統宗派に属する研究者によってなされてきたという事実である。元照の著作は、これまで親鸞を代表とする多くの日本の浄土教者によって受容され、そこでは善導との思想的な関連性をもって研究されてきた。そして彼らを祖師と仰ぐ研究者によって、同様の視点から元照の浄土教思想の研究がさらに進められてきた。しかし、日本浄土教の祖師、そして現代の研究者の多くが有する、「元照には善導の思想的影響がある」との意識は、元照の実像を明らかにしていく場合、はたして妥当であろうか。

今一つ注意すべきは、中国宋代に活躍した元照にとって、善導は私淑する浄土教者の一人に過ぎないということであろう。少なくとも、日本の法然のごとき熱烈な善導鑽仰者とは異なる。それにもかかわらず、元照における善導引用を並べて論じ、両者の思想が近似するなどと論ずることが、有意義な研究といえるであろうか。そのような研究から導き出される元照像は、その実像と乖離してしまう可能性を孕んでいる。

そのように考えると、元照浄土教研究を展開させていく上で今必要なことは、中国の善導や日本の浄土教祖師との比較研究を行うことではなく、人的交流による直接的な思想交流を確認し、その上でその思想研究を行うことであろう。(87) 特に、元照が活躍した杭州は、当時最も盛んに仏教が学ばれていた地域であり、多くの宗派の教学を修することが可能であった。それだけに、戒律や天台山家派などと特定の宗派にこだわらず、元照の伝記や著作中の行業記などを手がかりとして人的交流を明らかにし、教理研究のなかに、その直接的な思想の交流の有無を確かめていく作業がまずなされなければならない。

そこで、本書では、元照の思想史的研究方法をもって検討を行う。すなわち、中国宋代における杭州地方の寺院住持という地域的背景を前提とし、伝記や著作から確認できる人的交流によってもたらされた諸思想の融合を、元照の浄土教思想の内に確認することにより、その思想的な特徴を明らかにしていきたい。

具体的には、まず元照の修学状況を「霊芝塔銘」『行業記』等の元照の伝記以外の資料を用いて確認し、元照の基本的な修学環境や、姿勢をあらためて考察し、戒律以外にいかなる思想を学んでいたのかを確認する。戒律の研鑽についても、当時の南山律宗の諸派に対する元照の見解から、元照が学び得た系統を類推することも欠かすことのできない作業であろう。以上のように、元照の基礎教学をとらえなおすことによって、諸宗融合的な宋代浄土教者としての元照像を明確に引き出したい。

さらに、元照の浄土教思想を、『四分律』をはじめ『梵網経』や『遺教経』等、戒律文献を用いた箇所に注目しながら検討を行うこととする。これは、元照が浄土教に関する言及においても戒律文献を用いているなど、その思想的基盤を戒律に置いていることによる。元照は、天台や禅系の浄土教者の影響も受けるが、根底には戒律があり、これに即応した独自の浄土教を展開している。それゆえに、常に戒律関係著作の論述を確認しながら、その浄土教思想の検討を行うことにより、新たな元照像について明らかにしてゆくことが可能であろう。

本書では、以上のような方法論をもって検討を進めていきたい。このような方法により、諸宗を兼学し、戒律と融合した浄土教を展開した、まさに宋代浄土教者の典型ともいえる元照の思想研究を通じて、諸宗融合思想を特徴とする宋代浄土教の一端を明らかにすることができると考えている。なお、取り扱うテキストは、『大正蔵』『卍続蔵』を使用することとする(88)。

四、本論の構成

本論は五章より構成される。

第一章「出家修学について―諸宗僧侶との関わりを中心に―」では、元照の出家と修学の環境や人的交流について考察する。宋代仏教は諸宗融合思想を基調としており、元照も例外ではない。そのため、まず元照が修学したとされる杭州の寺院に着目し、元照の撰述した『行業記』や『塔銘』等を中心に、そこでの諸宗僧侶との関わりについて言及する。

第二章「浄土教への帰入とその著作」では、元照が浄土教帰入にいたった背景と経緯について検討を行う。元照における末法思想や、浄土教帰入時の意識に着目することで、浄土教帰入に関わる環境的な影響のみならず、浄土教帰入にいたった元照自身の内的要因についても言及する。その他、現存しないものも含む元照著作の整理を行うことによって、著作の傾向を明らかにし、その上で、元照における浄土教著作の位置づけを確認する。

第三章「仏身仏土観」では、元照の阿弥陀仏観と極楽浄土観について考察する。阿弥陀仏観に関する従来の研究では、戒律関係著作における仏身観が顧みられることがなく、また、元照が活躍する以前に行われた、知礼・仁岳の仏身をめぐる論争の内容を考慮した論文もきわめて少ない。そこでまず、戒律関係著作も含めた元照の仏身観を整理し、その上で、知礼・仁岳の論争の中心であった阿弥陀仏の相好の問題を踏まえ、元照における阿弥陀仏観の特色を明らかにする。次に、極楽浄土観については、これまで、当時の常識ともいえる唯心浄土説を説きながら、一方で善導浄土教の影響を受けて指方立相の浄土を説いているとされていた。しかしながら、善導の指方立相の浄土観と元照の浄土観とは基本的に異なっており、元照の浄土観はあくまでも宋代の浄土教諸師の浄土観の影響を受けて成立していると考えられる。そのため、元照における諸仏浄土の理解を整理した上で、遵式や智円の浄土観の影響を考察し、元照における唯心己性にして有相の極楽について言及する。

第四章「実践行」では、元照における浄土法門の実践行について考察を行う。周知のとおり、律僧である元照において持戒は至上命題である。はじめに、そのような持戒を含めた諸行による往生をいかに説いているのかについて、智円の影響なども考慮して論ずる。次に、『観経新疏』に述べられる観想念仏の内実を明らかにするにあたっては、天台山家山外の論争に関係する観法の問題も視野に入れ、十六観を観心とする知礼に対する元照の批判に着目して考察し、元照が何故に観仏を意味する観想念仏を説示しなくてはならなかったのかについて言及する。また、元照の説く浄土往生のための実践行のなかで最も注目されていながら、詳細な検討がなされていないのが持名念仏である。ここでは、そもそも元照における念仏とはいかなるものかを整理し、その上で、「持名」と「称名」の相違、本願念仏説の有無、十称十念説などに着目し、遵式や智円、仁岳による『阿弥陀経』の「執持名号」の解釈などと比較しながら、元照における持名念仏の理解を明らかにする。

第五章「往生に関する諸問題」では、元照の臨終来迎説と往生思想について考察を行う。従来注目されることがなかったが、阿弥陀仏の臨終来迎を否定する延寿に対する反駁を行う問答が設けられるなど、元照は臨終来迎を浄土教思想上の重要な問題ととらえている。ここでは、延寿による不来而来の来迎説の内容を確認した上で、元照の批判の内容を考察し、何ゆえに臨終来迎がなくてはならないとしたのかについて言及する。また、臨終来迎を得て往生する後世の往生を求める元照であるが、一方で現世における地想観の成就を指して往生とする言及もみられる。そのような元照における往生とはいかなるものであるのか、往生の当体や地想観解釈の特徴などに着目して元照の往生思想の内容を明らかにし、その上で、元照の往生思想の弟子達への影響を考察する。

以上の五章をもって、元照の教学的思想背景とその浄土教思想の特質を明らかにし、諸宗融合思想を特徴とする、宋代仏教者における浄土教信仰の内実に迫りたい。

註

（1）中国宋代仏教の概観については、平川彰氏『インド中国日本　仏教通史』（春秋社、一九七七年）、竺沙雅章氏『宋元仏教文化史研究』（汲古書院、二〇〇〇年）、鎌田茂雄氏『新 中国仏教史』（大東出版社、二〇〇一年）、佐藤成順氏『宋代仏教の研究―元照の浄土教―』（山喜房仏書林、二〇〇一年）等を参照。

（2）ここで浄土教の独立といっているのは、日本の浄土宗のように純一専心に浄土教のみを信仰、実践するという意味であり、高雄義堅氏が『宋代仏教史の研究』（百華苑、一九七五年）一一七―一一九頁において、伝灯相承説が行われたことをもって浄土教の独立としていることとは異なる。

（3）宋代浄土教の特色については、高雄氏前掲書、佐藤成順氏前掲書を参照した。特に佐藤氏が宋代仏教の特徴の一つに諸宗融合思想を挙げている点には、大いに賛同するものである。

（4）『芝園集』成立に関しては不明なところが多く、『仏祖統紀』には二〇巻と伝えられるのであるが、現存するのはわずか二巻のみである。佐藤成順氏前掲書には、『芝園集』二〇巻は『仏祖統紀』の記載の誤りであろうとの見解が示されている。『芝園集』のような元照の小篇を収録するものには、他に『補続芝園集』一巻、『芝苑遺編』三巻がある。『補続芝園集』は著者不明であるが、『芝苑遺編』には「六世法孫　道詢　集」と編集者の名前が残されている。

（5）則安は他にも、元照に「大智律師」という諡号が与えられたことを受けて作成した『大智律師礼讃文』（『卍続蔵』七四所収）、道宣『四分律比丘含註戒本』序の注釈である『四分律含註戒本序解』というものを著している。

（6）『卍続蔵』四四所収。

（7）徳田明本氏『律宗文献目録』（百華苑、一九七四年）三七頁には、光明院所蔵の写本があると指示している。しかし、筆者所蔵の写本『三大部序解』に収められていることから、他にも『三大部序解』という合本として流布していると考えられる。

（8）『卍続蔵』四四所収。この他、『律宗文献目録』には、『行事鈔備検』に三本あり、そのうちの一本が弘安八年（一二八五）に法隆寺で書写されて、道標と著者名の記されているものがあるとしている。

（9）『観経新疏』とは通称であり、正式名称は『観無量寿仏経義疏』という。『観経新疏』という呼称は、知礼系天台浄土教を擁護する立場から元照の解釈を批判した山家派草菴道因の『観経輔正解』と、その『観経輔正解』の批判から元照の解釈を扶ける立場にあった拙菴戒度の『扶新論』（一一七八）に用いられている。佐藤氏（前掲書三三二頁）の指摘どおり、おそらくは良くも悪くも新説として取り扱われたために『観経新疏』と呼ばれたのであろう。本書では他の『観経』注釈書類との区別をしやすいように、通称である『観経新疏』を用いることとした。

（10）道因『観経輔正解』そのものは現存しないが、戒度『観経扶新論』によって二四項目にわたり引用されている内容から、その内容の一端をうかがい知ることができる。

（11）『卍続蔵』七四所収。

（12）日置孝彦氏「宋代戒律史上にあらわれた元照の浄土教」（『金沢文庫研究紀要』一三、一九七六年）には、『釈門正統』と『仏祖統紀』の記述をもとに、道因が『観経輔正解』をもって元照説を批判したのが宣和年中（一一一九―一一二五）のことであり、それに対して戒度が『観経扶新論』を著したのは淳熙五年（一一七八）であるとの指摘がなされている。

（13）『浄全』五、『卍続蔵』二二所収。

（14）『卍続蔵』七四所収。

（15）『浄全』五、『卍続蔵』二二所収。

（16）高雄氏前掲書一三四頁には、凝然『律学綱要』や『律宗瓊鑑章』を根拠として元照の門流の系譜図が示されている。この系譜図によれば、法久が元照の律学の門流に属していることがわかる。

（17）望月信亨氏『中国浄土教理史』（法藏館、一九六四年）三八八頁、および佐藤春夫氏・石田充之氏共著『悲劇を

機縁として—観無量寿経—」（法藏館、一九五七年）一七三—一七四頁には、元照著作の注釈書として宗宴『観経疏瓊林記』一巻と道心『同記菩薩正択記』一巻というものがあったとの推測がなされている。ただし、この二著を挙げている石田氏が根拠とする『長西録』を確認すると、この二著は元照書の注釈である用欽著作と並記されているに過ぎず、何ら積極的に元照との関係を示すような記述がみられない。『長西録』中で元照著作の注釈書とされる他の著作には、著者の名前のところに元照の弟子であることが明記されている。また、著者の宗宴・道心については、その法系など一切不明である。以上のようなことから、望月氏や石田氏が新たに挙げた二著作を元照著作の注釈書と考える積極的な要素が認められないため、本書においてはとりあげていない。

(18) 南宋以後の南山律宗の動向や、元照戒律章疏類の大蔵経入蔵などに関しては、高雄氏前掲書一三一—一三七頁参照。

(19) 徳田明本氏『律宗概論』（百華苑、一九六九年）五二七頁参照。

(20) 『漢魏両晋南北朝仏教史』（中華書局、一九五五年）。

(21) 『中国仏教史』（中国社会科学出版社、一九八一—一九八八年）。ちなみに、同書の和訳に、丘山新氏他訳『定本中国仏教史』全三巻（柏書房、一九九二—一九九四年）がある。

(22) 『中国浄土宗通史—中国仏教宗派史叢書—』（江蘇古籍出版社、二〇〇〇年）。ちなみに、同書の和訳に、大河内康憲氏訳『中国浄土宗通史』（東方書店、二〇〇六年）がある。

(23) 黄啓江氏「北宋時期両浙的弥陀信仰」（『故宮学術季刊』一四-一、一九九六年）、「浄土決疑論—宋代弥陀浄土的信仰與辯議—」（『仏学研究中心学報』四期、一九九九年）、「Pure Land Hermaneutics: The Case of Zhanran Yuanzhao (1048-1116)」（『中華仏学学報』一三期、二〇〇〇年）、「浄土詮釈伝統中的宗門意識—論宋天台義学者対元照《観無量寿仏経義疏》之批判及其所造成之反響—」（『中華仏学学報』一四期、二〇〇一年）。

(24) 宋における俊芿の修学状況や、帰朝の状況、将来した元照著作に関しては、石田充之氏編『俊芿律師—鎌倉仏教成立の研究—』（法藏館、一九七二年）参照。

(25) 『三国仏法伝通縁起』（『日仏全』一〇一・一〇五頁）に、

泉涌俊芿不可棄法師越二波瀾一入レ宋學レ法。正傳二台教律宗一、兼傳二靈芝淨教一。即是淨教相傳規模。厥後彼寺宗師智鏡大徳入レ宋傳レ律、亦習二浄教一。遂還二本寺一昌弘二所學一。浄教所傳泉涌爲レ本。

とあり、俊芿が入宋した折に四明天台、南山律学、元照の浄土教を持ち帰ったことが知られる。

(26)『日仏全』一一・一四三―一五〇頁。

(27) 常盤大定氏「高山寺法鼓台所蔵宋版章疏大観　附、写本及缺本」(『宗教研究』新一二-六、一九三五年)、同氏「宋代に於ける華厳教学興隆の縁由」(『支那仏教の研究』三、春秋社松柏館、一九四三年)に、明恵が元照戒律関係著作を入蔵している宋版大蔵経を蒐集していることを指摘している。

(28) 唐招提寺の伽藍修復に着手し『東大寺戒壇受戒式』を作り、戒律再興を発願した、平安期中川寺の実範(―一一二一―)以降、南都における戒律重視の気運は高まっていき、北京律が流行するにいたって、ますますその動きは活発となる。石田瑞麿氏『日本仏教における戒律の研究』(在家仏教協会、一九六三年)四九〇―四九五頁、徳田明本氏前掲『律宗概論』五七七―六一五頁、恵谷隆戒氏「俊芿律師の北京律を中心とした京都の戒律復興運動」(石田充之編『俊芿律師―鎌倉仏教成立の研究―』所収、法藏館、一九七二年)参照。

(29) このうち『資持記龍論章』と『業疏済縁記抄』は、『諸宗章疏目録』にその名前をみることができる。『業疏済縁記評議鈔』は、『梵網日珠鈔』の紙背に自筆のものが現存している。徳田明本氏前掲『律宗文献目録』二一五―二三七頁参照。

(30)『大正蔵』六二所収。唐招提寺派の代表的著作で、『資持記』の末書のなかで唯一完本として現存する。

(31) 西大寺派の代表的注釈書であり、称名寺金沢文庫に所蔵されている。徳田明本氏前掲『律宗文献目録』二六頁参照。

(32) 常盤大定氏前掲「高山寺法鼓台所蔵宋版章疏大観　附、写本及缺本」によると、高山寺に蒐集された宋版大蔵経が、金沢称名寺と京都智積院の学僧によって書写されていると論じている。湛睿は後に金沢称名寺に住したため、湛睿『資持記見聞集』は、大半を欠いているものの、自筆本の一部が称名寺金沢文庫に所蔵されている。

(33) 江戸期の元照戒律章疏に対する注釈書類については、徳田明本氏前掲『律宗文献目録』二五―三九頁参照。

(34)『浄全』七・九一頁下。

(35) 日本の法然門下における元照およびその門下の文献引用に関しては、高雄義堅氏「宋代浄土教典籍と我国諸家の態度」（前掲『宋代仏教史の研究』所収）一六七頁、石田充之氏「鎌倉浄土教と俊芿律師」（石田充之編『俊芿律師―鎌倉仏教成立の研究―』所収、法藏館、一九七二年）に詳しく論じられている。

(36) 鎌倉期の浄土教を紹介している凝然の『浄土法門源流章』（『大正蔵』八四・一九五頁c）には、

後代大宋之代有二天竺寺慈雲遵式法師一。是天台教観之名匠。弘二通浄教一、依行被レ物。次有二靈芝大智律師一。是天台宗之哲、律藏教之英也。兼弘二浄教一、自行化他。製二観經彌陀經義疏一、大行二于世一。門人翫習多作二記章一。大宋浄教天下一均用二靈芝行儀一爲二宗旨規矩一。

とあり、中国宋代の浄土教者として四明知礼や孤山智円の名を挙げず、ただ慈雲遵式と霊芝元照のみを挙げている。また、元照が天台と戒律の英哲でありながら、『観経』や『阿弥陀経』の注釈書を作成し、兼ねて浄土教を広めており、その元照の浄土教こそが宋代で一番大きな影響力を持っていたことを伝えている。そして、同じく『浄土法門源流章』（『大正蔵』八四・一九五頁c）に、

世常所レ用。雖二五六祖一。若依二折中一應レ用二九祖一。謂菩提留支、曇鸞、道綽、迦才、善導、懐感、法照、少康、元照也。震旦浄教弘通如レ是。

と、中国浄土教祖師の九祖を挙げるなか、宋代では唯一元照がとりあげられている。このことからも、元照の浄土教が当時の日本の浄土教者にとっていかに大きく取り扱われていたかがわかる。

(37) 元照の浄土教著作には、法然と同様に念仏多善根の文がとりあげられており、法然門下の多くが、この元照の念仏多善根説に触れている。その他、了慧道光の『戒疏見聞』によると、法然を慕っていた万寿寺覚空が「元照や法然のように、生きているうちは毘尼（律）を弘め、死すときは安養極楽に往生しよう」と願っていたとある。元照の律浄二門を兼修する姿勢を、戒律堅固で口称念仏による浄土往生を勧めた法然に重ね合わせてとらえている浄土教者が存在したことを確認できる。

(38) 法然門流のうちで元照の浄土教の理念から多くの影響を受けている者に、長西と親鸞を挙げることができる。石田充之氏前掲「鎌倉浄土教と俊芿律師」を参照。

(39) 凝然『浄土法門源流章』（『大正蔵』八四・二〇〇頁c―二〇一頁a）に、

空寂上人多作二章鈔一。大經有二五巻疏一。善導観經疏述二八巻記一。又弘二元照彌陀疏一集二三巻鈔一。如レ是等也。

とあることから、空寂に『無量寿経疏』五巻や『善導観経疏述記』八巻の他、『元照弥陀経疏鈔』があったことが確認できる。

(40) 元照浄土教の依用の姿勢には二種があり、聖光や良忠のように善導・法然の浄土教の顕彰作業の一環として依用するものと、長西、親鸞のように法然より承けた浄土教を咀嚼し展開する際に依用するものがある。前者は、例えば、聖光『徹選択集』における二十二選択のように、『楽邦文類』所収「浄業礼懺儀序」所説の元照のエピソードを用いて法然の説いた選択本願の念仏が正しいことを示そうとするような態度である。それに対して後者は、法然の念仏を最上のものとしながら、元照の著述を用いてそれとは異なる展開をしているものである。すでに、石田充之氏「親鸞における浄土の問題」(『親鸞大系』思想篇第一巻浄土、法藏館、一九八八年)三九五頁において、元照の浄土教著作が親鸞の浄土教理解に大きな影響があることが述べられている。元照の浄土教著作の法然門下への影響については、今後の研究課題にしたい。

(41) 写本。筆者蔵書。

(42) 長西の諸行本願の思想は、かなり元照の浄土教思想の影響を受けて形成されたものと考えられるが、元来法然の教えを受けた上で受容しているのであり、直接元照の浄土教思想を表顕しようとしたわけではない。

(43) 『六条学報』九四、一九〇九年。

(44) 『六条学報』九六、一九〇九年。

(45) 無我山房、一九一三年。

(46) 『仏教研究』一‐一、一九一九年。

(47) 興教書院、一九三〇年。

(48) 白光書院、一九三〇年。

(49) 『浄土学』九、一九三五年。

(50) 『龍谷史壇』二三、一九三九年。

(51) 『日仏年報』一一、一九三九年。

(52) 『支那仏教史学』三‐三・四、一九三九年。

(53) 百華苑、一九七五年。
(54) 法藏館、一九六四年。
(55) 法藏館、一九六七年。
(56) 百華苑、一九六九年。
(57) 『印仏研』一九-二、一九七一年。
(58) 『金沢文庫研究紀要』一三、一九七六年。
(59) 『印仏研』二四-二、一九七六年。
(60) 『金沢文庫研究』二三-二、一九七七年。石田論文の後半には、金沢文庫所蔵の貴重な浄土教典籍の解題が付されており、元照『阿弥陀経義疏』の解題もある。
(61) 『金沢文庫研究』二四-一・二、一九七八年。
(62) 『金沢文庫研究』二四-四、一九七八年。
(63) 『仏教の美術と歴史』大蔵出版、一九三七年。
(64) 『印仏研』三〇-一、一九八一年。
(65) 木耳社、一九八六年。
(66) 『天台学報』二四、一九八二年。
(67) 『大正大学浄土学研究室大学院研究紀要』九、一九八四年。
(68) 『宗教研究』二九一、一九九二年。
(69) 『大谷大学研究年報』四五、一九九四年、『宋代天台浄土教の研究』(文栄堂書店、一九九五年)。福島氏はこうした研究成果をもとに講演を行っており、その講演録『『楽邦文類』の研究―宋代浄土教の特性と『教行信証』―』(真宗大谷派宗務所出版部、一九九九年)、『『仏説観無量寿経』講究』(真宗大谷派宗務所出版部、二〇〇四年)にも、元照の思想と伝歴が触れられている。
(70) 中央公論美術出版、二〇〇七年。
(71) 『仏教史学研究』三九-二、一九九七年。

(72)『駒澤大学禅研究所年報』一〇、一九九九年。
(73)山喜房仏書林、二〇〇一年。
(74)山喜房仏書林、一九八五年。
(75)『仏教文化研究所紀要』四〇、二〇〇一年。
(76)『仏教文化研究所紀要』四一、二〇〇二年。
(77)『印仏研』五一－二、二〇〇三年。
(78)『禅学研究』八〇、二〇〇一年。
(79)『禅学研究』特別号―小林圓照博士古希記念論集―、二〇〇五年。
(80)『宗教学論集』二五、二〇〇六年。
(81)『曹洞宗研究員研究紀要』三六、二〇〇六年。
(82)『宗学研究』四八、二〇〇六年。
(83)『曹洞宗研究員研究紀要』三七、二〇〇七年。
(84)佐藤成順氏の著書は、非常に多角的に論じられており、善導浄土教の影響、天台浄土教との接点、戒律と浄土教との関係のいずれも考察しているため、(二)の元照浄土教思想の研究に属するものであるが、①から③のどの分類にも合わない。
(85)『宋代天台浄土教の研究』の内容から、ここでは福島氏を天台浄土教に焦点を置いて研究するというカテゴリーに分類したが、その他の『『楽邦文類』の研究―宋代浄土教の特性と『教行信証』―』や『『仏説観無量寿経』講究』などの著書では、専ら元照を中国宋代に善導浄土教の影響を受けたものと説き、その元照の著書を親鸞が引用することの意義が述べられている。
(86)凝然は『律宗瓊鑑章』(『日仏全』一〇五・二九頁上)において、『芝園集』がはじめ元照の門弟道言によって一七巻にまとめられ、後に、同門の四明守尋によって二巻が加えられたことを伝えている。『仏祖統紀』には二〇巻とあるが、この凝然説では全部で一九巻ということになる。佐藤成順氏前掲書二〇八頁には、この『芝園集』の巻数について、『仏祖統紀』の説示が一巻を誤って二〇巻と記したのであろうと指摘されている。

（87）林鳴宇氏は『宋代天台教学の研究―『金光明経』の研究史を中心として―』（山喜房仏書林、二〇〇三年）において、宋代天台教団の山家山外という用語の整理を通じて、山家山外という呼称に、知礼教学に準ずるか否かを判ずる意図が含まれていることを指摘している。また、当時の天台僧が、諸宗僧侶との交流を通じて研鑽しているため、宋代という時代背景を検討した人物研究の重要性を述べている。筆者も林氏の論ずるとおり、研究対象となる人物の人的交流というものが、思想を考える上で欠かせないと考えている。

（88）殿内氏の指摘する『観経新疏』に関する書誌学的研究の成果は無論大切である。しかし、明暦本との差異が会本形式となっていることと、多少の字句の異同に過ぎないとのことなので、ここでは元照の見解を把握しやすい『大正蔵』本を底本として、字句の異同箇所のみ殿内氏の「四本対照表」で確認することにした。

第一章　出家修学について——諸宗僧侶との関わりを中心に——

第一節　問題の所在

霊芝元照（一〇四八―一一一六）は、南山律宗の復興者であり、天台の教観を伝持し、宋代を代表する浄土教者として知られる。伝記[1]によると、元照は字を湛如[2]、号を安忍子といい、余杭銭塘（現在の浙江省杭州市）の公吏の父・唐氏と篤信の仏教者であった母・竺氏の間に生まれ、出家修学し、霊芝崇福寺において三十余年を過ごして入寂するまで、杭州の地で戒律と浄土教を弘めたとされる。著作には、南山道宣（五九六―六六七）の律三大部の注釈書である『四分律行事鈔資持記』（以下、『資持記』と略す）、『四分律刪補随機羯磨疏済縁記』（以下、『済縁記』と略す）、『四分律含注戒本疏行宗記』（以下、『行宗記』と略す）をはじめとする戒律関係章疏、および『観経新疏』や『阿弥陀経義疏』といった浄土教関係章疏等、多数が残されている。

修学に関しては、幼いときに杭州祥符寺東蔵の慧鑑律師[3]のもとで出家し、一八歳で試経に合格して得度し、律を学んでいる[4]。二十代の半ばに、幼いときからの友人である祥符寺の桐江択瑛（一〇四五―一〇九九）とともに、銭塘に来ていた神悟処謙（一〇一一―一〇七五）のもとで数年間天台の教観を修習し、後に雷峰塔の広慈慧才（九九七一〇八三）から菩薩戒を受けたと記されている。このなか、処謙は契能（生没年不詳）、慈雲遵式（九六四―一〇三二）、神照本如（九八二―一〇五一）に師事し、なかでも四明知礼（九六〇―一〇二八）の上足であった本如の学系を継承している(5)。慧才もまた、知礼に学んだ後に杭州で最も影響力が強かった遵式に師事している。以上の師弟関係を示せば図1のとおりである。

図1　元照の師弟関係

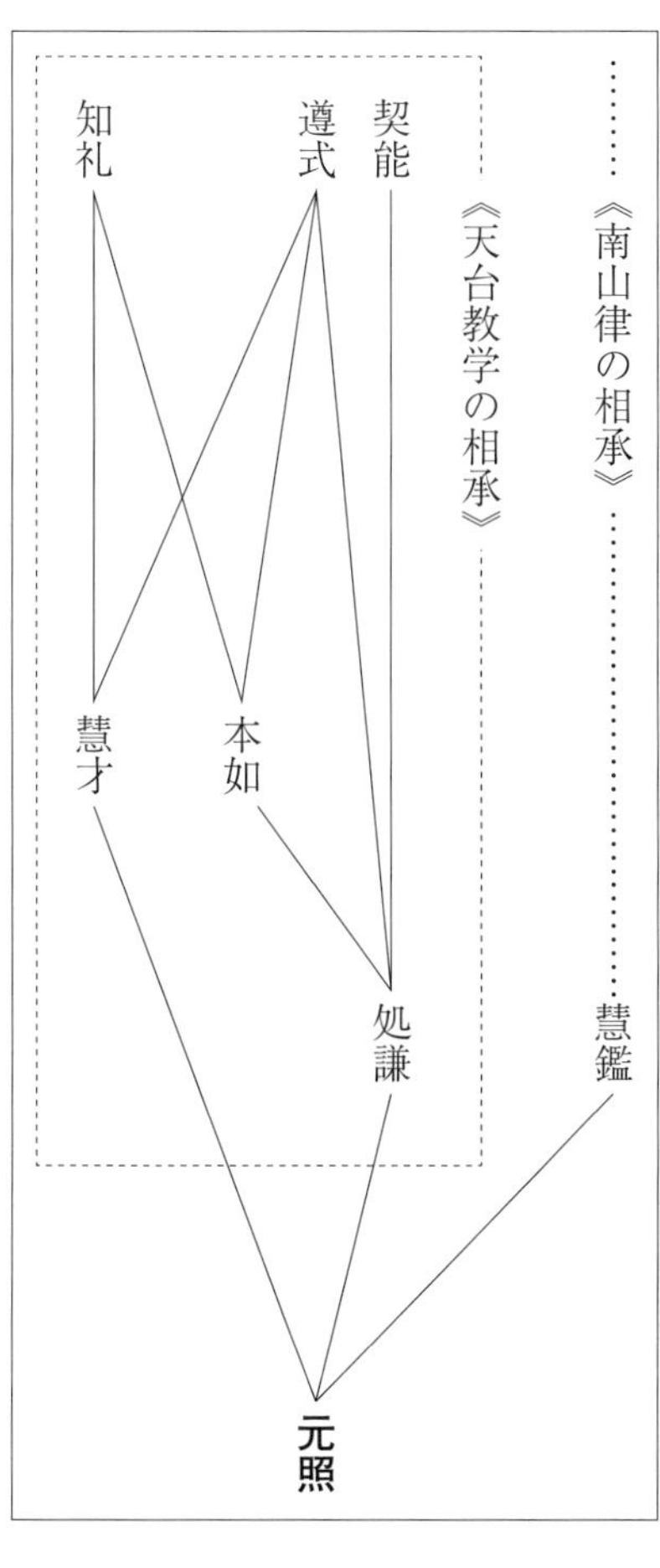

このように、伝記において元照が師事したとされる処謙と慧才はともに天台の学僧であったことが知られる。また、伝記に「謙曰、近世律學中微、失亡者衆。汝當レ為二時宗匠一。蓋下明二法華一以弘中四分上。吾道不レ在レ茲乎。乃博

究二諸宗一以レ律爲レ本[6]」とあり、元照が処謙の言葉を受けて戒律研究を中心にした求道を志したことが示され、加えて、元照「浄業礼懺儀序」には「後遇二天台神悟法師苦口提誨一始知レ改レ跡[7]」と、処謙から厳しい訓導を受けていたことが述べられるなど、特に処謙の影響が大きかったことが伝えられている。[8]

このような伝記における修学の動向から、多くの研究者が元照の教学的基盤を処謙から学んだ天台教学であるととらえている。[9] 元照に大きな影響を与えた人物として処謙を挙げることについては、筆者にも異論はない。ただし、伝記には「博く諸宗を究むるに、律を以て本と為す[10]」とあり、元照が戒律研究を根本に据えながら、広く諸宗の教学も学ぼうとする意志があったことを伝えており、戒律と天台教学のみの受容に限らない、幅広い修学を望んでいたことも推察されるのである。元照が一生を過ごした杭州西湖周辺は、当時の仏教の中心地といっても過言ではないほど、諸宗僧侶によって学問が盛んに研鑽された地域である。[11] そのような環境において修学したためか、元照の思想には諸宗の教学の影響が散見されるのである。その詳しい内容については後述するが、元照の思想基盤には、明らかに戒律と天台教学以外の影響がみられるのである。

そこで、本章においては、教学的な内容に触れる前に、元照がいかなる教学を学び得たのかを検討したい。このような視点からの研究は、すでに佐藤成順氏によって行われている。佐藤成順氏は、『仏祖統紀』を軸として元照と同時代に杭州で活躍した僧侶の伝記や行業を明らかにした上で、元照の諸宗との交流を考察し、その諸宗融合思想について論じている。しかし、その内容において、①『釈門正統』や『仏祖統紀』を中心にして各宗僧侶一人ひとりの事績を明かすことに重点が置かれていることや、[12] ②元照と諸師との交流が浄土教を通じた点にほぼ限定されていることなどから、処謙や慧才といった重要な人物については非常に子細な検討が施されているものの、元照に影響を与えたであろう諸宗僧侶に広く触れられているとは言いがたい。また、佐藤氏は元照の諸宗融合思想を論ずるにあたり、慈愍三蔵慧日（六八〇―七四八）の禅浄一致・教禅一致の思想と永明延寿（九〇四―九七五）の教禅一致・禅浄融合の思想に直接的な影響を受けたとするが、華厳の圭峰宗密（七八〇―八四一）の真心を諸思想統合の主体とした教禅一致の思想の影響は、延寿を通じて得た間接的なもので、元照の所説中に宗密からの影響は実証できないとしている[13]。元照が活躍した時代は、ちょうど華厳学派が義天を通じて将来した華厳典籍をもとに復興した時期と重なる。はたして本当に華厳からの直接的な影響はなかったのであろうか。

ここでは、元照が居住した寺院に関する資料、および各種行業記や序文等の小篇著作などを用いることによって、元照を直接取り巻く環境やその言葉のなかから、元照が影響を受けたであろう人物を戒律・天台・華厳・禅・浄土にいたる諸宗にわたって広くとりあげ、「博く諸宗を究むるに、律を以て本と為す」といった元照の修学状況を考察したい。

第二節　戒律の研鑽

道宣の『四分律刪繁補闕行事鈔』（以下、『行事鈔』と略す）の注釈が盛んに行われ、多くの律僧が活躍した杭州の地において[14]、南山律宗を復興したといわれる元照であるが、その戒律修学の思想的な立場はいまだ不明瞭である。伝記によれば、祥符寺東蔵の慧鑑（生没年不詳）に師事し、慧才から菩薩戒を受けたとされるのみで、いかなる律学の系譜に連なるのかという点は知られていない。ここでは、はじめに元照在世当時の律学の状況について考え、次に元照の南山律の修学について触れ、最後に菩薩戒の修学について検討していく。

第一項　元照在世当時の律学の状況

そもそも元照在世当時の南山律の理解には、熙寧三年（一〇七〇）、元照が二三歳のときに著した「戒体章」に「然而聖師既往、文存理隠。故使二任レ意私説殆六七家一。各謂二指南一。寧知二所適一。既無二是處一。不レ益二後來一、例皆不レ引」[15]とあることから、元照の知りうる範囲だけでも異説を唱えた者が六、七家あったようである。[16]「戒体章」には、異説を出す人師として「子隆」「増輝」の二師を挙げている。このうち、「増輝」とは『行事鈔』の注釈書『増暉録』の作者希覚（生没年不詳[17]）を指す。希覚は南山律の第六祖法宝（七九七—八七五）の弟子慧則（生没年不詳）に律を学んだとされ、元照出生の一〇〇年以上前に杭州で活躍した律僧である。「子隆」については詳しいことがわからないが、元照に「聖文を隠して妄説が多い」と批判されていることから、道宣の理解とは大きく異なる独自の説を展開した律僧であったことが予想される。このような『行事鈔』の注釈家の説が、元照二三歳当時に世に行われていたことが確認できる。

また、元豊四年（一〇八一）、元照が三四歳のときにまとめた「南山律宗祖承図録[18]」には、元照の九祖説とともに四種の祖承説を挙げており、元照以前に祖承説を作成した者が四家あったことを伝えている。加えて、紹聖元年（一〇九四）、元照が四七歳のときに成立した懐顕編『律宗新学名句』には、元照を含む五家の祖承説にさらに一説を付して六種の祖承説が載せられている。その六種を示せば次のとおりである。[19]

①普寧律師法明（五祖説）

波離—法正—覚明—智首—南山

②霅谿法師仁岳（十祖説）

波離―法正―覚明―法聰―道覆―慧光―道雲―道洪―智首―南山

③霊源法師守仁（七祖説）

波離―法正―覚明―法聰―智首―南山―増暉記主

④天台律師允堪（七祖説）

波離―法正―曇諦―覚明―法聰―智首―南山

⑤余杭元照律師（九祖説）

法正―法時―法聰―道覆―慧光―道雲―道洪―智首―南山

⑥銭塘懐顕律師（五祖説）

法正―法聰―道覆―智首―南山

他の五家も、元照同様に、元照在世時に活躍した律僧と考えられる。

①普寧律師法明（生没年不詳）は、元照撰「温州都僧正持正大師行業記」において持正（一〇三一―一一〇七）の師であったとされる以外、まったく伝歴は不明である。[20] ②霅谿法師仁岳（九九二―一〇六四）は、いわゆる後山外といわれる天台の学僧である。はじめ知礼の高足であり、慶昭との論争においては知礼をよく助けた。しかし、知礼『妙宗鈔』所説の仏身説において意見を異にしてからは、知礼入滅にいたるまで論争を続けている。知礼と対立して以降は、四明延慶寺を辞して天竺寺の遵式のもとへ身を寄せている。晩年は昭慶寺、霊芝寺、祥符寺など、杭州で過ごしている。天台山外派の学僧としての印象の強い仁岳であるが、一方で南山律第一二祖とされる銭塘の択悟に師事して南山律を学んでおり、律僧としての一面も有している。[21] ③霊源法師守仁（生没年不詳）は、まったく

伝歴が不明であるものの、七祖説の最後に『増暉録』著者希覚を入れていることから、希覚の系譜に連なる律僧であることが予測される。④天台律師允堪（一〇〇五―一〇六一）[22]は、『行事鈔』の注釈書『会正記』の作者である。允堪は、仁岳と同じく銭塘択悟に律を学び、やはり杭州で活躍した律僧である。元照とは同時代であるが、活躍した時期は重ならない。⑤は元照の説である。最後に⑥銭塘懐顕（生没年不詳）は、西湖持浄大師ともいい、一〇九四年に『律宗新学名句』の序文を書き、政和年間（一一一一―一一一八）に『銭塘勝跡記』五巻を著していることから、元照と同時代、もしくは少し後に西湖周辺で活躍した律僧であろう。[23]

これらの諸師の思想的立場に関して、元照「南山律宗祖承図録」には「霅溪靈源本經論之師。既非㆓學宗㆒。後絶㆓遵奉㆒。唯普寧天台二家抗㆓行于世㆒。嘗考㆓諸説㆒、倶所㆑未㆑安。故歴㆓辨之㆒。庶無㆓封滞㆒耳[24]」とあり、②仁岳と③守仁の説は、両者が大乗の経論に通じた師で律宗ではなかったことから、後に遵守する者がなかったようである。これに対して①法明と④允堪の説は、小乗としての四分律を中心としたものであり、この二説が世に気高い行い（抗行）とされて重んじられたようである。[25]⑤元照は、この二つの立場から出された祖承説はともに確かな見解とはいえないため、これについて自説を弁ずるとしている。このことから、⑥懐顕については不明であるものの、当時の律に対する思想的な立場について、おおよそ仁岳・守仁のような大乗の見解から四分律をとらえる立場と、法明・允堪のような小乗律としての四分律を遵守する立場があったと推察されるのである。

祖承説において両者の意見には納得がいかず、自説を展開する元照であるが、以上のように盛んに南山律が学ばれ、さまざまな律僧が活躍するなかで、いったいどのような南山律を学んだのであろうか。次に、元照が修学したであろう南山律の系譜を考察したい。

第二項　南山律の修学

『大昭慶律寺志』所載の「允堪行業記」には、允堪の後を嗣ぐ者として元照の名前を挙げているが、史実上、元照が一四歳のときに允堪は死去しているため、嗣法することは不可能であるとの先学の指摘がある。(26)「允堪行業記」に元照が允堪の後を「嗣ぐ」としているのは、あくまでも「允堪の後に続いて律を弘める」という意味にとるべきであり、允堪と元照の間には直接的な師弟関係は認められない。

また、道宣以降の南山律宗の系譜を記したものに、日本の凝然が著した『律宗綱要』(27)や『律宗瓊鑑章』(28)『八宗綱要』(29)がある。この凝然の著作によると、図2のように律宗の第一四祖として択其の名前を出し、第一五祖にあたる元照はその択其に嗣法したとしている。(30)

しかし、択其が允堪に嗣法し、さらに元照へ律を伝えたことを示す中国撰述の資料は、皆無である。(31)このようなことから、元照の修学した南山律の系統については、元照が慧鑑から律を学んだ祥符寺にいかなる律僧が関わっていたのか、また、いかなる律が学ばれていたのかを確認することによって、元照が学び得た律学を考えてみたい。

祥符寺は、大中祥符元年（一〇〇八）に改名する以前は龍興寺といい、『増暉録』著者の希覚がこの寺の千仏閣に居住していたことが『宋高僧伝』に記されている。(32)続いて龍興寺（祥符寺）にいた律僧として挙げられるのは、『宋高僧伝』の著者賛寧（九一九―一〇〇二）である。賛寧は希覚と面識があったとされるが、四分律を学んだのは天台山に入ってからのことであるため、その法系は希覚と異なるものであったと考えられる。(33)これ以後、慧鑑、元照まで明確に祥符寺にいたとされる律僧はみられない。

図2　南山律宗の系譜図（凝然説）

第一祖　南山律師―第二祖　周律師[34]―第三祖　道恒律師―第四祖　省躬律師―
―第五祖　恵正律師―第六祖　法宝大師―第七祖　元表律師―第八祖　守言律師―
―第九祖　無外律師[35]―第一〇祖　法宋律師―第一一祖　処恒律師[36]―
―第一二祖　択悟律師―第一三祖　允堪律師―第一四祖　択其律師―第一五祖　元照律師

元照が二三歳のときに著した「戒体章」に批判される南山律諸家には、「子隆」と『増暉録』の名が出されているため、かなり早くから元照が『増暉録』を学んでいたことは間違いないであろう。すなわち、希覚の伝持していた南山律の法脈が慧鑑の時代まで伝わっていた可能性も考えられるのである。ただ、『増暉録』は主に元照の批判対象として用いられているため、希覚より慧鑑にいたる祥符寺に伝わっていた南山律が、たとえ『増暉録』であったとしても、元照がそれ以外の四分律に関する資料を十分に研究することができ、四分律について自説を展開するに困らない環境であったことも推察されるのである。

続いて、いかなる律学の修学が可能であったのか、その著作中より考えていきたい。元照の戒律関係著作は、ほとんどが道宣の戒律関係書の注釈であり、序文などの短編を含めると三二部に及ぶ[37]。そのなか、ここで注目したい

のが「集南山礼讃序」である。元符三年（一一〇〇）に作成された「集南山礼讃序」には、

吾祖聖師。盛績懿業備載㆓于李邕行狀嚴原本碑(ママ)、大宋高僧傳㆒。後賢多採爲㆓讚頌㆒。每㆑至㆓齋忌㆒廣列㆓供養㆒。歌而詠㆑之以申㆓哀慕之素㆒。其來久矣。昔孤山法師首事㆓秉筆㆒。蓋酬㆓兜率擇梧律師之請㆒。其次雪谿法師患㆓其事儀㆒尚闕㆓音韻㆒、有㆑所㆑未㆑便。繼有㆑作焉。天台眞悟律師兼而用㆑之。以謂㆓歌㆑之不㆒㆑足。乃復操染、用擬㆓三日次第間行㆒。於㆑是三本傳㆑世。可㆑謂金璧爭㆑輝蘭菊擅㆑美。後世雖㆑有㆓作者㆒。而才識辭翰不㆑足㆓以亞㆒焉。故所㆑不㆑録矣。然據㆓諸傳録㆒考㆓校是非㆒。或辭理未㆑安。或軌儀有㆑闕。並爲㆓加改㆒。且使㆓後學無㆑惑㆓於兩岐㆒焉。嘗試思㆑之。佛化東傳。四依弘闡者頗衆。雖㆓行業著聞㆒。或一文一讚足㆓以稱㆒㆑之。獨吾祖雖㆔讚詠者殆至㆓數家㆒。卒未㆑能㆑盡㆓其美㆒。有㆕以見㆔道高德遠。功深行密。非㆓常情思議所㆒㆑及矣。同宗學者尚不㆑能㆓稟㆑訓脩㆑身想㆑德追㆒㆑遠耶。元符三年祖忌日序(38)

とある。元照は、はじめにこの礼讃文が、南山道宣の業績を詳しく収載する李邕（六七八―七四七）の『行状』、厳厚本（生没年不詳）の『碑記』、賛寧の『宋高僧伝』がありながらも、後代の賢者により、道宣の斎忌の度に南山大師への哀慕の心を述べるために多く作られたものであるとしている。(39) その讃を作成した最初の人物が孤山智円（九七六―一〇二二）(40) であり、これは允堪や仁岳に南山律を伝えた択悟の請に酬いたものであるとしている。この智円の讃をもとに、続いて作成したのが仁岳であり、さらにそれをもとにして允堪も作っているのである。この三師の「南山礼讃文」は、蘭菊が美をほしいままにするごとく、その内容も文章も素晴らしかったため、その後、この三師の礼讃文に次ぐものが出ず、他に作られたものは収録しなかったとある。

このように元照は、元来あった智円の「南山大師賛後序」の内容をもとに、択悟と深い関わりを持ち、かつ南山道宣へ崇敬の念を持ち合わせた三人の礼讃文を集めて序を付し、各礼讃文の最後に自らの意見を述べているのであ

る。[41]この他にも元照は、智円、仁岳、允堪の三者に関係する戒律関係章疏を作成している。[42]今「集南山礼讃序」に着目した理由は、元照の戒律関係章疏のなかで、道宣以外の誰かの著作を編集し、刊行しているものは、祥符寺東蔵慧鑑律師の「六物図」の治定以外にない点にある。[43]つまり、それだけ元照がこの三者に強い関心を抱いていたことが察せられるのである。

特に智円と仁岳は、ともに元照が律を学んだ祥符寺と住持していた霊芝崇福寺に関係しており、加えて浄土教の著作が多かったことも、その理由として挙げられるであろう。[44]もちろん、その年齢差からして元照に智円との直接の面識はなかったと思われる。しかし、この「集南山礼讃文」をはじめ、いくつもの智円著作が霊芝崇福寺で著されていることや、[45]仁岳が晩年に祥符寺の住持となっており、その弟子可久（生没年不詳）[46]に元照が師事していることを勘案すれば、少なからず元照が智円や仁岳の思想を受容しやすい環境にあったと推測されるのである。三者のなかで最も早くに活躍した智円の戒律と浄土教の関係書と、他の三者の著作を対応させてみれば表1のとおりである（『遺教経』注釈書、宗密『盂蘭盆経疏』の注釈は、儒教の孝思想と戒律との融合が説かれているため、表に加えた）。

表1をみれば、智円の著作と元照の著作がよく対応していることがわかる。智円の著したものをそのまま題材にしたわけではないためこの表のなかに入れていないが、智円が比丘六物のなかの漉嚢について書いた「漉嚢志」を、元照は霊芝崇福寺に入寺する以前と考えられる三三歳のときに著した『仏制比丘六物図』に引用している。[47]そして、この表のなかにある智円著作に対応する元照著作のすべてに智円の引用が認められるのである。もちろん、仁岳や允堪の説も対応している元照著作に用いて注釈している。その他、仁岳と允堪の説は、元照の律三大部注釈書中にも散見される。また、元照による三者の引用は、必ずしも賛同の立場から使用されるばかりではなく、仁岳の戒体説のように批判の対象としてとりあげられている場合も多い。[48]つまり、元照は単純に戒律の師としてこの三者に注

目したのではなく、あくまでも「同じく戒律を研究する先学」としてとらえていたことが推察されるのである。(49)

表1　智円の戒律と浄土教の関係書との対応表

智円	仁岳	允堪	元照
「漉嚢賛」			
「漉嚢志」			
「南山大師忌」			
「南山祖師礼讃文」	「南山祖師礼讃文」	「南山祖師礼讃文」	「集南山礼讃序」
『仏遺教経疏』	『遺教経助宣記』	『仏遺教経注』	『遺教経論住法記』
		『仏遺教経科』	
		『仏遺教経統要鈔』	
『蘭盆礼讃文』		『蘭盆礼讃文』	『蘭盆献供儀并序』
『盂蘭盆経疏』			『盂蘭盆経疏新記』
『蘭盆経疏宗華鈔』			
『阿弥陀経疏』	『阿弥陀経新疏』		『阿弥陀経義疏』
『阿弥陀経西資鈔科』	『阿弥陀経新疏科』		『阿弥陀経義疏科』
『阿弥陀経西資鈔』	『阿弥陀経新疏指帰』		
『十六観経疏刊正記』			『観無量寿仏経義疏』

このように、祥符寺において元照が学び得た南山律とは、元来祥符寺に所蔵されていたと考えられる希覚の『増暉録』をはじめ、智円、仁岳、允堪といった当時を代表する山外派や律の学僧達の教学など、幅広いものであったのであろう。[50] そして、元照はそのように幅広い南山律学に加えて、菩薩戒についても学んでいる。続いて、元照の菩薩戒の修学を考察したい。

第三項　菩薩戒の修学

元照の戒律修学は、南山律だけにとどまらず、伝記によると、慧才から菩薩戒を受けている。その様子は伝記に「従二廣慈一受二菩薩戒一。戒光發現。頓漸律儀罔レ不二兼備一。南山一宗。赫爾大振」[51]とあり、「戒光発現」という奇瑞まで起きたとされる。ちなみに「戒光発現」とは、典拠となった「霊芝塔銘」によれば、元照をはじめとする道俗一〇〇〇人が雷峰の寺で受戒の羯磨を受けるまさにそのとき、講堂に安置してあった観音菩薩像が光明を放ったというエピソードである。[52] 一度の授戒に一〇〇〇人が集まることにも驚かされるが、授戒の羯磨の際に奇瑞が現れたと伝えられるほど、慧才は菩薩戒に通じた名僧であったことがうかがえる。慧才については、元照が「杭州雷峰広慈法師行業記」を著しており、「予嘗従レ師稟レ戒知レ師頗詳」[53]と自身で述べるほど深い親交のあったことが知られる。慧才は五歳で寺に入り、一三歳で戒品を受け[54]、四明延慶寺で知礼に師事した後、杭州銭塘の天竺寺において遵式に学んでいる。後半生の四〇年余りを杭州で過ごしており、その生活は世俗を離れて出家者としての食生活を守り、朝晩には講説をなし、元照も「真に一代の高僧也」と評している。[55]

このような高僧慧才から元照が学んだ内容について、伝記には「頓漸律儀罔レ不二兼備二」とのみ記載されている。[56]

「頓漸律儀」について、その言葉そのものを現存する元照文献にみることはできないが、菩薩戒の頓漸についてであれば「授大乗菩薩戒儀」のなかにみることができる。それは次のとおりである。

然菩薩戒凡有二兩宗一。一者華嚴部、二者法華部。梵網經云、若受二菩薩戒一者、國王百官比丘比丘尼乃至庶民黄門非人畜生、但解二法師語一盡得レ受レ戒。此即華嚴部。通二漸頓受一也。善戒經云、欲レ受二菩薩戒一、先受二優婆塞五戒一、次受二沙彌十戒一、次受二比丘具戒一、後受二菩薩戒一。譬如下重樓四級、不レ由二初級一而至二二級一無レ有二是處一。不レ由二二級一而至二三級一無レ有二是處一。不レ由二三級一而至二四級一無レ有中是處上。此即法華部。唯從二漸受一也。今在家士女受者、則專依二梵網一。出家僧尼受者、則通稟二二經一。今且依二梵網一通攝二道俗一。世所二盛行一。(57)

ここで元照は、菩薩戒に華厳部と法華部があるとし、華厳部は『梵網経』、法華部は『善戒経』によって受戒するとして、二種の菩薩戒を説いている。華厳部は、『梵網経』に法師の言葉を理解できるすべての者が受戒できると説かれていることから、漸頓二種の受戒に通じて用いることができる。これに対し、法華部は、『善戒経』に五戒・十戒・具足戒と次第して受け、最後に菩薩戒を受けると説かれているため、漸受戒のみであると、二種の菩薩戒の受戒の違いを述べている。そして、その上で在家は『梵網経』により、出家は二経により受戒すべきことを明かしている。伝記の「頓漸律儀罔レ不二兼備一」とは、こうした華厳法華二種の受菩薩戒の内容に関して、元照が慧才から子細に学んだことを指すものと考えられる。このように元照は、法華にこだわることなく華厳も含めた両部の菩薩戒を慧才から受けているのである。

また、慧才が元照に菩薩戒を授けるにあたっていかなる戒儀を用いたか不明であるが、慧才の師である知礼と遵式の「授菩薩戒儀」が現存している。(58)元照によって新しく作成された「授大乗菩薩戒儀」には、「今準二天台所レ列六家儀式、并古今諸文一參詳去取。且列二十科一(59)」とあり、天台『菩薩戒義疏』（以下、『天台戒疏』と略す）に載せられている菩薩戒の授戒方法の六例(60)、および古今に著されたさまざまな菩薩戒に関する文を参考にして十科を立てたことを述べている。ここには具体的に慧才や知礼、遵式の名をみることはできないが、慧才が自身の師であった知

図3　知礼・遵式・元照の戒儀構成の比較図

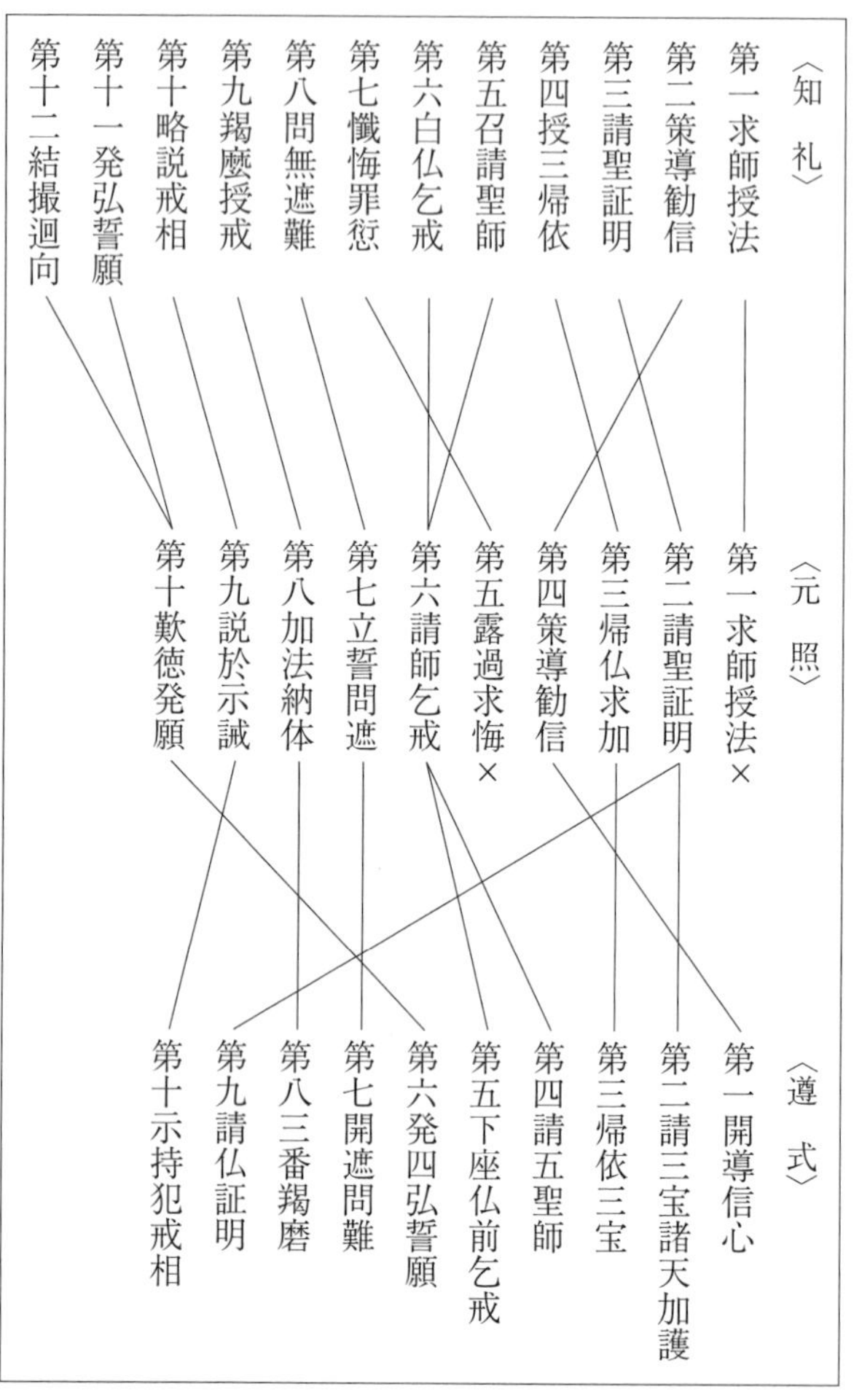

礼と遵式の「授菩薩戒儀」を元照へ伝えている可能性があり、また、このような三者の「授菩薩戒儀」の比較は、管見の限りいまだ行われていないため、図3のようにその構成の異同を確認することにした。比較図からは、元照が慧才から伝えられた知礼や遵式の戒儀からも意欲的に良い点を取り入れて構成しようとしたことがうかがえる。

図3のとおり、元照の「授大乗菩薩戒儀」は十科によって授戒している。南岳慧思「受菩薩戒法」以来、天台に相承される戒儀はほぼ十二門で構成されており、なかでも湛然が作成した「授菩薩戒儀」は「十二門戒儀」とも呼ばれ、後世の授戒でもほとんどこの十二科の形式が用いられている(61)。元照の戒儀はそれらに反して十科でまとめられていることから、図の下に示した遵式「授菩薩戒儀式」を例に構成したものと考えられる。ただし、科名や内容としては、図の上に示した知礼「授菩薩戒儀」の方からの影響が大きいようである。遵式の戒儀が湛然の戒儀に準じて諸仏の証明が受戒の後になっているのに対し、知礼や元照は三帰の前に行っている。また、湛然や遵式にはない受戒の師を求める科や罪を懺悔する科が、知礼と元照の戒儀には設けられている。このように元照が内容的に知礼の戒儀に依ったことについては、次のような二つの理由が考えられる。一つは、『天台戒疏』所載の受戒方法六例のうち、鳩摩羅什伝来の梵網本に依ったためであろう。湛然が参考としている地持本や高昌本には、懺悔の科はなく証明の科が授戒の後に設けられているのに対し、梵網本には懺悔の科はあるが、証明の科を設けていない。元照はこの戒儀を『梵網経』に依ることを明言していることから、梵網本にしたがった知礼の科段に順い、受戒前の三宝を請う段で証明もともに請い、乞戒と問遮の前に自己の不善業を懺悔する一段を設けたことが予想される。もう一つは、元照が懺悔と浄土往生を重視していることが挙げられる(62)。それは、元照の戒儀にある懺悔の科段において、

凡欲レ受レ戒、思念無始已來、三業六根所レ造諸惡、無量無邊説不レ可レ盡。若不二發露一障レ戒、不レ發障二淨土門一、

障二菩提路一。追レ過自責。仰對二三寶一、求レ哀懺悔。護國戒經云、佛言、若諸佛子、欲レ得レ成二就阿耨菩提一、若欲二善能知二自心一者、若有レ欲下以二大慈悲手一。於二生死泥一抜中衆生上者。應下先發二起大慈悲心一、普爲二衆生一歸二依三寶一、受二菩薩戒一、發二菩提心一、至レ誠懺悔上。當下隨二師教一、作中如レ是言上。(63)

と、『守護国界主陀羅尼経』を経証として発露懺悔しなければ戒を受けられず、戒を発さなければ浄土に生ずることも悟りの道も塞いでしまうと述べている点にみられる。元照において懺悔は、受戒の要件となるばかりでなく、その先にある浄土往生も菩提成就も左右するほど重要視されるのである。知礼の戒儀は、懺悔の科段が設けられ、さらに「庶得下以レ此荘二厳浄土一命終決中取往生上。方知念佛受戒功勳不レ可レ得二而思議者一矣」(64)と説くなど、念仏と受戒をともに往生浄土の行業ととらえる浄土教的要素が、湛然や遵式の戒儀と比べて明確である。元来、浄土教信仰の篤かった元照は、新たに戒儀を作成するにあたって、さまざまな先賢の戒儀を参照した上で、この懺悔と浄土教的要素を多く含んだ知礼戒儀に着目し、これに依ったと考えられるのである。元照の戒儀は、知礼の戒儀よりもさらに浄土教的色彩の強い内容となっているが(65)、そのような菩薩戒解釈の淵源は、慧才によって伝えられた知礼の説く菩薩戒の受容にあったと考えられるのである。

以上、元照の戒律の修学をめぐって考察をしてきた。元照当時の南山律学は、同時代の懐顕『律宗新学名句』に六〇家あったといわれるように非常に盛んに行われており、元照出生のおよそ一〇〇年前には杭州の地でも『四分律』の注釈書が作られていた。元照が直接影響を受けた律僧は、みなその時代から杭州の四明や銭塘、蘇州天台山など江南地域において行われていたさまざまな戒律理解を継承しており、元照が修学した祥符寺はそれら諸説を学ぶことが可能な場所であったようである。祥符寺は、『増暉録』を著した希覚の南山律の理解が伝えられているとともに、律僧択悟に関係を持ち、やや早い時代に活躍した智円、仁岳、允堪の戒律関係資料も学び得た環境であった。そして、元照は単純に一つの理解にとらわれることなく、さまざまな南山律の理解を修学し、吸収し、自説を構築していったと考えられるのである。後世、南山律宗の中興とされる元照であるが、実際は衰微したものを活発にしていくというよりも、散説されていたものを祖承説や戒体説などを通じて整理していったといえる。また、その過程において、処謙のみならず、智円、仁岳など多くの天台家の影響を受けたものと考えられる。そして、元照は、一代の高僧と敬い、授戒においては奇瑞が現れるほどの名師であった慧才から、華厳部と法華部の両部にわたる菩薩戒、および知礼や遵式の戒儀を親しく授けられることにより、さらに、大乗としての戒律理解を盤石なものとしていったと推察されるのである。

第三節　天台教観の修習

第一項　天台『小止観』収載の元照序文と湛然『始終心要』

元照の著作のなかには、天台教観に関わるものが残されている。それは『修習止観坐禅法要』、いわゆる天台の『小止観』に対する序文であり[66]、なかにおいて「若夫窮㆓萬法之源底㆒、考㆓諸佛之修證㆒、莫㆑若㆓止觀㆒」[67]と、天台止観の勝れていることを述べている。元照がこの序文を付して紹聖二年（一〇九五）に『小止観』を刊行していることからも、元照の天台止観への関心の高さがうかがえる。

また、同じく元照が刊行した『小止観』には、わずか二八七文字で天台の観心の要義を記した荊渓湛然（七一一―七八二）著『始終心要』[68]が収載されている。元照と同時代に活躍した神智従義（一〇四二―一〇九一）にその注釈である『始終心要注』[69]があり、『釈門正統』に「師有二始終心要一厥今盛傳」[70]と、『釈門正統』が著された時代にも盛んに行われていたとあるから、湛然の『始終心要』は北宋末から南宋のはじめにかけて広く親しまれていた著作であったことが予想される。元照はこの『始終心要』を注釈するのではなく、模倣して『始終戒要』[71]という戒律の要義をまとめた著作を撰している。この他、元照著作のなかにはさまざまな天台典籍が引用されるなど[72]、天台教学を深く学んでいたことが察せられるのである。

第二項　天台教観の師について――処謙師事説の再検討――

元照が天台教学を修学した時代は、まだ天台教団内において山家山外の論争が続いていた。論争は元照が生まれる二〇年前に知礼が入滅することによって一度終息するものの、元照と同時代にあたる従義や草堂処元（一〇三〇―）等によって再燃する。[73]一応、その前半の論争の争点を簡略に示せば以下の四点である。

一、『金光明玄義』広略二本の真偽問題
二、知礼『十不二門指要鈔』[74]における別理随縁説
三、智円『請観音経疏闡義鈔』[75]における理毒性悪説
四、知礼『観経疏妙宗鈔』[76]（以下、『妙宗鈔』と略す）における色心双具説、および仏身説

元照の師であり、知礼門下三家のうち神照本如（九八二―一〇五〇）の後を嗣いだ処謙は、煕寧四年（一〇七一）に『十不二門顕妙』を著している。[77]この序文には、湛然が書いた『十不二門』が煩雑な異論によって正しく理解されなくなっていることを惜しんで著したとある。山家山外の論争において、天台性具説をめぐりさまざまな異論が

あるなか、処謙も正義を述べようとしたことがわかる。そして、その見解は知礼の見解に準じたものであった。一方、元照の授戒の師であった慧才も知礼門下であって無関係ではなかったが、論争には参加せず、むしろ両派の融和につとめたようである。[78] そのようななか、元照は積極的に論争に参加することはなかったが、知礼『妙宗鈔』に関して、浄土の観法理解と仏身理解の点で批判的な言及をしている。[79] このような結果から考えると、浄土教を含む知礼系の天台教学を、はたして元照がどこまで処謙に学ぶことができていたのか、疑問が残る。ここでは、あらためて元照の天台教観の修学がどのように形成されてきたのか、検討したい。

本章の冒頭にも述べたが、元照が師事した最初の天台僧は処謙とされている。元照伝に「謙曰、近世律學中微、失亡者衆。汝當レ爲二時宗匠一。蓋下明二法華一以弘中四分上。吾道不レ在レ茲乎。乃博究二諸宗一以レ律爲レ本」[80] とあり、元照は処謙から『法華経』の円意によって『四分律』を弘めよと示されたのであり、元照自身も「後遇二天台神悟法師苦口提誨一、始知レ改レ跡。遂乃深求二祖教一、博究二佛乘一」[81] と、処謙からの厳しい訓導によってはじめてこれまで歩んだ道を改めるべきことを知り、深く釈尊の教えを求めて大乗を学んだことが述べられている。この処謙が銭塘へ来たのは、元照撰「杭州祥符寺瑛法師骨塔銘」によると熙寧年間（一〇六八―一〇七七）のことであり[82]、処謙が『十不二門顕妙』を銭塘の浄住律院において著した熙寧四年（一〇七一）前後のことと考えられる。元照が択瑛とともに処謙のもとへ参じたのも、同じ時期であろう。そして、処謙の入滅まで学んでいたとすれば、学んでいた時期の下限は熙寧八年（一〇七五）となる。[83] つまり、元照が処謙から天台教学を学び得た時間は最大でも、処謙銭塘来訪の熙寧年間の初年（一〇六八）から処謙入滅（一〇七五）の七年間である。

しかし、ここであらためて考えるべきは、元照の天台修学が、その短期間のうちに処謙から学んだものであったのか否かである。そもそも元照が天台教観を学んだことについては、伝記資料のなかにも元照自身の言葉にもみられない。先学が、元照の天台修学を処謙によるものと述べる根拠は、「浄業礼懺儀序」に処謙から「苦口提誨」されたとあることと、『釈門正統』元照伝に「與二擇瑛一從二寶閣神悟謙一」[84]とあること、そして、江戸期に成立した慧堅撰『律苑僧宝伝』元照伝に、処謙と元照の深い師弟関係が描かれていることによる[85]。

一応、『釈門正統』に択瑛とともに処謙にしたがったとあるが、その直後に続く文章で、律学が衰微しているから律学の宗匠となることを諭されるのであり、厳密にいえば、処謙から天台教学を学んだのではなく、法華の円意による律学の再興を「苦口提誨」されたのである。そして、元照はその厳しい訓導を受けて『法華経』を中心とする大乗の意によって『四分律』を解釈したことが考えられるのである。処謙が銭塘で『十不二門顕妙』を著した前年の熙寧三年（一〇七〇）、元照が二三歳で著した「戒体章」において、すでに天台の円教と南山の円教を『法華経』の意によって会通させていることが、その証左となろう[86]。

律学の中心問題ともいえる戒体に関する議論のなかで、あえて天台の円教に関する問答を出して南山律宗の戒体説と会通するとすれば、両宗の教義を相当心得ていなければならないはずである。ところが、元照が処謙に出会う上限の年が熙寧元年（一〇六八）であるから、「戒体章」作成までの間に、元照が処謙より天台教学を学び得る時間はわずか一、二年ほどしかないのである。もちろん、処謙のもとでの修学がまったくなかったわけではないだろう。

それよりはむしろ、天台教学を処謙と出会う以前より南山律学とともに学んでいた元照が、処謙から法華の円意による律学の再興を厳しく訓導されて一念発起し、法華の意をもって『四分律』を解釈するこの「戒体章」を書いたとすることの方が、自然であると考えるのである。

ただし、諸元照伝には天台教観の修学を処謙以前にしていたという記述はみられない。しかし、前節でとりあげたとおり、元照が修学、住持した祥符寺や霊芝崇福寺は、かつて山外派の主要な人物である智円や仁岳が執筆活動をし、住持した寺院である。特に、知礼と袂を分かってから多くを智円の教学に依った仁岳は、知礼入滅（一〇二八）を霊芝崇福寺で耳にし、その後、晩年は祥符寺の主となっている。[87] 元照が祥符寺に入寺したときは、まだ仁岳存命の時期にあたる。仁岳の入滅は治平元年（一〇六四）であるため、元照が試経を受ける少し前の一六歳のときまで、同じ祥符寺に居住していたのである。また、仁岳の弟子には、可久や霊照（一〇二八―一〇八二）[88] があり、二人の伝記や塔銘を元照が撰していることから、直接のつながりがあったと考えられる。特に、可久は仁岳と同じく祥符寺におり、第二節で述べたとおり、元照がこの可久に直接師事していたことを確認できる。元照は慧鑑から南山律を学ぶとともに、こうした環境において、童行のうちから智円や仁岳の伝える天台教学を受けていたと考えられるのである。[89] そして、そのことを裏付けるかのように、元照は自身の著作に智円や仁岳の著作を引用し、その内容にも影響がみられる。[90]

処謙と出会って以後も、元照は慧才やその弟子の単異（一〇二七―一一〇二）[91]、手紙のやりとりをしていた櫨菴有厳（一〇二一―一一〇一）など[92]、さまざまな天台僧との親交がみられる。しかし、天台教学の修習に関しては、やはり処謙以前に学んだ智円・仁岳系の理解が、元照における天台教学の基礎を形成したものと推察されるのである。

第四節　華厳学派の影響

第一項　『法界観門通玄記』元照序文について

元照が活躍した北宋代には、杜順（五五七―六四〇）撰とされる『法界観門』の注釈書が数多く著された(93)。これまで華厳学派との直接的な交渉が言及されてこなかった元照であるが、近年、元照の序文が付された『法界観門通玄記』が発見され、元照と華厳教学者との交渉が指摘されている(94)。『法界観門通玄記』は、元照と同時代に華厳を深く学び、北宋の首都開封において活躍した本崇（生没年不詳）の著作である(95)。元照序文には、『法界観門』があってこそ『華厳経』の義に通じることができるのであり、『通玄記』のような注釈書があってこそ『法界観門』所説の真空観、理事無礙観、周遍含容観の三重の秘門の内容を理解することができると述べている。また、この『通玄記』が本崇の弟子によって開板された経緯についても言及している(96)。このようなことから、元照には華厳の教観に関する素養があり、それが直接交渉のあった華厳教学者による影響であることがうかがわれるのである。

開封にいた本崇との関係がいかなるものであったか、この序文からはこれ以上追究できない。しかし、この他にも戒律や天台の修学に関して注目してきた祥符寺において、元照が華厳学派の僧と交流を持っていたことが確認できる。続いてこの祥符寺における華厳学派との交流について着目したい(97)。

第二項　元照短編著作にみられる華厳学派との交流

元照の『芝園集』には、僧侶の塔銘や行業記が一四篇残されており、(98) そのうちの三篇は元照が修学した祥符寺に居た僧のものである。その三名は、元照の幼いときからの友人択瑛と、仁岳の弟子の可久、そして、通義子寧（一〇〇八―一〇八八）である。子寧は、華厳中興の祖とされる晋水浄源（一〇一一―一〇八八）と同じく、華厳教学の復興期に活躍した長水子璿（九六五―一〇三八）に学んだ僧である。「杭州祥符寺通義大師塔銘」には、その修学と教学的な理解について次のように述べられている。

> 少小頴悟不レ樂二塵俗一、從二祥符寺有章一脱レ素。遇二天禧普恩一落髮具戒。諱子寧字師靜號全眞子。初依二祖師遇因百法一學二慈恩經論一。次從二長水子璿法師一學二賢首教觀一。尋下歸二閉戶一焚枯上折レ松輪環講貫。若楞嚴、若法華、若圓覺、若金剛等、無慮五十餘過行。有二餘力一、旁涉二周孔老莊百氏之書一、皆通講解。善屬二文辭一、頗工二筆扎一。嘗撰二金剛心經科記一、略二慈恩彌陀疏鈔並各一卷一。出二宋高僧傳音義三卷、刪續本寺圖經一卷、新修廣韻字録一卷、書疏雜文六卷、古律詩總五百餘首一。其歷學義解如レ此。中年謝二去人事一閱二大藏一凡四周、四大部一周。東京普安、長興、慶善、雲濟、數處大藏、皆師對校。(99)

子寧は、幼い頃より俗を厭い、祥符寺有章のもとで出家して戒を具え、はじめに慈恩の唯識法相教学を学び、(100) 続いて子璿から賢首の華厳教観を学んでいる。その講義は、『首楞厳経』『法華経』『円覚経』『金剛般若経』といった仏教経典のみならず、余力があれば、儒教や道教など諸子百家の書についても行われ、非常に博識であったようである。著述には（伝）基『阿弥陀経』注釈二書の略本や、同じ祥符寺に居た賛寧『宋高僧伝』の『音義』などがあった。また、『大蔵経』を四度、『四大部経』を一度通読しており、[101]そのような博識を活かして数箇所の『大蔵経』の対校作業を行っていたとされる。浄源は、智円が杜順の著作としていた『妄尽還源観』を、法蔵の著作であると断定する際に、この子寧から法蔵撰『義海百門』や『般若心経略疏』『探玄記』と同様の文があるとの助言をもらったことを、『妄尽還源観』に付される『修華厳奥旨妄尽還源観紀重校』に記している。[102]このことからも、子寧が非常に広い知識を持ち、華厳を中興する浄源と親しかったことが知られる。「杭州祥符寺通義大師塔銘」には、

元祐三年十一月十日、大師以レ疾終二于所居一。十九日火葬得二青碧舎利數百粒一。弟子輩以二明年正月二十六日一葬二餘骨于靈隱之西麓一。預狀二平生事業一、從レ予請二銘以表二其塔一。辭不レ獲レ免。[103]

とあるように、元照は、子寧が入滅した翌年、子寧の弟子から子寧の平素の行状を塔銘に書いてほしいと頼まれ、断り切れずに書いたと述べている。おそらくは、直接的な師弟関係ではないにしても、面識はあったのであろう。ここに子寧を含む華厳教学者と元照の交流が認められるのである。

元照は子寧の他にも、浄源と同じく長水子璿と縉雲仲希（生没年不詳）に華厳教学を学んだ惟鑑（一〇一二—一〇九〇）の伝も著している。その「湖州八聖寺鑑寺主伝」には、

少厭二塵俗一、依二寺僧有章一脱レ素。年十六試經業剃度。既具二戒品一、從二長水子璿縉雲仲希一學二賢首經論一。又從二安吉羅漢長老一參二問禪理一。晩歸二本居一、衆推以董二寺事一。師口不レ沾レ葷、囊無二餘積一、所レ獲施利畢歸二營福一。言行繩準擧措公正。其徒莫レ不二敬服一。建二觀音院一、啓二長堂一、鑄レ鐘結レ界、皆勠レ力爲レ之。募二萬餘人一爲レ社、同崇二淨業一以二旃檀木一刻二西方三聖一。早暮懺念中宵施食終身不レ輟。閱二大藏一一周、誦二法華千部光明萬部一。如レ是凡三十餘年孜孜不レ懈。[104]

とあり、子寧と同じ「有章」という名の僧のもとで出家し、子璿と仲希から華厳の経論について学び、後に安吉羅

漢長老のもとで禅に参じ、最後、もと居た徳清（現在の湖州市徳清県）に戻って八聖寺の寺主となっている。また、惟鑑が弥陀三尊像を造立して浄業結社を募っており、浄土教思想を存していたこと、『大蔵経』を一度通読していることなどを確認できる。「湖州八聖寺鑑寺主伝」には、

弟子輩以二明年三月十三日一闍二維之一。仍録二平生事業一、請二文於餘一。故爲二編次一。庶有レ補二於同道一云。[105]

とあることから、子寧が入滅したとき同様に、元照は弟子に頼まれてこの伝を書いている。これらの塔銘や行業記の存在が示すように、元照は祥符寺に関係する華厳学派の人々と交流を持っていたのである。

第三項　華厳中興の祖浄源との関係

そもそも祥符寺には、仁岳入滅の後に華厳中興の祖とされる浄源が一時期入寺している。[106] 元照当時の祥符寺の堂宇のなかには、その浄源が造立した賢首教院があった。[107] 元照撰「南山撰集録」に「結集正教住持遺法儀六巻、杭州祥符賢聖蔵有レ本」[108] とあるなかの「杭州祥符賢聖蔵」とは、この賢首教院を指すものと考えられ、元照もこの書を撰した元豊元年（一〇七八）以前に祥符寺賢首教院に足を運んでいたことが推察される。浄源が祥符寺に止住した時期は、『華厳原人論発微録』の自序を著した熙寧七年（一〇七四）の前後と予想され、元照が師事した処謙入滅の年（一〇七五）と重なる時期である。つまり、まだ元照が霊芝寺に入寺する以前のことであり、[109] 両者が同時期に祥符寺に居住していたことが予想されるのである

浄源と元照は、ともに高麗国の王子であった義天（一〇五五―一一〇一）と書簡の往復をしている。浄源は元豊八年（一〇八五）に入宋した義天に教授し、親しく華厳の教観を講じた。[110] 後に浄源は、義天を通じて宋で散佚して

いた華厳教学に関する典籍を蒐集している。元照は浄源と同じく一〇八五年に義天と会っている。義天は、当時外国の接待などを司る主客員外郎の役職にあった楊傑（生没年不詳）をともなって、元照の住持する霊芝崇福寺に参じた(111)。このとき、元照は義天と楊傑を前に戒律と浄土教について講じ、義天には菩薩戒を授けている。宋で元照が開板したにもかかわらず、官に没収されて破却されてしまった慈愍三蔵慧日（六八〇―七四八）の『略諸経論念仏法門往生浄土集』（以下、『浄土慈悲集』と略す）を義天に送っているなど、元照も浄源と同様に義天と典籍のやりとりがあった(112)。両者は、義天の入宋以前に同じ時期を祥符寺で過ごし、義天が修学のために入宋してきたときには、それぞれ自身が宗とするところを伝えているのである。義天は宋の哲宗の紹介により、はじめ開封の有誠に師事する予定であったが、有誠が固辞して浄源を紹介したため浄源に師事している。元来華厳を学んでいた義天にとって、有誠でなくとも著名な華厳教学者であった浄源のもとで学ぶことは喜ばしいことであり、宋での修学の中心であったと考えられる。これに対して、義天が元照のもとで戒律の講義を受けるにいたった明確な経緯は不明である。しかし、元照がすでに律の大徳として著名であったことや、浄源との深い関わりがあったことなどによるものと予想されるのである。

浄源と元照の関係についてはこれまで着目されてこなかったが、義天宛の浄源の遺書が、元照に託されていることを確認できる。それは、『大覚国師外集』に収載される「大宋沙門元炤（照）書二首」のうちの第二首である(113)。一部欠落しているため、全文を見ることはできないが、「遺書委曲寄二高麗法子僧統一」という言葉にはじまり、浄源と義天の深い師弟関係がうかがえる内容となっている。注目したいのは、この浄源遺書の次の内容である。

嗚呼、吾首於二華嚴一老注二法花一。二經爲二佛教表裏始終之絶唱一。吾得而畢レ之、豈非二夙志之幸一乎。然心疲氣殆。行年七十有八、十有一月末、操レ觚爲二書一通一、留二着經帙内一、附二門人一寄二吾子僧統一、決二別於此一。所レ注法花離爲二十二巻一、使三其旋寫二妙經附去。請爲レ吾詳校開板、流レ之無レ窮。豈惟吾心之願乎。抑亦暢二吾佛之懷一、非二吾子一而誰爲耶(114)。

浄源は、七八歳の一一月に示寂するのであるが、まさにその間際にこの義天宛の遺書を書き、経帙の内に付けて門人に付託していることがわかる。そして、浄源が「門人」に付託するとしているが、ここで遺書を託されているのは元照である。つまり、元照が浄源の門人として義天に遺書を送っていることが予想されるのである。しかし、元照の著作中に明確な浄源著作の引用がみられないことや、元照が子寧や惟鑑の行業記の執筆に際して、その門弟から頼まれて書いていることを勘案するならば、この遺書にいう「門人」が義天に送付した元照を指すと断定することは難しいであろう。そうとはいえ、高麗国の元王子である義天に対する遺書の送付を任されるほど、浄源やその弟子達から信頼を受けていたことは間違いなく、浄源とかなり深い関わりがあったことが推察されるのである。

浄源の教学は宗密教学が中心であるが、当時隆盛であった天台法華の教学にも通じていた(115)。その主張は天台山外派の学説と大きく変わらず、『法華経』と『華厳経』を同等に高く位置づけるものであった(116)。しかし、浄源は教学の内容的には山外派とあまり変わらなくとも、「賢首一宗」を立てて華厳を復興し、「山外派」という天台の枠から出たのである。このような姿勢は、天台山家山外論争が行われていた時代にあって、新しい結論の出し方を元照に提示したものとみられる。元照も、

是以如來出二興於世一、爲レ令三衆生復二本眞性一。以二方便力一種種開示一代時教、無レ非三皆爲レ趣二一佛乘一。故云下爲二一大事因縁一出中現於世上。所謂開示悟入佛之知見、即令三衆生了二知自心無始煩惑當體清淨、無量結業當體自在、無窮苦報當體平等一。一法既爾、法法咸然。華嚴直爾而説、法華作二方便一説。不二唯釋迦一。過去諸佛已説、未來諸佛當説、現在諸佛今説(117)。

と、如来の出世は衆生に自心を悟らせることであり、『華厳経』はこれを直接そのまま説いたものであり『法華経』は方便をなして説いたものであるとするように、[118]『法華経』と『華厳経』を同格としている。前項で述べたとおり、元照も山外派の影響を多分に受けていることから、ことさら天台の教説に固執することがないのである。加えて、後章で詳しく述べるが、[119]著作中に『原人論』を引用するなど、元照は宗密教学も受容している。このような点は、浄源や子寧といった華厳学派の影響であろう。そして、元照は「南山律宗」を立てて律宗を復興することにより、浄源と同じく天台の枠から出たのである。

浄源が「賢首教」を標榜し、『賢首五教華梵七祖図』を作成して華厳の祖承説を整理し、祖師の著作の章疏を作成することで一宗を確立したように、[120]後に元照も「南山律宗」を標榜し、『南山祖承図録』を作成して南山律宗の祖承説を整理し、道宣の律三大部の注釈を行って一宗を確立するのである。元照が南山律宗を復興した背景には、他の教学を柔軟に取り入れる山外派の影響下で修学したこととともに、同時代に杭州祥符寺に居住し、華厳宗を復興した浄源他、華厳学派の僧の影響が見受けられるのである。

第五節　禅僧との交流

第一項　慧日『浄土慈悲集』開板をめぐって

顕徳二年（九五五）に断行された後周世宗の破仏によって衰微した仏教は、失われた典籍が徐々に整備されることで、復興を遂げた。[121]元照修学当時には、天台宗や華厳宗、慈恩宗といった教学中心の仏教が再び盛んに行われるようになっていた[122]。しかし、それらの宗派よりもさらに盛んであったのが、禅宗である[123]。元照の禅宗との交渉については、先学によってすでにすぐれた研究成果がある[124]。その議論の中心となるのは、慈愍三蔵慧日撰『浄土慈悲集』の開板問題である。

『仏祖統紀』には、

四年。四明大梅山法英禪師等十八人列㆓狀於郡㆒稱。杭州僧元照至㆑郡分㆓淨土集㆒云㆓是唐慈愍三藏作㆒。雖㆘以勸㆓修淨業㆒爲㆖名、意實毀㆓謗禪宗㆒指爲㆓異見著空之人㆒。英等今檢㆓藏經㆒即無㆓此文㆒。遂作㆓解謗一通㆒以詰㆑之。乞取㆓問元照㆒窮㆓覈眞僞㆒。照無㆓以爲㆑答。乃稱古藏有㆑本。州司知㆓其理窮㆒。而敬㆓其持律㆒、但令㆑收㆓毀元本㆒以和㆓解之㆒（解謗書刻板在梅山[125]。說義立理最爲雅正。）

とあり、紹聖四年（一〇九七）に元照が四明大梅山の法英禅師等一八人の禅僧から、開板した『浄土慈悲集』を四明の地で分け与えたことをめぐって、郡の司所に訴えられた事件を記している[126]。四明の禅僧法英は、元照が慧日の作とする『浄土慈悲集』を大蔵経のなかに探したが見つからないため、元照が禅宗を誹謗するために作成した偽書であろうと「解謗書」一通を作り、元照に真偽を明らかにするよう訴えでた。元照はこれに対して答えることなく、ただ古蔵にあるとしただけであった。州司は元照が答えに窮したと知りながら、その持律堅固な高徳を敬って、処分を元本の破棄にとどめて和解させたとしている[127]。『仏祖統紀』著者の志盤は、元照が法英等の訴えに対して明確な返答をしなかったと伝えているが、朝廷から派遣される副知府であった朝奉明公に対して元照が送った「論慈愍三蔵集書」という書状が『芝園集』に残されている。元照の著作のなかで、わずかながら自らの禅に対する見識を述べているものは、この書状のみである。ここでは、「論慈愍三蔵集書」における禅についての理解に着目し、元照の禅理解がいかなる影響によって形成されているかを明かすとともに、禅僧との交流について触れていきたい。

「論慈愍三蔵集書」には、

貧道嘗聞律佛所制也、教佛所説也、禪佛所示也、是三者皆出二於佛一。曰二三學一曰二六度一。故爲レ佛者不レ可レ滞二於一端一。威儀軌度持犯開遮皆見二於律一、非レ學無二以自明一。權實偏圓觀行因果皆見二於教一、非レ學無二以自辨一。識レ心達レ本忘レ筌離レ相皆見二於禪一、非レ學無二以自悟一。經曰歸レ源性無レ二方便有二多門一。是則律與レ教與レ禪同出而異レ名殊レ途而一貫。所謂同出者出二於一心一也。一貫者會二於一性一也。心性也者一切衆生見前覺知之體也。其量虚寂、其用亘廣。潜二于萬化之際一、見二于動用之中一。四相流而不レ遷。三惑覆而常照。柰何漚生二覺海一、雲點二大清一。岸逐レ舟移、花因レ眚發。熾然妄動、瞶然昏塞、紛然馳散、非二一朝一夕一矣。吾佛哀レ之、將レ使レ復二其本一也。於レ是制二其妄動一、故謂二之律一。闢二其昏塞一、故謂二之教一。攝二其馳散一、故謂二之禪一。以レ是觀レ之、律亦心也教亦心也禪亦心也。三者皆我自心、豈容四是二非彼三此於其間一哉。不レ然則心外有法、未レ契二佛祖上乘之旨一也。[128]

とある。ここで元照は、律は仏の制するところ、教は仏の説くところ、禅は仏の示したところであり、これら三学六度はすべて仏により出されたものであるから、それら三者のなかのどの一端に偏ってもいけないとしている。『首楞厳経』に「源に帰すればその性は不二であり、方便によって多くの法門に分かれる」とあるとおり、教律禅三学の名や方途は異なるものの、その根源は一貫したものであり、みな同じ一心より出て、一性のうちに合する。この心や性とは、そのまま覚知（さとり）の本体であり、たとえ三惑に覆われてもそのなかで常に照らし続けている。しかし、衆生の心性が妄動し、昏塞し、馳散することは一時的なものではないため、仏は心性を本来の状態に復元すべく律教禅の三学を修習させるのである。このように律教禅の三者を観ずればすべて自心であるため、その三者を分けて批評すべきではない、と述べている。

元照における禅とは、律や教と分かつべきものではなく、ましてやその三者のなかで優劣を論じ、その一つを修

習すれば済むという性格のものではなかったことが確認できる。そして、そうであればこそ、

> 但古今學者自有二黨レ宗蔽レ曲之流一。謂三了レ心見レ性何假二修行一。認二放蕩一爲二通方一、嗤二持守一爲二執相一、殘二毀正教一、瞖二罔來蒙一。故慈愍三藏文集於是乎作也。斯實救二一時之訛弊一、護二佛法之紀綱一耳。(129)

とあるように、禅宗をひいきしてその曲解をかくす流れの人々の、心を了して見性すれば何の修行も必要がないといって、放蕩な行いをしても道に通ずるとし、持戒持律をあざ笑って執相とするなどの訛弊を救い、仏教の紀綱を護るため『浄土慈悲集』を作成したのである。つまり、元照が『浄土慈悲集』を開板、頒布したのは、独り禅が勝れているとする偏禅の徒に対する批判からなのである。同様の批判は他の元照著作のなかにもみられる。『資持記』に、

> 今時纔霑二戒品一。便乃聽レ教參レ禪爲レ僧、行儀一無レ所レ曉。況復輕二陵戒一、檢毀二呰毘尼一。貶二學律一爲二小乘一、忽二持戒一爲二執相一。於レ是荒迷塵俗肆恣兇頑。嗜二杯臠一自謂二通方一。行二婬怒一言二稱達道一。未レ窮二聖旨一錯解二眞乘一。且戒必可レ輕、汝何登壇而受。律必可レ毀、汝何削髮染衣。是則輕レ戒全是自輕、毀レ律還成二自毀一。妄情易レ習正道難レ聞。拔レ俗超レ群萬中無レ一。請詳二聖訓一能無レ從乎。(130)

と述べ、『大小乘論』に、

> 大小二乘、半滿兩教、佛法關鍵、修行大途。世多不レ曉。故曲辨レ之。有謂下學レ律爲二小乘一、聽レ教爲二大乘一、參レ禪爲中最上乘上。經云、十方佛土中、唯有二一乘法一、無レ二亦無レ三。豈有二多岐一哉。又復世人見下講二經論一者上謂二之小乘一、見二參禪者一謂二之大乘一。斯皆寡學無稽之論。(131)

といっているように、持戒持律を執相とみなして小乗の教えであると軽んじ、参禅を大乗のなかで最上の教えであると位置づける偏禅の者の説を、学が浅い者の根拠のない説であると批判するのである。

このような批判の内容からもわかるとおり、元照における禅の理解とは、あくまでも教や律とともに三学の一つであり、この三学のなかで優劣を論じて何か一つを選び取って他を軽んずるようでは、正しい禅とはいえないとするのである。

元照のこのような禅についての見解は、その開板した『浄土慈悲集』の影響が顕著である。『浄土慈悲集』には、

夫求二禪定一、先持二齋戒一。齋戒爲レ因、方能引レ定。故月燈三昧經第一偈云、

功用無量乃得レ成　若深觀レ此能得レ定

無下物能將二此定一來上　必由二淨戒之所レ起

然坐禪者於二彼齋戒一心全慢緩多分不レ持。以レ何爲レ因而得二禪定一。何以得レ知。學レ坐之人、不レ持二齋戒一、以二現量一知非二比知一也。出家者過レ中藥食。種數千般恣レ情盡レ足。在家者三時飽レ食、持齋何在。酒通二藥分一、熏穢令レ補、病服二鳥殘及自死一者。淨戒安存。以二此理一推、不レ持二齋戒一、但養二見身一。詎修二來報一。口雖レ説レ空、行在二有中一。以レ法訓レ人即言二萬事皆空一、及レ至二自身一、一切皆有。不レ能二亡レ軀徇レ道、齋戒一時、日夜資持一。唯愁レ不レ活レ此。乃行參二塵俗一。沙門之義遠矣。[132]

とあり、『月燈三昧経』を経証として、禅定を求めるためにはまず斎戒を持つべきであり、斎戒によるからこそ禅定に入ることができることを述べている。慧日の活躍した時代も、禅宗六祖慧能によって広く禅が浸透していった時代であり、元照の批判するごとき偏禅の徒が多くあった。坐禅をする人々は、その生活において出家も在家もほしいままに食事をとり、酒や五辛まで薬に通じるとして病に用い、ただ我見を養うことのみを考える有様であった。また、法を説くときには、「万事皆空」と口には空を説くが、自身に及ぶことについては一切有である。一時、一日も斎戒を持てず、ただ活力のないことを愁えるような、これら偏禅の徒の行いは、沙門たる者の義に遠いもので

あると、慧日は批判する。

この他、慧日はさまざまな禅宗批判を行うのであるが、その根本的問題は、

若執㆓己見㆒、不㆑依㆓聖教㆒、言㆓無爲法㆒。（中略）六度三學皆是有爲。禪定即是六度三學隨一所攝。如何確執是無爲耶。進退徴詰、逃竄無㆑處。無明厚重、我慢山高。執㆓自己見㆒、強違㆓理教㆒。一何迷昧。[133]

と、仏教の基本的な実践行である六波羅蜜と三学はすべて有為法であるのに、この六波羅蜜と三学のなかで禅定が最も勝れており、常住不変の無為法であると、三学のなかで禅のみを勝行であると主張し、執着する点にあった。慧日はこのような見解を、自己の見解に執着して、強いて仏の説く真理や教法に相違するとし、その迷妄の深さを嘆くのである。

元照は慧日『浄土慈悲集』のこうした所説によって、実に仏教の基本的な三学、六波羅蜜のすべての修習を軽んじてはならないとする姿勢を受け継いだものと考えられるのである。元照が「曾不㆑知㆘此文得㆓於古藏㆒編㆗于舊録㆖」[134]と述べていることから、当時すでに稀少書であった慧日の『浄土慈悲集』を古い経録によって求め、古経蔵において発見したことが察せられる。それゆえ、元照はおそらく『浄土慈悲集』を直接手にする前から、その著作に『浄土慈悲集』を引用する永明延寿（九〇四―九七五）の思想を学ぶことを通じて、その内容を知っていたのであろう[135]。延寿は、諸行兼修、教禅一致、禅浄合行を唱え、その主張する「万善同帰」の言葉のもと、戒律の修習も盛んに勧めるに際して、慧日の『浄土慈悲集』を用いている。元照はそうした延寿を大変尊敬しており、その伝記を流行させるべく、先祖の遺文中にあった『寿禅師実録』を治定した『永明智覚禅師方丈実録』を開板している[136]。

延寿『万善同帰集』には『浄土慈悲集』の次のような箇所を引いている。

慈愍三藏録云、若言㆘世尊説諸有爲定如㆓空華㆒、無㆑有㆓一物㆒名㆗虚妄㆖者、虚妄無㆑法、非㆓解脱因㆒。如何世尊勅㆓

諸弟子㆒、勤修㆓六度萬行妙因㆒、當㆑證㆓菩提涅槃之果㆒。豈有㆘智者讃㆓乾闥婆城堅實高妙㆒、復勸㆓諸人㆒以㆓兎角㆒爲㆑梯而可㆗登陟㆖乎。由㆓此理㆒故、雖㆓是凡夫㆒發㆓菩提心㆒行㆓菩薩行㆒。雖㆘然有漏修習是實是正有㆗體虚妄㆖、非㆘如㆓龜毛㆒空無㆓一物㆒説爲㆗虚妄㆖。皆是依他縁生幻有、不㆑同㆓無而妄計㆒。若如㆑是解者、常行㆓於相㆒、相不㆓能閡㆒、速得㆓解脱㆒。迷情局㆓執於教㆒不㆑通。雖㆑求㆓離相㆒、恒被㆓相拘㆒、無㆑有㆓解脱㆒。又云、若三世佛行執爲㆓妄想㆒、憑㆑何修學而得㆓解脱㆒。不㆑依㆓佛行㆒別有㆓所宗㆒、皆外道行。(137)

ここでは、仏が兎の角のような虚妄なものとしてではなく、確かに菩提涅槃の果を証することのできる妙因として六度万行を説いているのであり、凡夫であっても、有漏の修習であっても、この六度万行を修すべきことを説いている。また、すべてのものは因縁生起によって仮に存在していると理解して、事相の行であっても常に修せば、速やかに解脱できる。しかし、偏禅の徒のように、自己の迷情により相を離れることに執着し、教法に通じないようでは、結果的に相にしばられて解脱はできないであろうとしている。この引用は、延寿が理行と事行を双修すべきことを説く一段に含まれ、延寿自身が理行だけに偏することなく、事行についても励むべきことを説くなかに用いられる。(138)つまり、延寿もこの文を用いることで、ただ事相を離れて理相のみを追い求めようとするのではなく、事相の行を修習し、教法に通達することも決しておろそかにしてはならないことを述べているのである。

第二項　元照短編著作にみられる禅僧──円照宗本・長蘆宗頤──

元照が尊敬し、交流を持った禅僧は、みなこうした律教禅の三学を併修した者であったようである。延寿の住持した杭州浄慈寺の禅僧円照宗本（一〇二〇―一〇九九）(139)も、その一人として挙げられる。「論慈愍三蔵集書」に、

近世慧林宗本法雲大秀、皆釋門之豪傑、擧二揚宗風一、激二勵修奉一。天下緇儒、雲奔草偃率二從其化一。自レ是其徒稍知二頓悟漸修之門、藉教悟宗之理一。[140]

とあるように、元照は宗本を仏教徒のなかの豪傑と評し、その教化が僧侶のみならず儒家に対しても影響があったことを記している。その教化の内容は「頓悟漸修の門・籍教悟宗の理を知らしめる」とあることから、直ちに悟りにいたるのみならず、僧侶としての修行を続けていくことと、教法によって教えの根本を悟ることを教えていたことがうかがえる。また、『慧林宗本禅師別録』によれば、浄源や元照と同じく高麗義天の講師を務めている。このことからも、当時の禅僧のなかでも碩学の高僧と認められていたことがわかる。[141]

元照は、この宗本に対して「送衣鉢書」という書状を出している。先学によると、元照が病気にかかり死なんとしたときに、自身の三衣一鉢を宗本に送ったとされている。[142] しかし、「送衣鉢書」には、

昔者迦葉如來授二我釋迦本師一。智論所謂十三條麤布僧伽梨是也。洎レ至レ垂レ滅、遣下飲光尊者持レ之於二雞足山一以待中彌勒上。有三以見二佛佛之所一レ尊也。祖師西至六代相付表二嗣法之有一レ自。此又祖祖之所レ尚也。今有二講下僧在原一、奉二持制物一有二年數一矣。近以レ病卒、將レ早二手足一。囑令下以二衣鉢坐具一奉中于禪師上、實以下賴二其慈廕一資中其冥路上故也。[143]

とあり、自らの講下にある僧在原の衣鉢を元照が宗本に送るための手紙と考えられる。一応、その内容を確認するならば、はじめに、釈尊が迦葉如来から受けた一三条の袈裟を、釈尊自ら入滅する間際に弟子の飲光尊者に渡し、弥勒菩薩に届けるように雞足山で待たせたという故事をもって、衣鉢を弟子に譲ることは仏と仏の間でも尊ぶところであるとしている。次に、祖師から祖師へと嗣法の時に衣鉢を付すものであると、列祖のなかでも尊ばれることであることを示している。これに続いて、元照は、自分の講下にある僧侶在原が、長い間仏の制せられた六物を奉

持してきたが、近頃病に倒れて死を間近にしているとしている。そして、この僧が元照に委嘱して、衣鉢や坐具を宗本に献上し、宗本の慈心の力をもって後世の助けとしようとしたことが説明されている。

ここに登場する僧在原の存在を他の文献に確認することはできなかったが、そうであるからといって、これを元照に当てはめることも考えにくい。それは、死を意識するほどの大病に臥している状態で書いたにしては書状がしっかりとしていることや、「講下僧」を遣いの者として読むことが不自然なこと、大病前は何度生まれ変わって苦を受けようとも人を助ける身となりたいと願っていた元照が[144]、自身の冥路を心配してこのような手紙を書くとは思えないことなど、元照の衣鉢とするには疑問点が多いのである。特に元照自身が大病を得て衣鉢を送るとした場合、「今有講下僧在原」をいかに読むべきかは、大きな問題であろう。

以上の点を勘案するならば、衣鉢の持ち主は元照ではなく、その講下にあった僧在原とするのが妥当であろう。ただ、衣鉢の持ち主がどちらであろうとも、元照が宗本へ書状をしたためたことは間違いのないことであり、元照自身、禅の高僧として宗本を尊敬し、交流があったことを確認することができるのである。

さらに、元照が交流を持った同時代の禅僧に長蘆宗頤（生没年不詳）がある[145]。宗頤は、宗本と同門の法雲法秀や長蘆応夫に師事した。宗頤は、元祐年中（一〇八六―一〇九四）に長蘆寺に居住して母を迎えて阿弥陀仏を持念させるなど、宗本と同じく、浄土教信仰があったと伝えられている『楽邦文類』の編者宗暁は、宗頤を蓮宗の第五祖に位置づけている。

宗頤に関して、元照はその著述をまとめた『長蘆頤禅師文集』の序文を作成している[146]。

このなかで元照は宗頤について、

賾老禪師河北洛水人。少業二儒文一晩従二釋氏一。志節超邁、學問宏博、偏歴二叢林一飽參二宗匠一[147]。

と述べており、晩年に仏教に帰依してより、その生活は志節に勝れ、学問は広く、あまねく叢林をへて、あくまで宗匠に参ずるといった、真摯な姿勢で修行を重ねていたことを伝えている。また、

觀二乎發菩提心要一、則知下修行發足不上レ踐二於小道一也。觀二乎百二十問一、則知下晨夕自檢不上レ容二於妄慮一也。觀二乎誡洗麵文一、則知下節儉清苦不中以二口腹一費中於僧物上也。觀三乎在家行儀以至二公門十勸一、則知下憫レ物情深不上レ擇二於高下一也。觀二乎枯骨頌一、則知下達レ妄窮レ眞不中爲二世相一所上レ動也。觀二乎蓮華勝會序、勸念佛頌一、則知下決二了死生一、靈神有上レ所歸也。觀二乎坐禪儀一、則知下志尚二修習一不上レ徒二於言句一也[148]。

とあり、元照は『長蘆賾禅師文集』に収載される項目の一々に感想を述べている。これによると、宗賾が大乗の菩提心や戒律、浄土教、禅定など、幅広く学び、著作を残していることが確認できる。宗賾と元照の間に、具体的な交流があったことを伝記資料からみることはできないが、このように著作集の内容すべてに目を通して序文を付すほど、元照は同時代に活躍した宗賾と親しい間柄であったことがうかがえるのである。

以上、元照の著した短編著作などをもとに、元照の禅の理解や、禅僧との交流をみてきたのであるが、元照は、慧日や延寿の説く六波羅蜜や三学の一つとして禅定をとらえており、いたずらに律や教を軽んじて批判し、禅の優位性ばかりを説くことを否定するのである。そのためか、元照が影響を受けていたり、交流のあった禅僧はすべて、禅のみではなく戒律や教法に通じた師ばかりであったことを確認することができる。また、元照の交流する禅僧には、みな浄土教信仰があることを確認できることから、三学をおろそかにしない禅僧として尊敬するばかりでなく、浄土教思想についても影響を受けたことが予想されるのである。

第六節　浄土教の受容

元照は自身の浄土教帰入に関して影響を受けた、もしくは、浄土教の祖師として尊崇している諸師や書物の名を、著作のなかに挙げている。時系列的に諸師を並べたものに『観経新疏』と「無量院造弥陀像記」があり、折に触れて諸師の名を挙げているものに「浄業礼懺儀序」と「為義天僧統開講要義」がある。はじめに元照が直接列記する浄土教門の諸師を整理し、次にそこへ名を連ねる諸師の影響を、元照の事績や著作、修学環境においてもみられるか確認し、元照の受容し得た浄土教がいかなるものであったかを推定したい。

第一項　元照の列記する浄土教門の諸師

時系列的に諸師の名を挙げる「無量院造弥陀像記」には、

彌陀教觀載二于大藏一不レ爲レ不レ多。然佛化東流數百年間、世人殆無レ知者。晋慧遠法師居二廬山之東林一。神機獨拔爲二天下倡一。鑿レ池栽レ蓮建レ堂立レ誓專崇二淨業一。號爲二白蓮社一。當時名僧巨儒不レ期而自至。慧持道生釋門之俊彥、劉遺民雷次宗文士之豪傑、皆伏膺請レ教而預二其社一焉。是故後世言二淨社一者必以二東林一爲レ始。厥後善導懷感大闡二於長安一。智覺慈雲盛振二于淅右一。末流狂妄、正道梗塞。或束二縛於名相一、或沈二冥於豁達一。故有下貶二念佛一爲二麁行一、忽二淨業一爲中小道上。執二隅自蔽一、盲無レ所レ聞。雖レ聞而不レ信雖レ信而不レ修。雖レ修而不レ勤。於レ是淨土教門或幾二乎息一矣。(149)

とあり、白蓮社の主である廬山慧遠と、その結社に参加していた慧持、道生、劉遺民、雷次宗を最初に挙げ、続く唐代に長安で活躍した善導と懐感、北宋代に杭州地域で活躍した知覚延寿と慈雲遵式の名を連ねている。元照はこの文を、無量院弥陀閣に八尺の阿弥陀仏像が造立された際に著しており、結社念仏による見仏を称讃する言葉もみられる(150)。ここに挙げられている諸師のうち、白蓮社に参加していた慧遠・慧持・道生・劉遺民・雷次宗の他、延寿と遵式に結社念仏を行っていた事績が認められる(151)。また、善導・懐感には結社念仏の事績はないが、元照が所覧可能であった賛寧『宋高僧伝』中において、懐感が善導の教示のもと、称名念仏によって三昧を得て見仏している記事を確認できる(152)。このようなことから、結社念仏や称名念仏による見仏を期していた祖師を、元照が選んで列記していることが推察される。

これに対し、同じく時系列的に祖師を連ねる『観経新疏』には、

五指二濫傳一。浄土教法起レ自二古晋廬山白蓮社一。自後善導懐感慧日少康諸名賢逮レ至二今朝一。前代禪講宗師亦多弘唱。唯天竺慈雲法師精窮二教理一盛振二一時一、出二大小彌陀懺儀、往生傳、正信偈、念佛三昧詩並諸圖幢一。見行二于世一。自後鮮二能繼者一。時移事變、相承訛濫斯法幾息。縱曾聽習臆説最多。苟不二辨明一、恐誤二來學一。略引二數事一。識者詳レ之(153)。

とあり、「無量院造弥陀像記」と同じく廬山の白蓮社にはじまり、善導・懐感・遵式の名を挙げている。「無量院造弥陀像記」と異なる点は、善導・懐感の浄土教の流れに位置づけられる慧日と少康が加えられ(154)、延寿が抜けている点である。また、『観経新疏』では、禅宗や天台・華厳・慈恩等の講宗に属する多くの者が浄土教を弘めたが(155)、その教理を窮めたものは遵式一人であり、その後を嗣ぐ者がいないとしている点も注目される。

元照は、両書において過去の浄土教諸師の名を並べて称讃した後、このままでは浄土教の

正しい理解がなくなってしまうと嘆いており、ほぼ同様の内容を述べている。しかし、『観経新疏』における浄土教諸師列記の目的は、「濫伝を指す(156)」という段落の冒頭に置かれていることから、「無量院造弥陀像記」が阿弥陀仏像の造立や結社建立の称讃を目的としていることと少し異なり、より純粋に浄土教を正しく伝えた諸師を最初に明示することを主眼としていると考えられる。そのため、「無量院造弥陀像記」において「參禪見性、孰如二高玉智覺一乎。皆結社念佛而倶登二上品一矣(157)」と、結社の史実によりとりあげられたと予想される延寿は、『観経新疏』において除外されている。そして、詳しくは後述するが、教義的に大きな影響を受けている遵式ただ一人が教理を窮めているとするのであり、その後を引き嗣いで教義を正そうとする姿勢が元照にみられるのである。また、「無量院造弥陀像記」に善導・懐感だけであったところへ慧日・少康を加えたことについては、管見の限り、慧日の名は「論慈愍三蔵集書」にみられるのみであり、少康の名にいたっては他にまったく確認できない。おそらく、『宋高僧伝』に慧日と少康が善導と同様の教化を行ったと伝えていることを受けて、元照が両者を善導の浄土教の流れに属するとしたからであろう。

　このような違いから察せられるのは、『観経新疏』の浄土教諸師列記は、単純に有名な浄土教者を時系列に並べただけではなく、元照自身の浄土教理解において重要な人物を挙げているということである。いいかえれば、ここに名を挙げられている人物こそ、元照が浄土教の祖師として最も信頼していた人物といえるのである。そして、ここで今ひとつ注意しなくてはならないのは、元照は天台に属する遵式を浄土教の祖師として最も重視しているのに対して、天台智顗や四明知礼を挙げていない点である。一応、元照が浄土教帰入について述べている「浄業礼懺儀序」には、善導『往生礼讃』とともに天台『十疑論』が挙げられている。しかし、『観経新疏』の逐文解釈において盛んに引用される天台『観経疏』や、元照の師とされる処謙や慧才の師とされる四明知礼は、その名を挙げられていないのである。このことを勘案するならば、元照の浄土教は天台浄土教の影響を受けつつも、知礼系の天台浄土教とは一線を画していたことが推察せられるのである。

この他、元照が浄土教に関して影響を受けた諸師の名前を挙げる「為義天僧統開講要義」においては[158]、楊傑の「浄土十疑論序」と「直指浄土決疑集序」がとりあげられている。これは義天とともに列席していた楊傑本人にあわせて述べられたものと考えられる。ただし、力強く称名念仏を勧めている点、および来迎を認める点については、両者共通しているため、元照への影響を考えるべき人師の一人として考慮すべきであろう。この楊傑の影響についても、後に触れていきたい。

第二項　廬山慧遠の浄土教

元照が、浄土教の祖師として最初に挙げている廬山慧遠に対する姿勢は、次に示す『楽邦文類』「蓮社始祖廬山遠法師伝」にみることができる。

師有㆓雑文二十巻㆒、號㆓廬山集㆒。靈芝元照律師作㆑序、板㆓刊紹興府庫㆒。[159]

これによると、『観経新疏』でも名前が挙げられていた白蓮社主廬山慧遠の著作二〇巻を、元照が『廬山集』という名で開板し、序文を付していたことがわかる[160]。このことから、元照が廬山慧遠の著作に注目し、その流通をはかったことがうかがえる。ところが、元照著作においては、慧遠著作の直接引用がみられず、主にその行業や結社念仏のことが語られるばかりなのである[161]。これは、結社念仏の始祖であるという史実を中心として廬山慧遠をとらえ、浄土教の祖師の一人に数えて尊崇していたことを示すものと考えられるのである。

第三項　善導系の浄土教

次に善導についてであるが、元照は善導の『観経疏』玄義分と『往生礼讃』を引用して[162]、九品の階位、持名行（称名念仏）、『観経』所説の「正受」の解釈、『観経』十六観の名称などの問題について論じている。詳しくは後述するが、九品の階位と持名行の理解において元照は、善導の影響を受けている。また、善導の専雑二修の文が『観経新疏』『阿弥陀経義疏』「浄業礼懺儀序」の三書に共通して用いられていることから、元照が善導の思想のうち、特に専修思想に着目していたことが確認できる。

この善導の専修思想に同じく着目した人師に択瑛と楊傑がある[163]。元照と幼少期をともにした択瑛には「浄土修証義」という著作があり、善導の専雑二修の文を引用するのみならず、この世で悟りを開くための無生観と極楽往生を求めるための有生観の二種の観法があることを述べている[164]。義天とともに元照の講義を聞いている楊傑には「浄土十疑論序」と「直指浄土決疑集序」「善導弥陀道場讃」などの著作があり[165]、称名念仏を勧めるとともに、善導と後善導と呼ばれた少康を讃えている。このうち特に択瑛は、観法の問題に関して元照と共通する点が認められ、さらに善導を阿弥陀仏の化身と称讃していることから、元照の善導受容に影響を与えたことが推察される[166]。

このように、元照の善導系浄土教の受容は、幼少期の友人択瑛や在家居士楊傑を通じてのことであったと予想される。そして、その着目した点も重なっており、善導の専修思想や持名行（称名念仏）について受容しているのである。

第四項　天台の浄土教

次に天台浄土教の影響についてであるが、天台の著作と伝えられる『観経疏』『十疑論』『菩薩戒義疏』をはじめ、数多くの著作の引用が認められる。特に引用が多く、影響が顕著であるのは、天台『十疑論』と遵式の著作である。この両者は、著作の名前を伏せて用いられる場合や、その形式のみ使用される場合まである。[167]これに対して、遵式と同門である知礼の著作は、阿弥陀仏の仏身説や浄土の観法に関して理解が異なっていたため『観経新疏』において批判対象として用いられている。この問題についても後に詳しく述べたい。

遵式と知礼の門人のなかには、元照の師とされる慧才や、遵式に師事し、後に知礼門下の本如に学んだ処謙にも浄土教信仰があったとされる。しかし、元照の著作中に両者の著作の引用は確認できない。[168]処謙と同じく本如門下であった櫨菴有厳については、「上櫨菴法師論十六観経所用観法書」（以下、「上櫨菴書」と略す）という浄土教に関する元照の書状の内容から、元照と浄土教の理解について議論のあったことが認められる。有厳の浄土教著作には「浄土修因惑対」「浄土魔仏惑対」「観仏三昧頌」「懐安養故郷詩」「臨行自餞」がある。[169]「上櫨菴書」に

元照頃年過二台州一、謁二見于赤城一。此時詢二及浄土事一。晩蒙レ示二及惑對一、其間二三疑處、摘以請レ益。而不レ蒙レ見レ答。過往同人傳二其言一。意如レ見レ訝[170]。

とあることから、「惑対」を示されたことに対して書かれた書状である。その内容は、浄土の観法に関するものであるため、有厳「浄土修因惑対」を読んだ元照からの指摘といえる。また、『観経新疏』義門の臨終における魔事について述べる一段において、元照は有厳の説も用いており、その影響が認められる。

有厳と同じく、元照が臨終の魔事について述べるなか引用するものに、天台山外派慈慧慶文（生没年不詳）の『念仏正信訣』がある。慶文については、『仏祖統紀』に山陰県の会稽山（現在の浙江省紹興市）に活躍した慧光宗昱門下の僧とされるほか不明であり[171]、著作の『念仏正信訣』一巻や『浄行法門』一巻の一部が『楽邦遺稿』などに残されている[172]。これまでの元照研究においてまったく言及されていない人物であるが、『観経新疏』義門における最も長い引用であり、その内容は念仏三昧によって得られる阿弥陀仏の種々の仏力を挙げて臨終に仏の護持を頼み、正信を起こすべきことを述べたものである。天台山家山外論争において霊知心性説を主張した宗昱の弟子であることから、その天台教観の理解は山外派に属するものと考えられる[173]。宗昱が知礼・遵式の師である宝雲義通（九二七―九八八）と同門であったことから察するに、慶文は知礼・遵式と同世代と考えられるため、慶文と元照の間には直接の面識はなかったであろう。しかし、元照は慶文の著作『浄土集』に序文を付しており、その一部が『楽邦遺稿』所収「大智律師示事理不二」である[174]。『浄土集』が『念仏正信訣』や『浄行法門』を指しているのか、またそれ以外の著作なのか不明であるが[175]、元照が浄土教の教義として慶文の主張に賛同するところがあり、序文を付したことが予想される。元照における慶文の影響について詳しくは、後章にて述べたい[176]。

同じく山外派に属し、本章第二節戒律の研鑽においても触れた智円や仁岳からも、元照は浄土教的影響を受けていたことが認められる。この二人は、元照『阿弥陀経義疏』においてとりあげられる『阿弥陀経』注釈家の三者に、慈恩基とともにその名前を確認できる。このうち、仁岳については、その『阿弥陀経』注釈が現存しないため確認できないが、智円の『阿弥陀経疏』や『西資鈔』に説かれる浄土教思想には、元照と共通する浄土観や往生行についての見解がみられる[177]。ちなみに、元照が敬事した仁岳の弟子可久にも浄土教信仰があったようであるが、直接元照の著作のなかに影響を確認することはできなかった。おそらく、慧才や処謙も同様であろうが、可久自身、論争のなかで浄土教思想について活発な議論を行っていた師説を受けており、それを元照に伝えたのであろう。

後代に天台山家山外の論争と、当時の論争が呼ばれるようになって以降、あたかも山家派・山外派という派閥があったかのように論じられるようになったが、これはあくまでも後代の人々による思想の位置づけであって、元照在世当時にそのような具体的な区分けが存在したわけではない。本書でも便宜的に使用しているが、元照が修学していた当時には、天台教観を学ぶことを宗とする多くの人師が、山家派や山外派という意識を持たずにともに浄土教を学んでいたのである。そのため、元照は生涯を過ごした杭州地域に活躍した多くの天台僧から浄土教を受容し得たのである。そして、元照が戒律を修学している祥符寺に伝わっていた智円や仁岳の浄土教思想と、元照が師事した人物の継承する知礼や遵式の浄土教思想と、両者を自然と学びとる結果となったのである。元照の天台浄土教の受容は、遵式の後を継承しようとする意志を有していながらも、智円、知礼などといった他の天台浄土教者の思想も含んだものであったと推察されるのである。

第五項　禅宗の浄土教

次に禅宗の浄土教の影響についてであるが、本章第五節に触れたとおり、元照は延寿の伝記と宗頤の著作集の序文を著している。

元照は延寿を、「無量院造弥陀像記」において浄土教諸師の名を列記するなかにとりあげていながら、『観経新疏』において浄土教諸師の名を列記する際には外している。このことが示唆するように、延寿の浄土教思想に対する元照の評価は二とおりある。一つは、『永明智覚禅師方丈実録』に、

因レ念二世間一、業繫衆生躭二滞欲境一、執着堅牢。唯念佛一門可二能誘化一、乃結二一萬人彌陀社會一。親手印二彌陀塔十四萬本一、逸施二寰海一。呉越国中念佛之興、由レ此始矣。(178)

と示されるように、結社念仏を行い、呉越国においてはじめて念仏を弘めたという評価である。もう一つは、「上樝菴書」において

竊觀二往古一、飛錫壽禪師等諸公、雖三苦勸二往生一亦爲二事理一所レ礙。縱令二分辨一、終成二混漫一。況餘人乎。(179)

とあり、往生を懇ろに勧めてはいるけれど、その事理二観の理解が曖昧であるという評価である。前者は念仏弘通における延寿の行業に対する評価であり、後者はその浄土教の教義内容に対する評価である。つまり、元照は廬山慧遠同様、延寿の行業に対して尊敬の念を抱いていたのであり、教義的には理解の異なる点があったと推察される。それは、後に詳しく述べるが、元照の臨終来迎に対する見解と延寿の見解がまったく異なることからも確認できる。(180)

長蘆宗頤は後に『楽邦文類』編者の宗暁により蓮社第五祖に位置づけられる。(181)『楽邦文類』蓮社継祖五大法師伝の宗頤の項には、

乃遵二廬阜之規一、建二立蓮華勝會一、普勸修二行念佛三昧一。其法日念二阿彌陀佛一、或百千聲乃至萬聲。迴三願往二生西方淨土一。各於二日下一以二十字一記レ之。當レ時即感二普賢普慧二大菩薩預レ會、證二明勝事一。非二所作所修契レ聖、曷至レ是耶。靈芝稱爲二近代大乘師一。信乎其爲二大乘師一矣。(182)

とあり、廬山結社にならい、蓮華勝会という結社を建立して念仏三昧を修行させ、浄土往生を回願した事績が記されている。また、宗頤の念仏が称名であったことと、元照が「長蘆頤禅師文集序」において宗頤を「大乗師」と称讃していたことを伝えている。

宗頤の浄土教著作の多くは、『楽邦文類』に収載されており、「観無量寿仏経序」「蓮華勝会録文」「念仏防退方便

文」「勧念仏頌」「西方浄土頌」がある。[183] このうち、「蓮華勝会録文」には、宗頤の称名念仏実践に関する記述がみられる。元照は、宗頤の行業だけでなく、その思想面にも着目し、賛辞を贈っていたことが考えられる。両者の間に面識があったか否かは確認できないが、元照と同時代に活躍した浄土教者であり、[184] 元照への影響が予想されるのである。

第六項　華厳・戒律僧の浄土教

元照と直接面識があった華厳僧と戒律僧において、浄土教信仰を確認できる者はきわめて少ない。はじめに、華厳僧の浄土教思想の影響を検討し、続いて戒律僧の浄土教思想の受容の有無を確認していきたい。

華厳中興の祖である晋水浄源の師である長水子璿は、杭州銭塘の出身で楞厳・華厳に深く通じた学僧である。子璿の著作には『首楞厳経義疏注経』等があり、そのなかには、浄土教に関する言及もみられる。『首楞厳経義疏注経』には、

然念佛法門此方最要。雖レ云二生滅一、要因二念想一専注在レ懐。兼二佛願力一且生二淨土一。生二彼國一已、進行彌速、即證有レ期。[185]

とあり、また『起信論疏筆削記』には、

問準二隨願往生經説一、十方皆有二淨土一。云何偏指二西方一。答因易縁強勝二餘方一故。因易者十念爲レ因故。縁レ強者彼佛願力故。以三彼佛因中有二四十八種廣大誓願一。於レ中云、若有二衆生一欲レ生二我國一、十念成就不レ得レ生者不レ取二正覺一。有二茲所以一、故偏指也。[186]

とある。子璿は、念仏法門を娑婆における最要のものとし、西方浄土と十方浄土を比較するに及んでも、十念で仏願力に乗じて往生できる西方浄土の方が修し易く、縁が強いゆえに勝れているとしている。このような深い浄土教信仰を持った子璿の門下には、浄土教思想を有した弟子があったことを確認することができる。

浄源に関しては、その著作中にも、元照が義天宛に著した浄源の遺書にも浄土教思想はみられない。通義に関しても同様である。しかし、元照が祥符寺において関わりがあった子璿門下の惟鑑には、一万人以上の人々と結社を建立して浄業を行ったという事績がみられ(187)、きわめて浄土教信仰に篤い人物であったことがわかる。惟鑑には浄土教に関する著作がないため、具体的な元照への影響を確認することはできないが、元照の周囲に華厳学派に属する浄土教者の存在をみることができるのである。

次に、律僧の浄土教についてみていきたい。普寧法明律師と親しい関係にあったと考えられる持正霊玩律師（一〇三二―一一〇七）に関する行業記を元照は作成している。その経緯について「温州都僧正持正大師行業記」には、

親度上首曰二知孟一。具狀二先師平生行業一、求二文爲レ記。予尊二僧正一實爲二先達一。僧正視レ予不レ以二晩輩一。抑與レ師有レ舊。故不二敢辭一(188)。

とあり、元照は霊玩の弟子の上首知孟から、平生の行業を文にしたためてほしいとの願いを受けて著したと述べている。そして、その願いを断らなかった理由として、霊玩を尊敬し、先達として敬っていたことと、昔からよく見知っていたことを挙げている。

元照が先達として敬った霊玩は、人徳勝れ衆望の篤い律の大家であり、律三大部などの道宣著作を幾度も講説している。いわゆる学徳兼備の律僧であった霊玩のもとには、多くの人が教えを求めて集まり、二〇〇〇人以上の人がその法灯を受けて、諸方に伝えたとされる。霊玩は律学の大家としてだけではなく、浄土教信仰にも篤い人物で

あり、

師講學外於二西方淨業一信願甚篤。嘗命レ工繪二彌陀觀音勢至三聖像一、隨レ身奉事。至レ老愈勤。凡有二少善一、悉嚴二淨域一。故隨レ處坐臥面不レ背レ西。日誦二彌陀經一四十八徧。酷愛二飛山往生傳一、鏤レ板印施爲レ衆銷釋[189]。

とあるように、日頃から弥陀三尊の絵像に奉事し、座るとき寝るときには西に向き、一日に『阿弥陀経』を四八遍読誦するといった様子であった。加えて、飛山戒珠『浄土往生伝』を愛し、多くの人々に施すために開板したことが伝えられている。また、霊玩の行業記には、その臨終について

三日、命二衆僧一諷二十六觀彌陀等經一、師亦合掌虔恭隨レ聲而和。將レ終乃指二西向一云、此吾所歸處也。良久奄然息絶[190]。

とあり、僧侶に『観経』や『阿弥陀経』を諷誦させて、自らもこれに声を合わせていたのであり、最後示寂の間際には、西の方角を指して「これが私の帰るところである」といって息絶えたとされる。

元照の浄土教関係章疏のなかには、戒珠『浄土往生伝』の引用はあるものの、直接霊玩について言及したものはみられない。しかしながら、律学の研鑽に励みながら浄土教を信仰する元照にとってきわめてすぐれた律師であると同時に、深い浄土教信仰を有していた霊玩は、同じ道を志す先達として、その姿勢に少なからず影響を受けたものと考えられる。

元照と面識のあった華厳僧と戒律僧にも、少ないながらも浄土教信仰が認められる。そして、その思想的影響を直接受容しているとは言いがたいが、それぞれの浄土教信仰に対する姿勢には、元照にも影響があったであろうことを想起せしめるほどの活動の大きさや力強さがみられるのである。

図4　元照周辺の人物相関図

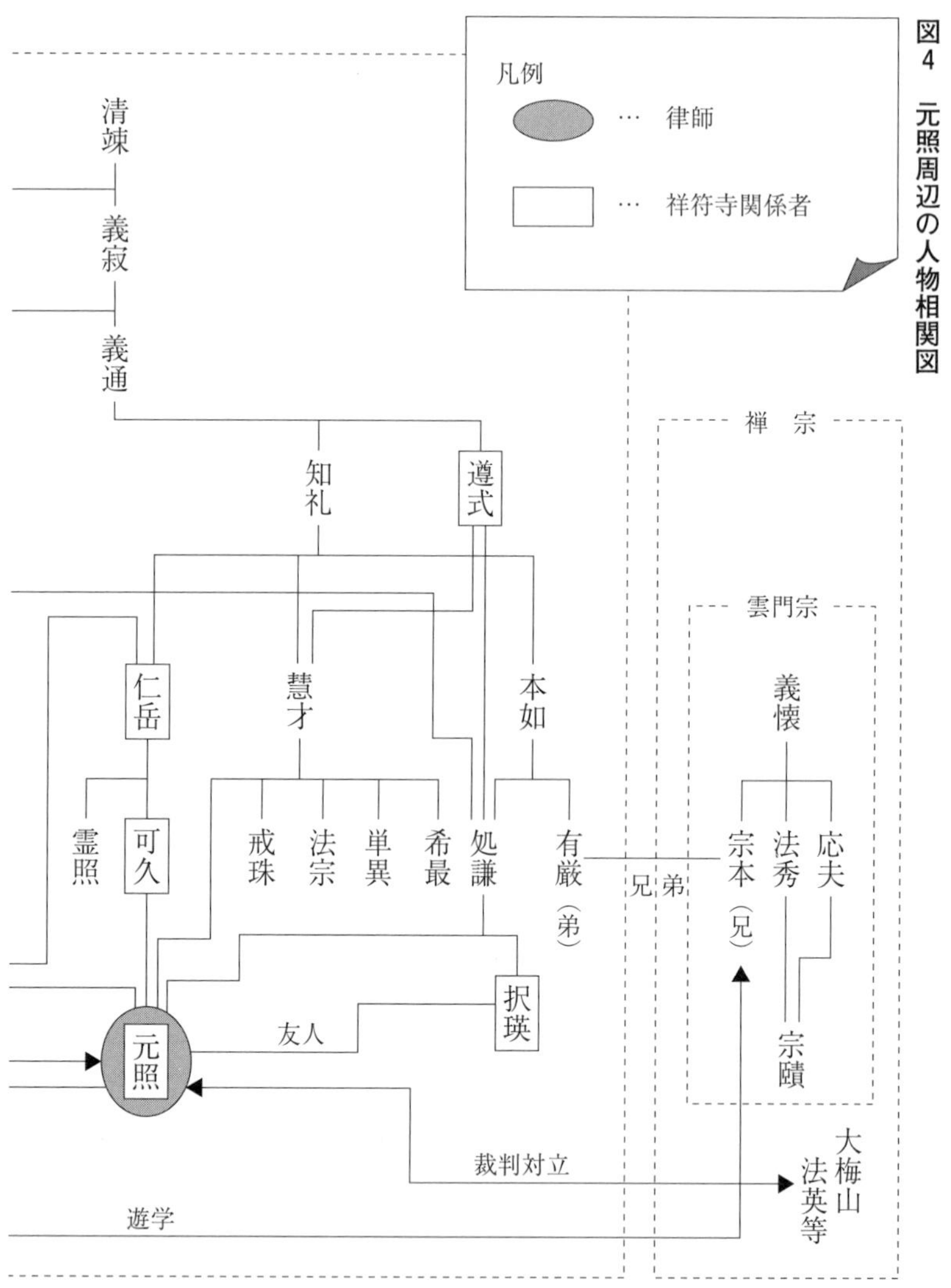

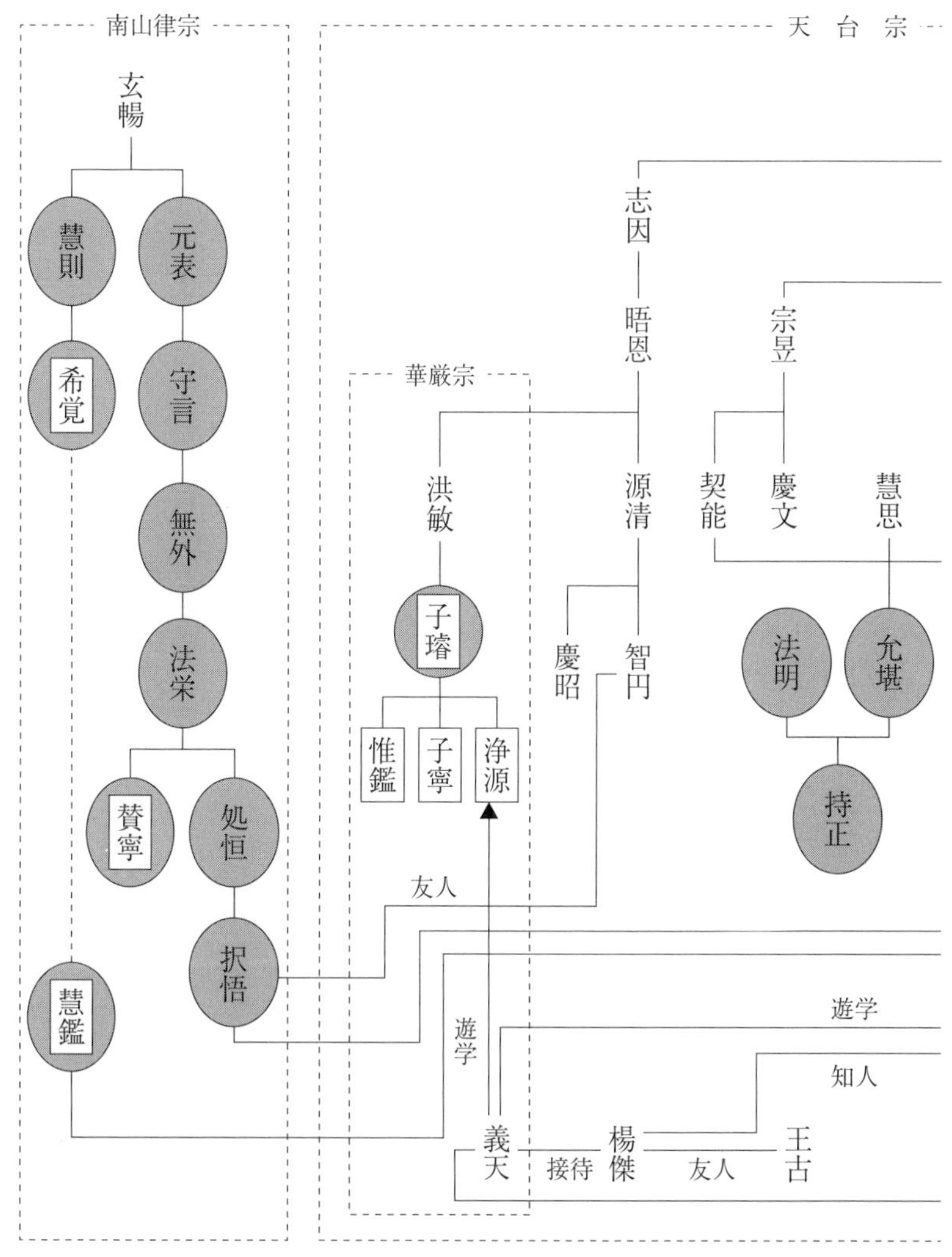
南山律宗
玄暢
慧則
元表
希覚
守言
無外
法栄
賛寧
処恒
択悟
慧鑑
天台宗
志因
晤恩
宗昱
華厳宗
洪敏
源清
契能
慶文
慧思
子璿
慶昭
智円
法明
允堪
惟鑑
子寧
浄源
持正
友人
遊学
遊学
知人
義天
接待
楊傑
友人
王古

元照の浄土教の受容を概観してみると、私淑する遵式の浄土教を基軸にして、廬山の結社念仏や善導の称名念仏、その他、宋代の天台・華厳・禅・律といった諸宗において行われた浄土教から少しずつ影響を受けていることを確認することができた。宋代浄土教の特徴とされる結社念仏は、元照の周囲の天台・華厳・禅の諸師においても盛んに行われていた。元照は、直接結社の建立を行うことがなかったようであるが、廬山の遺風を伝える宋代の結社念仏を見聞して、記文を作成するとともに念仏を勧めるなどしている。また、教理的にも、多くの影響を諸師から受けているのであるが、此土と彼土の観法の異なりや事理二観の問題、臨終来迎の理解などで、尊敬していながらも批判を行っている点もみられた。このような点は、おそらく、元照浄土教思想の特殊性がみられる点なのであろう。第三章以降で詳しく論じていきたい。

第七節　まとめ

元照の修学は杭州の祥符寺を中心に行われ、戒律のみならず、天台や華厳の諸師にも学ぶことのできた環境であったことが、これまでの検討の結果確認できた。祥符寺のなかでは、諸宗の教学が宗派などで区切られることがなかったようであり、智円や仁岳など天台の者が戒律を伝え、浄源のように華厳でありながら法華を重視するなど、自由闊達な議論ができる場であったことが察せられる。そのような環境であったから、元照は南山律の師僧とされる慧鑑以外にも、仁岳の門下である可久やその他多くの僧侶に学ぶことが可能であったのであろう。そして、処謙の講説を聞くまでには、天台の思想を踏まえた上で戒体を論じられるまでになっていたと考えられるのである。

このような諸宗融合的な思潮は、諸思想を一心に統摂し、諸宗の経論を講じ、万善万修を勧めた延寿によって一層押し進められた[191]。そして、元照在世当時に「賢首宗」を標榜した浄源など華厳学派の人々は、延寿著作をしばしば依用しているのである。元照が、禅思想について祥符寺内で直接学んだなどということは確認できなかったが、おそらく、華厳と密接な関わりを有していた延寿の文献から学ぶことが可能であったろう。

元照が、このような環境において修学していたことを前提とするならば、本章冒頭で紹介した元照伝の「博く諸宗を究むるに、律を以て本と為す」という言葉は、祥符寺という環境において諸宗を学び、そのなかで元照が戒律を中心に学ぼうとする意志を示したものと受け取ることができるのである。

加えて、諸宗の教学を学んだ元照は、はじめ軽んじていた浄土教思想についても、大病を得て後に深く学ぶようになる。その受容は、遵式の浄土教思想を中心とするものの、実に柔軟に、宗旨を問わず諸師の浄土教思想を受容し、次第に自身の浄土教思想を形成していったと推察されるのである。

註

(1)　現存する元照の伝記は、一二二三年に成立した陳耆卿『嘉定赤城志』、一二三七年に成立した宗鑑『釈門正統』、一二五六年に成立した元敏・元復『武林西湖高僧事略』、一二五八年から一二六九年にいたる九年間を費やして成立した志盤『仏祖統紀』、咸淳年間（一二六五―一二七五）に成立した潜説友『咸淳臨安志』、その他、中国の元代以降の諸仏教史書や寺志類、また、凝然『律宗瓊鑑章』や慧堅『律苑僧宝伝』といった日本の鎌倉期以降の律宗関係書に収載されている。このうち、『嘉定赤城志』と『釈門正統』には、現存しないものの劉寿が作成した元照の『行業記』の存在を伝えている。作者の劉寿については不明であるが、内容の一部が『釈門正統』に引用されている。このことから、元照伝の成立順序は、劉寿作『行業記』が最も早く、次いで『嘉定赤城志』と『釈門正統』が『行業記』をもとにして成立し、その後に『仏祖統紀』が『釈門正統』を資料にして撰述されたと考えられる。ただし、『宋代仏教の研究―元照の浄土教―』（山喜房仏書林、二〇〇一年）一八九―一九〇頁において、佐藤成順氏が、元照諸伝記が『釈門正統』と『仏祖統紀』に基づいて作成されており、現存するなかで最も古い『嘉定赤城志』元照伝の記述も断片的な人物紹介に過ぎないと指摘していることを考慮し、ここでは『釈門正統』を中心に元照伝を取り扱う。

（2）『釈門正統』には「湛然」とあるが、一一八一年成立の戒度『霊芝観経義疏正観記』（『浄全』五・四三〇頁下）や最古の伝記を収載する『嘉定赤城志』には「湛如」となっている。

（3）東蔵慧鑑の伝記や行業についてはほとんど不明である。しかしながら、祥符寺東蔵にいた律師であり、妙生の批判によると、著作には『仏制比丘六物図』があったことを確認できる。佐藤成順氏前掲書一九〇―一九二頁が最も詳しい。

（4）元照の伝記や行業をとりあげた論考は多いが、そのなかでも佐藤成順氏前掲書所収「元照の浄土教への帰依」は最も詳しい。本章で使用する杭州地方の僧侶の伝記や律僧の伝記については、佐藤成順氏の前掲書や佐藤達玄氏の『中国仏教における戒律の研究』（木耳社、一九八六年）が詳しく、参照した。

（5）現存する処謙の著作『法華玄記十不二門顕妙』（『卍続蔵』五六・三五六頁a）には、知礼『十不二門指要鈔』の説を受けている箇所が見受けられる。

（6）『釈門正統』（『卍続蔵』七五・三六二頁c）。佐藤成順氏前掲書二二二頁に指摘されているとおり、同様の文言が『仏祖統紀』にもみられるが内容は異なっている。『釈門正統』には「四分」とあるものが、『仏祖統紀』では「四方」となっており、四方に教えを弘める意味となっている。

（7）『大正蔵』四七・一七〇頁a。

（8）江戸期に作成された慧堅『律苑僧宝伝』（『日仏全』一〇五・二二七頁上）には、何を根拠としたか不明であるが、処謙と元照との師弟関係の親密な様まで描かれている。

（9）処謙の教えた天台教学が元照の教学的理解に最も影響を与えていることを明確に述べているものに、日置孝彦氏「宋代戒律史上にあらわれた元照の浄土教」（『金沢文庫研究紀要』一三、一九七六年）六二頁、山本元隆氏「『四分律行事鈔資持記』における『四分律行事鈔会正記』批判―『行事鈔資持記序解並五例講義』を手がかりとして―」（『曹洞宗研究員研究紀要』三六、二〇〇六年）七九頁がある。この他、先学の多くが、元照の教学的背景として天台教学のみをとりあげている。天台教学以外の影響について言及した研究書は、管見の限り佐藤成順氏前掲書のみである。

(10) この文言は『釈門正統』元照伝にみられるが、『仏祖統紀』では「乃博究南山一宗頓漸律儀」と改変されている。おそらく、元照が当時すでに南山律宗の宗匠として有名であったため、『仏祖統紀』の著者・志盤が『釈門正統』の記事をもとにしながら改変を加えたのであろう。

(11) 宋代の杭州寺院に関しては、春日礼智氏「西湖の寺院と浄土教」(『日華仏教研究会年報』二、一九三七年)、高雄義堅氏「宋代寺院の住持制」(『宋代仏教史の研究』所収、百華苑、一九七五年)、近藤一成氏「知杭州蘇軾の救荒策」(宋代史研究会編『宋代の社会と文化』所収、汲古書院、一九八三年)、梅原郁氏編『中国近世の都市と文化』(京都大学人文科学研究所、一九八四年)に収載される梅原郁氏「南宋の臨安」、斯波義信氏「宋都杭州の商業核」、そして竺沙雅章氏「宋元時代の杭州寺院と慈恩宗」(『宋元仏教文化史研究』所収、汲古書院、二〇〇〇年)などを参考にした。

(12) 佐藤成順氏前掲書には、主に元照との関わりの深かった楊傑・処謙・慧才・択瑛、ならびに交流のあった禅僧宗本・善本・守一・守訥、浄土教者として尊敬していた延寿、そして、諸宗融合思想の先蹤である慧日・宗密の伝記に触れている。また、元照の身に起きた大きな出来事として、禅宗法英との紛争をとりあげている。

(13) 佐藤成順氏前掲書二七八―二九〇頁参照。

(14) 佐藤達玄氏前掲書二二九―二九八頁には、道宣『行事鈔』の研究史が論じられており、そのなかで注釈家六〇人を時代や地域により整理している。それによると、杭州や温州を含む浙江省において多くの律僧が活躍していたことがわかる。ちなみに、一〇九四年に成立した懐顕『律宗新学名句』(『卍続蔵』五九・六九九頁c)には、『行事鈔』注釈家六〇家の名前と注釈書名が記載されている。

(15) 『芝苑遺編』所収(『卍続蔵』五九・六二〇頁b)。

(16) 岡本一平氏は「北宋代の律宗における会正家と資持家について」(『駒澤大学禅研究所年報』一〇、一九九九年)において、元照の批判対象について考察するなか、「会正家」「資持家」という『仏祖統紀』にみられる記述はあくまでも注釈家を指すのであり、学派・宗派・教団という意味で読みとることは難しいと述べている。

(17) 希覚は、漂州に生まれ、温州開元寺で出家し、後に南山律第六祖とされる法宝の弟子慧則に律を学ぶ。『行事鈔』の注釈書である『増暉録』二〇巻を著す。希覚伝については、賛寧『宋高僧伝』(『大正蔵』五〇・八一〇頁b)、および佐藤成順氏前掲書二二九頁参照。

(18) 『芝苑遺編』所収、『卍続蔵』五九・六四六頁c—六四八頁c。

(19) この「南山律宗祖承図録」と『律宗新学名句』を用いた南山律宗の祖承説の研究には、蘇瑤崇氏「南山律宗の祖承説と法系説」(『仏教史学研究』三九-二、一九九七年)があり、最も詳しい。

(20) 『芝園集』所収、『卍続蔵』五九・六五七頁c—六五八頁c。岡本氏前掲論文七三頁には、持正が法明と允堪の両師に師事していたことから、法明が允堪と同時代の律僧であろうと推測されている。

(21) 仁岳の伝記については、『釈門正統』仁岳伝(『卍続蔵』七五・三二三頁c)、安藤俊雄氏「雪川仁岳の異議—その哲学的根拠を中心として—」(『天台学論集—止観と浄土—』所収、平楽寺書店、一九七五年)、島地大等氏『天台教学史』(隆文館、一九八六年)三一九頁、林鳴宇氏『宋代天台教学の研究—『金光明経』の研究史を中心として—』(山喜房仏書林、二〇〇三年)二〇—三五頁参照。

(22) 允堪は、杭州に生まれて天台崇敬慧思大師のもとで剃髪し、戒律を中心に諸学を学ぶ。後に律三大部他、さまざまな道宣著作に注釈を施したことから「十本記主」と呼ばれた。蓮社第七祖とされる省常や、天台の遵式・仁岳などが住持していた昭慶寺に住した。また、代表的著作『会正記』から名をとって「会正家」ともいわれている。允堪伝については、岡本氏前掲論文六六頁参照。

(23) 蘇氏前掲論文に、『咸淳臨安志』がわずかながら懐顕の伝記を収載していることを指摘している。ここに示した懐顕の行業は、『咸淳臨安志』に基づくものである。

(24) 『芝苑遺編』所収、『卍続蔵』五九・六四七頁a。

(25) 引用文中の「学宗」とは、元照「律鈔宗要略為十門」(『卍続蔵』五九・六二六頁b)に「然今學宗即當小乘毘尼藏也」とあるように、三蔵中の小乗の律蔵を指している。ここでは四分律の意か。山本氏は、前掲論文のなかで、『資持記』における『会正記』批判を考察し、允堪が『四分律』を声聞乗に属して阿羅漢果を求めることを至極としていたのに対して、元照が厳しくこの見解を斥けたことを論証している。また、仁岳は、元照に批判されるものの、戒体説において小乗とされる実法宗と仮名宗の説を融会して大乗としての戒体説を示そうとしていたことが予想される。このことを踏まえるならば、仁岳と守仁が専ら大乗の見解による『四分律』を解釈する立場であったのに対して、允堪等が小乗律として『四分律』を解釈する立場であったことが考えられるのである。

(26) 村中祐生氏は、「芝苑における律儀と浄業」(『天台学報』二四、一九八二年)において、元照と允堪との年齢差の問題をとりあげ、両者の間に師弟関係が成立しがたいことを述べている。蘇氏前掲論文において、元照と允堪の年齢差や学派が異なることを理由に、允堪の後を元照が「嗣ぐ」という意味は継承の意ではないと指摘している。さらに、山本氏は、前掲論文において、宋代を代表する二人の律師に嗣法関係があれば伝記としてとりあげられるはずだが、そのような記述は『大昭慶律寺志』よりも古い資料に存在しないとして、元照と允堪の関わりを否定している。

(27) 『大正蔵』七四・一七頁a。

(28) 『日仏全』一〇五・三五頁下。

(29) 『日仏全』三・一六頁上。

(30) 元照が択其に嗣法したとする説は、蘇氏前掲論文七頁において、疑問が提起されている。

(31) 択其の師承に関する資料が、凝然当時には存在した可能性も否定できないが、現存する中国撰述の資料のなかには見出すことができない。一応、義天編『新編諸宗教蔵総録』(『大正蔵』五五・一一七四頁c)に、択其の著述として『律宗行事儀』二巻の名前をみることができるため、その存在は確認できる。

(32) 『宋高僧伝』希覚伝(『大正蔵』五〇・八一〇頁b—c)に「文穆王造千佛伽藍召爲寺主」とある千仏伽藍は、一八九三年に成立した張大昌撰『龍興祥符戒壇寺志』(『中国仏寺志』二九)によると、龍興寺(祥符寺)の堂宇の一つであり、希覚も祥符寺にいたことが確認できる。加えて、『宋高僧伝』には、「覺外學偏多長有易道。著會釋記二十卷。解易至上下繫及末文甚備。常爲人敷演此經。付授于都僧正贊寧」とあり、希覚は周易ともいわれる占いに造詣が深く、『周易会釈記』二〇巻を著してこれを賛寧に授けていることから、同じく祥符寺にて出家した賛寧と希覚に面識のあったことが認められる。

(33) 賛寧の伝記や行業については、牧田諦亮氏「賛寧とその時代」(『中国近世仏教史研究』所収、平楽寺書店、一九五七年）を参照。ちなみに、贊寧が希覚の弟子であったとする説は、徳田明本氏『律宗概論』（百華苑、一九六九年）五一六頁に紹介されるが、牧田氏前掲書一〇四頁には、贊寧は法栄の弟子で処恒と同門であると指摘されている。また、贊寧が祥符寺にいたことについては、諸伝記にみられるところである。前掲『龍興祥符戒壇寺志』には、贊寧のことを祥符寺に関係する大徳として伝記を収載している。

(34)『八宗綱要』には「周秀」とあるが、『律宗瓊鑑章』や『律宗綱要』『華厳五教章通路記』には「周律師」と記されている。

(35)『八宗綱要』には「無外」とあるが、『律宗瓊鑑章』には「元外」、『律宗綱要』には「元解」とあり、一様ではない。『日仏全』所収の『律宗瓊鑑章』には「元外」ではなく「無外」と記している異本の存在を示していることから、ここでは「無外」とした。

(36)『八宗綱要』と『律宗綱要』には「処恒」とあるが、『律宗瓊鑑章』には「処雲」となっている。ただし、『律宗瓊鑑章』は「処雲」とした後に「亦名処恒」としており、異体字を使用しているものの、「処雲」を「処恒」ともいったことが示されている。ここでは「処恒」とした。

(37)この三二部には、戒律を遵守すべきことを説く『遺教経論』の注釈書や、孝道と戒律の一致を説く『盂蘭盆経』の注釈書等も含めた。

(38)『卍続蔵』七四・一〇七八頁a。

(39)道宣伝を収載する李邕『行状』、厳厚本『碑記』については、藤善眞澄氏『道宣伝の研究』（京都大学学術出版会、二〇〇二年）三八―四四頁において詳しい考察がなされている。

(40)智円は慶昭とともに源清のもとで学んだ、いわゆる山外派を代表する人師である。龍興寺（後の祥符寺）で具足戒を受けており、後に源清に師事して一心三観を学ぶ。元照の住持していた霊芝崇福寺にも住しており、『観経疏刊正記』は崇福寺における撰述である。智円は、南山律を允堪と仁岳に伝えた択悟と友人関係にあり、その親交の様子を『閑居編』にみることができる。伝記には、智円『閑居編』（『卍続蔵』五六・八八九頁a、八九四頁a―八九五頁b）、『釈門正統』（『卍続蔵』七五・三一六頁c）、『仏祖統紀』（『大正蔵』四九・二〇四頁c）などがある。安藤智信氏「孤山智円と明鏡契嵩」（『中国近世以降における仏教思想史』所収、法藏館、二〇〇七年）によると、智円の人間形成には、病と対峙した経験が大きな影響を及ぼしており、その病の把握は、「病従心作、惟病是色、色全是心、胡為自賊、心體本無、病従何得」という唯心主義に立脚したものであったことを指摘している。智円の生涯については、この他、林鳴宇氏前掲書一七三―一七五頁にも考察されている。

(41)　智円が「銭唐律徳悟公門人覆講記」(『閑居編』所収、『卍続蔵』五六・八八七頁a)において、「律師曰択悟者吾友也」というように、智円と兜率択悟とは親しい友人関係にあり、択悟『律鈔義苑』七巻の「後序」(『閑居編』所収、『卍続蔵』五六・八七九頁a)なども書いている。『閑居編』には他に「銭唐律徳悟公講堂題名序」「謝択悟律師恵竹杖」「将之霅渓寄別択悟師」「招元羽律師」等、択悟に直接言及したものがある。ちなみに、元照が『仏制比丘六物図』に引用する「漉嚢志」にも択悟の名前を確認できる。そして、ここで択悟の請を受けて作成したとあることは、智円が元来この文に付してあった「南山大師賛後序」(『閑居編』所収、『卍続蔵』五六・八七八頁b)の内容を踏まえてのことであろう。

(42)　この他、智円、仁岳、允堪の三者の注釈を参照して作成した『遺教経論住法記』、および智円が作成して允堪が加筆した「蘭盆礼讃文」をさらに訂正した「蘭盆献供儀」がある。

(43)　佐藤成順氏は、前掲書一九〇―一九二頁において、元照の師東蔵律師慧鑑について、杭州で多少名の知られた律師であり、仏弟子の所持すべき六物について言及した『仏制比丘六物図』があったことを明らかにしている。佐藤氏はこのなかで、元照述『仏制比丘六物図』は、師匠である東蔵律師慧鑑著述『仏制比丘六物図』(佚)で、会稽の妙生『弁訛』(『卍続蔵』五九・六一一頁a―六一三頁c)によって指摘された訛謬を増削改訂したものであることを指摘している。

(44)　村中氏は、前掲論文において、智円・仁岳と元照が霊芝崇福寺を接点として関係があったと指摘している。

(45)　智円『閑居編』記夢(『卍続蔵』五六・八八九頁c)には、智円が七年間霊芝崇福寺で著作活動をしていたことが伝えられている。智円『閑居編』(『卍続蔵』五六・八六五頁a―九四八頁a)に収載される小編のうち、「観経疏刊正記序」「南山大師賛後序」「涅槃百非鈔序」「涅槃経疏三徳指帰序」「智者十徳礼賛序」「目録序」「中人箴并序」が西湖崇福寺で著されていることを確認できる。

(46)　元照撰「杭州祥符寺久闍梨伝」(『芝園集』所収、『卍続蔵』五九・六五五頁a)によると、可久が天聖年間(一〇二三―一〇三二）には得度し、仁岳のもとで天台教観を学んでいる。『釈門正統』や『仏祖統紀』にも伝記がある。元照は「杭州祥符寺久闍梨伝」のなかで「予平時常敬事之。毎過旧居、愴然有所感。因提数事、以示来者」と述べている。「敬事」とは「慎み敬って仕える」という意であり、元照が可久に師事していたことが確認できるのである。このことは、すでに蘇氏前掲論文七頁に指摘がある。

（47）『仏制比丘六物図』（『大正蔵』四五・九〇二頁a）。

（48）『済縁記』（『卍続蔵』四一・二五四頁b）。

（49）「南山律宗祖承図録」において同時代の四律師の説をとりあげるなか、一応、仁岳の説も批判の対象となったが、それは四律師共通の問題点について言及しただけにとどまる。仁岳説第四祖以降と元照説第三祖以降はまったく同じであり、仁岳説が四師のうちで最も元照説と近い見解であった。このことは、元照が祖承説を考えるにあたって、仁岳説に賛同できる部分はそのまま用いたことも予想させるのである。

（50）ここでとりあげた仁岳の南山律が希覚の法門であったと村中氏前掲論文には指摘されている。この他、村中氏は、契嵩「杭州武林天竺寺故大法師慈雲式公行業曲記」（『鐔津文集』所収、『大正蔵』五二・七一四a）に、わずかながら、元照の私淑する遵式が昭慶寺において「誡酒肉慈慧法門」に説かれるような律を講じたという記述があることをとりあげている。希覚の南山律の法門を仁岳が継承し、遵式が南山律を杭州において講じていたという村中氏の指摘は、宋代における南山律学を考える上で重要な指摘である。特に、元照が、遵式「誡酒肉慈慧法門」を模倣した「慈慧梵行法門偈」を作成していることを勘案するならば、元照の学び得た南山律学に遵式の講じた律学も含まれていたと考えることも可能であろう。また、当時の天台僧による戒律学に関する数少ない研究に、利根川浩行氏「「性無作仮色」について」（『天台学報』一六、一九七四年）、同「趙宋天台における戒体説」（『天台学報』二一、一九七九年）、同「初期趙宋天台の戒学」（『天台学報』二二、一九八〇年）等を挙げることができる。このように村中氏や利根川氏などの興味深い指摘はあるものの、宋代に天台僧によって盛んに論じられた律学の状況や内容に関しては、いまだ不明な点が多く、十分な研究がなされているとは言いがたい。元照当時の律学の内容をさらに明瞭なものとするためにも、今後この分野についても研究を試みたい。

（51）『釈門正統』（『卍続蔵』七五・三六二頁c）。この他の資料に収載される元照伝にもみなこの観音像が光を放った奇瑞が伝えられている。佐藤成順氏は、前掲書一七三頁において、この戒光が発現したという記事の典拠が『釈氏稽古略』（『大正蔵』四九・八七三頁c）に示される「霊芝塔銘」であることを指摘している。

(52) 『釈氏稽古略』（『大正蔵』四九・八七三頁c）には「霊芝塔銘」をもとにして、「戒光発現」の様子を次のように伝えている。

戊午　元豐元年　大遼咸雍十四年西夏

杭州南山法師。慧才解行。入二四明法智尊者之室一。毎持二大悲呪一。必百八遍而後止。嘗夢二観世音菩薩一脱二袈裟一以衣レ之。至二是春三月一爲二靈芝元照及道俗千人一授二菩薩大戒于雷峯一。方羯磨。観音像放二光明一。初貫寶焔漸散。講堂燈炬月光皆爲二映奪一。淨慈法眞禪師守一作二證戒光記一。米芾書二。龍井辨才法師元淨立石一（靈芝塔銘）。

(53) 『芝園集』（『卍続蔵』五九・六五六頁c）。

(54) 慧才の伝記である、元照撰「杭州雷峰広慈法師行業記」（『芝園集』所収、『卍続蔵』五九・六五五頁c）に「得剃度、十三進具戒」とあるものを、佐藤成順氏前掲書一七一頁では「一三歳で具足戒を受けた」と訳している。しかし、『四分律』九十波逸提法の第六十五に「未満二十受具戒」が定められているため、具足戒を受けるには満二十歳以上でなくてはならない。佐藤達玄氏前掲書一七一—一七三頁には、中国の出家教団における幼い童子の出家について次のような指摘がある。それは「中国の出家教団では七歳の童子が沙弥の出家作法によって和尚を定め、十戒を受けてサンガの一員となって師弟関係が成立すれば、沙弥である弟子は、師のために献身的に奉仕することが義務づけられる」というものである。このような指摘を考慮するならば、ここでの「具戒」は「受具足戒」ではなく、五戒でも十戒でも、ただ「戒品を具えた」という意味にとるべきであろう。元照が著した他の伝記にも、この「進具戒」等の言葉が登場するが、年齢によってはこれと同様に考えるべきものであろう。この他、元照『資持記』（『大正蔵』四〇・三二五頁a—三二六頁b）、佐藤密雄氏『律蔵』（『仏典講座』四、大蔵出版、一九七二年）二八—二九頁、二〇〇—二〇一頁を参照した。

(55) 慧才の伝記については、面授の弟子である元照『芝園集』所載のものが最も信憑性が高いといえる。慧才とその門下の詳しい伝記については、佐藤成順氏前掲書一七〇—一七六頁参照。

(56) 『釈門正統』（『卍続蔵』七五・三六二頁c）には、

従二寶閣神悟謙一。謙曰。近世律學中微。失亡者衆。汝當爲二時宗匠一。蓋下明二法華一以弘中四分上。吾道不レ在レ茲乎。
乃博究二諸宗一、以レ律爲レ本。從二廣慈一受二菩薩戒一。戒光發現。頓漸律儀罔レ不二兼備一。南山一宗。赫爾大振。

とあるが、後に作成された『仏祖統紀』（『大正蔵』四九・二九七頁b―c）には、

從二神悟謙師一。悟曰。近世律學中微。汝當下明二法華一以弘中四方上。復從二廣慈才法師一受二菩薩戒一。戒光發見（詳見才法師傳）
乃博究二南山一宗頓漸律儀一。

と改変されている。元来は、処謙の言葉によって博く諸宗を究める上で戒律を根本とするとし、さらに慧才から頓漸二受の菩薩戒を受けた元照によって、南山律宗が盛んに行われたという意味である。しかし、『仏祖統紀』の改変の内容では、南山律宗における四分律と菩薩戒が頓漸の関係にあって、それを元照が博く学んだということになる。

(57)『芝苑遺編』（『卍続蔵』五九・六三一頁a―b）。

(58)知礼撰「授菩薩戒儀」（『四明尊者教行録』所収、『大正蔵』四六・八五八頁c）、遵式撰「授菩薩戒儀」（『金園集』所収、『卍続蔵』五七・一頁a）。

(59)『芝苑遺編』（『卍続蔵』五九・六三三頁b）。

(60)智顗説灌頂記とされる『菩薩戒経義疏』（『大正蔵』四〇・五六八頁a）には、道俗に授戒するための方法として、①梵網本、②地持本、③高昌本、④瓔珞本、⑤新撰本、⑥制旨本の六例を挙げている。恵谷隆戒氏『円頓戒概論』（大東出版社、一九三七年）一三三頁には、安然『普通広釈』において、この六本以外に達磨本、明曠本、妙楽本、和国本を含めて十本の戒儀があったとしていることを、指摘している。

(61)湛然「授菩薩戒儀」（『卍続蔵』五九・三五四頁b）は、天台『菩薩戒経義疏』（『大正蔵』四〇・五六八頁a）に例示される六種の授戒方法のうち梵網本、瓔珞本、地持本、高昌本に依って十二科を立てている。十二科の内容は、第一開導、第二三帰、第三請師、第四懺悔、第五発心、第六問遮、第七授戒、第八証明、第九現相、第十説相、第十一広願、第十二勧持となっている。

(62)この元照戒儀における懺悔の科段の内容や、知礼・遵式・元照の三者の戒儀の詳しい比較研究については、大変興味深いものの、論旨から逸れてしまうおそれがあるため、これ以上ここでは行わず、今後別稿にてあらためて検

討したい。

(63) 元照「授大乗菩薩戒儀」（『芝苑遺編』所収、『卍続蔵』五九・六二三b）。
(64)『大正蔵』四六・八六一頁c。
(65) 佐藤成順氏前掲書二三四―二四五頁には、元照の戒浄融合思想について論じられている。
(66) ただし、元照が序文を付して刊行した『小止観』は、天台山顗禅師述、浄弁私記『略明開矇初学坐禅止観要門』という撰号と内題を有するテキストの発見により、現在では浄弁私記『小止観』を改竄して智顗の真撰に変えたものであるということが確認されている。佐藤哲英氏『天台大師の研究―智顗の著作に関する基礎的研究―』（百華苑、一九六一年）二四一―二六五頁、関口真大氏『天台小止観の研究―初学座禅止観要文―』（天台学研究所、一九六一年）参照。
(67)『大正蔵』四六・四六二頁a。
(68)『小止観』所収テキスト（『大正蔵』四六・四七三頁b）。
(69)『卍続蔵』五六・五九八頁a。
(70)『卍続蔵』七五・二七六頁a。
(71)『芝苑遺編』所収（『卍続蔵』五九・六三〇頁c）。
(72) 元照は、智顗の『摩訶止観』『法華玄義』、天台『観経疏』、湛然の『止観義例』『始終心要』、知礼『妙宗鈔』、遵式『往生浄土決疑行願二門』など、天台諸師の著作を大変多く引用している。
(73) 天台山家山外の論争については、膨大な研究があるが、ここでは島地大等氏や、この分野では最新の研究成果である林鳴宇氏の各前掲書を主に参照した。ちなみに、ここで論争を前期と後期に分け、さらに第四論争の内容を二つ示したのは、林氏前掲書一〇―三五頁の論争史の区分に関する言及に依った。また、後期にあたる従義や処元等の論争の内容については、元照が同時代でありながら直接的に関与しようとした形跡がないため、触れないことにした。
(74)『大正蔵』四六・七〇四頁c―七二〇頁a。
(75)『大正蔵』三九・九七七頁a―一〇〇四頁b。

(76)『大正蔵』三七・一九五頁a―一二三頁b。
(77)福島光哉氏『宋代天台浄土教の研究』（文栄堂書店、一九九五年）一〇一―一〇四頁参照。
(78)佐藤成順氏前掲書一七二頁には、元照撰「杭州雷峰広慈法師行業記」の記述をもとに、慧才が天台教門諸家の異論の一々に是非を論じることなく、慈和な性格から論争の融和役を果たしていた僧であったことを指摘している。
(79)知礼への批判については、後に別章にて触れる。
(80)釈門正統』（『卍続蔵』七五・三六二頁c）。
(81)「浄業礼懺儀序」（『楽邦文類』所収、『大正蔵』四七・一七〇頁a）。ここに「祖教」と「仏乗」という言葉が用いられている。「祖」という言葉を元照は主に釈尊と道宣に用いており、その他は、道宣以外の南山律宗の祖師、荊渓湛然、血縁としての祖先に用いられているのをわずかながら確認できる。このことから、ここでの「祖教」と「仏乗」は、天台智顗とその法華の教えを指すのではなく、釈尊とその大乗の教えを意味するものと考えられる。
(82)『芝園集』（『卍続蔵』五九・六五六頁b）には、

熙寧中東掖山神悟法師來㆓止寶覺㆒。師往見㆑之一聞㆓講唱㆒慴然媿伏乃曰不㆑意叔世復有㆓斯人㆒此眞吾師幾不㆑遇也。於是虚㆑心潔㆑己北面師事摳㆑衣請㆑教朝夕匪㆑懈。

とあり、択瑛が、熙寧年間に東掖山から銭塘へ来た処謙の講義を聞いて、すぐさま師事したことが伝えられている。元照も幼なじみであった択瑛とともにこのときに師事したと考えられる。
(83)処謙への修学時期については、佐藤成順氏前掲書一九四頁に考察がある。そのなかで、佐藤氏は、元照が択瑛とともに処謙に修学したのは熙寧三、四年頃から入滅した熙寧八年の間の数年間であろうと指摘している。また、元照が処謙に修学した場所については、山本氏前掲論文八七―八八頁に考察がある。ここで山本氏は、『仏祖統紀』処謙伝に処謙が「浄住」に居したとあることと、元照撰「杭州祥符寺瑛法師骨塔銘」に処謙が「宝閣」に居したと記していることを確認した上で、元照が処謙に学んだ場所を『咸淳臨安志』所載の「浄住律院の弥陀宝閣」であることを指摘している。筆者としては、『十不二門顕妙』（『卍続蔵』五六・三五六頁a）の序文に「皇宋熙寧四年冬十一月既望日於銭塘浄住方丈東軒序」とあることから、処謙が銭塘へ来たのは熙寧四年の前のことであり、元照が学んだのはこの書を著した浄住律院に間違いないことを付け加えておきたい。

(84)『卍続蔵』七五・三六二頁c。

(85)慧堅撰『律苑僧宝伝』(『日仏全』一〇五・二二七頁上—下)には、風の日も雨の日も暑さ寒さをかえりみず、毎日数里の道を歩いて処謙のもとへ向かう元照の姿が述べられ、さらに、元照が元来学んでいた律学を捨て処謙のもとで天台の教えを学ぼうとした様子まで描かれている。しかし、このような記述を裏付ける資料はなく、現存する諸伝にも確認できない内容であるため、慧堅の付加であると考えられる。諸先学が、元照の天台修学を処謙に依るとする一因には、このような劇的な師弟愛を描く『律苑僧宝伝』の影響もある。

(86)「戒体章」(『芝苑遺編』所収、『卍続蔵』五九・六二一頁b)には、

既開二顯大解一依二小律儀一即成二大行一。豈須二棄捨方曰一レ大乎。故疏云、常思レ此行即攝律儀等。深有二意旨一。不レ能二繁述一。

問、此與二天台圓教一爲レ同爲レ異。答、理同説異。何名二理同一。以下下疏中引二法華文一、用二法華意一、立中此圓體上。但彼教統攝。此局二一事一。將レ此入レ彼、即彼妙行之中戒聖行也。何名二説異一。今此爲レ明二戒體一、直取二佛意一融二前二宗一自得二此談一。非レ謂レ取レ彼。但名相濫。是故異也。

とあり、元照は、大乗の理解を開き顕せば、『四分律』のような小乗の律儀であっても大乗の行となるという道宣の南山律宗における円教の意を示し、続く問答で、それが法華の意を用いる点で天台円教と理は同じであることを述べている。また、『法華玄義』所説の迹門十妙の第三行妙中に説かれる戒聖行を用いて説明を行っている点などから、元照がこの「戒体章」を著すときにはすでに、天台教学を学んでいたことがうかがわれる。

(87)『釈門正統』(『卍続蔵』七五・三一四頁a)。

(88)元照撰「秀州華亭超果照法師塔銘」(『芝園集』所収、『卍続蔵』五九・六五三頁b)に、詳しい伝記がある。この他、可久と同じく『釈門正統』や『仏祖統紀』にも伝記がある。霊照の伝記については、佐藤成順氏前掲書三八四—三八八頁が詳しい。

(89)高雄義堅氏前掲書一五—一八頁によれば、当時の童行は沙弥としての経典の読誦や諸法式の訓練他、寺内の雑役をしたようである。また、『勅修百丈清規』に方丈行者、客頭行者、堂司行者、監作行者等の名称で呼ばれているのも童行であり、「為行者普説」と清規にあるのは、住持が行者に対して垂説することであることから、童行が住

持から説教を受ける時間もあったことが指摘されている。

(90) 林氏前掲書二三頁には、竹菴可観（一〇九二―一一八二）が、智円の『盂蘭盆経』注釈を天台教学ではなく、宗密や伝奥などの華厳教学に順じた解釈を行っているのに対し、できる限り天台教学に基づいた『盂蘭盆経』解釈をするよう後学に呼びかけるなど、当時『盂蘭盆経』の解釈をめぐる議論があったことを指摘している。元照は、宗密『盂蘭盆経疏』を注釈した『盂蘭盆経疏新記』を著し、いわゆる天台山家派の理解ではなく、宗密の『原人論』や山外派の智円の理解を参照して解釈している。このことからも、元照の思想が、天台山家派ではなく、山外派に近接していたことが推察されるのである。

(91) 元照撰「越州余姚異闍棃塔銘」（『卍続蔵』五九・六五六頁c）があり、単異と元照にもつながりがあったことが推測される。単異の伝記については、同門の法宗とともに佐藤成順氏前掲書一七五―一七六頁に触れられている。

(92) 福島氏前掲書一〇四―一〇九頁において、有厳の教学や浄土教についての考察がなされている。そのなか、有厳は知礼・本如系統の天台教学を学んだようであるが、その解釈は知礼系の理解とは異なる独特なものであったことを指摘している。

(93) 允堪『浄心誡観発真鈔』（『卍続蔵』五九・五二九頁b）には、

華嚴前後兩譯、初即東晉義熈年天竺佛陀跋陀羅於二陽都一譯凡六十巻、次即唐天后代于闐三藏實叉難陀譯凡八十巻。南山但見二前本一巻一。疏者即法順所撰。師雍州萬年人俗姓杜世以二杜順一爲レ稱、於二終南山一撰二法界觀一巻一。後授二弟子一智儼執レ此以講二華嚴大旨一文見レ行レ世。其諸神異具如二續高僧傳一。貞觀十四年歸寂、春秋八十四即華嚴新舊二疏始祖也。其三巻十巻又名倶亡、此皆釋二初譯本一、後清凉國師造レ疏釋二後譯本一、今多所レ行大師亦不レ見也。

とあり、允堪は『法界観門』を明確に杜順の撰述としている。元照はこの『浄心誡観発真鈔』に序文を付していることから、この『法界観門』を杜順撰とすることを当然知っていたであろう。また、杜順が『法界観門』の著者であるとしていたからこそ、元照は「無量院造弥陀像記」（『楽邦文類』所収、『大正蔵』四七・一八七頁a）に「達法界孰如杜順乎」と、杜順ほど法界に通達した者はいないと称讃していると考えられる。また、岡部和雄氏・田中良昭氏編『中国仏教研究入門』（大蔵出版、二〇〇六年）二八四頁に紹介されている、吉田剛氏『宋朝華厳教学史の研究』（博士学位申請論文、国会図書館蔵、二〇〇〇年）一〇〇—一一九頁には、元照が活躍した北宋代に『法界観門』が流行し、数多くの注釈書が作成されていたことが指摘されている。

(94) 『通玄記』の元照序文の発見は、吉田剛氏「本宗『法界観門通玄記』について—華厳復興期の教観幷修論を中心として—」（『禅学研究』八〇、二〇〇一年）による。

(95) 本宗には他に『華厳七字経題法界観三十門頌』（『大正蔵』四五・六九二頁c）という著書があり、そこに略伝が付されている。これによると、元祐三年（一〇八八）に開封でこの『法界観門通玄記』を作成していることがわかる。この本宗の伝記や著作などについては、吉田氏前掲論文を参照した。

(96) 『法界観門通玄記』元照序文は、吉田氏前掲論文に全文が収載されている。

(97) 宋代以後の華厳に関する論考には、前掲の吉田剛氏の諸論文の他、鎌田茂雄氏『中国華厳思想史の研究』（東京大学出版会、一九六五年）に収載される「宋代における華厳と僧肇」「宋代華厳典籍にあらわれた澄観の学説」「華厳経結社の形成—華厳思想の民衆化—」や、吉津宜英氏『華厳禅の思想史的研究』（大東出版社、一九八五年）所収の「華厳禅の系譜」、木村清孝氏『中国華厳思想史』（平楽寺書店、一九九二年）所収の「近世華厳思想の諸様態」などがある。

(98) 『芝園集』にある出家者の塔銘や行業記の内容は以下のとおりである。

①「杭州南屏山神悟法師塔銘」　②「杭州祥符寺通義大師塔銘」
③「秀州華亭超果照法師塔銘」　④「唐拶州青著法師行業記」
⑤「湖州東林禅慧大師行業録」　⑥「杭州祥符寺久闍梨伝」
⑦「秀州超果惟湛法師行業記」　⑧「杭州雷峰広慈法師行業記」
⑨「杭州祥符寺瑛法師骨塔銘」　⑩「越州余姚異闍梨塔銘」
⑪「越州漁浦浄慧大師塔銘」　⑫「温州褒法師行業録序」
⑬「湖州八聖寺鑑寺主伝」　⑭「温州都僧正持正大師行業記」

傍線を付したものは、すべて元照の修学した杭州祥符寺の僧侶であり、四角で囲んであるものは華厳を中興した浄源の師である長水子璿に華厳の教観を学んだ者である。

(99)『芝園集』(『卍続蔵』五九・六五三頁a)。

(100)元照も著述のなかに慈恩の章疏を引用しているが、当時の祥符寺では、南山律や天台山外派の教義の他にも、華厳の教観や唯識法相の教義も学ぶことが可能であったのであろう。

(101)小笠原宣秀氏「四大部経考」(『支那仏教史学』七―三、一九四四年)によると、宋代では「大蔵」に対して「小蔵」と呼ばれ、涅槃・華厳・般若・宝積の四種の経典を一括した「四大部経」というものが存在した。

(102)吉田剛氏前掲書三一二頁には、『修華厳奥旨妄尽還源観紀重校』における浄源と子寧の交流が指摘されている。『修華厳奥旨妄尽還源観紀重校』に登場する「通義」も慈恩の唯識法相教学や儒教にも通じていたことが記されており、元照が塔銘を書いた「通義大師」と教学的な背景が一致するため、同一人物とみて間違いないであろう。また、吉田氏は浄源と通義が元祐三年(一〇八八)八月に記された『勅賜杭州慧因教院記』(『慧因寺志』巻六所収)にともに名を連ねていることから、浄源が慧因院に入寺するにあたって通義子寧を招聘したのではないかと、推測している。ちなみに、通義子寧も浄源も、この書に名前を連ねた約二箇月後に入滅している。このことから察するに、両者は非常に親しい間柄であり、同じ病に倒れたことが予想されるのである。

(103)『芝園集』(『卍続蔵』五九・六五三頁b)。

(104)『芝園集』(『卍続蔵』五九・六五七頁c)。

(105)『芝園集』(『卍続蔵』五九・六五七頁c)。

(106)最も古い成立となる浄源の伝記『宋杭州南山慧因教院晋水法師碑』(『玉岑山慧因高麗華厳教寺志』所収、『中国仏寺志』第一輯二〇)には、杭州翰林学士沈文通の請によって祥符寺にきて賢首教院を立てたことが記されている。浄源の行実に関しては、吉田氏前掲書二二三―二二三頁を参照した。

(107)吉田氏前掲書二四六―二四九頁、三〇二―三〇三頁に、『晋水法師碑』の内容から、浄源が華厳関係の章疏を収蔵する賢首教蔵を慧因院などに建立したことが指摘されている。吉田氏によると、浄源は蘇州報恩寺観音院、杭州大中祥符寺、青墩密印寺宝閣院、華亭普照寺善住閣、杭州慧因教院の五箇寺に止住し、祥符寺に賢首教院、他四箇寺に賢首教蔵を置いたとされる。また、祥符寺の賢首教院が「教院」と名づけられている点から、賢首教蔵と異なり、単に経巻の収蔵を目的とするのではなく、教理の研鑽も行えた塔頭寺院的建築であったと推論している。熙寧七年（一〇七四）に成立した浄源『華厳原人論発微録』の自序が、祥符寺の賢首教院において記されていることから、賢首教院は遅くとも一〇七四年、元照が二六歳のときには祥符寺に建立されていたことがわかる。『龍興祥符戒壇寺志』（『中国仏寺志』第一輯二九）の寺宇の項にも、元照の南山律の師である慧鑑が住した東蔵とともに賢首教院を確認することができる。

(108)『芝苑遺編』（『卍続蔵』五九・六四九頁c）

(109) 元照の崇福寺入寺の時期については、日置氏前掲論文六三―六四頁に論じられており、元豊五、六年頃のことであったと指摘されている。

(110) 吉田氏前掲書七六―九三頁、一三八―一四一頁には、高麗仁宗三年（一一二五）成立の『開城霊通寺大覚国師碑』（『大覚国師外集』所収、『韓仏全』四・五九一頁b）、高麗仁宗一〇年（一一三二）成立の『僊鳳寺大覚国師碑』（『大覚国師外集』所収、『韓仏全』四・五九五頁a）、高麗粛宗六年（一一〇一）成立の『開城興王寺大覚国師墓誌』（『朝鮮金石総覧』九〇）を資料として、義天の行実や宋の僧侶との交渉に関する詳細な検討が行われている。これによると、義天は高麗国文宗仁孝王の第四王子であり、文宗や群臣が入宋に反対するも宋へ密航している。入宋してからは哲宗に謁し、その後華厳の有誠・浄源、雲門禅の宗本、律の元照、天台の慈弁・処咸などに就いて学んでいる。このなか特に、宋哲宗の選出による開封の有誠を師範とすることになるが、有誠が固辞したため、有誠の紹介した浄源に就いて修学している。義天は浄源が慧因院の住持となると、これにしたがって慧因院へ入っている。浄源と義天の書簡の往復は盛んであり、そのなかで浄源は宋では散佚していた多くの華厳典籍を義天に送らせている。このときに義天から送られた華厳典籍をもとに、後に慧因院に住した義和が開板し、華厳典籍の入蔵を果たしている。

(111) 義天と楊傑への講義の内容は「為義天僧統開講要義」（『芝苑遺編』所収、『卍続蔵』五九・六四三頁c）にみられる。

(112)『仏祖統紀』（『大正蔵』四九・四一八頁b）や「答大宋元炤（照）律師書」（『大覚国師文集』所収、『韓仏全』四・五四六頁b―c）、元照「論慈愍三蔵集書」（『芝園集』所収、『卍続蔵』五九・六六二頁c）などに、慧日の『浄土慈悲集』を元照が開板して破却されるまでの経緯や、義天へ送付していることを確認できる。

(113)『韓仏全』四・五七二頁b―c。吉田剛氏「永明延寿の華厳思想とその影響」(『禅学研究』特別号―小林圓照博士古希記念論集―、二〇〇五年）注一三に、原文を挙げずに「浄源が示寂の間際に元炤（霊芝元照）に託して高麗義天に宛てた信書」で浄源が法華と華厳を仏教の表裏と表現していると論じており、義天宛の浄源遺書を元照が託されていることを指摘している。

(114)『韓仏全』四・五七二頁b―c。

(115) 浄源の教学に関しては、主に吉田剛氏「晋水浄源と宋代華厳」(『禅学研究』七七、一九九九年）を参照した。鎌田茂雄氏『宗密教学の思想史的研究―中国華厳思想史の研究　第二―』(東京大学出版会、一九七五年）所収の「宗密の仏教儀礼―『円覚経道場修証儀』について―」には、浄源が宗密の『円覚経道場修証儀』を簡略化した『円覚経道場略本修証儀』を撰述しており、浄源が宗密の思想に基づいた仏教儀礼を行っていたことを指摘している。

(116) 吉田剛氏は、前掲書二九一頁において「彼（浄源）が法華経を華厳経と同等に高く位置づけ、法華教学に関心を示し、主に智円などの山外派の教説を取り入れていたのは、彼の教学が山外派の伝統を継承したからに他ならない。浄源の思想傾向から、彼による華厳中興の実際を思想史的に見れば、その真の意味は山家派による天台学派からの離脱と独立であったと言えよう。すなわち、内実は宗密の教学に立脚しながらも表面的には天台学派の体裁を見せていた山外派が、山家派との論争を通して自己の立場に限界を感じ、天台学派から離脱し独立して、華厳学派として再出発したのが浄源による中興だったのである」と、その教学的特徴と傾向を論じている。

(117)「為義天僧統開講要義」(『芝苑遺編』所収、『卍続蔵』五九・六四四頁a)。

(118) 他にも「天台賢首開拓法門」(『卍続蔵』五九・六四四頁a）と、天台教学と華厳教学が同じく釈尊の説き出した法門を開拓したなどと説くところも見受けられる。

(119) 宗密の影響については、第三章で論ずる。

(120) 吉田剛氏「中国華厳の祖統説について」(『華厳学論集』大蔵出版、一九九七年）四八九頁によると、凝然『華厳宗経論章疏目録』(『日仏全』九五・一三四頁下）に浄源著作として『賢首五教華梵七祖図』一巻が採録されている。

(121) 竺沙雅章氏前掲書所収「宋初の政治と宗教」(三八〇―三八五頁）によると、太祖によって一七万を超える人々の得度や大がかりな寺院の造営、訳経院の設立や印経院の設置が行われた。そのことによって、訳経事業や大蔵経の印行がはじめられ、経論が次第に整備されるとともに、それを学ぶ僧侶の数も四五万人を超えた。このような太宗の仏教優遇策により、後周世宗の僧尼削減策は事実上撤廃され、宋代の仏教は唐代と異なる形で再び発展していくこととなる。

(122) 竺沙氏「宋元時代の慈恩宗」「宋元時代の杭州寺院と慈恩宗」（竺沙氏前掲書三―五一頁所収）に指摘されるとおり、元照在世の時代には天台宗や華厳宗だけでなく、慈恩宗も行われていたのである。

(123) 宋代に行われた禅に関しては、石井修道氏「宋代の禅―中国の禅Ⅱ―」（『現代思想―総特集　禅』所収、青土社、一九八〇年）や、同『宋代禅宗史の研究―中国曹洞宗と道元禅―』（大東出版社、一九八七年）などを参照した。

(124) 望月信亨氏「慈愍三蔵の事績及びその文集」（『浄土教之研究』所収、金尾文淵堂、一九二二年）、岩崎敲玄氏「慈愍三蔵の事績及び教義」（『宗教界』九-一一、一九一三年）、小野玄妙氏「慈愍三蔵の浄土教」（『仏教の美術と歴史』大蔵出版、一九三七年）、道端良秀氏「真宗より見たる慈愍三蔵」（『中国浄土教史の研究』所収、法藏館、一九八〇年）、佐藤成順氏前掲書などにおいて、慈愍三蔵の『浄土慈悲集』開板をめぐる禅僧との紛争について論じられている。

(125) 『仏祖統紀』（『大正蔵』四九・四一八頁b―c）。

(126) 『仏祖統紀』（『大正蔵』四九・四一八頁b―c）には、この記事に関して著者志盤の言及が付されている。それは、

述曰、大智以㆓英才偉器㆒受㆓弘律之任㆒。資持之記與㆓會正㆒並行、而獨盛㆓於今時㆒。其爲㆓名世有㆑足㆑重者㆒。及觀㆔其偏賛㆓淨土㆒、述㆓新疏㆒以反㆓智者㆒。假㆓慈愍集㆒以畔㆓六祖㆒。何爲其若㆑是也耶。大氏此師檢身之學爲㆑有㆑餘、而明心之道未㆑盡㆑善也。慈愍集已毀、律家猶存㆓新疏㆒。識者必能別㆑之。

とあり、禅僧とのやりとりから論点がずれて元照『観経新疏』に対する批評となっている。

(127) 『大覚国師文集』（『韓仏全』四・五四六頁b）に「答大宋元炤律師書」という義天から元炤へ宛てた手紙が収載されている。これによると、義天は元照から『浄土慈悲集』を送られてすぐに印経所へ開板のために出したことが伝えられている。ただし、「但恨纔獲半珠、未窺全寶耳」とあることから、すでにこのとき義天が手に入れたもの

も現存するものと同じく上巻のみであったことが推察される。

(128)『芝園集』所収、『卍続蔵』五九・六六三頁c。

(129)「論慈愍三蔵集書」(『芝園集』所収、『卍続蔵』五九・六六三頁b)。『卍続蔵』本には「有黨宗蔽曲之淨」とあるが、駒澤大学図書館蔵『芝園集』版本には「有黨宗蔽曲之流」となっている。ここでは意味内容から駒澤大学図書館蔵本に依った。

(130)『大正蔵』四〇・一八四頁c。

(131)『芝苑遺編』所収、『卍続蔵』五九・六二八頁c。

(132)『大正蔵』八五・一二三七頁c。

(133)『大正蔵』八五・一二三七頁a。

(134)『芝園集』所収、『卍続蔵』五九・六六三頁b。

(135)小野氏前掲書一一七六頁に、

此延壽禪師の説は、之を慈愍三藏の説に比べると餘程進歩して居り且つ新しい主張も相當にある。(中略)併かし乍ら唯大局の上から考へて、兩者倶に普く諸宗を包容して教禪の一致を示し、理事を雙修して禪淨の合行を體し、萬善同歸の旗幟の下に戒行の具修を廢せなかった點に至っては全く一軌一徹であって、此の意味に於て延壽禪師は恐らく慈愍三藏の宗旨の大成者たる地位に立つものと云っても敢て差支へないやうに思はれるのである。

と、延寿を慧日の教学の大成者と指摘している。一方で、柴田泰氏は「中国浄土教における唯心浄土思想の研究(一)」(『札幌大谷短期大学紀要』二二、一九九〇年)において、小野氏の指摘を踏まえた上で、慧日は諸行兼修による熱烈な願生浄土者であり、延寿は万法唯心を主張した天台・華厳などの思想家、正禅定を眼目とした禅師である。延寿が願生浄土者である。慧日は願生浄土者でなかったことはこれまで考証したとおりである。共通点のみを取り出して評価することは注意すべきである。慧日、延寿ともに諸行兼修思想を主張し、実践したが、夫々の意図した究極の目的は違っていたと理解すべきである。

と、慧日の思想と延寿の思想を単純に同一視する理解について注意を喚起している。さらに松野瑞光氏は、「慈愍

三蔵慧日の浄土教思想—禅浄戒合行説の再検討—」（『浄土学』四二、二〇〇五年）において

　慧日の浄土教思想は、望月氏以来禅浄戒合行思想であるとされ、それにより慧日の思想のなかで禅定、戒は、念仏と同じく高い位置を占めているものであると考えられてきた。しかし、禅定観、戒律観を『慈悲集』のみを整理し考察すると、慧日においてはあくまで六波羅蜜のなかの一つであるととらえていたと思われる。（中略）慧日の思想は、まず六道輪廻からの解脱を目的として念仏を行い浄土往生を求めていることが確認され、また慧日の求むべき往生行とは第一に念仏であると考えられる。

と、慧日は浄土往生を六波羅蜜とは異なる次元でとらえていることから、延寿の主張する諸行兼修の姿勢と異なることを指摘している。筆者としては、元照が浄土教についてではなく、仏道修行者として行うべき現実的な修行方法である三学や六波羅蜜のすべての行を肯定している点において、延寿の諸行兼修思想の影響を受けながら慧日を受容しているものと考えている。

（136）『北京図書館古籍善本書目』子部（北京、書目文献出版社、一九八七年）一六一二頁に、「永明智覚禅師方丈実録一巻 宋釈元照撰　宋刻本　与註心賦合 一冊　九行十七字白口左右双辺 八三二〇」とあるとおり、北京図書館蔵宋刻本『註心賦』（存巻第四、巻一—三欠）と合冊になっているものが収録されている。序文において「予嘗於先祖遺文中得㆓壽禪師實録㆒」とあり、内題のところに「永明智覺禪師方丈實録、靈芝蘭若元照重編」とあることから、元照が霊芝崇福寺に入って後、先祖の遺文を整理して延寿の伝記を見つけたようである。この「先祖遺文」は、法脈の上での先祖、つまり先師の書き残した書物とも、血縁の先祖の残した書物とも読むことが可能である。崇福寺入寺以前に元照が作成したと考えられる『仏制比丘六物図』は、元照の師である慧鑑撰述の『仏制比丘六物図』に刪治を加えて刊行したものとされる。このように、以前にも元照は師の著作に刪治を加えて刊行しているのである。これを勘案するならば、先師の書き残した書物と考えることの方が自然であろう。しかし、「先祖遺文」を元照の血縁としない明確な理由が存在するわけでもないため、あくまでも推論の域を出ない。仮に、先師の遺文と考えた場合には、元照が誰を先師としているのかを断定することができないため、著述年代は崇福寺入寺以降という以上の推測は不可能である。また、もしも元照の血縁者（両親）の遺文であった場合、亡父母のために記した「考妣墓誌銘」作成の紹聖三年（一〇九六）以降の著作と考えられる。

(137)『万善同帰集』(『大正蔵』四八・九七三頁c)、『浄土慈悲集』(『大正蔵』八五・一二四一頁a)。ただし、『万善同帰集』にある「又云眞如」以降の文は、現存する桐華寺本と海印寺本とを校合した『大正蔵』所収の『浄土慈悲集』上巻にはみられない。

(138)『万善同帰集』(『大正蔵』四八・九七二頁c―九七三頁a)の『浄土慈悲集』引用の科段において延寿は、

第一義中眞亦不レ立、平等法界無二佛衆生一。俗諦門中不レ捨二一法一、凡興二有作一、佛事門收。是以諸佛常依二二諦一説法。若不レ得二世諦一、不レ得二第一義諦一。

と述べている。第一義諦のなかには、真も俗も立てず、平等の法界には仏も衆生もない。仏は、その第一義諦の境界を世俗諦のなかで一法として捨てることなく、具体的な修行を事門に収めとっている。そのため、諸仏は常に二諦によって法を説くのであり、世俗諦を得なければ第一義諦を得ることはないと、修行について理事双修たるべきことを、『中論』や宗密の『註法界観門』の言葉を用いて説明している。

(139)宗本は、北宋代に盛んに行われた雲門宗の第五世である天衣義懐(生没年不詳)のもとで契悟し、浄慈寺の四世となっている。宗本は浄土教信仰を有していたようで、さまざまな伝記に浄土教に関する業行や伝説が収載されている。宗本の伝記については、佐藤成順氏前掲書二五八―二六九頁に詳しく述べられている。

(140)『卍続蔵』五九・六六三頁a。『卍続蔵』本には「慧林孝本」となっているが、「孝本」という名の著名な禅僧は存在しないため、「慧林宗本」の誤植とみて間違いないであろう。本文中の表記も「宗本」と改めた。

(141)『慧林宗本禅師別録』(『卍続蔵』七三・八六頁a―八七頁a)によると、義天は二回宗本のもとを訪ねていることが確認できる。

(142)佐藤成順氏前掲書二六八頁では、『釈氏稽古略』において、元豊四年に元照が宗本に衣鉢を贈り、宗本は元照から贈られた三衣一鉢を終身大切にしたという記事を元に、元照が二八歳年上の宗本に送ったこととしている。元豊四年の頃は元照が大病を患っていたことを勘案して、そのように解釈したようである。

(143)『卍続蔵』五九・六六三頁c―六六四頁a。

(144)「浄業礼懺儀序」(『楽邦文類』所収、『大正蔵』四七・一七〇頁a)。

(145)宗頤の伝記については、服部英淳氏「永明延寿の思想と宋代禅僧の浄土観」(『浄土教思想論』所収、山喜房仏書林、一九七四年）や、日置孝彦氏「長蘆宗賾にみられる念仏の理解」（『印仏研』二六-二、一九七八年）を参照した。

(146)『芝園集』所収、『卍続蔵』五九・六六五頁b—c。

(147)『芝園集』所収、『卍続蔵』五九・六六五頁c。

(148)『卍続蔵』五九・六六五頁c。

(149)『楽邦文類』所収、『大正蔵』四七・一八七頁a。

(150)「無量院造弥陀像記」（『楽邦文類』所収、『大正蔵』四七・一八七頁b）には、

近世宗師公レ心無レ黨者、率二用此法一誨二誘其徒一。由レ是在レ處立レ殿造レ像結レ社建レ會。無二豪財一無二少長一、莫レ不レ歸二誠淨土一。若觀想若持名若禮誦若齋戒、至レ有下見二光華一覩中相好上。生身流二於舎利一、垂終感二於善相一者不レ可二勝數一。淨業之盛往古無二以加一レ焉。

とある。

(151)延寿については、北京図書館蔵元照撰「永明智覚禅師方丈実録」に、「唯念佛一門可能誘化。乃結一萬人彌陀社」とあり、元照によって延寿の事績の一つとして結社念仏がとりあげられている。また、遵式「念仏三昧詩幷序」（『天竺別集』所収、『卍続蔵』五七・三七頁c）には、

皇宋丙申、沙門遵式會二四明高尚之賓百餘人一。春冬二仲一日一夜萃二寶雲講堂一想二無量覺一。行二漢魏一、經二壬寅一既廢。適二台之東山一忽思二俄成一故事、惜無レ述焉。乃擬二晉賢作一レ詩、寄二題于石一、垂二於後世一也。

とあり、遵式が至道二年（九九六）に宝雲寺において百余名の人と、浄土願生のために阿弥陀仏を観想したことを確認することができる。

(152)賛寧『宋高僧伝』（『大正蔵』五〇・七三八頁c）に懐感が仏の相好を観見したことを載せている他、遵式「示人念仏方法幷悔願文」（『金園集』所収、『卍続蔵』五七・五頁b—c）には、懐感の見仏の事例をもとに、観想よりも称名の方が見仏において勝れていると述べている。

(153)『浄全』五・三六四頁上、『大正蔵』三七・二八四頁a。

(154)『宋高僧伝』慧日伝（『大正蔵』五〇・八九〇頁b）に「其道與二善導一少康異時同化也」と伝えられていることか

ら、賛寧がこれを著して以降、慧日が、善導や懐感や少康と同じ浄土教の流れであるととらえられていたことが予想される。また、少康に関しては、ここにも善導とともに名前を載せられているが、その伝（『大正蔵』五〇・八六七頁b）において、善導との密接な関わりが伝えられている。

(155)『釈氏稽古略』（『卍続蔵』四九・八九二頁b）に「宋温州圓辯法師道琛所レ至居止。毎月二十三日建二浄土繋念道場一。會二禪律講宗名勝一畢二至緇素一常逾二萬人一」とあるように、宋代においては、寺院や住持を禅・講（教）・律の三宗に分けていた。高雄義堅氏前掲書六六頁参照。ちなみに、戒度『正観記』（『浄全』五・四六二頁下）によると、ここにいう禅宗の浄土教者は延寿と宗頤であり、講宗の浄土教者は知礼・智円・仁岳であるとしている。

(156)『観経新疏』（『浄全』五・三六四頁上、『大正蔵』三七・二八四頁a）。この箇所は、加筆もなく、会本でもなく、南宋本に最も近い明暦本にも確認できる。

(157)『楽邦文類』所収、『大正蔵』四七・一八七頁a—b。

(158)『芝苑遺編』所収、『卍続蔵』五九・六四五頁b。

(159)『大正蔵』四七・一九二頁c。

(160)元照当時にはすでに散佚していたようだが、道宣にも『廬山遠大師文集』一一巻があったことを、「南山律師撰集録」（『芝苑遺編』所収、『卍続蔵』五九・六五〇頁b）に記している。

(161)廬山慧遠の行業を『行宗記』に二箇所（『卍続蔵』三九・七二九頁b、『卍続蔵』四〇・六二頁c）と『釈門章服儀応法記』に一箇所（『卍続蔵』五九・五九五頁a）用いている。廬山慧遠の結社念仏の事績については「無量院造弥陀像記」、「開元寺三聖立像記」、『観経新疏』に述べられている。

(162)善導著作の引用は、『観経新疏』と『阿弥陀経義疏』、「浄業礼懺儀序」に確認できる。

(163)佐藤成順氏は、善導浄土教を受容し、元照と親しい関係にあった人物として択瑛と楊傑の存在を指摘している。佐藤成順氏前掲書一四八—一五〇頁、一九三—一九四頁、二〇八頁、および同「中国と日本における善導観—浄土教相承説を通じて—」（『中国仏教思想史の研究』所収、山喜房仏書林、一九八五年）参照。

(164)「弁浄土修証」（『復宗集』所収、『卍続蔵』五七・六七頁c）。

(165)ここに挙げた楊傑著作の三書はすべて『楽邦文類』に収載されている。

(166) 持阿『選択決疑抄』第五見聞（『浄全』七・九二三頁）上下などには、『選択集』一六章の注釈において、

遵式往生傳云、唐朝善導和尚阿彌陀化身。又智榮専雑二修圖云、善導阿彌陀佛化身。又擇映云、善導深修二観行一是彌陀化身。

と伝えられているように、択瑛がその著作において善導を阿弥陀仏の化身としていたことが確認できる。佐藤成順氏前掲論文三四〇頁参照。また、佐藤成順氏前掲書一四九頁には、「念仏鏡序」の内容をもって、楊傑にも善導弥陀化身説があるとの指摘があり、同書二〇八頁には、元照が楊傑からも善導受容に関して影響を受けていたとの指摘がある。しかし、小笠原宣秀氏が『中国近世浄土教史の研究』（百華苑、一九六三年）三二一―三二三頁に、楊傑「念仏鏡序」を「浄土十疑論序」の改作であり、『念仏鏡』自体が宋代の江南地域に流布していなかったであろうと指摘している。そのため、現存の楊傑著作における善導受容は、わずかに後善導と称された少康を讃える「善導和尚弥陀道場讃」に少しとりあげられている以外に確認できず、弥陀化身説を楊傑に確認することはできない。

(167) 遵式の「往生正信偈」をもとに『阿弥陀経義疏』において諸経の行業を並べていたり、「誡酒肉慈慧法門」に準じて「慈慧梵行法門」を作成するなど、さまざまな形で元照は遵式の思想を受容している。『十疑論』に関しては、自身の意見として用いているなど、元照が非常に深く『十疑論』を理解していたことがうかがえる。

(168) 処謙と慧才の浄土教信仰については、佐藤成順氏前掲書一七〇―一八二頁、福島氏前掲書一〇一―一〇四頁参照。

(169) ここに挙げた有厳の浄土教著作はいずれも短編で、『楽邦文類』（『大正蔵』四七）に収載されている。

(170) 『芝苑遺編』所収、『卍続蔵』四七・六四五頁c。

(171) 『仏祖統紀』（『大正蔵』四九・二〇一頁c）。

(172) 慶文の著作の一部が、「文法師浄行法門序」「発二菩提心一求レ生二浄土一」「念仏者如三私遇二明君一」「念仏者命終絶無二魔事一」（いずれも『楽邦遺稿』所収、『大正蔵』四七）という題名で現存する。

(173) 宗昱の霊知心性説については、玉城康四郎氏『心把捉の展開―天台実相観を中心として―』（山喜房仏書林、一九六一年）四八三―四九二頁参照。

(174) 『大正蔵』四七・一三三頁c。

(175) この他、「示修浄土」一巻の存在を、長西『浄土依憑経論章疏目録』に確認することができる。

(176)慶文の影響については第五章にて論じる。

(177)元照の思想に影響を及ぼした智円の浄土観や往生行に対する見解については、第三章と第四章にて詳述したい。

(178)北京図書館蔵元照撰『永明智覚禅師方丈実録』。

(179)『芝苑遺編』所収、『卍続蔵』五九・六四六頁b。

(180)柴田泰氏前掲論文に「彼（延寿）は西方弥陀浄土を消極的に認めていたが、もう一方の唯心浄土を積極的に主張していた」と指摘されているとおり、延寿自身は唯心浄土を了解する（悟る）ことが最終的な目的であり、西方有相弥陀浄土は中下根の人のために傍らに説いたに過ぎないのである。しかし、『永明智覚禅師方丈実録』に示されるように、元照は延寿のことを、執着堅牢である業繫の衆生のために、西方弥陀浄土へ往生することができる念仏法門を、宋初の呉越国においてはじめて説いた大徳としてとらえているのである。このような相違点は、延寿と元照の衆生観の異なりに起因するのであろう。後代における西方弥陀浄土信仰者としての延寿像は、このようにして形成されていったことが推察されるのである。

(181)『大正蔵』四七・一九三頁c。

(182)『大正蔵』四七・一九三頁c。

(183)「蓮華勝会録文」は、王日休撰『龍舒浄土文』にも「勧参禅人兼修浄土」という名前で収録されている。日置孝彦氏前掲「長蘆宗頤にみられる念仏の理解」参照。

(184)宗頤の生没年は不詳だが、長蘆崇福禅院から元祐年間（一〇八六―一〇九四）に長蘆寺に住し、ここで母を方丈の東室に迎えて阿弥陀仏を持念させたとされ、崇寧年間（一一〇二―一一〇六）に真定府洪済禅院に止住したとされる。このことから、両者は同時代に活躍したことが確認できる。また、「禅苑清規」は崇寧二年（一一〇三）の作成で、洪済禅院時代の著作とされる。元照撰「長蘆頤禅師文集序」は、その「禅苑清規」に収載される「坐禅儀」や「百二十問」などが個別で収められていたことを伝えている。このことは、宗頤が「禅苑清規」としてまとめ直す以前に、浄土教関係書とともに刊行されたことを意味していると考えられる。そうであれば、崇寧二年に「禅苑清規」としてまとめなおされる以前に、元照が「長蘆頤禅師文集序」を作成していることも予想される。

(185)『大正蔵』三九・九一〇頁a。

(186)『大正蔵』四四・四〇七頁ａ。
(187)『芝園集』所収、『卍続蔵』五九・六五七頁ｃ。
(188)『芝園集』所収、『卍続蔵』五九・六五八頁ａ。
(189)「温州都僧正持正大師行業記」(『芝園集』所収、『卍続蔵』五九・六五八頁ｂ)。
(190)「温州都僧正持正大師行業記」(『芝園集』所収、『卍続蔵』五九・六五八頁ａ)。
(191)吉田剛氏は、前掲「永明延寿の華厳思想とその影響」において「宋代呉越に展開した仏教の特徴として、諸教融合的であることが第一に指摘される。一心を止揚し、禅・浄土・華厳・天台・唯識などを統合する永明延寿の思想は、その先駆として極めて重要であり、その後の禅定融合思想のみならず、宋朝に復興した華厳学や天台学の淵源としてもとらえることができる」(二一七頁)と指摘している。延寿の思想に関しては、他に服部英淳氏「永明延寿の思想と宋代禅僧の浄土観」(前掲『浄土教思想論』所収)、柴田泰氏前掲論文、中村薫氏『中国華嚴浄土思想の研究』(法藏館、二〇〇一年)参照。

第二章　浄土教への帰入とその著作

第一節　浄土教への帰入――元照の時機観――

第一項　問題の所在

元照の浄土教帰入については、その劇的な内容から古来より注目されており、日本の法然門下の聖光（一一六二―一二三八）の『徹選択集』にも引用されている。[1] もちろん、近代以降も、多くの先学による指摘がある。[2] ただし、それらを整理すれば次の四点にまとめられる。

（一）『高僧伝』慧布伝の影響から、死後は安楽を願わず、何度も苦の世界へ生まれ変わって衆生を救済したいと願っており、浄土教を軽んじていた。しかし、大病を患って死後の不安に直面し、何もできない自己に気づき、死後の行く先を説く浄土教の大切さを実感したこと。

（二）病気が癒えて浄土教を軽んじたことを深く反省するなかで、無生忍を得ていない凡夫は仏を離れるべきではないと天台『十疑論』に学び、さらに四字の名号で必ず往生できると善導の専雑二修の文に学んだこと。

（三）当時非常に多かった、天台・華厳・禅に属す浄土教者の影響を受けたこと（佐藤成順氏は、楊傑との出会いが元照の浄土教帰信に決定的な影響を与えたと指摘している）。

（四）大病を患う前から読んでいた『行事鈔』瞻病篇中の無常院の記事が、誘因暗示となっていたこと。

これらのうち（一）と（二）は「浄業礼懺儀序」に依って述べられたものであり、すべての先学が言及するところである。(3) これに対して（三）は原口徳正氏と佐藤成順氏の見解であり、（四）は原口氏のみの意見である。いずれも典拠となる資料が明確なものばかりである。

また、元照の浄土教帰入の時期については、佐藤成順氏による緻密な研究がある。佐藤氏によると、（一）に挙げるところの大病を患ったのが元豊四年（一〇八一）頃のことであり、浄土教に帰入して楊傑と出会い、その信仰が不動なものとなったのは、元豊七年（一〇八四）九月から元豊八年（一〇八五）一二月にいたる、元照三七、八歳のときのことであると指摘している。(4) この浄土教帰入の時期に関する説も、元照自身の言及に基づいた指摘であり、元照が三五、六歳のときには浄土教に帰入していたことを確認できるのである。

このように、「浄業礼懺儀序」などに元照が自ら浄土教への帰入について述べていることから、非常に明確に元照が浄土教信仰を受容する様子を確認することができる。

ただし、筆者としては以上の内容に加えて、元照の浄土教帰入、およびその浄土教思想の形成に影響した思想的要因を挙げなくてはならないと考えている。それは、①元来、道宣が注目していた正像末三時思想の影響を受けて時代観を形成していたことと、②浄土教を軽んじていたという謗法罪の自覚が加わって機根観が深められたことの二点である。いずれも末法思想や逆謗除取と呼ばれる、浄土教思想において古来議論されるところに関する内容であり、重要な問題である。管見の限り、宋代の浄土教者においてこの両方の問題を正面から取り扱った論考はなく、もちろん元照の浄土教研究においてもわずかに触れられる程度である。

そこで本節では、浄土教帰入にいたる元照の時機観に着目し、元照の末法観や末法時の衆生の実践、および謗法に関する見解を考察していきたい。

第二項　末法に対する意識

元照の末法観について触れている論考は、管見の限り佐藤成順氏の指摘があるのみである。佐藤氏は、高麗国の王子義天が、入宋求法して元照に謁した際の元照の講義録である「為義天僧統開講要義」を根拠として、元照が五濁悪世・末法時の衆生という末法観を有し、その末法観を基調として浄土教を受容しているとする(5)。元照以前の著名な浄土教家として知礼や遵式等が挙げられるが、彼らの著作には末法の意識などほとんどみられない(6)。ただし、知礼や遵式と同時代である智円の著作には、正像末三時思想が明確に説かれており、末法に関する用語も散見できる(7)。智円は先の二人と比べてそうした時代観に意識が向けられていたようである。元照の場合は、その著作中における末法に関する用語数において智円のそれをはるかに上回る。このことは、元照において佐藤氏の指摘するような「末法時の衆生」という時代観が、かなり大きな意味を持っていたことを示すものであろう。元照が他の宋代浄土教諸師と比べて何ゆえに末法を強く意識したのか、また、この末法観がどのような経緯で形成されたのかなど、元照の末法の意識についてみていきたい。

中国における末法思想の興起は南岳慧思（五一五—五七七）の『立誓願文』といわれている(8)。その後、末法観は三階教の信行（五四〇—五九四）や道綽（五六二—六四五）等によって社会に浸透していった。同様に道宣も正像末

三時思想を意識していたようである。[9]それは『釈迦方志』に、

依二摩耶經一、如來滅後正法五百年像法一千年。又依二善見毘婆沙一云、如來滅後正法千年。像法亦爾。[10]

とあり、『摩耶経』や『善見律毘婆沙論』等によって、正法五百年像法千年とする説や正法像法ともに千年とする説を意識していたことが確認できる。また、『行事鈔』には、

佛在時勝滅後劣、正法像法末法漸弱。[11]

とあり、仏の滅後から仏法は、正法、像法、末法と次第に弱まっていくという、道宣の三時思想をみることができる。そして、道宣は『釈迦方志』に、

前有二石柱記佛滅相一。有云、當二此土三月十五日一者。説二有部一云、當二此九月八日一。諸部異議云、至二今貞觀二十年一、則經二一千二百一十二年一矣。此依二菩提寺石柱記一也。或云、千三百年。或千五百餘年。或云、始過九百未千年者。[12]

と、自身が『釈迦方志』を著した貞観二〇年（六四六）をクシナガラの菩提寺の石柱記文によって仏滅後千二百十二年と計算するほか、千三百年説、千五百余年説、九百年説など四説を紹介している。この『釈迦方志』の説示は、玄奘の『大唐西域記』の説示をそのまま採用したものである。[13]道宣がこの四説のうちのどの説を支持したのか不明であるが、玄奘の『大唐西域記』所説の年号を計算し直している点を考慮するならば、第一説目の菩提寺の石柱記による仏滅説をとっていたことが考えられる。その場合、仏滅は紀元前五六六年になると道宣が考えていたことがうかがえる。しかし、元照『資持記』には、

然祖師出世當佛滅後一千五百餘年。即入二像法之末一。[14]

とあり、元照は道宣の誕生した開皇一六年（五九六）が仏滅後千五百余年後にあたるとし、像法の末であると計算

していることから、仏滅を紀元前九〇四年以前であると考えていたようである。元照のこのような計算が、何に基づくかは不明であるが、北斉の法上の仏滅説や『釈迦方志』に示される第三の千五百余年仏滅説、『周書異記』の仏滅説に近いことが確認できる。(15) そして、元照は、正像末三時思想に関して『資持記』に、

叙㆓弘傳中初文。正法像法各一千年。末法萬年㆒。(16)
下約㆓三時㆒而説。正法千年具㆓教理行果㆒。像法千年闕㆑果。末法萬年闕㆓行果㆒。人根轉濁。漸劣可㆑知。(17)

と述べ、また、『盂蘭盆経疏新記』に、

正法下㆓顯㆑被㆓三時㆒。正像各一千年、末法萬年。後五百歳即金剛般若經語。大集經中明㆓五五百歳㆒。第一五百解脱堅固、第二五百禪定堅固、第三五百持戒堅固、第四五百多聞堅固、第五五百闘諍堅固。今指㆓第五㆒爲㆓後五百㆒、即末法之初也。(18)

と述べているように、道宣の『行事鈔』序文、(19)『金剛般若経』『大集経』等を根拠として、正法・像法をともに一千年とし、末法を一万年としている。(20)

以上を勘案するならば、釈尊入滅を紀元前九〇四年以前として、正法・像法合わせて二千年が経過した翌年からが末法ということになり、末法到来がおよそ紹聖三年(一〇九六)以前になると元照は算出していたことが考えられる。つまり、元照において末法や正像末三時思想に関する言及が同時代の諸師と比べて多いのも、末法の到来を自身の四十代のときととらえ、さらに僧風が乱れていた当時の状況を目の当たりにすることで、(21) 末法が間近に迫っていると実感したためなのであろう。

元照著作中において「末法」「末代」「末世」「末学」という末法に関する用語の使用例をみてみると、以下のとおりとなる(引用されている他の著作中の用語は除いた数を示した。ただし、明らかに元照の意志が加わっていると思わ

れる場合に限り、数えることにした)。

・資料による使用箇所数

『観経新疏』……………三箇所
『阿弥陀経義疏』…………一箇所
「為義天僧統開講要義」……二箇所
「開元寺三聖立像記」………一箇所
『資持記』………………二六箇所
『行宗記』………………一三箇所
『済縁記』………………四箇所
『釈門章服儀応法記』………一箇所
『遺教経論住法記』…………六箇所
『仏制比丘六物図』…………一箇所
「開元寺戒壇誓文」…………一箇所
「受戒方便」………………一箇所
「剃髪儀式」………………一箇所
『盂蘭盆経疏新記』…………二箇所

・用語による使用箇所数

「末法」……一三箇所

「末代」……九箇所
「末世」……三七箇所
「末学」……四箇所

・道宣著作の純粋な引用箇所

「末法」……三箇所
「末代」……一九箇所
「末世」……四箇所

このようにみると、浄土教関連著作よりもはるかに多く戒律関連著作中に使用されていることがわかる。現存著作に戒律関係の書籍が多く、そのうち道宣の律三大部の注釈は特に大部であるため、使用が多くなるのは当然の結果ともいえる。しかしながら、元照の三大部注釈中、道宣疏の純粋な引用にみられる末法関連用語の数が、二〇箇所以上にのぼることは、単純に著作の分量が多いという理由におさまるものではないだろう。これは、道宣がすでに末法観を有しており、それが元照の注釈においても忠実に継承されたことを示すものと考えられる。元照の戒律関係著作における末法関連用語の数は、道宣著作の純粋引用も含めれば七〇箇所にのぼる。そのなか、宗密『盂蘭盆経疏』の三時思想を受けて使用された箇所はわずか一箇所であり、その他すべてが道宣の三時思想の説示を受けての言及である(22)。そして、道宣が『四分律含注戒本疏』において、

但以㆓末世鈍機情多浮濫㆒聖所㆓制禁㆒。凡所㆓常行㆒恐未㆓志奉㆒妄有㆓輕忽㆒(23)。

注中引㆑遮㆓説戒事㆒者表㆓淨法穢人不㆑樂㆑聞也。佛世尚爾、況末代乎(24)。

というように、末世、末代の者の機根は鈍根であり、心が浮つき乱れている。そのため、聖人が制することがあっ

ても、軽んじてそれを実行しようとはしない。また、釈尊が戒律を説くことがあっても穢れた心の人は聞こうとしない。仏のいる正法の世であってもそのようであるから、末法の衆生においてはいうまでもないと、末法の衆生について述べている。(25) このような説示を受けてか、元照も、

嗟夫末世昏愚志性下劣。唯誇講説専㆓事唇吻㆒。(26)
末世浮薄徳學全虧。(27)
嗟乎末法五濁益深。我慢自高略無㆓正信㆒。(28)

と、末法、末世の衆生は五濁の世の中にあって、愚かで軽薄であり、その性も下劣であるとしている。そして、ただその講説のみを誇りとし、慢心のために正しい信心がおこらないと説いている。このように両者の末法衆生の説示を比較してみると、両者ともに現実と照らし合わせて末法が述べられていることがわかる。

ただし、それは道宣が述べているものをそのまま受け取ったというものではなく、「今末世(29)」という言葉を元照が何度も使用しているとおり、元照自身が直接見聞した僧として許されない「今」の事象に対して説いていることが察せられるのである。

以上、末法に関する用語の整理から、元照の末法の衆生という時機観が、道宣を中心とした多くの著作から影響を受けて形成されたことが予想されるのである。元照の末法の意識が道宣の影響によるものであることは、これまで指摘されていない点である。しかし、律系浄土教者と位置づけられる元照であればこそ、見落としてはならないつながりであろう。また、その内容は、道宣と異なり、像法ではなく末法到来の時代に出生し、周囲の状況を末法の世の中と受け止める元照によって、より現実社会をみて述べられたものであることが確認できるのである。

元照の衆生観の形成には、そもそも多くの道宣著作における正像末三時思想の影響が認められるのであり、末法

の衆生に対する意識に関してもともと注目していたことが推察されるのである。さらに、元照は末法を現実のなかに見つめ、そのなかで具体的な機根観を形成していったと考えられるのである。

第三項　末法時における衆生の実践――戒律と浄土教――

すでに末法時に生きているという自覚があった元照において、衆生をどのようにとらえ、また、そのような末法時にある衆生に可能な修行として、いかなるものを想定していたのであろうか。結論からいえば、「為義天僧統開講要義」に、

> 毎以二兩端一開二誘來學一。一者、入道頓有レ始。二者、期心必有レ終。言二其始一者、即須下受レ戒專志奉持、令中於二一切時中一對二諸塵境一常憶中受體上。著衣、喫飯、行住坐臥、語默動靜、不レ可二暫忘一也。言二其終一者、謂歸二心淨土一決二誓往生一也。以二五濁惡世末法之時、惑業深纏、慣習難レ斷自無二道力一。何由修證。(30)

とあるように、元照は、衆生を末法五濁の世に生き、惑業深纏にして自力で悟りを得ることができないものと理解した上で、平素から戒と浄土教の二種の修行を説いていたようである(31)。いついかなる時も戒を受持し、戒体を受けていることを憶いおこし生活することを勧める一方で、五濁悪世の末法時において、惑業と離れられず、悪慣習を断てない衆生には、浄土往生以外に悟りの道はないと元照は説いている。悪習慣を断てない以上、末法の衆生には戒の受持が難しいと認めているようにも受け取れるが、何故に末法の衆生であろうとも戒は身に行わなくてはならないとしたのか、また、戒律を中心として修学していた元照が浄土教を勧めているのはいかなる理由によるものであったかを、ここでは考察していきたい。

戒律に対する元照の見解は、「為義天僧統開講要義」の次の箇所に詳しく述べられている。

> 欲レ入二聖道一、須レ修二實行一。修行之門必先以レ戒而爲二基本一。是故、如來始於二摩竭提國菩提樹下一、成二無上正覺一、初結二菩薩波羅提木叉一。即十重四十八輕。禁二防心念一、爲二心地法門圓頓妙戒一。此即大乘以レ戒爲レ先也。（中略）然此大戒但被二彼菩薩大根衆生一。二乘小機即應レ絶レ分。是故、如來現生二王宮一、入レ山修レ道、六年苦行、成二等正覺一、始於二鹿園一、先受二三歸五戒一。次制二出家一受二具足戒等一。此即小乘以レ戒爲レ先也[32]。

ここで元照は、戒の実修は基本であり、聖道に入るはじめに通らねばならぬ修行の門であるとしている。『梵網経』所説のように、千百億の釈尊は、悟りを開いた菩提樹下において十重四十八軽戒を諸菩薩に伝授しているのであり、『雑阿含経』等の所説のように、王宮に誕生し、六年の苦行の後に悟った釈尊もまた鹿園ではじめに三帰五戒を説いている。このことを考えれば、戒の実修は大乗においても小乗においても最初になされるべきものであると、元照は説明している。また、

> 戒經云、欲レ受二國王位一時、受二轉輪王位一時、百官受レ位時、應三先受二菩薩戒一。一切鬼神救二護王身百官之身一、諸佛歡喜等。是知、凡學佛者無レ論二道俗一、皆須レ受レ戒也[33]。

といい、『梵網経』を経証として、仏教を学ぶ者であれば、在家も出家も同じくみな戒を受けるべきであるとしている。元照は「戒」を僧俗関係なく具えるべきものであると規定するのである。さらに、「為判府蔣枢密開講要義」に、

> 大抵止二人爲レ惡、有レ人懼以二戒禁多一不二敢受一。經云、若國王、王子、大臣、百官、比丘、比丘尼、庶人乃至四趣衆生、但解二法師語一者皆可レ得レ受。故云、寧受後破不レ可レ不レ受。何以如レ此。以二受心境徧、功德深也、破戒則別別所犯一也[34]。

とあるように、受戒の功徳は非常に深く、たとえ受戒の後に破戒行為をしたとしても、受戒をしていないよりははるかに良いと、元照は破戒をおそれる前に受戒の大切さを説いている。元照は「戒」を仏道修行の基本と位置づけ、入門する者は在家出家を問わず受けるべきであるとしており、また、たとえ衆生が戒を遵守できなかったとしても、戒は受けるべきものであるとしていることから、末法で衆生が破戒に及んでしまうかもしれなくとも、「戒」は受けるべきものであるとしていたことがうかがえるのである。

ただし、「律」に関しては「律鈔宗要略為十門」に、

> 律詮二事相一。鈔題二行事一、可レ不レ明乎。又、彼爲二化教一、化該二道俗一。此是制教、制局二出家一。[35]

とあるように、律は事相を明かしたものであり、化教である経論が僧俗ともに通ずる内容であるのに対して、制教である律は出家に限られる教えであるとしている。そのため、在家の信者の行うべきものではないが、

> 出家之人、若禪、若教、以至房居所レ習雖レ殊、未レ有下不二登壇受戒一者上也。多二偏學一、見二學律者一薄爲二小乘一、見二持戒者一斥爲二執相一。而不レ觀二己身削レ髮染レ衣、復不レ思二自心登壇納具一。且受而不レ持、雖レ受何益。況衆生之心習惡日久、如二猿猴野馬一。難レ可二禁制一。經曰、心之可レ畏甚二於毒蛇惡獸怨賊一。學道之人、不レ可二自欺一。敢問諸佛子、一切時中對二諸塵境一、如何用レ心、如何調伏。既云出家爲レ求二解脱一。若不二奉戒一解脱無レ因。將レ何以爲二比丘之體一、將レ何以受二人天供養一、將レ何以報二四恩一、將レ何以入二聖道一、將レ何以爲二世福田一、以レ何爲二自行一、以レ何爲二化他一、以レ何軌二範僧徒一、以レ何住二持佛法一。（中略）僧無二戒律一、則何以住二持佛法一、何以攝二誘徒衆一。[36]

とあるように、出家の人は禅宗でも天台や華厳などの教宗であっても、戒を具えない者はなく、そもそも出家の人であれば戒と律の双方を具えるべきであり、それではじめて、解脱の因を修することになるのであり、比丘として、人天の供養を受けることができるのも、この戒律を受持していることによるのであるとしている。元照は、『遺教

経』所説のように、衆生の心が悪と離れがたいものであり、猿や野馬のようにその心の制御は難しいとしながらも、出家においては在家以上に戒律受持が大切であり、仏法を住持し、教化を行う身としては不可欠なものであることを明かすのである。このように、元照における戒律は、衆生の機根の如何にかかわらず、仏門に入れば必ず受けなくてはならないものと位置づけられているのである。

戒律を中心に学んだ元照にとって、戒律を勧めることは末法時であっても当然のことであったようである。しかし、元照は戒律だけでなく、浄土教もともに説いている。元照は浄土教を勧める理由について「為義天僧統開講要義」に、

以二五濁悪世末法之時、惑業深纏、慣習難レ断自無二道力一。何由修證。故釋迦出世五十餘年、説二無量法一。應二可レ度一者皆悉已度。其未レ度者皆亦已作二得度因縁一。因縁雖レ多、難二爲造入一。唯淨土法門是修行徑路。故諸經論偏讚二淨土一。(37)

と述べている。五濁悪世の末法の衆生は、惑業深重で自ら悟ることはできない。元照は、釈尊がそのために、在世中の五十余年に無量の法を説いて、直接悟りの道を示すのみならず、そこに居合わせなかった衆生のためにも、悟りを得るための因縁を多く残していると、『遺教経』の経文を用いて説明している。そして、その数多くの悟りを得るための因縁のうちで、浄土の法門のみ末法の衆生の入りやすい道であることを述べているのである。元照は浄土教を修すべき理由を、末法の衆生の機根が劣弱で自力で悟れないことを挙げている。そして、諸々の経論において称讃されている浄土の法門こそ、釈尊が末法の衆生のために残した得道の因縁であるととらえているのである。

元照が浄土教を受容する理由を衆生の機根に置いていることは、『観経新疏』や『阿弥陀経義疏』にも確認することができる。(38)『観経新疏』の九品の階位説解釈には、

準二玄義一云古來諸師皆用二大乘三賢十聖一。對二上三品一小乘兩凡四果對二中三品一。大乘始學凡夫隨二過輕重一對二下三品一。彼文委破。不二復具引一。今謂準二下九品一生二彼土一。已方論二地位一可レ如二諸師一。又據二經文一此土求生並是凡夫須レ依二玄義一。彼引二十段經文一爲レ證。可レ驗二昔非一。（中略）詳二此十文一一二四五其文最要。則知。此典專被二濁世具縛凡夫一逮レ至二彼方一始論二斷證一耳。[39]

とあり、元照は善導の九品皆凡説を受けて九品をすべて凡夫としている。そして、凡夫が九品の浄土へ往生した後に、最初に否定した古来の諸師のいう階位説にしたがって、往生後に具体的な菩薩の階位を得るとしている。やや善導の説示と異なるが、おおよそ元照もこの『観経』に説かれる浄土教をもって、末法濁世の凡夫が救われる道であることを示すのである。そして、この浄土教経典である『観経』が、五濁悪世において惑業に縛られた凡夫のために説かれたものであり、凡夫が煩悩を断じて悟りを得ることについては、浄土にいたってはじめて論じられるものであるとしている。

また『阿弥陀経義疏』には、

薄地凡夫業惑纒縛、流二轉五道一百千萬劫。忽聞二淨土一、志願求レ生。一日稱名即超二彼國一、諸佛護念直趣二菩提一。可レ謂、萬劫難レ逢千生一遇。誓從二今日一終盡二未來一、在處稱揚、多方勸誘、所感身土所化機縁與二阿彌陀一等無レ有レ異。此心罔レ極。唯佛證知。[40]

とある。元照は、自身の業惑にとらわれて、地獄・餓鬼・畜生・修羅・人の世界を百千万劫も流転してきている薄地の凡夫であっても、[41]浄土の名を聞き、往生を願い、一日称名すれば、菩薩の階位を超えて極楽に入り、諸仏の護念を受けて速やかに悟りへ向かうとしている。そして、そのようにすぐれた浄土の教えにめぐり会うことは万劫にも逢いがたいが、ここに千生に一度ともいうべき値遇を得たとして、遠い未来を尽くすまで自ら称揚し、多くの衆生にも勧めることなどを誓っている。「薄地の凡夫」という言葉は、道宣や遵式の著作にみられる言葉であるが、元照は自らの惑業によって計り知れぬ過去から苦しみの世界を輪廻しているものという内容を付加して、その意味を深めている。その上で、そのような衆生でも往生を願い、阿弥陀仏の名を称えれば、極楽に生じることができることを述べている。

このように、衆生は、あくまでも五濁悪世である末法に生を受け、自らの惑業に縛られ、現世に悟りを得ることの不可能な凡夫であるという認識から、元照はそのような凡夫にも可能な行法として、浄土往生のための念仏を自らも行い、人々にも勧めるとしているのである。

そして、「無量院造弥陀像記」に、

嗚呼、明二教觀一、孰如二智者一乎。臨終擧二觀經一讃二淨土一而長逝矣。達二法界一、孰如二杜順一乎。勸二四衆一念二佛陀一感二勝相一而西邁矣。參禪見性、孰如二高玉智覺一乎。皆結社念佛而倶登二上品一矣。業儒有才、孰如二劉雷柳子厚白樂天一乎。然皆秉レ筆書レ誠而願二生彼土一矣。以レ是觀レ之、自レ非下負二剛明卓拔之識一、達二生死變化之數一者上、其孰能信二於此一哉。近世宗師、公レ心無レ黨者、率二用此法一、誨二誘其徒一。(42)

とあるように、天台智顗、華厳杜順、禅の延寿、儒教の劉遺民などの賢聖達でさえも浄土教信仰を有していたのであるから、それ以上の卓抜の機根でなければ必ず浄土教の信仰があるべきであると元照は述べている。つまり、元照は浄土教も戒律と同様に、宗派に関係なく修されなければならない行業ととらえていたことが確認できるのである。元照において戒（律）(43)と浄土教は、およそ仏教を信仰する者であれば、誰もが行ずる必要のあるものと考えていたことがうかがえるのである。

さらに、この戒（律）と浄土教の関係について元照は、「為判府蔣枢密開講要義」に、

以下一切衆生下至二蠕動蜎飛一皆有中佛性上、亦具二佛體一、以レ無二戒善一、不レ斷二諸惡一、輪二廻生死一、受報無レ窮、無レ由二解脱一。所以十方諸佛三世聖人乃至彌陀淨土依正二報並由二願心一取レ證。非レ誓不レ立、亦須四全藉三信願行力之所二莊嚴一也(44)。

と述べている。元照は、虫類にいたるまですべての衆生にみな仏性があり、仏体を具えているが、戒を守って生活して得られる善根がないばかりか、諸悪を断ずることができずに生死に輪廻し、解脱することができない。そのために、十方諸仏や三世の聖人、阿弥陀仏は、その誓願の心によって悟りを取り、その信願行の力によって浄土を荘厳していると説明する。これは、戒を守って生活できぬ者のために、仏が浄土の荘厳をかまえており、衆生はそれによるべきことを述べている。戒は仏教者として誰しも守るべきものであるが、これがたとえ守れなくとも、その守れない者のために浄土の教えを仏が用意していると、元照は理解しているのである。

以上のように、元照における末法時の衆生の実践とは、宗旨を問わず、在家出家を選ばないものであると同時に、現世において悟りを得ることの不可能な衆生に対し、あるべき姿を示す修行と、実質的に救われるための修行を提示したものであったことが理解できよう。まさに諸宗を学んだ元照であるからこそ、すべての衆生に実践可能な戒と浄土教の二法門に着目し、多くの衆生に示したのであろう。また、元照の浄土教帰入以後には、このような末法という時代観と、計り知れない過去より輪廻を繰り返し、自身の惑業によって自力で悟りを開くことができないという深い機根観が、形成されていたとうかがうことができるのである。

第四項　謗法の自覚と懺悔

これまで元照の浄土教帰入に関わる元照の時機観についてみてきたように、第二項で論じた、衆生を末法時の凡夫であるととらえる認識は、道宣の教学を学ぶことで浄土教帰入以前から持っていたものと考えられる。しかし、第三項で論じたような、衆生を末法薄地の凡夫とみて、現世における得道を不可能であると断言するほどの深い機根観を有するにいたるまでには、さらに大きな心理的変化があったと推察されるのである。

筆者としては、この心理的変化こそ、元照が大病を患って得た、①自己の有限性の認識と、②謗法の自覚・懺悔による浄土教への回心であったと考えている。①の有限性の認識については、従来から指摘されるところであるが、②の謗法を犯したことの自覚に関してはこれまで一度も触れられていない。

仏の教えを伝える僧侶が謗法を犯すなどということは、当然あってはならないことである。ところが、周囲から律の大徳として尊敬されている元照が、自ら謗法を犯したことを告白しているのである。これは、元照がいたずらに他の教えを謗ってきたということではなく、元照が浄土教帰入以前の自身を深く洞察した結果、発露した内省の言葉であろう。それにしても、他に例をみない言及である。第三項で論じたような深い機根観への到達には、善導や遵式の影響もさることながら、やはり、こうした元照自身の謗法の自覚と懺悔が大きな要因の一つとして考えられるのである。浄土教は、五逆や謗法といった仏教において忌避される重罪を犯した者も、その救済の対象となる点に特色が認められる。それゆえに、元照のこうした述懐は、浄土教帰入を論ずる上で注目しなければならない言及といえよう。

ここでは、元照が機根観を深めていったことの契機となった心理的変化が、この浄土教帰入時における自身の有限性の認識と、謗法の自覚・懺悔であったと推定し、そのときを回顧する元照の言及を確認していくこととする。

元照が自身の回心を語っているものに「浄業礼懺儀序」がある。そこには元照自ら詳しく帰入にいたるまでの様子を告白している。はじめに浄土教帰入以前の様子については、

而於二佛祖微言一、薄有レ所レ領。竊自思曰、初心晩學寧無二夙善一。但不レ遇二良導一作惡無レ恥。虚喪二一生一受苦長劫。於レ是發二大誓願一。常生二娑婆五濁惡世一、通二達佛理一作二大導師一、提二誘群生一令レ入二佛道一。復見二高僧傳一、慧布法師云、方土雖レ淨非二吾所願一。若使二十二劫蓮華中受レ樂、何如三三塗極苦處救二衆生一也。由レ是堅持二所見一、歴二渉歳年一。於二淨土門一略無二歸向一。見レ修二淨業一復生二輕謗一。(45)

と述べている。元照は浅薄な仏教理解から、良い師の導きに遇うことなく、空しく一生を過ごす者のために、自分は常に五濁悪世の娑婆に生まれて仏教の真理に通達し、大導師として衆生を仏道に導こうと考えたようである。加えて、「浄土は私の願うところではない。私は十二劫の間蓮華のなかで楽を受けるよりも、三途のような極苦のところで衆生を救いたい」という『続高僧伝』の慧布伝を読んでその意志を固くし、浄土の法門に一切心を向けることなく、浄土教を信じ行ずる者をみては、その教えを軽んずる非難の心さえ生じたことを記している。元照は若い時分、純粋に菩薩道の実践を志すがゆえに、浄土往生をただ楽を受けることのできる単純な個人救済の教えと受け取ったことがうかがえる。そして、そのような浄土法門の教えは、本来自身の苦を厭わずに利他を実践する仏道において低い次元の教えであると、浄土教を軽んずる心が生じたようである。浄土教帰入以前における元照は、このように浄土教に対して否定的な見解を持っていたのである。

次に、浄土教へ帰入（回心）したときの様子については、

後遭二重病一色力痿羸。神識迷茫、莫レ知二趣向一。既而病差。頓覺二前非一、悲泣感傷、深自克責。志雖二洪大一、力未二堪任一。仍覽二天台十疑論一、初心菩薩未レ得二無生忍一。要須二常不レ離レ佛。又引二智度論一云、具縛凡夫有二大悲心一、願生二悪世一、救二苦衆生一、無レ有二是處一。譬如二嬰兒不レ得レ離レ母、又如二弱羽秖可レ傳レ枝。自レ是盡棄二平生所學一、專尋二淨土教門一二十餘年。未二嘗暫捨一。研二詳理教一、披二括古今一、頓釋二群疑一、愈加二深信一。復見二善導和尚專雜二修一、若專修者百即百生。若雜修者萬千一二。心識散亂觀行難レ成。一レ志專持二四字名號一、幾生逃逝。今始知レ歸。仍以二所修一展轉化導。盡未來際洪賛何窮。方便多門、以レ信得レ入。如二大勢至一、以二念佛心一獲レ悟二圓通一、入二三摩地一。(46)

とある。元照は、大病を患って身体はやせ細り、意識は遠のいていった。しかし、そのような状態であるにもかかわらず、死後に自分が赴くところもわからなかったことから、不安を覚えたようである。病が癒えてすぐに、それまでの浄土教に否定的であった自身の見解が誤っていたものであると悟り、心から深く反省し、自己を責めている。その上で、衆生を救おうという志がいかに大きくとも、病に倒れれば何もできないと、自己の有限性を実感している。さらに、『十疑論』第一疑には、無生法忍を得ていない初心の菩薩は常に仏と離れるべきではなく、具縛の凡夫が大悲心をもって衆生を救おうと願っても、それは実現不可能なことであるとの説示がある。元照はこの文をみて後、それまで日頃学んできた教えを捨てて専ら浄土の法門を学ぶようになったことを明かしている。『十疑論』に無生法忍を得ていない身でありながら、娑婆に生まれ変わって衆生を救済することなどできないと説かれる内容を、それまでの自身の姿に引き寄せて考え、浄土教の重要性を認識するにいたったようである。

さらに、善導『往生礼讃』専雑二修の文に、念仏を専修すれば百人は百人ながら往生を得ることができ、心の散乱したものに観行は難しいが、専一に四字の名号を持てば往生ができるとあるのをみて、(47)はじめて帰入すべきところを知ったと述べている。元照は、『首楞厳経』所説のように、融通無碍な境地である円通を悟るための方便は多くあり、信によって入ることができ、勢至菩薩が円通を悟って三昧に入ったのと同じく、念仏法門こそ帰入すべきところであると確信したことが察せられる。このように元照の浄土教帰入をみてみると、ただ浄土教を学ぶにいたったという段階から、念仏法門へ帰入する段階へと信を深めたことが推察される。

最後に、元照は、浄土教帰入の後に懐いた想いを次のように述べている。

復自思念。已前所造無量罪業。不レ信二浄土一謗レ法毀レ人。業因既成。苦果必克。縦百千劫所作不レ亡、業性雖レ空果報不レ失。内懐二慚恥一、暁夕兢惶。於レ是躬對二聖前一、吐二露肝膽一、五體投地、苦倒懺悔。仍發二大願一。普攝二衆生一、同修二念佛一、盡生二淨土一。(48)

元照は、浄土教帰入の後に、それ以前に造った無量の罪業や、浄土の教えを信ぜず、その教えを謗り、それを行う人を貶めたことなどの業因がすでに結成し、自らが受けるべき苦果は定まっていると気づくのである。また、そのような自身の行為は、たとえ百千劫が経とうともなくならず、その業因が本質的に空であるといっても、その果報から免れることはできないと考えるにいたっている。ここに元照が、自らの以前に犯した謗法を自覚し、その罪業の報いからは逃れることができないと認識していたことを、確認することができる。内心に慚愧の心を懐き、日夜そのことを畏れるようになった元照は、仏の前においてそのような本心を吐露し、五体投地して苦倒の懺悔を行っている。そして、その上で、多くの衆生に同じく念仏を修習させ、ことごとく浄土へ往生させるという大願を発している。

このような内容から察せられるのは、元照の謗法の自覚がいかに深いものであったかということである。もはや救いようのない罪を犯してしまったことの自覚は、元照をして仏前で苦を生じるほどの激しい五体投地による懺悔を行わしめたのであり、さらには多くの衆生を浄土へ往生させるべく念仏を勧めることを発願させるにいたるのである。元照における謗法の自覚と懺悔は、元照自身の浄土教信仰を深めたばかりでなく、浄土教による衆生の教化に向かわせる原動力となっているのである。

以上のように、「浄業礼懺儀序」における元照の述懐において、はっきりと自己の有限性の自覚と謗法の自覚によって浄土教へ帰入し、さらに念仏法門へと信仰を進めていく様子を読みとることができる。このなか、元照は自身の機根に関して具体的な言及をしていないが、一応、『十疑論』に登場する無生法忍を得ていない具縛の凡夫と自己の姿を重ね合わせている。もっとも、謗法を犯した自覚を吐露している時点で、自身を救いがたい存在ととらえていることは間違いないであろう。

そのような元照にとって浄土教とは、他人を救うための利他的な側面から求められる教えというばかりでなく、謗法という最も救いがたい過失を犯した自身を救済することが可能な教えとして、とらえられていることが予想される。それは、『阿弥陀経義疏』序文に、

嗟乎。識昏障厚信寡疑多。貶二浄業一爲二権乗一、嗤二誦持一爲二麁行一。豈レ非下耽二涵朽宅一、自甘二永劫之沈迷一、悖二戻慈親一、深痛中一生之虚喪上。須レ信、非レ憑二他力一截二業惑一以無レ期、不レ遇二此門一脱二生死一而無レ路。(49)

と、元照が浄土教の重要性を説くなかにみられる。

厚い煩悩に覆われて心は暗く、信ずる気持ちは少なく疑う気持ちばかり多いものは、浄土教の実践を貶めて仮の教えとし、その実践する者を見てあざ笑い、粗雑な行とみなすであろうと、不信の者の有様を具体的に述べている。これは、元照在世当時、浄土教に対して批判的な人々を指した言葉とも受け取れるが、「浄業礼懺儀序」の内容を勘案する限り、浄土教帰入以前の元照自身のことを例としているのであろう。浄土教を信ぜず、娑婆という朽ちた

家宅に執着して自ら永劫の迷いの生死を好み、慈親のごとき仏の教えにそむいて、一生を虚しく終えることは哀しむべきことである。それゆえに、浄土教を信じて、阿弥陀仏の他力を頼む他には自身の惑業を断ち切ることはできないのであり、この浄土教に遇わなければ迷いの生死を出でる道はないと、元照は述べている。つまり、元照は浄土教を信じていなかった過去の自分の所行を反省し、自身も含む煩悩に厚く覆われた者が救われる唯一の道として浄土の法門を挙げているのである。

以上のように、元照は自己の有限性の自覚に加えて、謗法の自覚と懺悔があったことによって、浄土教に入信し、念仏法門へと帰入していったことを確認することができるのであり、あくまでも自身の問題として浄土教を受容していることが察せられるのである。そして、そのような認識に基づいて元照は、謗法を犯した自己をも救う浄土教への信仰心を深めていくのであり、それは浄土教による教化へと発展していくのである。

第五項　ま　と　め

元照の浄土教帰入については、先学の指摘のとおり、善導『往生礼讃』や天台『十疑論』、道宣『行事鈔』瞻病篇、その他、さまざまな天台系浄土教者の影響も確認できるが、それらは元照の浄土教帰入の外的契機にあたるものである。ここで論じたのは、元照が浄土教を学ぼうと決意するまでの心的経緯や入信の動機といった、浄土教帰入の内的契機についてである。浄土教を信じていなかった元照が浄土教宣布を発願するにいたったのは、まさにその時機観の変容という、内的契機に認められるのである。

元照の浄土教帰入以前と確認できる著作のなかで時機観を明確に説いているものはない。しかし、そもそも元照が浄土教を信じていなかったため、浄土教帰入以前における時機観の特徴は、戒律研究において道宣の末法思想の影響を受けていたという以外には考えられない。そして、浄土教受容後に書かれたとされる『阿弥陀経義疏』や「為義天僧統開講要義」等にみられる、末法五濁世における自力得道が不可能な薄地の凡夫という時機観は、末法五濁世において何度も衆生救済のために輪廻しようと考えていたときの元照の時機観と比べると、かなりの変化が認められるのである。つまり、その変化こそが、大病を患ったことを契機とした自己の有限性の自覚と、それ以前の自己の考えや行いに対する反省であり、このような時機観の著しい変化こそが、元照を浄土教帰入へと進ませた

図１　元照の浄土教帰入―時機観の変化

道宣の影響による末法観
＋
浅薄な仏教理解への反省
自己の有限性の自覚
＋
天台『十疑論』第一疑
（無生忍を得ずに衆生救済は不可能、
凡夫は阿弥陀仏を念じ頼るべきである）
↓
浄土教への入信
（平生の所学を捨てて浄土の法門を学ぶ）
↓
善導『往生礼讃』専雑二修文
『首楞厳経』勢至円通の文
（阿弥陀仏に対する専修が肝要であり、
念仏法門による往生を志すべきである）
↓
念仏法門への帰入
↓
謗法の自覚と懺悔
↓
元照の時機観の形成
（末法五濁の世・薄地の凡夫である認識）
↓
末法時における念仏法門による衆生教化

のである。

元照は、律僧でありながら謗法を犯してしまったことの自覚と深い懺悔により、浄土教を自身の救いとして求め、末法の衆生に対して浄土教を説くことを発願するのである。(50)元照の浄土教帰入は、戒律においては『梵網経』十重禁戒の謗三宝戒を破したという自覚のもと、自己の問題として求められることとなり、結果的には、独自の浄土教思想を構築することとなるのである（図1参照）。

第二節　著作について

第一項　問題の所在

元照の著作については、近年すでに佐藤成順氏による詳細な整理が行われている。(51)佐藤氏は、これまで未整理であった義天『円宗文類』『大覚国師外集』所載の書状や宋の択賢編『緇林宝訓』に二度の増補が加えられた『緇門警訓』、また、仏教以外の典籍である『龍興祥符戒壇寺志』や『道光新城県志』所載の記文などを加えて、著作年代の推定できるものは表示し、さらに、その著作のうちに浄土教思想の有無を確認して一覧を作成している。佐藤氏は、このような作業を通じて元照の浄土教帰入の時期を推定するなど、元照研究において新たな研究成果を発表している。

しかしながら、佐藤氏の著作の整理は現存著作に限ったものであるため、いまだ元照の著述の傾向を正しくみることができないという問題が残されている。それは、散佚した著作であっても、その存在が確認できる限り整理するのでなければ、元照が実際にいかなる方面の思想に、どれほど傾注したかを正しく把握することはできないからである。また、佐藤氏が元照著作の一覧を発表して以降に発見された元照著作など、とりあげられていない著作も新たに付け加える必要があろう。

本節においては、はじめに、元照の著作一覧を提示し、その上で元照の著述の傾向を確認する。次に、元照の著作中、浄土教関係章疏をとりあげ、その撰述の動機や著作の対象がいかなるものを想定しているかを考察し、最後に、元照の主要な浄土教著作であり、観仏を中心として説く『観経新疏』と、持名行を中心として説く『阿弥陀経義疏』との成立前後をみていくこととする。

第二項　元照の著作の整理

まず、著作の整理であるが、大きく①戒律関係、②浄土教関係、③天台関係、④華厳関係、⑤儒教関係書、⑥講義録、⑦塔銘・墓誌・行業記、⑧造像・造塔等の記文、⑨詩文、⑩序文・書状に分類し、著作名と成立年時、浄土教思想の有無を確認していきたい[52]。ただし、⑩序文・書状については、さまざまな分類にまたがってしまうため、①から⑨に当てはまることのない序文・書状のみを列記することにした。また、表1のなか、※印は義天『新編諸宗教蔵総録』（以下、『義天録』と略す）、および長西『浄土依憑経論章疏目録』（以下、『長西録』と略す）に名前はあるが、現存しない元照著作を意味する。

表1　元照著作一覧

①戒律関係

浄教	著作年時	書名
	一〇七〇	「戒体章」（『芝苑遺編』）
	一〇七〇	『四分律含注疏科』八巻
	一〇七八	「南山律師選集録并跋」（『芝苑遺編』）
	一〇八〇	「受戒方便」（『芝苑遺編』）
	一〇八〇	『仏制比丘六物図』一巻
	一〇八一	「南山律宗祖承図録」（『芝苑遺編』）
	一〇八八	『行宗記』二一巻
○	一〇九五	『釈門章服儀応法記』一巻
	一〇九八	「建明州開元寺戒壇誓文并鄭丞相跋」（『芝苑遺編』）
○	一〇九九	『四分刪定比丘戒本』一巻
	一一〇〇	『南山祖師礼讃文』一巻
○	一一一一	「授大乗菩薩戒儀」（『芝苑遺編』）
○		「慈慧梵行法門偈略文」（『楽邦遺稿』）
		「剃髪儀式」（『芝苑遺編』）
		「始終戒要」（『芝苑遺編』）
		「律鈔宗要略為十門」（『芝苑遺編』）
		「持犯句法章」（『芝苑遺編』）

「持犯体章」（『芝苑遺編』）
「論増戒書」（『芝園集』）
「送衣鉢書」（『芝園集』）
「誡沙弥弁衣鉢文」（『芝苑遺編』）
『道具賦』一巻[53]
「摂戒種類図」（欠）[54]
「浄心誡観法序」
「四分律拾毘尼義鈔序」
『四分律毘尼義鈔科』一巻
○『資持記』四二巻
『四分律行事鈔科』一二巻
○『済縁記』二二巻
『四分律刪補随機羯磨疏科』四巻
『遺教経論住法記』一巻[55]
○『盂蘭盆経疏新記』二巻
○『蘭盆献供儀幷序』一巻
「古徳垂誡」（『緇門警訓』）
「霊芝照律師頌」（『緇門警訓』）
「規縄後跋」（『緇門警訓』）
「座右銘」（『緇門警訓』）
「捨縁銘」（『緇門警訓』）

浄教	著作年時	書名
		「大智照律師比丘正名」（『緇門警訓』）
		「大智律師入厠垂訓」（『緇門警訓』）
		「勉住持」（『緇門警訓』）
		「勉応縁」（『緇門警訓』）
		「勉看経」（『緇門警訓』）

②浄土教関係

浄教	著作年時	書名
○		「無量寿仏讃」（『楽邦文類』）
		『十二光仏讃』一巻（欠）※
		『礼十二光（仏）文』一巻（欠）※
		『浄土十疑論科文』一巻（欠）※
		『阿弥陀経義疏科文』一巻（欠）※
○		『阿弥陀経義疏』一巻
		『観無量寿経科文』一巻（欠）※
○		『観無量寿仏経義疏』三巻
○		「上樝菴法師論十六観経所用観法書」（『芝苑遺編』）
○		「勧修浄業頌」（『楽邦文類』）
○		「十六観頌二十四首」（『楽邦文類』）
○		「観経九品図後序」（『楽邦文類』）

浄教	著作年時	書名
○		「大智律師警自甘塗炭者」（『緇門警訓』）
○		「大智律師示事理不二（浄土集序）」（『楽邦遺稿』）
○		「浄業礼懺儀序」（『楽邦文類』）
		『求生浄土礼懺行法』[56]（欠）※
		「西方礼文序」[57]（欠）

③天台関係

浄教	著作年時	書名
	一〇九五	「修習止観坐禅法要（小止観）序」

④華厳関係

浄教	著作年時	書名
	一一〇九	「華厳法界観門通玄記序[58]」
○		「大小乗論」（『芝苑遺編[59]』）

⑤儒教関係書

浄教	著作年時	書名
		「四子要言序」（『芝園集』）

浄教	著作年時	書名
		「博改解」（『芝園集』）
		「班議」（『芝園集』）
		「送聞伯龍帰太学序」（『芝園集』）

⑥講義録

浄教	著作年時	書名
○		「為判府蔣枢密開講要義　請簡謝詩附」（『芝苑遺編』）
○	一〇八五	「為義天僧統開講要義」（『芝苑遺編』）

⑦塔銘・墓誌・行業記

浄教	著作年時	書名
	一〇七五	「杭州南屏山神悟法師塔銘」（『芝園集』）
○	一〇八三	「秀州華亭超果照法師塔銘」（『芝園集』）
	一〇八三	「秀州沈君墓銘」（『芝園集』）
	一〇八三	「広陳馬氏礼経録」（『芝園集』）
○	一〇八七	「台州左君墓銘」（『芝園集』）
	一〇八七	「崇徳呂府君墓銘」（『芝園集』）
	一〇八七	「新市姚君墓銘」（『芝園集』）
○	一〇八九	「杭州祥符寺通義大師塔銘」（『芝園集』）

○	一〇九一	「湖州八聖寺鑑寺主伝」（『芝園集』）
○	一〇九五	「越州漁浦浄慧大師塔銘」（『芝園集』）
	一〇九六	「孝妣墓誌銘」（『芝園集』）
○	一〇九九	「杭州祥符寺瑛法師骨塔銘」（『芝園集』）
○	一一〇八	「温州都僧正持正大師行業記」（『芝園集』）
○		「秀州呂氏霊骨賛」（『芝園集』）
		「温州褒法師行業録序」（『芝園集』）
○		「越州余姚異闍梨塔銘」（『芝園集』）
		「杭州雷峰広慈法師行業記」（『芝園集』）
○		「秀州超果惟湛法師行業記」（『芝園集』）
		「杭州祥符寺久闍梨伝」（『芝園集』）
○		「湖州東林禅慧大師行業録」（『芝園集』）
		「唐拶州青著法師行業記」（『芝園集』）
○		「四明孫氏礼仏録」（『芝園集』）
○		『永明智覚禅師方丈実録』

⑧造像・造塔等の記文

浄教	著作年時	書名
	一〇七八	「秀州普照院多宝塔記」（『補続芝園集』）
○	一〇九四	「臨安無量院弥陀像記」（『補続芝園集』『楽邦文類』）

浄教	著作年時	書名
	一〇九七	「台州順感院転輪蔵記」（『補続芝園集』）
○	一一〇七	「越州龍泉弥陀宝閣記」（『補続芝園集』『楽邦文類』）
		「大智元照律師法界記」（『龍興祥符戒壇寺志』）
		「寧国院記」（『龍興祥符戒壇寺志』[60]）
○		「明州経院三聖立像記」（『補続芝園集』）
		「台州慈徳院重修大殿記」（『補続芝園集』）

⑨詩文

浄教	著作年時	書名
		「詩（碧沼寺和方元英韻）」（『龍興祥符戒壇寺志』『道光新城県志』）
		「詩（白雲菴曰）」（『龍興祥符戒壇寺志』）
		「大宋沙門元斗（照）詩」（『大覚国師外集』）
○		「示衆・脩性斉・資深斉・隷業斉」（『円宗文類』）

⑩序文・書状

浄教	著作年時	書名
	一〇九七	「論慈愍三蔵集書」（『芝園集』）
		「大宋沙門元炤[61]（照）書　二首（浄源遺書）」（『大覚国師外集』）
		「廬山集序」（欠）※

○
「長蘆頤禅師文集序」（『芝園集』）
「釈門登科記序」（『芝園集』）
「高麗李相公楽道集序」（『芝園集』）

以上のように、元照の著作は、現存するものだけで一〇一部、散佚したものを含めると一一〇部あったことがわかる。元照にはこのように多数の著作があり、その大半が現存していることがわかる。ちなみに、この著作の内訳は、戒律関係が四三部、浄土教関係が一七部、天台関係が一部、華厳関係が二部、儒教関係が四部、講義録が二部、塔銘・墓誌・行業記類が二三部、造像・造塔等の記文が八部、詩文が四部、序文・書状が六部である。やはり、戒律を中心に研鑽した元照においては、戒律に関する著作が最も多く、内容も短編ばかりではなく、充実している。

次に注目されるのが、塔銘・墓誌・行業記類である。著作のなかでは、小篇ながら戒律の次に多い。佐藤氏が「元照はこれらの銘文は故人の弟子や近親者から依頼され辞退できず書いたといっているが、（中略）故人の威徳を顕彰するだけでなく伝記資料として後世に残そうという意図があった[62]」と指摘するとおり、『続高僧伝』を撰述した道宣を意識してのことであろう。

次に、筆者は佐藤氏と異なり、ここに天台関係と華厳関係の二分類を設けた。これは、著作の数は非常に少ないが、天台「小止観」や華厳「法界観門」の注釈書に対する序文であり、天台の止観と華厳の観法の両方に元照が通じていたことを示す具体的な資料であって、その価値は高く、その他のものと区別するべき必要性を感じたためである。加えて、そのすぐ後に儒教関係の著作を並べたが、元照は宗密や智円と同様に、儒教に関しても深い素養があったことを示している。戒律と孝順を結びつけた解釈を行っていることから戒律関係に分類したが、『盂蘭盆経宗密疏』を智円の解釈を参考に注釈した『盂蘭盆経疏新記』などもある。前節でも触れたが、元照は天台・華厳・浄土教・儒教に明るい智円の著作をしばしば用いており、『遺教経』や『盂蘭盆経』『阿弥陀経』などは、智円疏の影響が顕著である。

次に、ここで最も注目したいのが、元照の浄土教関係著作である。他の分類と比べて散佚著作が非常に多いのである。これは、後代における元照の評価が、反映されているとみてもよいであろう[63]。現存する浄土教著作は一〇部とそれほど多くはないが、これに散佚した著作を合わせれば一七部になるのであり、他の分類の著作で浄土教思想を有したものを合わせると四六部に及ぶのである。もちろん、浄土教を宣説しようとして著されたものばかりではないが、浄土教に帰入した三十代中頃以降に著述したもののなかで、これほどの数にのぼるのであるから、いかに元照が浄土教へ傾注していたかがうかがえる。

以上のように、元照の著作を概観し、その傾向を述べるならば、諸警訓類を含む戒律関係書や行業記類を中心とした著作が最も多く、そこには南山道宣を思慕し、その著作活動に準じた著述を行う傾向がみられるのである。そして、その上で智円などの影響から、天台、華厳、儒教に関する著作を作成しているのである。加えて、思慕する道宣が行わなかった浄土教思想の著述についても[64]、元照は自身の信仰から盛んに行い、独自の浄土教思想を構築しているのである。

第三項　浄土教関係著作について

元照の浄土教関係著作は、すべて成立年代の特定ができない。ここでは、散佚した文献についてはその内容を題名から類推し、現存するものについては、内容の相関関係をみていくとともに、著作成立の前後を考察したい。

元照の著作の多くが、一〇九〇年に作成された『義天録』と日本の『長西録』に確認できる。このうち『義天録』は、元照と直接の面識がある上に、両者の間で書物の往来があった記録が認められるため、ここに収載される元照文献は一〇九〇年以前に著された元照文献を、余すところなく伝えていると考えられる。(65)

『義天録』に収載される元照文献には、『浄土十疑論科文』『求生浄土礼懺行法』『盂蘭盆経疏新記』『盂蘭盆経疏新記科』『資持記』『資持記科文』『仏制比丘六物図』『遺教経論住法記』『遺教経論住法記科』がある。(66) 浄土教思想がみられる著作『浄土十疑論科文』『求生浄土礼懺行法』『資持記』がすでに著されていることは興味深い。元照が浄土教に帰入した三十代中頃から四三歳までに、元照が浄土教に回心したとされる『十疑論』の科文を作成し、道宣の臨終行儀を浄土教的色彩豊かに解釈した『資持記』を著し、そして、浄土信仰の具体的な行法を設けているのである。このように『浄土十疑論科文』と『求生浄土礼懺行法』(67)は、元照の前半生における著述であることがわかる。

次に、『浄土十疑論科文』は別として、元照は、その他の多くの経論の注釈に際して科文をともに作成している。科文の作成は、基本的に本文の注釈に際して一緒に行ったのであろう。そのため、『義天録』にはなく『長西録』にのみ収載される『観無量寿経科文』と『阿弥陀経義疏科文』といった科文類は、同じく『長西録』にのみみられる『観経新疏』と『阿弥陀経義疏』とともに作成されたものと考えられる。現存する元照の浄土教関係書のなかで、短編でないのはこの両書のみであり、当初科文まであったのも、浄土教関係書のなかでこの二疏のみであろう。『観経新疏』と『阿弥陀経義疏』は、『義天録』にはみられないため、撰述年時は不明であるが、上限は一〇九〇年ということとなる。ただし、『観経新疏』の撰述の経緯をみてみると、

忝従二早歳一専翫二斯文一。翻嗟二億劫之無一レ帰、深慶二餘生之有一レ頼。然則諸師著撰各尚二所宗一。後進披尋莫レ知レ攸レ往。由レ是參二詳名理一、酬二挍古今一、摭二取優長一、芟二除繁瑣一。述而不レ作、何敢侮二於前修一。統レ之有レ宗。庶可レ貽二於來學一。[68]

とあり、元照は、浄土教に帰依していない若い頃は、『観経』の文を手にしていながら釈すことがなかったことを述べている[69]。また、個々に自己の宗を守る解釈を行っている諸師の注釈では、諸宗の後進の理解に通じないため[70]、自ら経典の名理に向かい、過去の解釈の良い点を採り、煩瑣な部分を除いて新たな疏を作ろうとしたことが述べられている。ここで「若い頃」といっているのは、非常に抽象的な表現であるが、ある程度年齢を重ねてからの述懐であることが察せられる。成立の上限が一〇九〇年であることには変わりないが、元照の後半生にさしかかる壮年から老年にいたる最も円熟した時期に書かれた浄土教著作といえるものであり、元照の浄土教思想を考察する上で十分なものと位置づけられるのである。

次に、有厳に対する書状である「上櫨菴書」をみていきたい。「上櫨菴書」の観法論と『観経新疏』の観法論は、重なる部分が多く、しかも『観経新疏』の観法論は「上櫨菴書」の観法論と比べて、観法の分類が細かくなっている。すなわち、『観経新疏』は、「上櫨菴書」に著した観法の分類を少し進めたものとみることができるのであり、『観経新疏』の著述は「上櫨菴書」の後になると推測される。そして、「上櫨菴書」も撰述年不明のものであるが、文中に元照が天台山の南に位置する赤城山で有厳と接して間もなくこの書状を撰述したことを記しているため、有厳が赤城山崇善寺に住した元祐年間（一〇八六―一〇九四）における著作と考えられる。そのため、やはり具体的な年代を特定できないが、「上櫨菴書」も上限を『義天録』の撰述年である一〇九〇年とするのが妥当なようである。

次に、「大智律師警自甘塗炭者」であるが、これは「観経九品図後序」の内容を抜粋したような内容となっている(71)。そして、この書の文中には、『観経新疏』に用いられる「臨終奪陰」や「百骸潰散(72)」といった言葉が用いられていると同時に、『阿弥陀経義疏』に用いられる「自甘塗炭(73)」という表現も使用されていることが確認できる。そのため、「観経九品図後序」の成立は、『観経新疏』と『阿弥陀経義疏』の両書が成立した後のことと予想される。同様に、「十六観頌二十四首」も『観経新疏』の『観経』注釈に沿った内容であるため、おそらくは『観経新疏』執筆後の偈頌と考えられる。

延寿や宗頤の事理二観の解釈に対して自身の見解を述べている「大智律師示事理不二」は、慶文『浄土集』の序文とされる。知礼や遵式と同じ世代になる慶文と、元照が直接面識を持っていたことは考えがたく、慶文の著作を引用した『観経新疏』撰述の前後に、読んで感銘を受けた元照が自ら付したものであろう。

同じく序文の「西方礼文序」についてであるが、原文が散佚して内容は一切不明である。しかし、『西方礼文』の著者について『楽邦文類』「補浄土礼文法宝讃」には、天台白雲山浄円という僧の名を挙げている。浄円という僧は、元照撰「台州左君墓銘」に同名の人物が登場する(74)。天台山に近い台州の篤信の在家信者である左氏には、出家した息子がおり、それが浄円という名前である。浄円については、この左氏とのやりとり以外不明であるが、左氏が示寂したときに元照に直接銘文を請うているため、直接面識があったことを確認できる。仮に『西方礼文』の著者浄円と左氏の息子で僧侶となった浄円が、同一人物であるとすれば、浄円が元照に左氏の墓銘を請い、面識を持った紹聖二年（一〇九五）以降のこととなろう。しかしながら、これを立証するだけの資料がないため、あくまでも推論の域を出るものではない。

次に、「浄業礼懺儀序」は、なかにおいて「専尋㆓浄土教門㆒二十餘年(75)」とあるとおり、浄土教に帰入してから二十数年を経た後の著述であろうから、浄土教帰入の歳を仮に三五歳としても、五六歳から六九歳入滅までの約十数年の間に成立したと推察される。また、戒度『正観記』には、この「浄業礼懺儀序」の内容を引用して、その表題を「十二光懺」としていることから、散佚文献である『礼十二光（仏）文』の序文が「浄業礼懺儀序」と考えられるのであり、元照晩年の著作といえる。

また、この『礼十二光（仏）文』や『十二光仏讃』の存在から、当時流行していた『首楞厳経』所説の浄土思想を元照が受容していたことが察せられる。『首楞厳経』の文の引用自体は、『観経新疏』や『阿弥陀経義疏』にも確認できる。しかし、そこには「十二光」が『無量寿経』の所説により阿弥陀仏一仏を指すとするのか、『首楞厳経』所説により十二の仏がいるとするのか、といった問題を考察できるほど大きく触れられていない。この問題については、両書が現存しない以上不明である。

最後に「無量寿仏讃」と「勧修浄業頌」についてであるが、両書とも短文であり、内容的に他疏との脈絡を確認することができなかった。ただし、「無量寿仏讃」については、元照在世当時のことは不明ながら、後代に非常に愛誦されたことが伝えられている。(76)

以上のように、簡略ながら元照の浄土教著作を概観してみると、その浄土教著作の大半が散佚しており、残ったものも序文や書状、讃、頌といった短編がほとんどであり、思想を考察するに足りる質量を具えた文献は『観経新疏』と『阿弥陀経義疏』に限られることが理解できる。短編著作も参考資料としては、もちろん大切なことはいうまでもない。しかし、元照における仏身仏土や実践修行のあり方などを詳しく考察するには、やはり、『観経新疏』と『阿弥陀経義疏』が主要な典籍となるのである。

また、散佚した浄土教著作までを視野に入れて元照の浄土教の構成を考えるならば、元照の浄土教思想の綱要を述べた『観経新疏』や『阿弥陀経義疏』が教義書であるのに対し、浄土教信仰の具体的な行法を述べた『求生浄土礼懺行法』が行儀書として設けられていたことがわかる。残念なことに、『求生浄土礼懺行法』をみることはかなわず、その詳しい行法を知ることはできない。しかし、その名前より、元照の浄土教が、元来教義と実践の双方を具備したものであったことがわかるのである。

第四項　『観経新疏』と『阿弥陀経義疏』の成立前後について

元照の浄土教を考察する上で、主要なテキストとなりうるのは、『観経新疏』と『阿弥陀経義疏』の二疏のみである。ここでは、さらにこの二疏の関係について考察を試みたい。

『観経新疏』と『阿弥陀経義疏』の二著はともに善導著作を引用しているが、持名（称名）念仏思想が全体にわたって説かれているのは『阿弥陀経義疏』に限られる。このように二著の間に顕著な性格の違いがみられるのは、経典の性格による相違であると考えられる[77]。ただし、先学のなかには、時間の経過によって元照の浄土教思想に変化があり、それが持名念仏思想と関係するものであるという指摘もある。

管見によると、この問題について触れている先学の研究は原口徳正氏「宋代の浄土教について」という論考以外見受けられない。原口氏によると「元來、元照は初め病を機縁に十疑論等を披見して淨土教門に入り、後、善導の往生禮讃、專雜二修の文によって專ら彌陀の名號を持するに到り、彼をして「今始知歸」と述懐せしめたことに依って考ふるも、本疏（『阿弥陀経義疏』）の初めに、一乘極唱終歸云云と稱名念佛一乘最勝なるを云へるは、その淨土教思想進展上本疏が觀經義疏より後に撰述せられたることを示すものと云はねばならない[78]」とある。原口氏は元照が浄土教帰入に至るまでの経緯を述べている「浄業礼懺儀序」に注目し、その内容から二疏の関係を類推している。それは、元照がはじめに『十疑論』等を披閲することにより浄土門に帰入し、その後に『往生礼讃』によって称名念仏に帰したと述べている[79]ことから、両書の先後も同様に、浄業が説かれる『観経新疏』が前に著されて、称名念仏説を強く勧めている『阿弥陀経義疏』がその後に撰述されたとするものである。非常に興味深い指摘であるが、これは両疏の内容を直接検討した上で出された結論ではない点においてまだ推論の域を出ないといえよう。

そこで本項では、この指摘に加えて『阿弥陀経義疏』にみられる「如二別委論[80]一」「如二別所レ論[81]一」「如二別所レ明[82]一」という他疏で論述を済ませている三箇所の典拠が『観経新疏』の引用であることを確認することによって、両書著述の先後を明確にしておきたい。

『阿弥陀経義疏』の注釈書である戒度『聞持記』によると、「如二別委論[83]一」「如二別所レ論[84]一」「如二別所レ明[85]一」の三箇所それぞれに「見二観經疏一」とあり、三箇所がすべて元照『観経新疏』のことであるとすでに指摘している。念のためにその内容が正しく関連しているかどうか照らし合わせると表2のとおりとなる。

表2　『阿弥陀経義疏』における『観経新疏』引用箇所

『観経新疏』	『阿弥陀経義疏』
二大小漸頓　天台疏判二教相一中祇云此是大乘方等教攝。二藏明レ義菩薩藏收。漸頓悟入此即頓教。遠疏亦云。此經是頓教法輪。韋提希等並是凡夫便證二無生一。不レ從二小入一。故知是頓。準二知一代彌陀教觀一皆是圓頓一佛乘法更無二餘途一。慈雲法師云。小乘經部	i「如別委論」 一切淨土教門皆是大乘圓頓成佛之法。定二非偏小一。如二別委論[90]一。

括二盡貝書一曾無三一字説レ有二淨土一何況勸レ生。又小乘中不レ談二他佛一亦無三一字説レ有二彌陀一。是則淨土彌陀一歷二耳根一即下二大乘成佛種一。不レ聞不レ信豈非二大失一乎。[86]

二揀濫　諸經所レ説淨土多種名字相濫故須二辨示一。且如二心淨土淨之言一人雖二引用一不レ知二本末一。此言本出二維摩經一。彼説下菩薩取二淨土一法上。以下諸佛淨土必假二十方衆生同業一共成上故。歷劫化レ他令レ修二善業一。攬二彼淨業一以成二其土一。故彼經云。（中略）彼文甚廣不二復具引一。金光明云願我來世得二此殊異功德淨土一如二佛世尊一。法華經云教下諸千億衆令レ住二大乘法一而自淨中佛土上。又云少欲厭二生死一實自淨二佛土一。淨名云常修二淨土一教二化諸衆生一。此等皆明二菩薩取レ土法一也。（中略）又涅槃經佛臨二涅槃一娑羅林間變成二淨土一。經云、爾時大千世界以二佛神力一故地皆柔軟。衆寶莊嚴猶如二西方無量壽佛極樂世界一。又如二今經光臺所現極樂淨土及結益中衆見二彼國一。此等皆是如來神力現起。所レ謂於二一毛端一現二寶王刹一、是也。仁王般若云唯佛一人居二淨土一。圓覺經云、衆生國土同一法性、地獄天宮皆爲二淨土一。此皆法性理土所レ謂寂光土也。法華云、衆生見二劫盡大火所レ燒時我淨土不レ毀。此即釋迦果報土也。上引二諸經一所レ談淨土皆非二今經彌陀極樂淨土一。諸經論中此類極多。準レ前簡判則無レ濫矣。[87]

四解魔説　或謂修二西方淨業一臨終感レ相。皆是魔者、斯由レ未レ披二教典一不レ樂二修持一。喜以二邪言一障二他正信一。爲レ害不レ淺故須レ辨レ之。（中略）今引二衆説一以絶二群疑一。一云大光明中決無二魔事一。猶如二白晝姦盜難レ成。一云此土觀心反觀二本陰一多發二魔事一。今觀二彌陀果德眞實境界一故無二魔事一。一云念佛之人皆爲二一切諸佛一之所二護念一。既爲レ佛護安得レ有レ魔。一云修二淨業一人必發レ魔者佛須二指破一。如二般若楞嚴等一。佛若不レ指則

ii「如別所論」

淨土多種。如二別所論一。[91]

iii「如別所明」

或謂臨終見佛以爲レ魔者、或云自心業現。實無二他佛來一者、斯蓋不レ知二生佛一體感應道交一、自障障レ他爲レ過不レ淺。如二別所レ明一。[92]

誤二衆生一墮二於魔網一。今淨土諸經並不レ言レ魔。即知此法無レ魔明矣(88)。
又云念佛人臨終感二佛菩薩來迎一。皆是自心業現實無二他方佛來一。今詳二此説一乃有二多失一。一則不レ信二佛語一。觀經九品臨終感レ相皆佛説故。二不レ信二佛力一。諸佛菩薩慈悲誓願拔苦與樂不レ遺レ物故。三不レ信二佛體一。佛與二衆生一體性平等有レ感必應。佛若無レ應三身不レ備則非レ佛故。此三不レ信孰可レ信耶(89)。

iの『阿弥陀経義疏』波線部分では、すべての浄土の法門が小乗ではなく大乗であり、化法のなかには円教であり、頓漸二教のなかには頓教に属す成仏の教法であることを述べている。これについて『観経新疏』対応箇所には、天台『観経疏』の教判や慈雲遵式の『往生浄土決疑行願二門』を引用して同様の内容を説明している。

次にiiの『阿弥陀経義疏』波線部分には、浄土に多くの種別があることを述べている。その『観経新疏』対応箇所には諸経に説かれるところの浄土の種別が一々例を示して峻別されている。それは『維摩経』の「随二其心浄一即佛土浄」の説は菩薩が浄土を取得するときの方法を述べたものであり、『涅槃経』において釈尊が涅槃に臨んで娑羅林間を浄土に変えたときなどの浄土は如来の神力によって現し出された浄土であり、また『仁王般若経』の「唯佛一人居二浄土一」などと説かれる浄土は法性理土や寂光浄土と呼ばれるべきものであるなど、『観経』に説かれる阿弥陀仏の浄土とはまったく異なった浄土であることを説明している。

最後にiiiの『阿弥陀経義疏』波線部分には、臨終来迎の仏を魔ととらえ、自らの心によって現されたもので実際には自心の他から仏が来るわけではないなどという者がいるが、それは衆生と仏とがそもそも一体であり、感応道交するものであることを知らず、自他ともに正しい道へ向かうことをさえぎる行いであると述べている。その『観経新疏』対応箇所には、臨終来迎の仏を魔とする説に対して、仏の大光明の中には魔事がないとする説や、阿弥陀仏の悟りの果報である真実の境界を観じるのだから魔事などないとする説など四説を挙げて反論している。また、臨終来迎の仏を自らの心の現し出したものとする説に対しては、仏語を信じない過失、仏力を信じない過失、仏体を信じない過失の三失を挙げて批判を加えている。さらに衆生と仏の体性は平等であり、必ず感応するものであることを説明している。

このように『阿弥陀経義疏』と『観経新疏』の対応箇所をみれば明らかなように、元照が『阿弥陀経義疏』のなかにおいてすでに論じたとする箇所はすべて『観経新疏』を指している。したがって、元照著述の両書の前後は『観経新疏』が先であり『阿弥陀経義疏』が後であることは明確だといえよう。

以上、元照の浄土教思想を知る上で欠かすことのできない主要典籍二疏の前後関係についてみてきた。『阿弥陀経義疏』が『観経新疏』の内容を踏まえて著されているという事実は間違いなく、『観経新疏』著述の後に『阿弥陀経義疏』が著されたのである。

しかし、そのように観仏を中心とする『観経新疏』と、持名を中心とする『阿弥陀経義疏』との間で、著作の前後が確認できるとなれば、やはり、両者にみられる二種の念仏観をどのようにとらえるべきかが問題となるのである。二著の間における念仏観の異なりを、注釈する経典の性格の異なりと考えるのか、それとも、念仏観の深化としてとらえるべきか、元照における実践行の理解を検討する際に、あらためて触れたい。

第五項　まとめ

元照の著作の整理を行ってあらためて明確化されたことは、元照が道宣の祖述者であるということである。元照の修学状況や浄土教への帰入の考察においてみてきたとおり、元照はさまざまな宗に属する多くの人師の影響を受けている。しかしながら、元照は平生の行業として道宣の思想の祖述と顕彰に打ち込み、そのための著作活動を積極的に行っていたことを、この著作の考察を通じて確認することができた。元照撰述の『遺教経論住法記』や『盂蘭盆経疏新記』など、道宣の著作とは一見関係のないように感じるものであっても、その内容は、天台や華厳の教義を吸収した上で戒律に言及したものとなっている。このように、道宣の思想を顕彰するなかで、元照は天台、華厳の思想をも取り入れた、仏教思想を構築していくのである。

ただし、浄土教の場合については、道宣があまり積極的に説いていなかったこともあり、道宣の祖述や顕彰という姿勢とは異なるようである。それは、元照が戒律以外の、天台や華厳、禅などに関する経典解釈を行っていないのに対して、浄土教に関しては、その主要な経典注釈を行っている点である。書状や序文ではなく、一つの著作として浄土教信仰に関する著述を行っている点は、元照が道宣の遺風を慕って戒律経論を注釈する態度とは別に、元照が自身の信仰の発露として行ったものとみることができよう。元照は『観経新疏』や『阿弥陀経義疏』の執筆に際して、平生から周囲の僧に対して戒律の重要性を説きつつ、宋代に浄土教信仰を波及させた遵式の思想を中心に受容したものとみられるが、内容的には、元照独自の特色ある浄土教思想が展開されているのである。詳しい思想内容については、後章で考察していきたい。

註

(1) 聖光『徹選択集』(『浄全』七・九四頁下)には、

二十就㆓大智律師㆒有㆓一選擇㆒。所謂此律師是本則四分律學匠也。然置㆓四分戒律㆒入㆓天台上乘之法㆒、而學㆑之間、身受㆓重病㆒。病中發願、若今度病差存命入㆓淨土門㆒、可㆑修㆓念佛㆒云云。如㆑願病差之後選㆓捨上乘戒之二法㆒、修㆓念佛之一行㆒。此則大智律師選擇病中念佛之義也。

とある。病気平癒を祈願するなどのことは、「浄業礼懺儀序」に確認することはできない。しかしながら、聖光が戒律の高僧であった元照の浄土教帰入をとりあげ、選択の一つに数えていることは、当時の日本における元照の評価が高かったことを意味するものであろう。

(2) 元照の浄土教帰入について述べている主だった論考には、原口徳正氏「宋代の浄土教について」(『浄土学』九、一九三五年)、高雄義堅氏「宋代以後の浄土教」(『支那仏教史学』三-三・四、一九三九年)、福島光哉氏『宋代天台浄土教の研究』(文栄堂書店、一九九五年)一六二―一六三頁、日置孝彦氏「霊芝元照の浄土教思想」(『印仏研』二四-二、一九七六年)、佐藤成順氏『宋代仏教の研究―元照の浄土教―』(山喜房仏書林、二〇〇一年)二〇〇―二〇六頁等がある。なかでも、『行事鈔』の影響を論じている原口氏の論文や、元照の浄土教帰入の時期を推定している佐藤成順氏の論文は興味深い。

(3) (一)と(二)の内容は、「浄業礼懺儀序」(『楽邦文類』所収、『大正蔵』四七・一七〇a)の内容をそのまま紹介したものであり、すべての先学が用いている。この「浄業礼懺儀序」の内容については、本節第四項で詳説する。

(4) 佐藤成順氏前掲書二〇二―二〇四頁。「為義天僧統開講要義」において、元照が楊傑の「浄土十疑論序」と「直指浄土決疑集序」の内容が自己の見解と符合することに驚き、直接楊傑のもとを訪ねたとあり、さらに、元照はその楊傑との出会いによって浄土教に関する見解を新たにしたことを述べている。佐藤氏は、この記載の内容から「直指浄土決疑集序」が著された元豊七年九月一〇日から、義天のための講義が行われた元豊八年一二月二八日までの間に、浄土教信仰を不動のものにしたと指摘している。なお、佐藤氏はこれに加えて著作を整理することによって、著作の上からも元豊六年以後より浄土教思想がみられることを確認している。

(5) 佐藤成順氏前掲書三一〇頁に指摘がある。その根拠となった「為義天僧統開講要義」の原文は『卍続蔵』五九・

六四五頁a―b。

(6) 知礼著作中の末法や三時思想に関係ある記述は『金光明経文句記』に三箇所(「末法」一箇所、「末代」一箇所、「正像末」一箇所)あるのみで、その他『妙宗鈔』『観経融心解』『観音義疏記』『観音玄義記』『金光明経玄義拾遺記』『十不二門指要鈔』等には一切見受けられない。記述のあった三箇所のうち一つは、他疏の引用であって積極的な意味は持たない。また、遵式の著作中には、『天竺別集』所収「大悲観音栴檀像記幷十四願文」に「像法」六箇所がみられるのみで、その他『往生浄土決疑行願二門』『金園集』「大乗止観法門序」や「十不二門指要鈔序」等には見受けられなかった。

(7) 智円は『維摩経略疏垂裕記』(『大正蔵』三八・七三七頁b)において、正像末の三時思想を明確に説明しており、その上で自らが生きている時代を「像法」であると計算している。ちなみに、智円は正法像法が各々一千年で末法が一万年と説いている。末法に関係する用語は「末法」四箇所、「末代」六箇所、「末世」三箇所、「末学」一箇所であり、智円が自分の生きている時代と規定する「像法」は六箇所ある。ただし、管見の限り、『維摩経略疏垂裕記』以外の『阿弥陀経義疏』や『涅槃玄義発源機要』『請観音経疏闡義鈔』等、現存する智円著作のなかにはそうした用語は見受けられない。

(8) 野上俊静氏「中国における末法思想の展開について」(山崎先生退官記念『東洋史学論集』所収、山崎先生退官記念会、一九六七年)。

(9) 道宣の末法観に関しては、藤善真澄氏『道宣伝の研究』(京都大学学術出版会、二〇〇二年)一一五―一三二頁参照。

(10) 『大正蔵』五一・九七三頁c。

(11) 『大正蔵』四〇・九二頁c。

(12) 『大正蔵』五一・九六〇頁a。

(13) この仏滅の時期について、道宣は、玄奘『大唐西域記』(『大正蔵』五一・九〇三頁b)の説をそのまま採用したものと思われる。

(14) 『大正蔵』四〇・一六一頁b。

(15) 『周書異記』は、宋代に賛寧が『大宋僧史略』において釈尊の出生年代を考察する際に用いるなど、宋代において信頼が置かれていた書物であることが確認できる。元照の考える仏滅年代と一致しないまでも、近い年代を示しているのである。
(16)『大正蔵』四〇・一六一頁a。
(17)『大正蔵』四〇・三三六頁c。
(18)『卍続蔵』二一・四七七頁c。
(19)『資持記』に「叙弘傳中初文」とあるのは、『四分律行事鈔科』によると『行事鈔』の序文の解釈を指すと考えられる。しかし、完全に合致する文はみられない。
(20)この三例文の他にも『資持記』(『大正蔵』四〇・一八五頁a)、『釈門章服儀応法記』(『卍続蔵』五九・五八二c)など、著作中に正像末の三時思想が多くみられる。
(21)元照の著作中には、僧侶が綾羅など高価で華美な着物で着飾ったり、役人にへつらったりする一方、住持の三宝と呼ばれる、いわゆる仏像や経典などをないがしろにするような僧の存在が示されている。この他にも、戒律を宗としていた元照にとっては許しがたい行為が僧侶の間に横行していたようである。
(22)ここで注意したいのは、三時思想が説かれているものが、道宣と宗密の著作の注釈のみに限られていることである。
(23)『行宗記』(『卍続蔵』三九・七三九頁b)。
(24)『行宗記』(『卍続蔵』三九・七五〇頁a)。
(25)このような説示はたくさんあるが、煩瑣となるためここではこの二例のみ挙げた。
(26)『資持記』(『大正蔵』四〇・一六四頁a)。
(27)『資持記』(『大正蔵』四〇・二一七頁a)。
(28)『資持記』(『大正蔵』四〇・三九一頁c)。
(29)『資持記』(『大正蔵』四〇・二〇三頁c、二一三頁b、三二九頁c)等、多くの箇所で「今末世」と現在が末法であり、元照が直接世の中に対して末法と感じられることを述べているように考えられる。
(30)『芝苑遺編』所収、『卍続蔵』五九・六四五頁a。

（31）戒度『観経扶新論』（『浄全』五・五一三頁上）には「靈芝大智律師、平日常曰、生弘毘尼、死歸安養、能事畢」とあり、元照が平生、生きている間は戒律を広め、死しては浄土へ往かんといっていたことを伝えている。
（32）『芝苑遺編』所収、『卍続蔵』五九・六四四頁a―b。
（33）『芝苑遺編』所収、『卍続蔵』五九・六四四頁b。
（34）『芝苑遺編』所収、『卍続蔵』五九・六四二頁b。
（35）『芝苑遺編』所収、『卍続蔵』五九・六二六頁b。
（36）『芝苑遺編』所収、『卍続蔵』五九・六四四頁b―c。
（37）『芝苑遺編』所収、『卍続蔵』五九・六四五頁a。
（38）元照の九品説についての先行研究は、管見による限り、善導『観経疏』の引用に関して少し触れられているにとどまり、まとまった研究はみられない。多くの先行研究で指摘されているのは、元照が善導と同じく九品皆凡の立場をとること、および元照が善導と異なり、九品を散善ではなく観行（徒衆観）として位置づけていることの二点である。ちなみに、元照が善導の九品皆凡説を全面的に支持する、もしくは元照も九品皆凡説の立場にあると言及している論考には、佐々木宣正氏「元照の観経釈を論ず」（『六条学報』九六、一九〇九年）九頁、望月信亨氏『中国浄土教理史』第二八章（法藏館、一九四二年）三七九頁、岩崎敲玄氏『浄土教史』第一九章（白光書院、一九三〇年）二七八頁、原口徳正氏前掲論文四四七頁、福島光哉氏『『楽邦文類』の研究―宋代浄土教の特性と『教行信証』―』（真宗大谷派宗務所出版部、一九九九年）九二頁、佐藤成順氏前掲書三四八頁、福島光哉氏『『仏説観無量寿経』講究』（真宗大谷派宗務所出版部、二〇〇四年）一六七頁等がある。
（39）『浄全』五・三六二頁上―下、『大正蔵』三七・二八三頁b―c。
（40）『大正蔵』三七・三六三頁a―b。
（41）允堪『浄心戒観発真鈔』（『卍続蔵』五九・五五〇頁a）には道宣『浄心戒観法』（『大正蔵』四五・八二六頁c）の「薄地凡夫臭身隔陋果報卑劣起二大憍慢一各恃二我見一謂二此人中常樂我淨更無一レ過者」という文を解釈して、「薄地上補各切文選注云薄逼也。謂逼二下地一而居耳。此通收二四洲人一也」としている。これに依るならば、「薄地凡夫」とは、三界を九界に分けたうちの最も劣った境界に最も近い凡夫を指すと考えられる。道宣『浄心戒観法』（『大正蔵』四五・八一九頁c）に「其三賢十聖無垢妙覺四十二地空宗眞理。唯可レ知レ聞二影像麁相一。下地凡夫力所レ未レ及。亦未レ能レ行」とあるなかの「下地凡夫」と同様の意味であろう。この「薄地凡夫」という語は、元照が多く引用する遵式『往生浄土決疑行願二門』（『大正蔵』四七・一四六頁a）にも用いられている。

(42)『楽邦文類』所収、『大正蔵』四七・一八七頁a―b。

(43)「戒」は出家在家共通であるが、「律」は出家に限られるため、丸カッコを用いた。

(44)『芝苑遺編』所収、『卍続蔵』五九・六四三頁b。『芝苑遺編』の『卍続蔵』本には「具佛禮」となっていたが、駒澤大学図書館蔵寛文九年（一六六九）版本によると「具佛體」とあることから、ここでは版本により「具佛體」とした。

(45)『楽邦文類』所収、『大正蔵』四七・一七〇頁a。

(46)『楽邦文類』所収、『大正蔵』四七・一七〇頁a―b。

(47)『往生礼讃』（『浄全』四・三五六頁上）には、ただ「専稱名字」とあるが、ここでは「専持四字名號」となっている。ここで「四字」とする理由については、第四章第三節において述べたい。

(48)『楽邦文類』所収、『大正蔵』四七・一七〇頁b。『楽邦文類』の『大正蔵』本には、「苦到」とあるが、駒澤大学図書館蔵寛永七年（一六三〇）版『楽邦文類』には「苦倒」となっている。ここでは意味内容から駒澤大学図書館蔵本に依った。

(49)『大正蔵』三七・三五六頁b。

(50)道宣『行事鈔』の注釈書である『資持記』（『大正蔵』四〇・四一一頁b）には、浄土教的色彩の強い解釈がなされている。そのなかには、

然十方浄土而偏指二西方一者、繋二心一境一想念易レ成故。西方諸佛而獨歸二彌陀一者、誓願弘深結縁成熟故。是以古今儒釋靡レ不レ留レ心。況濁世凡愚煩惱垢重、心猿未レ鎖、欲馬難レ調。捨レ此他求、終無二出路一。

という文がみられる。西方浄土の観想が最も成就しやすく、阿弥陀仏の誓願がきわめて広く深いものであることから、昔から儒教・仏教の両信者のなかで心に留めぬ者はない。元照は、末法五濁の世の煩悩深重な凡夫であれば、娑婆を捨てて浄土を求める法門以外に救われる道はないと、戒律研究の根本典籍の注釈においても、強く浄土教を

勧めるのである。

(51) 佐藤成順氏前掲書二〇八―二二一頁。

(52) 著作における浄土教思想の有無は、元照著作一覧の浄教欄にある○印によって示した。

(53) 佐藤成順氏前掲書二〇九頁に指摘されているとおり、『緇門警訓』収載の「大智律師三衣賦」「鉄鉢賦」「坐具賦」「漉嚢賦」「錫杖賦」は、『道具賦』一巻として別行しているため、ここには『道具賦』のみを挙げた。

(54) 『高山寺経蔵目録』に書名のみ確認できる。

(55) 『盂蘭盆経』宗密疏を注釈した本疏は、華厳関係か儒教関係に分類すべきか、もしくは盂蘭盆に関する別の分類を設けるべきか考えたものの、元照が、宗密疏の「孝を名て戒と為し、亦制止と名く」とする孝順の思想を受けて作成したものと考え、戒律関係に分類した。

(56) 『求生浄土礼懺行法』は、『長西録』になく、『義天録』にのみみられるものであるため、日本に流伝しなかったことが想定される。

(57) 『楽邦遺稿』「補浄土礼文法宝讃」（『正蔵』四七・二四一頁b）に「天台白雲山有二淨圓法師一、傳二天台教觀一。嘗作二西方禮文一、靈芝大智律師序而行レ之」とあり、元照は浄円の著した「西方礼文」の序文を作成していることを確認できる。

(58) 『立正大学図書館蔵　明版仏典解題目録』（立正大学図書館編集、一九九九年）に紹介されている『法界観門通玄記』に付されていた序文。吉田剛氏「本宗『法界観門通玄記』について―華厳復興期の教観幷修論を中心として―」（『禅学研究』八〇、二〇〇一年）に収載されている。

(59) この書は、大小二乗の差別を「菩提心」を説明することにより明かすものである。内容的には『四十華厳』を中心とする華厳系の典籍によってすべてが論じられているため、ここでは華厳関係に分類した。

(60) 麻生履善氏は「大智律師元照の業績」（『龍谷史壇』二三、一九三九年）において、清の光緒に編纂された『龍興祥符戒壇寺志』（『中国仏寺志』第一輯二九）に収められている「寧国院記」や「大智元照律師法界記」が、作成当初の『芝園集』に載せられていたものであろうと推測している。

(61) 『楽邦文類』「蓮社始祖廬山遠法師伝」（『大正蔵』四七・一九二頁c）に、「師有二雑文二十巻一、號二廬山集一。靈芝

元照律師作レ序、板二刊紹興府庫一」とあることから、元照が慧遠の雑文二〇巻を『廬山集』という名で開板し、さらにこれに序文を付したことが確認できている。

(62) 佐藤成順氏前掲書三六〇―三六一頁。

(63) この問題については、すでに序論において論じた。

(64) 佐藤成順氏前掲論文四四〇―四四一頁には、道宣が臨終行儀について述べていながら、引用する『華厳経』賢首菩薩品の偈文のなかから「念仏三昧」や「勧念仏」を省き、縁を結ぶ仏を阿弥陀仏でなく、弥勒仏でも釈迦仏でもよいとするなど、阿弥陀仏とその浄土について非積極的な態度を示していることを指摘している。

(65) 義天『大覚国師文集』(『韓仏全』四・五四六頁b―c)と『大覚国師外集』(『韓仏全』四・五八五頁c)には、義天から元照への手紙と、元照から義天に宛てた手紙の両方が存在する。そのうち、『大覚国師文集』に収載される「答大宋元炤(照)律師書」には、義天が元照から送られた『資持記』を開版したことや、慧日『浄土慈悲集』を印経していることが伝えられている。元照から直接の講義を受けていたことと、禅宗からの訴訟により、原版を廃棄されてしまった貴重な『浄土慈悲集』の往来があったことを勘案すれば、義天がこの目録を作成するまでに元照から得られるものはすべて得ていたことが予想される。

(66) このうち、『盂蘭盆経疏新記』と『遺教経論住法記』は、それぞれ科文が別となっているものの、現在伝わっている諸本は合冊となっている。これらは天台山外派とされた智円や同時代の華厳学派に属する人々によって注釈されているところのものであり、元照がその前半生において、それらの人々と関わり合いがあったことを示す証左ともなるものであろう。

(67) 元照『釈門章服儀応法記』(『卍続蔵』五九・五九一頁a)には、

三中無量壽經云、彌陀淨土自然衣食、隨レ念而生。法喜慚愧、擧二其因行一、法喜資レ神故如レ食、慚愧嚴レ身故如レ衣。自然衣食、由レ斯而感。祈求也。言二可求一者因果必然也。然因行多途隨二己力分一。廣如三大小彌陀經十六觀經等。具明二修法一如二別所レ論。

とあり、阿弥陀仏の浄土へ生ずるための修行法については、すでに別のところで論じたとしている。『釈門章服儀応法記』は成立が一〇九五年であり、一〇九〇年成立の『義天録』に収載される浄土教関係書で、浄土往生の修行法を著していると考えられるものは『求生浄土礼懺行法』以外にないため、ここで「具明修法如別所論」とあるのは、『求生浄土礼懺行法』を指してのことであろう。

(68)『浄全』五・三五二頁上、『大正蔵』三七・二七九頁a。ただし、引用文中の「忝」の字は、『浄全』本のみ「恭」の字になっている。

(69)「忝従二早歳一専翫二斯文一。翻嗟二億劫之無一レ帰、深慶二餘生之有一レ頼」を、若い頃に浄土教を信ぜず、『観経』の文を手にしながら釈さなかったと解釈したことについては、戒度『正観記』(『浄全』五・四三二頁下)の、

　忝従等者、如二十二光懺所一レ敘。自二下壇一後、因レ遭二重病一莫レ知二趣向一、方乃留二心浄業一等。専玩不レ釋レ手也。斯文即指二今經一。億劫無歸、歎二昔捨父逃逝一也。餘生有頼、忻二今域心得處一也。指二後殘齡一故曰二餘生一。即疏主云、幾生負レ德枉受二沈淪一、今日投レ誠心蒙二拯濟一、是也。

という注釈に依った。

(70)『正観記』(『浄全』五・四三二頁下)には、

　解釋敘レ古中、上二句明二先德專門一。據二下所敘一、不レ出二天台慧遠善導一、並有二章疏行世一。専守二己宗一未レ爲二通贍一。故云二各尚一。

とあり、元照が『観経新疏』を撰述しなくてはならなかった理由である「諸師著撰各尚所宗」を、諸師の解釈が自己の宗を守ることばかりで、諸宗に通じないと、明瞭に述べている。

(71)「観経九品図後序」(『楽邦文類』所収、『大正蔵』四七・一七〇頁b)と「大智律師警自甘塗炭者」(『緇門警訓』所収、『大正蔵』四八・一〇六八頁a)の文は、まったく同内容であるため、後世に成立した『緇門警訓』が「観経九品図後序」の表題を変えて用いたことも予想される。

(72)『観経新疏』(『浄全』五・三六六頁下、『大正蔵』三七・二八五頁b)、「観経九品図後序」(『楽邦文類』所収、『大正蔵』四七・一七〇頁b)と「大智律師警自甘塗炭者」(『緇門警訓』所収、『大正蔵』四八・一〇六八頁a)。

(73)『阿弥陀経義疏』(『大正蔵』三七・三六三頁b)、「観経九品図後序」(『楽邦文類』所収、『大正蔵』四七・一七〇頁b)と「大智律師警自甘塗炭者」(『緇門警訓』所収、『大正蔵』四八・一〇六八頁a)。

(74)佐藤成順氏前掲書四〇二—四〇七に、「台州左君墓銘」についての詳しい考察がある。

(75)『楽邦文類』所収、『大正蔵』四七・一七〇頁b。

(76) 戒度『無量寿仏讃註』という注釈が存在する。戒度の序文（『卍続蔵』七四・七二頁b）によると、「唯心之道盡二於此一矣。嘗慨吾宗二三豪傑註釋流行」とあることから、この戒度の注釈以外にも二、三の注釈書が存在したようである。また、『無量寿仏讃註』の最後に付された俊芿の後序（『卍続蔵』七四・七五頁b）に「予在レ唐之昔、雖レ見下修二浄業一者盛誦中大智律師之讃語上、未レ知二拙庵宗師之有レ註」とあり、元照「無量寿仏讃」は、元照滅後数十年を経た俊芿入宋の折にも盛んに読誦されていたことが確認できる。

(77)『観経新疏』（『浄全』五・三五五頁下、『大正蔵』三七・二八〇頁b）には、

遠師善導並云諸經所レ辨宗趣各異。此經以二觀佛三昧一爲レ宗。此則通就二能所一而立也。觀雖二十六一依正不レ同。而主在二觀佛一。

とあり、『観経』の経旨を「観仏」としており、『阿弥陀経義疏』（『大正蔵』三七・三五七頁a）には、

今經專示二持名之法一。正是經宗、於レ今爲レ要。

とあり、『阿弥陀経』の経旨を「持名」としている。

(78)『浄土学』九、一九三五年、一二二頁。

(79)『楽邦文類』所収の『浄業礼懺儀』序（『浄全』六・九六七頁下、『大正蔵』四七・一七〇頁b）。

(80)『大正蔵』三七・三五六頁c。

(81)『大正蔵』三七・三五九頁a。

(82)『大正蔵』三七・三六二頁b。

(83)『聞持記』（『浄全』五・六五〇頁上）に指摘がある。

(84)『聞持記』（『浄全』五・六六六頁下）に指摘がある。

(85)『聞持記』（『浄全』五・六八六頁下）に指摘がある。

(86)『浄全』五・三五四頁下、『大正蔵』三七・二八〇頁a。

(87)『浄全』五・三六〇頁下―三六一頁上、『大正蔵』三七・二八二頁c―二八三頁a。

(88)『浄全』五・三六二頁下―三八三頁上、『大正蔵』三七・二八三頁c。

(89)『浄全』五・三六五頁上、『大正蔵』三七・二八四頁c。引用文中「二不信佛力」は、『大正蔵』に「二不修佛力」となっているが、前後の文脈と合わない。そのため『浄全』の「二不信佛力」の表記を採用した。

(90)『大正蔵』三七・三五六頁c。

(91)『大正蔵』三七・三五九頁a。

(92)『大正蔵』三七・三六二頁b。

第三章　仏身仏土観

第一節　阿弥陀仏観

第一項　問題の所在

元照の阿弥陀仏観は、先学によって『観経新疏』の義門、ならびに「開元寺三聖立像記」をもとに、

・天台の所説に基づき、法・報・応・化四身具足の仏身であるとするが、一方で長量の応身ともしている[1]（『観経新疏』義門）

・仏は衆縁和合するすべてのものに存在し、真諦からみれば無相であり、俗諦からみれば有相である、真俗不二の身としている（「開元寺三聖立像記」）

・仏身は無相でありながら相を離れない（「開元寺三聖立像記」）

などと論じられている。ただし、『観経新疏』義門所説の仏身観と、「開元寺三聖立像記」所説の理事一如・真俗不二の仏身観とが、それぞれ別々に紹介されており、いまだこの異なる二種の仏身観を元照が説示した必然性につい

て指摘されていない[2]。

なかには、福島光哉氏の論考のように、四明知礼（九六〇―一〇二八）とその弟子浄覚仁岳（九九二―一〇六四）による阿弥陀仏の仏身説に関する論争を踏まえて言及するなど、元照の阿弥陀仏観に新たな考察を加えたものもある[3]。知礼と仁岳の仏身に関する論争の中心問題でもあった阿弥陀仏の相好については[4]、元照が天台の論争の経過を熟知した上で自身の阿弥陀仏観を展開しているため、あらためて確認すべき点であろう。ただ、福島氏のように、元照の仏身説が天台の仏身説を踏襲しているという前提のもとで論じ、元照の諸著作に説かれる仏身説をまったく考察することがなかったことは、今一度省みる必要がある。

元照著作のなかにおいて、明確に天台の論疏によって仏身を説く箇所は、『観経新疏』に一箇所みえるのみであり、しかもそれは『天台戒疏』という『梵網菩薩戒経』の注釈書である。はたしてそれをもって元照の仏身説が天台に依拠しているといい得るのであろうか。元照は、天台の影響を色濃く受けているものの、その思想的土台はやはり南山律宗の教義であり、すべてを天台の教えに依拠しているわけではない。

以上のことから本節では、今まで『観経新疏』義門や「開元寺三聖立像記」のみで論じられてきた元照の阿弥陀仏観について、その他の仏身説や相好に関する資料を用いながら、まず諸仏に通底する仏身説を確認する。そして、その仏身説を通して、あらためて元照の阿弥陀仏観を明らかにしていきたい。

第二項　元照の仏身説と『梵網経』

唐代に諸々の大乗の教説に相応する律儀戒として『四分律』を説いたのが、道宣の南山律宗である。その南山律宗の教理を深く学んでいた元照は、道宣『行事鈔』の要点を十門にまとめた「律鈔宗要略為十門」を作成している。そのなか第二門に、

二明㆓教主差別㆒。通約㆓經論㆒。佛有㆓三身㆒。大小兩異。大如㆓他述㆒。小在㆓今論㆒。[5]

とあり、経論が大乗と小乗のどちらに属するかによって、仏身にも大乗と小乗の異なりがあることを論じている。ここでは、小乗の仏身観に言及すると述べている。それは、

一者軌㆓持聖道㆒、是爲㆓法身㆒。復有㆓二種㆒。一二乘所證滅理、涅槃名㆓理法身㆒。二三祇修行五分果圓、名㆓事法身㆒。二者積因所感、是爲㆓報身㆒、亦號㆓生身㆒。即王宮誕育丈六金軀、三十成道八十唱滅者是。三者變化應㆑機、是名㆓化身㆒、亦號㆓應身㆒。始於㆓鹿苑㆒化㆓諸外道㆒。變化非㆑一、任㆑機不㆑同。故先德所㆑引瞿師羅長者見㆓三尺之身㆒、五百婆羅門覩㆓灰塵之相㆒是也。今據㆓律部㆒、乃於㆓化相報身之佛㆒以爲㆓教主㆒。然佛之爲㆑體、理非㆓離隔㆒。雖㆑曰㆓報身㆒、必兼㆓法化㆒。若據㆓大乘㆒、別明㆓尊勝之報㆒。王宮丈六、乃是劣應之身。此中欲㆑辯㆓教源㆒、須㆑明㆓説教之主㆒。教既大小有㆑別。主亦勝劣不㆑同。故略敘㆓身相㆒、粗分㆓衢術㆒。至㆔於委論㆓同異㆒、非㆓今所宗㆒。故略而不㆑述。[6]

とある。まず小乗の法身とは、聖道の軌範となる教えと執持すべき修行の二つである。一つは「理法身」で、二乗が証している滅諦の理と二乗の涅槃であり、もう一つは「事法身」で、三阿僧祇劫の修行によって戒・定・慧・解脱・解脱知見の五分法身をまどかに成就した身である。次に小乗の報身は、積劫修因によって感得する身であり、釈尊のように王宮に誕生して八〇歳で入滅する生身である。そして、小乗の応身は、化身と名づけられるものであり、『涅槃経』において釈尊が瞿師羅長者のために三尺の身を示現したように、衆生教化のために変化した身としている。

これに対して、律典に説かれる教主は、盧舍那仏のように理体と離れず法身・報身・応身の三身を具えていなが

ら、直接教化の相をとる報身である。[7] もしも大乗の意によって小乗の報身と律典所説の報身を解釈するならば、律典の報身は尊勝の報身であり、小乗の報身たる王宮丈六の身は、劣応身にあたるのである。

元照は、このように教えに大乗と小乗の違いがあるように、その教えの根源となる教主にも勝劣があるとし、ここでは律典の教主が勝れていることを示すことで戒律経典の内容が小乗と一線を画すことを述べている。このことから、元照が経典の教えの内容と教主の仏身の勝劣が相応するものであると考えていたことがわかる。

教主の身の勝劣とその教説の勝劣が相応するという説示は、圭峰宗密『盂蘭盆経疏』を注釈した元照『盂蘭盆経疏新記』においても、宗密説を受ける形でみられる。まず宗密は、

然一切諸佛皆有㆓眞化二身㆒。釋迦化身説㆓隨㆑機權教㆒、舍那眞身説㆓究竟實教㆒。教者經律也。經詮㆓理智㆒、律詮㆓德行㆒。[8]

と、すべての仏がみな真身・化身の二身を具え、そのうち釈尊のような化身の説法は相手の機根にあわせて示された仮の教え（権教）であり、盧舎那仏のような真身の説法は極め尽くされた悟りが示されている真実の教え（実教）であると述べている。これに対して元照は、

眞身即報、化身即應。若約㆓云三身㆒即眞中兼㆑法、若論㆓四身㆒即化中分㆑應。或處説㆓生法二身㆒、生即是應法中含㆑報。若離若合隨㆑宜不定。古今用與各據㆓宗途㆒無㆘以㆓己宗㆒校㆗佗同異㆖。隨機權教總收㆓鹿苑鶴林一代時經㆒、究竟實教唯局㆓華嚴一部㆒。然此且據㆓賢首一家所判㆒耳。舍那者具云㆓盧舍那㆒此翻㆓滿淨㆒。滿謂果圓、淨即障盡。教者下總釋㆓教義㆒。權教經律各有㆓大小㆒、經則可㆑知、二部五部是小乘律、善戒瓔珞即大乘律。實教純一大乘經是華嚴、律即梵網。理智即定慧、德行即戒業。[9]

と、はじめに真化二身論などの仏身説を論じ、続いて宗密の仏身に基づく教判を解釈している。

元照は、宗密の真化二身論の真身とは報身を指し、化身とは応身を指すとしている。真身にあたる盧舎那仏については、先ほども触れられていたとおり、理体と離れず三身を具えた尊勝の報身と元照はとらえている。そのため、この真化二身を三身説から説明すれば、真身は法身と報身とを兼ねた身といえるのであり、四身説からこれをみれば、さらに化身を応身と化身に分けたものといえるとしている。また、生身と法身の二身説については、生身を応身に、法身を報身も兼ねた身としている。以上の元照の仏身説を図示すれば図1のとおりである。

図1　元照の仏身説

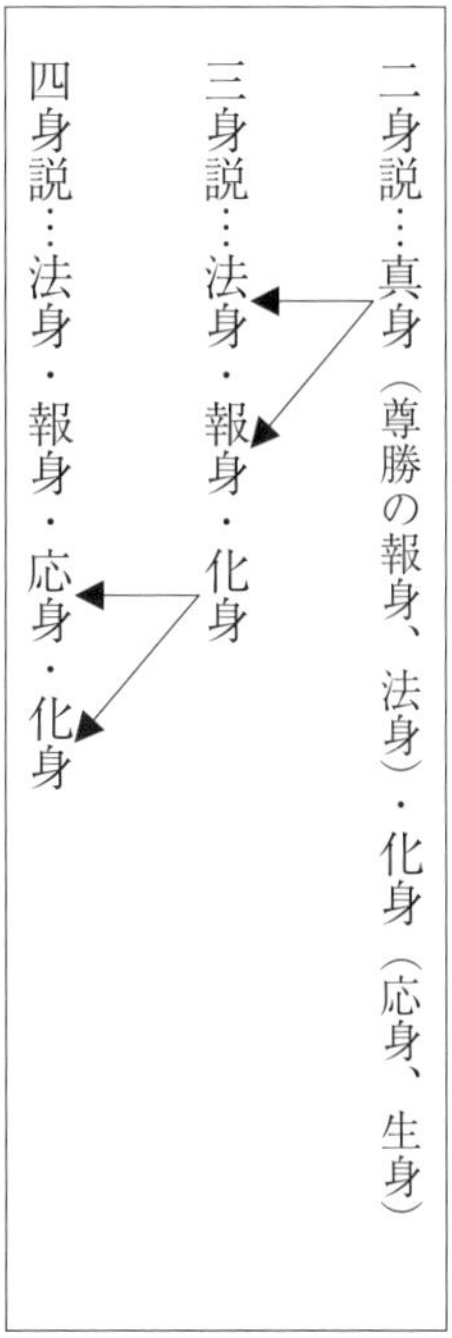

二身説…真身（尊勝の報身、法身）・化身（応身、生身）
三身説…法身・報身・化身
四身説…法身・報身・応身・化身

元照は、このように仏身の分け方に定まったものはなく、古来、宗とする教えによってさまざまであるとし、また、比べるべきものではないとしている。そして、律典の教主である盧舎那仏を中心とした仏身説を述べるのである。

続いて、宗密の仏身に基づく教判については、相手の機根にあわせて示した仮の教え（権教）が、釈尊の悟りから涅槃にいたる教説であり、極め尽くされた悟りを示した真実の教え（実教）はただ『華厳経』一部にかぎるとしている。ただし、この釈尊一代の教説を権教とし、『華厳経』の教主である盧舎那仏の教説のみを実教とする解釈は、あくまでも賢首法蔵等、華厳教学者の教判によるとしている。たしかに元照としては、釈尊一代の教説をすべて権教とする意図はないかもしれない。しかし、諸経典中における律典の価値を高める上で、この宗密の説を元照は受容するのである。それは、続く元照の解釈のなかで、実教純大乗の経を『華厳経』、律を『梵網経』とし、また、宗密が「我盧舎那仏最初成正覺時、便説二華嚴大經菩薩大戒一[10]」と述べていることに対して、「眞身實教則梵網爲二最先一、化身權教則涅槃爲二終極一[11]」と、解釈していることからもうかがえる。元照は、このように自身が研鑽を深めていた戒律経典である『梵網経』が、大乗経のなかでも最も高い価値を有すると位置づけられる点において、仏身の勝劣がそのまま説き出される教説の優劣につながるとする宗密の説を受用するのであり、先に挙げた「律鈔宗要略為十門」第二門の説示のように、自らもそのことを積極的に説くのである。

仏身と教義の勝劣が相応し、『梵網経』をはじめとする『華厳経』類のみが実教純一大乗であるという認識のためなのであろうか。元照は、他所の仏身に関する説示もすべて『梵網経』によって行っている。元照が大乗とは何かについて説明している「大小乗論」では、

> 三者、教主異。小乘之人、華葉内百億釋迦中、一世界一釋迦也。一世界外更無二佛土一、一釋迦外更無二他佛一。小教所談限齊至レ此。大乘則以二十方世界一切諸佛法報應身一以爲二教主一。若自若他同一佛性[12]。

と、『梵網経』の説示によって大乗と小乗の仏身の相違が説かれている。すなわち、『梵網経』には盧舎那仏が座す千葉の蓮華一葉一葉に、百億世界があると説かれる。小乗の人は、その百億世界のうち一世界の化身の釈迦仏以外に仏を認めないのである。これに対して、大乗の人は同一の仏性を具有する十方世界すべての諸仏の三身を認めるとしている。このように元照は、一世界の釈尊しか認めない小乗の仏身説と、他方世界を認め、一切の仏が同一仏性を持つ仏であることを説く大乗の仏身観が、自ら異なることを指摘している[13]。

また、元照「授大乗菩薩戒儀」には、

或曰、了二心即佛一、豈假二他求一。本淨無レ瑕、何勞受レ戒。答、佛有二三世一。不レ可二混同一。遠古諸佛、過去佛也。十方刹土、現在佛也。法界衆生、當來佛也。故戒本偈舍那佛云、我是已成佛、汝是當成佛。又下云、常須二自知一我是未成之佛、諸佛是已成之佛。言レ佛是同、已成未成則異。若謂三凡夫即同二果佛一、頓廢二進修一、便生二上慢一。未レ得謂レ得是大妄語。自陷陷レ他爲レ過不レ淺。涅槃云、衆生佛性如二雜血乳一、豈比二醍醐一。又圓覺中衆生覺性如二金在一レ鑛、豈比二精金一。祇由二心本是佛一故可二發レ意勤求一。祇由二心本清淨一故須三立レ誓受二レ戒。當レ知菩薩戒者、直是識レ心達レ本。成佛菩提之要術、此謂二戒法一也。(14)

とあり、ここでも律典である『梵網経』を用いて仏身を説明している。元照は、盧舎那仏がすでに成仏している仏であるのと異なり、衆生はいまだ成仏していない仏であるゆえ、すでに仏果を成じた仏と自身が同等であるなどということは大妄語にあたる。しかし、凡夫も過去仏も現在他方仏も得られる仏果は同じであると述べている。加えて、凡夫の心は本来清浄であり、仏そのものであるので、成仏の要術である菩薩戒によって菩提を得ることを勧めている。ここで注目されるのは、元照が自心とは別に、他方現在仏の存在を認めている点である。(15)このことは、元照が戒律の受持による心中の仏性顕現の他に、阿弥陀仏をはじめとする自己と異なる仏の存在を想定していたことを表すものと考えられる。

元照は、宗密説を用いて小乗とは異なる『梵網経』に立脚した大乗の仏身説を構築している。そして、大乗の仏身説は、当来成仏の衆生とは別に現在他方仏を認めるものであるとし、衆生と相対する阿弥陀仏の存在を許すものであることを暗に示しているのである。

第三項　元照の阿弥陀仏観――知礼説の影響に着目して――

次に、前項でみてきた元照の仏身説を考慮しながら、阿弥陀仏観を考察したい。ここではまず「阿弥陀仏の三身説と相好の問題」について考察し、後に「知礼の影響」についても述べることとする。

1、阿弥陀仏の三身説と相好の問題について

仏身を『梵網経』に基づいて説明する元照は、『観経新疏』において西方阿弥陀仏の仏身を説明するにあたっても、天台智顗撰述とされる『梵網経』の注釈書である『天台戒疏』を用いて次のように四種の仏身説を挙げている。

佛身多種經論所出隨ㇾ宜不定。今準二天台戒疏一且明二四身一。一謂法身二謂眞應二身三謂法報應三身四謂法報應化四身。彼云毘盧遍耀正法爲ㇾ身舍那行滿報果爲ㇾ身。釋迦應跡感赴爲ㇾ身隨緣不定變化爲ㇾ身。一切諸佛皆具二四身一。[16]

すなわち、仏身は経論によってさまざまに説かれていて定まった解釈はないが、仮に『天台戒疏』にしたがうならば、（1）法身一身説、（2）真身・応身の二身説、（3）法身・報身・応身の三身説、（4）法身・報身・応身・化身の四身説がある。そして、元照はすべての仏がみな毘盧遮那仏のように正法そのものとしての身である法身、盧舎那仏のように修行の報果としての身である報身、釈尊のように衆生に応じて直接教化をする身である応身、縁にしたがって変化する自在の身である化身の四身を具えているとしている。この四身具足は阿弥陀仏においても同様であり、

今彌陀身者經云諸佛如來是法界身即法報也。六十萬億那由他即淨土應身也。或現二大身一滿二虛空中一。或現二小身一丈六八尺及圓光中恒沙化佛。又云無量壽佛化身無數以至二白鶴孔雀鳧雁鴛鴦等一皆是彌陀變化所作此等皆化身。然此應化合則爲レ三開則成レ四。當レ知西方彌陀果德之身、即是法身即是報身即是應化佛身一體非レ一非レ異隨レ召皆得。若乃從レ本垂レ跡則一身爲二無數身一。至二於攝レ末歸レ本則無數身還歸二一身一。華嚴云一切諸佛身即是一法身即其義也。(17)

と、第八像観「法界身」は法報身、(18)第九仏観「六十万億那由他恒河沙身」は浄土の応身、第十三雑観「虚空中大身丈六八尺小身」と第九仏観「円光の化仏」と第十観音観「無数の無量寿仏化身」、ならびに第八像観「白鶴孔雀鳧雁鴛鴦」とは化身であると、元照は『観経』中に説示される阿弥陀仏の仏身を四身に配当している。この四身は、応身と化身を合して法身・報身・応化身の三身ともみることができ、阿弥陀仏の果徳の身は即法身即報身即応化身の一体にして三身であり、三身の特性を持ちながら一身であると説明している。そして、『華厳経』に「あらゆる仏身はそのまま一法身である」と説かれるように、一身を本跡に分けて、その本体となる一法身から報身・応身などの無数の仏身が現し出され、逆に現し出された無数の仏身はまた一法身に還ると、元照は阿弥陀仏の三身の関係を説明している。(19)

この阿弥陀仏の三身説は、元照『盂蘭盆経疏新記』における次のような盧舎那仏と釈尊の関係と重なるものであろう。

問舍那眞身而云二釋迦一者。答一以下化身從二舍那一傳來上故。二謂釋迦即是舍那故。戒經偈云、如レ是千百億盧舍那本身是也。(20)

真身の盧舎那仏と化身の釈尊を同一としてもいいものか、という質問に対して、元照は同一としてもよいと考える理由を二つ挙げている。一つは、化身の釈尊が真身の盧舎那仏より派生しているのであり、二つは、『梵網経』に「千百億の釈尊はみな盧舎那仏が本身である」と説かれるとおり、千百億の化身の釈尊がそのまま本身の盧舎那仏であるということである。ここで元照は『華厳経』の根本思想である一即多、多即一の関係で真身盧舎那仏と千百億化身釈尊を理解している。元照における阿弥陀仏の三身説も、この華厳的な仏身理解の上に構築されていると考えられる。つまり、一（本、法身）と多（跡、報身、化身）という三身の関係を阿弥陀仏一仏上に想定し、『梵網経』において本身をとっても化身をとってもどちらも盧舎那仏といいえるように、法身・報身・化身の三身はどれも阿弥陀仏であるが、その三身の本源に諸仏平等の法身としての阿弥陀仏を置いていると推察されるのである。(21)

　このように法身阿弥陀仏を根底に置いて仏身を解釈する元照は、阿弥陀仏の仏身の有相無相の問題についても、法身をもって説明している。元照「開元寺三聖立像記」には、

　或曰、經云、諸佛如來是法界身、入㆓一切衆生心想中㆒。今刻㆑木爲㆑像。世物所㆑成。用㆑此爲㆑佛。不㆑知其可乎。對曰、佛身無相亦不㆑離㆑相。以㆓其無相㆒故、世出世間、無㆑有㆓一法而是佛者㆒。雖㆓八萬四千三十二相㆒、亦即非㆑相、況他物乎。故曰、離㆓一切相㆒即名㆓諸佛㆒。以㆓其不㆑離㆑相故、世出世間、無㆑有㆓一法、而非㆑佛者㆒、況相好乎。故曰、當㆑知一切諸法即是佛法。如能達㆓此相即非相非相即相㆒、則山河國土草木微塵四生六道翾飛蠕動、莫㆑非㆓諸佛法身之體㆒。而況範㆑金合㆑土、刻㆑木繪㆑塑、莊㆓嚴相好㆒、而獨非㆑佛乎。諸有智者、當㆑觀㆓此像㆒。材木灰布膠漆金彩、假㆓彼衆縁和合㆒而成。求㆓於衆縁㆒、皆世間之物、各有㆓名體㆒。孰爲㆑佛乎。然縁無㆓定相㆒、物無㆓定名㆒。既號爲㆑佛。一切衆縁、莫㆑非㆓佛體㆒。豈可㆓捨㆑此別求㆒㆑佛乎。故華嚴云、色相不㆓是佛㆒、音聲亦復然。亦不㆑離㆓色聲㆒、見㆓佛神通力㆒。若㆑此觀㆑之、不㆑住㆓於相㆒、亦不㆑離㆑相、理事一如、眞俗不二。雖㆓復對㆑像、是眞見㆑佛。(22)

とある。これは、『観経』に「すべての衆生の心想中に諸仏の法界身は入る」と説かれているが、木で阿弥陀仏の仏像を造るなど、世間の物から造られたものを「仏」としていいのか、という疑問に対して元照が答えたものである。ここで元照は、仏身は無相でありながら相を離れないと仏身の有相と無相の問題に言及している。仏身は無相であるがゆえに世間・出世間のどこを探しても「仏」というものはなく、経典に八万四千相、三十二相が説かれるもそこには執着すべき相はない。また、世間・出世間のすべてのものに「仏」でないものはなく、一切諸法はすべて「仏」であり、有相の仏身なのである。このように「相即非相、非相即相」と、仏身の有相と無相の関係をよく理解すれば、山川草木国土より虫類にいたるまで諸仏の法身でないものはないのであり、金や土や木など衆縁和合して仏の相好を荘厳してあるものであればそれは真に「仏」なのであると述べている。元照は、法身の理は現象たる事によって現し出されるのであり、また、すべての現象の根底には法身の理があると、理事一如、真俗不二の論理をもって仏身には自ら有相と無相の二相があることを説いているのである。

　そして、元照は以上のような仏身観をもって『観経』第九仏観の「佛告阿難及韋提希此想成已次當更觀無量壽佛身相光明」を次のように釈している。

　此與㆓像觀㆒皆有㆓躡㆑前起㆑後次第之文㆒。意使㆓正修不㆑容㆓異轍㆒。自㆑昔科爲㆓眞法身觀㆒。今準㆓下結㆒云㆓是爲遍觀一切色身相名第九觀㆒。必應㆘指㆓彼彌陀果佛色相㆒即法身㆖耳。下二菩薩其例頗同。(23)

ここで元照は、『観経』第九仏観を天台『観経疏』やその注釈書たる知礼『妙宗鈔』に「真法身観」としていることを批判している。その理由としては、第九観末尾に「遍観一切色身相」と説いているのだから阿弥陀仏の色相を指して法身とすべきことを挙げている。阿弥陀仏の色身を法身と解釈していることは、諸仏身の根源に法身を想定している仏身観に起因するものと考えられる。ただ、色相を法身とする、つまり、法身を有相としてとらえることは、すでに律宗教学[24]や当時の天台教学のうちにみられるものである。特に宋代においては、知礼が『妙宗鈔』[25]や『十不二門指要鈔』[26]において法身寂光が有相の身土であることを主張して以後、知礼門下の者はほぼこれにならい、法身有相の立場をとっていたようである。[27]しかし、元照が今ここに知礼説を批判していることからも予想されるとおり、色身を法身ととらえる点が共通しているとはいっても、その仏身観は異なるのである。それは『妙宗鈔』に、

> 三第九佛身観二。初分レ科。眞法身者、前觀二寶像一則似二佛身一。今對二彼似一故名爲レ眞。然此色相是實報身應二同居土一。亦名二尊特一、亦名二勝應一。而特名二法身一者、爲レ成二行人圓妙觀一也。良以報應屬レ修法身是性。若漸教説、別起二報應二修一莊二嚴法身一性一。若頓教詮、報應二修全是性具。法身一性擧體起レ修。故得二全レ性成レ修全レ修在レ性。三身融妙指レ一即三。問既言二指レ一即三一。但名爲レ應自攝二二身一。何故疏文立二法身稱一。答若言二報應一恐濫二別修一歸二於別教一。今以二報應名爲二法身一、即顯三三身皆非二修得一。故今家生身應身報身法身、對二藏通別圓一。行者應レ知、圓宗大體非三唯報應稱爲二法身一。亦乃業惑名爲二理毒一。三觀十乘名二性德行一。慈悲與拔性德苦樂。今之勝應稱爲二法身一。顯二示妙宗一其旨非レ淺。須下祛二滯想一方見中旨歸上。[28]

とあり、漸教（別教）では法身を元来自性に具わっている性徳とし、報身と応身の二身を修行によって得られる修徳というようにはっきりと分けるが、頓教（天台円教）によれば三身はすべて自性にすでに具わっているものと考えて、自性全体をもって修行を完成させるのであり、修行を欠けることなく持して性徳の三身を顕現するとしている。つまり、知礼は三身が融妙であり、仮に応身と名づけたとしてもそこには法身・報身の二身が必ず摂収されている一体即三身という関係でなければならないとするのである。それゆえに、本来は第九観も色身であるから応身と名づけてもよいのであるが、天台では生身・応身・報身・法身を蔵通別円の四教に配当するため、行者に円妙観を成就させるべく色身観を法身観としたのであると説明している。

元照の阿弥陀仏三身説も、「法身即報身即応身」と説かれ、一見すると知礼説同様に一体即三身のようである。しかしながら、元照の場合は、三身説のなかにさらに本跡を立てて、本身である法身を中心に他の二仏身を統摂するとしているのであり、知礼の説く三身説とは異なるのである。この元照の仏身観は、華厳やいわゆる天台山外派と呼ばれる諸師の見解に近いものがあり、元照、知礼の両者ともに同じく色身を法身ととらえるのであるが、その発想は大いに相違するのである。

2、知礼の影響

続いて、知礼の仏身観の影響について考察していきたい。阿弥陀仏の三身説では相違する知礼と元照であるが、両者は阿弥陀仏を観ずることに関して非常に近い見解も示している。もちろん時代的には後代にあたる元照が知礼の影響を受けたと考えられるが、直接的な引用はみられない。そこで、ここでも両者の見解を並べて考察したい。

はじめに、知礼『妙宗鈔』には、

起信論云、佛用有二二種一。一者依二分別事識一。凡夫二乘心所見者、名爲二應身一。以レ不レ知二轉識現一故。見二從レ外來一、取二色分齊一不レ能二盡知一故。二者依二於業識一。謂諸菩薩從二初發意一乃至菩薩究竟地心所見者、名爲二報身一。身有二無量色一、色有二無量相一、相有二無量好一、所住依果亦復無量、種種莊嚴隨レ所二示現一。即無レ有レ邊不レ可二窮盡一。離二分齊相一隨二其所應一。常能住持不レ毀不レ失。如レ是功德皆因二諸波羅蜜等無漏行熏及不思議熏之所一成就。具二足無量樂相一故說爲レ報。文畢 此乃佛用依二二識一彰也。應是生身報是尊特。論意要在下見二從レ外來一取二色分齊一與上知二轉識現離二分齊相一而分二二身一。然須二了知一權理但空不レ具二心色一。故使二佛身齊レ業齊レ緣。生已永滅故曰二生身一。名レ應名レ化體是無常。實理不空性具二五陰一。隨レ機生滅性陰常然。名レ法名レ報亦名二尊特一、體是常住。須

レ知依二事識一者、但見二應身一不レ能レ覩レ報。以二其麁淺不一レ窮レ深故。依二業識一者、不三但覩一レ報亦能見レ應。以レ知三全レ體起二二用一故。隨レ現二大小一彼彼無邊。無レ非二尊特一。皆酬二實因一悉可レ稱レ報。故妙經文句云、同居方便自體三土、皆是妙色妙心果報之處。故知、菩薩業識見レ佛。一切分齊皆無二分齊一。豈比二藏通佛一邪。(29)

とある。知礼は『大乗起信論』（以下、『起信論』と略す）を引用して、仏の作用に二種あり、一つは、凡夫や二乗のように分別事識所見の仏で、実には能見の相を生ずる識である転識によって現出される仏で、心外の色身のように見える応身であり、二つには、菩薩が無明によって主客が二分されない状態の業識で見る仏で、無量の色・相・好と無量の種々荘厳を示現する報身であるとしている。この応身（生身）は無常の色相の身であり、報身（尊徳身）は常住無量の身であり、分別事識の見仏は応身のみに限られるが、業識の見仏は報身と応身の両身を見ることができるとしている。つまり、知礼は能観の側の機根が分別事識に依るのか業識に依るのかによって所見の仏が応身（生身）か、報身（尊徳身）か異なるとしているのであり、仏は特定の一仏身に限定されるものではなく、ましてや仁岳の論難のように仏身に具わる相好の数量で規定できるものではないことを主張している。(30)

次に元照『観経新疏』における見解は次のとおりである。

遠師疏云、然佛壽命有レ眞有レ應。眞無レ有レ盡應有二短長一。觀音受記經云、阿彌陀佛壽雖二無量一當下有二終極一般涅槃後觀音補處號中普光功德山王上。據レ此定知是應。十疑論云、有滿凡夫隨レ分得レ見二佛身麁相一謂應佛也。菩薩見二微細相一謂報佛也。故知報應由レ機佛身何定。如三水中月隨二器不同一。器大則影全器小則影缺。全缺在レ器而影無二展縮一。水澄則影存水濁則影亡。存亡在レ水而影無二去來一。以喩二身壽一無レ不二通曉一。故涅槃云、佛告二純陀一。汝今不レ應レ思二惟諸佛長壽短壽一。一切諸法皆如二幻相一。如來在レ中以二方便力一無レ所二染著一等。又華嚴云、如來法身藏普入二世間中一。雖レ在二於世間一於レ世無二所著一。譬如三清淨水影像無二去來一。法身遍二世間一當レ知亦如レ是。又云、譬如㆔工幻師示㆓現種種事㆒。其來無㆓所從㆒去亦無㆓所至㆒。幻性非㆑有㆑量亦復非㆑無㆑量。於㆓彼大衆中㆒示㆓現量無量㆒。以㆓此寂定心㆒修㆓習諸善根㆒出㆓生一切佛㆒。非㆑量非㆓無量㆒有㆓量及無量㆒皆悉是妄相。了㆓達一切趣㆒不㆑著㆓量無量㆒。

準知佛身體量叵㆑得。尚非㆓言思所㆑及。豈容㆔擬㆓議於其間㆒哉。(31)

浄影寺慧遠が阿弥陀仏を有限な応身とする説、ならびに『十疑論』第五疑を引き、あたかも水中に映る月が水を入れる器によってその大きさを変えるように、凡夫は凡夫の分際にしたがって仏身の麁相（応身）を見るのであり、菩薩は菩薩の分際にしたがって仏身の微細相（報身）を見るのであるとしている。元照は同一の仏身でも、能観の側の機根の差異によって所見の仏身が異なることを説明するのである。加えて、『涅槃経』と『華厳経』によって、仏寿の長短は思惟すべきではなく、仏法身は世間に遍満していながらとらえられぬものであり、一切の仏もまた幻影のように有るとも無いともいえぬ性質のものであることを明かし、仏身の体が衆生の思慮分別を超えていて、議論することなどできないものであると述べている。(32)

また、『観経新疏』第九仏観釈では、

佛身無量機見有㆑殊。文中所㆑擧假以㆓數量㆒顯㆓非數量㆒。欲㆑彰㆓佛身㆒不㆑可㆑定故。即下文云如㆓前所説㆒無量壽佛身量無邊非㆓是凡夫心力所㆑及。又云或現㆓大身㆒滿㆓虚空中㆒。擧㆑此證㆑前知無㆓限量㆒。蠡盃酌㆑海丈尺量㆑空。是可㆑得乎。喩可㆑見也。(33)

と、仏身は無量であって観見の内容も能観の側の機根によるのであり、そもそも数量であらわせないものを仮に数量であらわしているに過ぎず、凡夫の力の到底及ぶところではないとしている。

結局のところ元照は、能観の機根によって所見の仏は変わるのであり、本当の仏身は我々衆生には到底計り知ることのできないものであり、同時に仏身は定まった姿形のあるものではないことを提示している。そして、知礼と元照の見解は、本来無量の相好を持つ仏身であるが、能観の側の機根によって応身か報身かに分かれるという点で一致するのである。そして、両者の見解が一致する理由に関して、元照の『十疑論』引用が注目される。『十疑論』には能観の機根の差異によって見る仏身が麁相か微細相か異なってくるとまでは説かれているが、麁相が応身であり、微細相が報身であるという説示はない。また、元照在世当時にすでに流布していた『注十疑論』には、仏の麁相を「劣応身」、仏の微細相を「勝応身」としている。(34) このことから、仏の麁相を応身、仏の微細相を報身とする説は、『十疑論』や『注十疑論』に関係なく元照が付加した説であることが知られる。(35) そして、これは知礼『妙宗鈔』もしくは直接『起信論』において、所見の仏身を機根の差異によって報身・応身の二仏に分けている内容からヒントを得たものと推察されるのである。

第四項　有相と無相の阿弥陀仏を説示する意図について

ここでは最後に、先学によって一切検討されなかった、元照によって説き分けられた有相の阿弥陀仏と無相の阿弥陀仏とはいかなるものであるのか、さらには、有相と無相の阿弥陀仏がいったいどのように元照浄土教の教義のなかに組み入れられているのかを考察していきたい。

1、有相の阿弥陀仏

はじめに有相の阿弥陀仏について元照は、その身が有相であることの根拠を『観経新疏』に、『観経』第七華座観の「佛告阿難、如此妙華是本法藏比丘願力所成(36)」という文の解釈のなかで述べている。それは、

阿彌陀佛昔爲二國王一遇二世自在王佛一棄レ國出家。法名法藏。發二四十八願一。彼國依報境界身壽光明種種莊嚴一切果相皆願所レ成。豈唯華座。寄レ此點示使レ知下淨土即佛願體上。願由レ心發即佛心體。故知願力理絶二言思一矣。(37)

と、阿弥陀仏が世自在王仏のもとで出家し、法蔵菩薩として四十八願を発しており、阿弥陀仏の極楽の荘厳、仏身、仏寿命、仏光明など、一切の種々荘厳相はすべてこの四十八願によるものであるとしている。元照は、『無量寿経』所説の法蔵説話と関連づけて解釈し、法蔵菩薩の本願力は浄土の華座のみならず、浄土のすべての荘厳と阿弥陀仏の身相光明を造りだしているととらえている。(38)そして、浄土は阿弥陀仏の四十八願を本体とするのであり、また、四十八願は仏心を本体とするのであるから、その浄土や仏身を成立させる願力の論理は、もはや衆生の思慮分別を絶しているとしている。つまり、元照は阿弥陀仏が有相荘厳を示す根拠を、思慮分別を絶した阿弥陀仏の四十八願、ならびに四十八願を発した仏心という仏の側に求めているのである。(39)

このように阿弥陀仏の側から衆生への働きかけとして形相を現す過程を、元照は『観経』第八像観の「諸佛如來是法界身入一切衆生心想中」(40)を解釈するなかに説いている。それは次のとおりである。

此中正説二彌陀一。以二法身體同一故言二諸佛一。華嚴云、一切諸佛身即是一法身、一心、一智慧力、無畏亦然。此明三諸佛果證法身無二所一レ不レ遍。則與二衆生因地法身一無二無別故。衆生作レ想佛身隨應。疏云、衆生心淨法身自在故、能入二衆生心想中一。如三白日昇レ天影現二百川一。故想レ佛心即是三十二相八十種好也。如二勢至圓通云一、十方如來憐二念衆生一如二母憶一レ子。此明三佛常念二衆生一。若子逃逝雖レ憶何爲。此明二衆生不一レ念有レ應無レ感也。若衆生心憶レ佛念レ佛現前當來必定見レ佛。去レ佛不レ遠、此明二衆生念一レ佛感應道交一也。此實彌陀世尊同體大慈悲善根力隨レ緣赴レ感。應レ物垂レ形不思議用。苟明二此理一佛入何疑。(41)

「諸佛如來是法界身」というのは、法身（法界身）は諸仏の等しく具えるものであるからそう名づけているに過ぎず、ここでは正しく阿弥陀仏のことを説いているとしている。仏果を得た諸仏の法身は行きわたらないところがなく、衆生の因地の法身と同一である。そのため、衆生が仏身を想えば、仏身はその想いにしたがって応現するのである。それは、天台『観経疏』に、衆生心が浄く法身が自在であるからよく衆生の心想中に法身が入るのであり、あたかも空に昇った太陽の影が多くの川に映りこむようなものであって、その仏を想うときの衆生の心はそのまま仏の三十二相八十種好であると説くとおりであるとしている。また、『首楞厳経』の勢至円通章に「十方の如来が衆生を憐れみ想うことは、母が子を想うようである」とあるように、仏は常に衆生を念じている。だから、衆生が仏を念じなくても仏の応化はあり、これを感受できないのは衆生の問題なのである。衆生が仏を念じさえすれば、仏はいつでも衆生を念じているから、必ず感応道交するのであると、元照は仏の大慈悲善根力によって、仏側から常に働きかけのあることを説明する。そして、阿弥陀仏は諸仏と同体の大慈悲と善根力をもって衆生のもとに赴き、不思議の力用によって形相を現し出すとしている。すなわち元照は、阿弥陀仏が衆生を憐愍する心から、衆生に感受できる姿形を現すとしているのである。

ここで最も注目されるのは、元照が有相の阿弥陀仏を衆生と相対的な存在として説き、加えて、有相の阿弥陀仏が示される理由を阿弥陀仏から衆生への慈悲にあると説明する点である。衆生が感受するものは、衆生が内に具えている法身ではなく、仏の意志から不思議の力用によって現された仏の姿形なのである。

また、『観経新疏』には、

如二先所レ説無量壽佛身量無邊非二是凡夫心力所レ及然彼如來宿願力故有二憶想者一必得二成就一先所説者指二前佛觀一。凡夫心劣雖レ不レ能レ觀。仗二佛願力一有レ想必成。(42)

と、本来、凡夫の心は愚劣であって到底広大無辺な阿弥陀仏を観じることはできないのであるが、阿弥陀仏の願力によって必ず観ずることができるとしている。元照は阿弥陀仏の相好が、阿弥陀仏自身が建てた誓願によるものであり、その願力と願力所成の相好によるからこそ、心の劣った凡夫も観見可能であり、衆生はその有相の阿弥陀仏の姿形を感受するのである。

このことは、『観経』の「是故汝等心想佛時是心即是三十二相八十隨形好是心作佛是心是佛」という文を解釈するなかにも、

就レ中初二句示二心境相應一。次三句顯三因成二果相一。下二句釋二成上義一。是心者即指二行者觀佛之心一。由レ觀二佛相一相現二心中一。此心即具二佛之相好一。此據二小身丈六一爲レ言。若觀二八萬四千相好一心具亦爾。教令レ觀レ佛其功若レ此。衆生依レ教修レ因感レ果始二於此心一故云二是心作佛一。恐謂二修成佛從レ外得一。祇由二此心當體是佛一故使三建修無レ不二果滿一故云二是心是佛一。[43]

とあり、行者は仏の相好を観ずることによって、その心に仏の相好を具すのであり、それは丈六の三十二相であっても八万四千の相好であっても同様である。衆生がそのように教えによって修行して果を感得することは心よりはじまるので「是心作佛」というのであり、また自心の本体が仏であって修行すれば必ず果徳を得られるので「是心是佛」というとしている。元照は、観ずる仏は自己の心ではなく、相好の多少に関係なく、ただ仏の相好を観ずることを明示しているのである。

そして、『阿弥陀経義疏』に、

問、觀經云二是心作レ佛是心是佛一。何須レ念二他佛一耶。答、祇由二心本是佛一故。令三專念二彼佛一。梵網戒云、常須自知二我是未成之佛諸佛是已成之佛一。汝心佛者未成佛也、彌陀佛者已成佛也。未成之佛久沈二欲海一、具二足煩惱一杳無二出期一。已成之佛久證二菩提一、具二足威神一能爲二物護一。是故諸經勸令レ念レ佛。即是以二己未成佛一、求二他已成

佛一而爲二救護一耳。是故衆生若不二念佛一聖凡永隔。父子乖離長處二輪迴一。去レ佛遠矣。(44)

とあるように、阿弥陀仏はすでに悟りを得て仏となった者であり、衆生はいまだ煩悩を具足して仏になっていない者である。だから、よく衆生を護る威神力のある阿弥陀仏に救いを求めるべく念仏すべきであるとする。元照は、ここでも『梵網経』を用いて阿弥陀仏と衆生の間に明確に能所の関係を認め、すでに成仏して救護する力のある阿弥陀仏に救いを頼むべく念仏（仏の相好を観ずる）すべきであるとしている。

そして、こうした相好を仏が示すことについて元照は「台州慈徳院重修大殿記」には次のように示している。

竊惟如來以二法界身一住二寂光土一、清淨湛然廣大虛寂。言詮不レ可レ示、情慮無二以測一。經曰、性空即是佛不レ可レ得二思量一。又曰、離二一切相一即名二諸佛一。即知、佛身非レ相佛土無レ方。然而啓二迪來蒙一提二携弱喪一、非レ事無三以表二其理一、非レ相無三以動二其心一。故出レ世也現二奇妙之容顏一、洎二滅度一也示二莊嚴之形像一。(45)

すなわち、本来仏は法界身として常寂光土に住しており、無相であるから、衆生の思慮分別をもっては計り知れないものであるが、真理にくらい者を教え導くにあたって、事相がなければ真理を示すことができず、相好がなければ衆生の心を動かすことはできないとしている。仏の出世とは、その妙なる尊容を衆生に現ずることであり、仏が悟りにいたることは、同時に荘厳された姿形を示すことであると、元照は述べるのである。

元照は、阿弥陀仏が本願力によって阿弥陀仏の相好を造りだすのであり、その力は衆生の思慮分別を超えたものであるとしている。仏の慈悲心から造りだされた阿弥陀仏の相好は、衆生によって感受されるためのものであり、本来の阿弥陀仏の身量は観見できないが、阿弥陀仏の願力によるがゆえに凡夫にも観ずることができるとするのである。元照は、このように凡夫が修習可能な観仏の対象となる有相の阿弥陀仏を説くのであるが、一方で、無相の阿弥陀仏も説いている。

2、無相の阿弥陀仏

次に、無相の阿弥陀仏を元照が説く意義についてみていきたい。ただし、無相である法身を説くところは大変多いため、ここでは、無相の阿弥陀仏について具体的に示している箇所のみを取り扱いたい。

元照は「如来は法界身をもって寂光土に住し、清浄湛然にして広大虚寂なり(46)」や「仏身は相にあらず、仏土に方なし(47)」と述べており、本来仏は無相の法身であることを述べている。ただ、ここで注目したいのは、元照の無相の阿弥陀仏解釈が、本来無相であるというだけにとどまらない点である。それは『阿弥陀経義疏』の次のような問答にみられる。

> 問、四字名號凡下常聞。有二何勝能一超二過衆善一。答、佛身非レ相。果徳深高。不レ立二嘉名一莫レ彰二妙體一。十方三世皆有二異名一。況我彌陀以レ名接レ物。是以耳聞口誦、無邊聖德攬二入識心一、永爲二佛種一頓除二億劫重罪一、獲二證無上菩提一。信知、非二少善根一是多功德也(48)。

凡夫でも常に聞いている阿弥陀仏の名号が、いったいどうして諸行を超過するのか、という問いに対し、阿弥陀仏は相好ではなく名号としてその身体をあらわすのであり、阿弥陀仏はこの名号によって衆生救済を行うとしている。そして、この名号は耳で聞き、口で称えた者の識心に限りない聖徳を入れ、さらにそれが永く仏となるための種子となって、速やかに億劫の重罪を除いて無上菩提を悟らしめるのであると説いている。

先ほどまでみてきた有相の阿弥陀仏と異なり、元照は名号を阿弥陀仏の無相の仏身としてとらえなおしているのである。特徴的なのは、『観経新疏』にも「是れ則ち浄土弥陀はもっぱら耳根を歴る。即ち大乗成仏の種を下す(49)」とあるように、この名号としての阿弥陀仏が衆生の耳を歴て仏となるための種子を得させるとしているのであり、名号を称するのみならず、聞くのみでも功徳があると述べている点である。

また、『阿弥陀経義疏』に、

> 問、達二法本空一心淨土淨、何須念佛求レ生二淨土一。答、若眞達レ理。語默皆如不レ礙二修持一。何妨二念佛一。若貶二念佛一、未レ曰二達人一。何以然者、既達二法空一則不レ住二於相一。既常念佛則不レ滯二於空一、超二越二邊一從容中レ道。念念契二合彌陀法身一、聲聲流二入薩婆若海一。臨終決定上品上生。豈非二心淨佛土淨一乎。故十疑論云、智者熾然求レ生二淨土一、達二生體不可得一。此乃眞無生、非レ謂三生法外別有二無生一也。淨名云、雖レ知二諸佛國及與衆生空一、而常修二淨土一、教二化諸群生一、即斯謂也。(50)

と、問答を通じて諸法の空であることを悟り、真の無生法忍を得た者でも法身の阿弥陀仏と合致することのできる常の念仏が大切であることを説いている。諸法は空であることを悟り、心浄ければ仏土も浄いという理解に達しているならば、念仏を修持することを妨げるはずはない。真に諸法は空であると悟り、常に念仏を修す者は、有相にも空にも拘泥せず、ゆったりと偏らない正しい道をすすむことになるのである。衆生の称える一念一念の念仏に阿弥陀仏の法身は合致し(51)、一声一声の念仏のうちに一切智慧海に入り込むのであり、臨終には必ず上品上生の往生を遂げることができると、元照は説明している。

このなか、元照が、法身の阿弥陀仏は衆生の念仏の一念一念に同化していくものととらえていることが看取される。阿弥陀仏の無相の仏身である法身の功徳を、このように阿弥陀仏の名号としてとらえていることは、他に例を見ないため、元照の独創といえる(52)。

第五項　まとめ

元照は宗密の『盂蘭盆経疏』の説を受けて、経典の教主と教義の勝劣は相応するものであり、真身の盧舎那仏が説く戒律経典『梵網経』こそ実教純一大乗の経典であるとしている。そのような意識に基づいてか、仏身説については必ず『梵網経』をよりどころとして説明を行っており、また、小乗と大乗の相違、優劣なども教主の仏身説によって説き示される。大乗の戒律経典である『梵網経』の説示と小乗経とを比較すれば、小乗の仏身は劣応身たる生身の釈迦仏しか認められないのに対して、大乗の仏身説は過去仏、現在他方仏、当来成仏の衆生という三世、他方の仏を認めるものであり、一切の諸仏が同一の仏性を具えた存在であることを明示するのである。また、『梵網経』に依って、当来成仏の衆生とは別に、すでに成仏している仏として現在他方仏を認めている。

そのように、『梵網経』の仏身説を基調としながら阿弥陀仏の仏身をとらえ、結果的に本身（法身）と跡身（報身、化身）の関係において、元照は三身をとらえている。すなわち、同じく阿弥陀仏を三身としてとらえながらも、天台所説の一体即三身ととらえている知礼とは、理解を異にする。ただし、両者はともに色相にも法身を認め、衆生の機根という限量にそって無限量の仏身はその姿形を現すとしている。換言すれば、仏身の色相の有無については、凡夫の側からは有相の阿弥陀仏応身を観じることになるのであるが、同時に、我々衆生の思慮分別を超えてとらえられない仏法身が世間に遍満していると、両者はともに説いているのである。このように、元照の阿弥陀仏観が、知礼『妙宗鈔』、もしくは『妙宗鈔』に引かれる『起信論』に、

・仏は本来、凡夫には到底とらえられない無量の相好を具えている

・凡夫は応身を観見し、菩薩は報身を観見する

とあることの影響を受けて形成されているると推察されるのである。

元照の阿弥陀仏観の特色は、このように戒律経典である『梵網経』の仏身説を援用して阿弥陀仏をとらえた点にあり、思慮分別を超えた法身阿弥陀仏を本源に置く三身説によって、方便示現の仏（有相）と本質としての仏（無相）を阿弥陀仏一仏上の二側面として説明する点にある。また、その仏身の観見の相違を、機根の差異に求めることによって、元照は相好を否定することなく高い仏格を有する仏として阿弥陀仏を位置づけることができたのである[53]。

さらに、元照の阿弥陀仏観の特殊性は、その浄土教の実践教義のなかにみられる。元照は阿弥陀仏に有相と無相の二相を説いている。阿弥陀仏の有相は、衆生と相対する仏身として説き示されるのであり、阿弥陀仏の本願力に基づき、仏の側からの働きかけであると解釈している。それゆえに、有相の仏身を示すことは、観想念仏が凡夫に可能な行であることを示すことになるのであり、観仏による往生浄土を衆生に勧めることができるのである。そして、そのために『観経』の思想的意義を述べた義門、逐文解釈をしている釈門の両方において、観の対象となる阿弥陀仏と極楽浄土、および徒衆を有相と説き、衆生と相対的な存在として解釈したと考えられるのである[54]。

また、元照は阿弥陀仏の無相をただ仏身本来の有様として説くのみではなく、衆生救済の一形態として、無相の名号を仏身とするのである。これにより、名号を称えるときも、ただ聞くのみのときもどちらにも大乗成仏の種子が身に具わるとしている。有相の阿弥陀仏が観仏の行に直接関わっていることと同様に、元照における無相の阿弥陀仏仏身は持名の行の根拠となっており、非常に重要な意義を持つ。そして、無相の阿弥陀仏の身が直接名号として働きかけているからこそ、持名が諸行を超越した多善根の行となるのである。

元照は、凡夫たる衆生が仏の身を考え定めるなど不可能なことであると述べている。[55]しかし、一方で、本来「相即非相」である阿弥陀仏の二側面を明示し、それを実践行に結びつけることによって、有相の仏身も無相の仏身も、ともに阿弥陀仏の仏身の超勝性を示すものに他ならないとするのである

第二節　極楽浄土観

第一項　問題の所在

ここでは、仏身に引き続いて元照の極楽浄土観を考察していきたい。元照の浄土観について触れている先学の論考としては、原口徳正氏[56]、福島光哉氏[57]、佐藤成順氏[58]の論文が挙げられる。まず『観経新疏』と『阿弥陀経義疏』にみられる元照の浄土観を整理した論文の嚆矢となるのが原口氏の論考である。

原口氏は、元照が極楽浄土を応化土たる同居浄土とし、その同居浄土の所依に法性土を置いていることに関して、浄土の理解が浅く、善導以前の仏土論に逆戻りしたものであると指摘している。[59]

次に福島氏の論考は、元照の浄土観を整理し、さらに元照が極楽浄土とその他の浄土における特質の違いを述べている点をとりあげている。福島氏は、元照が善導の解釈を受け継ぎ、唯心浄土とは法性土であって種々の浄土を成立させる基盤を与える理土に過ぎず、「指方立相」の阿弥陀仏の浄土と異なることを明示していることは、大切な意味を持つと指摘している。[60]

最後に佐藤氏の論考は、元照が浄土観において四土説を用いるものの、その四土説は知礼や仁岳によって流布し

ていた天台智顗の四土説と、説相においてやや相異するものであることを指摘している[61]。

いずれの論考も非常に興味深い内容であるが、ここで注目したいのは、原口氏や福島氏がとりあげている、元照における唯心浄土（法性土）と西方有相の浄土（同居浄土）の関係についてである。この問題に触れている両者の指摘は、善導との比較、もしくは影響を中心に論じられている。特に福島氏にいたっては、元照の極楽浄土観を善導の解釈に基づく「指方立相の浄土」ととらえている。しかし、善導の場合は、法性土を成立基盤にした浄土ではなく、阿弥陀仏が四十八願修起により建立した無漏真実の有相の報土を想定している[62]。それに対して、福島氏自らが、元照における法性土が同居浄土を含む種々の浄土を成立させる基盤を与える理土であると述べているとおり、元照は有相の浄土を説く一方で、「言㆓了義㆒者了㆓彼淨土㆒即我自心非㆓他方㆒也。達㆓彼彌陀㆒即我自性非㆓他佛㆒也[63]」や「十萬億刹之遐方的是唯心之淨土、淨穢雖㆑隔豈越㆓自心㆒[64]」と述べ、唯心の浄土でもある極楽浄土を説いている。善導における浄土は、あくまでも本願成就によって構えられた勝義有相の報土であり、元照のように唯心浄土を背景とした同居浄土とは異なるのである。

本節では、そうした善導浄土教思想との対比を離れて元照の極楽浄土観を考察したい。方法としては、はじめに、元照における諸仏に通底する浄土観を整理し、その上で、宋代諸師の浄土観などを用いて、「唯心浄土」でありながら「西方有相」であるという極楽浄土観の特徴と、その構造を明らかにしていきたい。

第二項　元照における諸仏浄土の理解

元照の浄土教に関する主要な二つの著作の成立順序は、第二章において指摘したとおり、先に『観経新疏』が成立し、続いて『阿弥陀経義疏』が著述されている[65]。元照はまず『観経新疏』において自身の仏土観を示し、続いて諸経に説く浄土と、『観経』に説く極楽浄土との混乱がないように、両者の相違を説いている。そして、『阿弥陀経義疏』では『阿弥陀経』に説き示される「西方過十萬億佛土」の浄土に関する説明の他、各種荘厳について自身の浄土観に基づきながら説いている。ここでは、はじめに、元照が『観経新疏』において諸仏に通底する浄土観を述べているところよりみていきたい。元照は、自身の浄土観を述べるにあたり、

　初正明。諸佛國土其數無量。如二華嚴云一。不可説不可説佛刹微塵數世界。又如二法華云一。譬如下三千大千世界摩以爲レ墨、過二於東方千國土一乃下二一點一、如レ是展轉盡中地種墨上等。又如二彌陀經一。十方各有二恒河沙數諸佛國土一。是知。佛土何有二窮盡一。擧レ要言レ之不レ出二二種一。[66]

と、『華厳経』『法華経』『阿弥陀経』を引用して[67]、諸仏の国土の数は無量であって説き尽くすことはできないが、その種類を大きく二種に分けることができると説いている[68]。まずそのうちの一つ「法性土」については次のように説いている。

　一者法性土。圓覺云、衆生佛土同一法性。普賢觀經云、毘盧遮那遍二一切處一。其佛住處名二常寂光一。常住法性諸佛如來所レ遊住處強名爲レ土實非レ土也。此謂二唯心淨土一。擧足道場非レ淨非レ穢、而不レ妨二淨穢一。無レ去無レ來而不レ礙二去來一。慈雲云、十方淨穢卷懷同在二於刹那一。三際往來足跡未レ移二於一念一。衆生迷而不レ失。雖二日用一而不レ知。諸佛證而無レ得。故乘レ權而起レ用。此唯妙覺果人所居。仁王般若云、唯佛一人居二淨土一、即此土也[69]。

この法性土は、『円覚経』や『普賢観経』に説かれるごとく、衆生と仏土とを隔てることなく遍満する法性そのものであり、毘盧遮那仏の住処の常寂光土と同様に、国土とは呼べない法性を強いて国土と名づけたものである。この土について元照は、ただ自心をもって浄土とする「唯心浄土」というべきものであるとしている。そして、この

土では一挙手一投足もすべてが悟りを得るための道場であり、浄穢や去来といった相対概念を離れていると説明している。元照はここで法性土を「唯心浄土」とみなして、慈雲遵式の『往生浄土決疑行願二門』にしたがい、十方世界の浄・穢の土も刹那の一念に在り、また、過去・現在・未来の三世を往来しようとも同じくその一念を超え出るものではないことを明示している。このように、元照は、衆生の一念に具わっている諸仏と同様の法性を土とするものの、衆生は迷って知らず、諸仏はそれを証して化益するというように、結局は妙覚を得た仏のみが居すことのできる浄土を法性土と定義している。

次に「応化土」については、

二應化土。微塵佛刹若淨若穢皆是諸佛隨ㇾ機應現攝二化衆生一。應二諸菩薩一則有二實報土一。仁王云、三賢十聖住二果報一是也。應二諸二乘一則有二方便土一。智論云、三界外有二淨土一。聲聞辟支出二生其中一、受二法性身一非二分段生一、是也。應二諸凡聖一則有二同居土一。同居有ㇾ二。一同居穢土、二同居淨土。釋迦現居二穢土一非ㇾ無二淨土一。彌陀示居二淨土一非ㇾ無二穢土一。然同居穢土聖則大小二乘凡通二善惡六趣一。同居淨土聖則純一大乘凡但人天兩報土。明二諸土一各赴二機緣一。(70)

とある。元照は応化土を、能観の側の機根にしたがって応現するものとし、これを三種に分けている。一つ目は三賢十聖の菩薩に対応する実報土、二つ目は三界を出過した浄土であり、分段生死ではなく変易生死の法性身を得ている二乗に対応する方便土、(71)三つ目は諸々の凡聖に対応する同居土である。三つ目の同居土はさらに大乗小乗を修する三乗の聖人と善悪六道の凡夫に応ずる同居穢土と、純一大乗の聖人と人天二報の凡夫に応じる同居浄土があるとしている。

このような元照における浄土観は、天台の四種浄土説を基にしており、特に説相は天台『観経疏』によく似ている。[72] 内容的には天台『観経疏』の四種浄土説を基盤としながら、智顗『維摩経文疏』、もしくは湛然編『維摩経略疏』によって補ったものと考えられる。

ただし、ここに述べられる元照の四種浄土説は智顗とは異なる。それは、

法性是所依應化爲二能依一。首楞嚴云、空生二大覺中一如二海一漚發一。有漏微塵國皆依レ空所レ生。大覺即法性土也。微塵國即應化土也。應化依二虚空一虚空依二法性一。能所本末思レ之可レ見。今經所レ明即是彌陀所取同居淨土。又復西方有二河沙淨土一。果佛有二同居彌陀一。今須二定指一。往昔法藏發願修成極樂淨土彌陀果佛光臺現土其致在レ茲。[73]

とあるように、法性土と応化土とが能所の関係にとらえられている点である。智顗は機根の差異によって感見する浄土が異なるため仮に四種を説いたのであって、四土の一つがその他の土を摂するような関係性を説いていない。[74] それに対して、元照は『首楞厳経』を経証として用い、はっきりと法性土がその他三土を含む応化土の本源となるとしている。そして、『観経』に説かれる極楽浄土は、かつて法蔵菩薩が発願修成した浄土であり、西方恒河沙の浄土のなかにある応化土中の同居浄土にあたるとするのである。

以上のように『観経新疏』における諸仏に通底する浄土観は、大きく法性土と応化土に分けられ、そのなか、応化土は感見する者の機根に応じて実報土・方便土・同居土の三種に分けられる。また、その三種のなか、同居土は同居穢土と同居浄土に分類され、阿弥陀仏の極楽浄土はその同居浄土にあたるとしている。浄土観の説示の形式としては、天台『観経疏』を踏襲するものであるが、『首楞厳経』の一節を根拠に、法性土と応化土を能所の関係に据えていることは、元照独自の解釈といえる。このような元照の浄土観を図2のとおりである。

図2　元照の浄土観

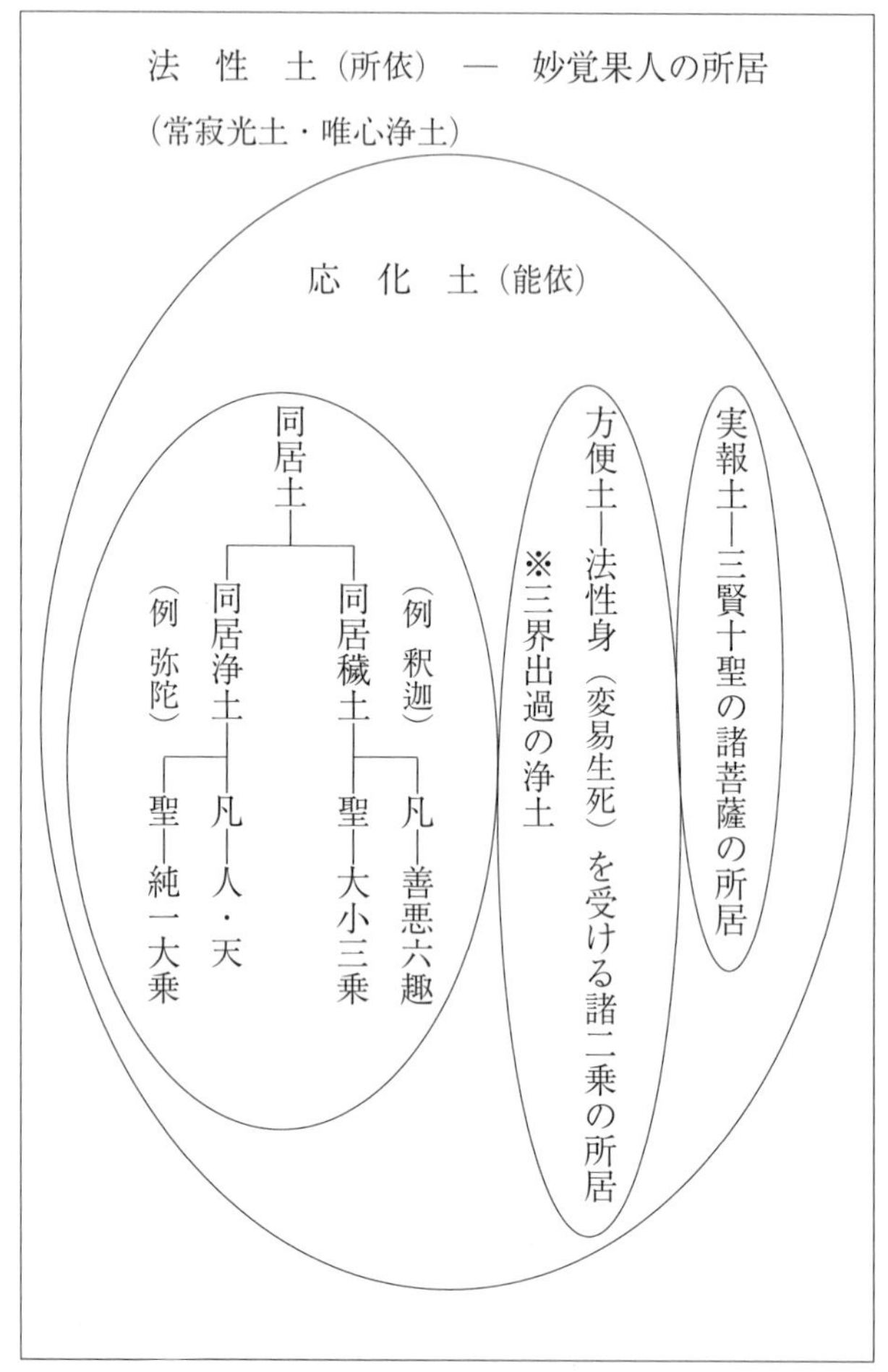
法　性　土（所依）―　妙覚果人の所居
（常寂光土・唯心浄土）
応　化　土（能依）
実報土―三賢十聖の諸菩薩の所居
方便土―法性身（変易生死）を受ける諸二乗の所居
※三界出過の浄土
同居土
同居穢土（例　釈迦）
凡―善悪六趣
聖―大小三乗
同居浄土（例　弥陀）
凡―人・天
聖―純一大乗

第三項　多種殊妙の相を具備する浄土の理解とその特殊性

元照における諸仏に通底する浄土観を確認したところで、続いて元照の説く極楽浄土の特徴についてみていきたい。元照は『観経新疏』において、諸経に説かれる浄土と『観経』に説かれる極楽浄土との相違について述べている。まず、

揀レ濫。諸經所レ説淨土多種名字相濫。故須二辨示一。且如二心淨土淨之言一、人雖二引用一不レ知二本末一。此言本出二維摩經一。彼説下菩薩取二淨土一法上。以下諸佛淨土必假二十方衆生同業一共成上故。歷劫化レ他令レ修二善業一。攬二彼淨業一以成二其土一。故彼經云、菩薩隨二所化衆生一而取二佛土一。當レ知直心是菩薩淨土。菩薩成佛時不諂衆生來生二其國一。乃至十善是菩薩淨土。菩薩成佛時十善衆生來生二其國一。乃至云若菩薩欲レ得二淨土一當レ淨二其心一。隨二其心淨一則佛土淨。彼文甚廣不二復具引一。金光明云、願我來世得二此殊異功德淨土一如二佛世尊一。法華經云、教下諸千億衆令レ住二大乘法一而自淨中佛土上。又云、少欲厭二生死一實自淨二佛土一。淨名云、常修二淨土一教二化諸衆生一。此等皆明二菩薩取レ土法一也。(75)

とあるとおり、『維摩経』をはじめとする「菩薩が浄土を得るための法」を説く経文をもって他の浄土と混同してはならないことをいましめている。はじめ波線部のように「しばらく心浄土浄の言のごときは、人引用するといえども本末を知らず」と批判していることから、元照の同時代の僧侶や講師のなかには「心浄土浄」と経文の一部のみ都合よく用い、いたずらに西方浄土を願う者を批判する者が多くいたようである。そのため、同様の問題が、天台神照本如門下である櫨菴有厳に宛てた手紙「上櫨菴書」や『阿弥陀経義疏』にも見受けられる。(76)

『観経新疏』では、「心浄土浄」説の根拠となる『維摩経』のなかから数文を引用し、浄土を取る者の主語が傍線部のように「菩薩」であることを明示するなど、他疏と比べてより論理的な説明を行い、極楽浄土とは異なるこの浄土の定義を行っている。元照は『維摩経』「随其心浄則仏土浄」の説示はあくまでも「菩薩」が自身の浄土を得るための原則であって、凡夫が浄土を求めることと混同してはいけないことをここに指摘しているのである。また、

又淨名經螺髻梵王語二舍利弗一。我見二釋迦佛土一清淨如二自在天宮一。佛以二足指一按レ地、大千世界百千珍寶嚴飾如二寶莊嚴佛淨土一。乃至云、我佛國土常淨若レ此。又涅槃經佛臨二涅槃一娑羅林間變成二淨土一。經云、爾時大千世界以二佛神力一故地皆柔軟。衆寶莊嚴猶如二西方無量壽佛極樂世界一。又如二今經光臺所現極樂淨土及結益中衆見一彼國一。此等皆是如來神力現起。所レ謂於二一毛端一現二寶王刹一、是也。仁王般若云唯佛一人居二淨土一。圓覺經云、衆生國土同一法性、地獄天宮皆爲二淨土一。此皆法性理土所レ謂寂光土也。法華云、衆生見二劫盡大火所レ燒時我淨土不レ毀。此即釋迦果報土也。上引諸經所レ談淨土皆非二今經彌陀極樂淨土一。諸經論中此類極多。準二前簡判則無レ濫矣。(77)

と、同じく『維摩経』に説く「足指安地」の浄土や、『涅槃経』に説く娑羅林変成の浄土などを「如来が神力で現起したところの浄土」、『仁王般若経』所説の唯仏一人のみ居す浄土や『円覚経』所説の法性を具えるが故の浄土などを「法性理土」、『法華経』所説の大火に焼かれてなお不毀の浄土を「釈迦の果報土」とするなど、諸経の浄土を内容からさまざまに分類している。そして、その上で『観経』に説くところの極楽浄土は、阿弥陀仏が因位のときに誓願を起こして得た土であり、西方に恒河沙の浄土がある中に存在する同居浄土であるから、諸経によりさまざまに説かれる浄土と混同してはならないとするのである。

元照はここで、「法性土」や「心浄土浄」説に代表される「唯心の浄土」を、そのまま発願修成の土である極楽

浄土と混同してはならないとしている。このことから、元照が法性土や唯心浄土を、極楽浄土を含む応化土の所依としては認めながらも、当時『維摩経』の経文を用いて安易に説かれるところの「唯心の浄土」とは異なることを主張したことが見受けられるのである。

『阿弥陀経義疏』において、

四明レ果者、果即教用、亦有二二別一。一者近果。經云、是人終時心不二顚倒一、即得レ往二生極樂世界一。由二前稱佛一結レ業成レ因。捨二此穢苦一感二彼淨樂一。即獲二法性淨身一住二同居淨土一也。二者遠果。下云、衆生生者皆得レ不レ退二阿耨菩提一。此謂生二彼國一已聞レ法得レ忍。修二菩提道一斷レ惑、證レ眞究竟成佛。即證二清淨法身一居二法性土一也。[78]

と、「近果」を娑婆の穢苦を捨てて同居土である極楽浄土に往生することとし、「遠果」をその同居浄土で成仏して後に法性土に居すことであるとし、両土を段階的に得られる果報ととらえているのも、このような二土の区別によるものであろう。元照は、同居浄土としての西方極楽を説き、まずはその土に入ることを勧めるのである。

元照『阿弥陀経義疏』にみられる極楽浄土の説示は、妙相を有する同居土としての一面が強調されている。元照は、極楽浄土が種々の妙相によって荘厳である理由について次のように言及している。

二結示中、如是者、指二上多種殊妙之相一。皆是彌陀菩提願行從レ因至レ果歷レ劫熏二修之一所二成就一。故云二功德莊嚴一。故觀經云、如レ此妙華是本法藏比丘願力所成。自餘皆爾。豈唯華座乎。四十八願結云、彼佛於二大衆中一建二此願一已。一向專レ志莊二嚴妙土一等。下結二諸文一並同二此釋一。[79]

極楽のさまざまな妙なる荘厳相は、すべて阿弥陀仏が歴劫に修した自らの願行により成就したものである。そして、極楽浄土の荘厳相は『観経』や『無量寿経』中、四十八願の結文の説示どおり、阿弥陀仏の願力によってつくり出されたと、元照は明確に説いている。また、そのような極楽浄土は、

浄土多種。如⼆別所⼀レ論。今此所レ標同居淨土。如⼆世邦國方向遠近⼀、一皆是定。對⼆此極苦⼀故名⼆極樂⼀亦名⼆安樂⼀亦號⼆安養⼀。十萬億刹凡情疑レ遠。然彈指屈臂刹那可レ到。一以⼆十方淨穢同一心⼀故。二以⼆心念迅速不思議⼀故。(80)

とあるように、さまざまな種類の浄土があるなか、娑婆世界の国々と同様に方角や遠近があることも説明している。『阿弥陀経』に「西方過十萬億佛土」とあるそのとおりに、元照は方角（西方）と距離の遠近（十万億仏土先）が定まっている国土として、極楽浄土を説くのである。

ただし、「十萬億刹」という凡夫には到底測りがたい距離を一瞬のうちに往生できるとする理由として、元照は先ほどみた『観経新疏』における法性土の説明と同じように、十方世界の浄・穢の土も同じく一心にあり、心念の動きは迅速で不可思議であるためと説いている。元照はここで「西方」に「十萬億刹」行った先にある、多種殊妙の相に荘厳された極楽浄土も心内にあるとしており、極楽浄土が西方有相にして唯心の浄土であることを示唆しているのである。

元照は基本的に極楽浄土を、阿弥陀仏が本願力によって建立した殊妙の相を有する土と理解している。そして、この有相荘厳の極楽浄土がそのまま心内に存在しているという意味において、唯心の浄土でもあるととらえており、唯心の浄土を無相の法性理土以外には認めないとする見解とは一線を画しているのである。

第四項　唯心己性の有相浄土について――遵式・智円の影響に着目して――

元照における極楽浄土が西方有相の浄土にして唯心の浄土であることを確認したが、このような浄土の理解は、一見、矛盾しているように感じられる。しかし、元照はそれを矛盾とはせずに説くのである。ここでは、唯心己性にして西方有相であるとする元照の浄土観の形成について、さらに考察を加えたい。

元照の浄土観の特徴が、最も明確に述べられているものに「無量寿仏讃」がある。その冒頭には、

八萬四千之妙相得非本性之彌陀。十萬億刹之遐方的是唯心之淨土。淨穢雖レ隔豈越二自心一。生佛乃殊寧乖二己性一。心體虛曠不レ礙二往來一。性本包容。何妨二取捨一。是以擧レ念即登二於寶界一。(81)

とあり、八万四千といわれる種々の阿弥陀仏の妙相は、みな衆生の本性であり、十万億刹先の極楽浄土は明らかに唯心の浄土であると明言している。元照は、浄土と穢土に十万億刹もの隔たりがあるとはいっても、衆生の心を超え出でるものではないから唯心の浄土なのであり、また、仏と衆生が異なるといっても、その本性において通じ、背くものではないから己性の阿弥陀仏といえるとしている。すなわち、たとえ有相の阿弥陀仏と極楽浄土であっても、それらを包含できるほど衆生の心の体性は限りなく広く、穢土と浄土の往来をさまたげるようなこともないと自説を展開するのである。衆生の心性を広大なものととらえる元照においては、国土などの器世間も仏や人といった衆生世間も両者ともに衆生の心内のものであって、衆生の心内の阿弥陀仏を念じて衆生の心内の極楽に生ずることが可能であることを説いている。元照が極楽浄土を「唯心浄土」と明瞭に説いているのは、この「無量寿仏讃」の冒頭のみであり、重要な一節である(82)。

また、同様の浄土観を説くものに「上櫨菴書」の次の問答がある。

今人乃云、能所俱泯、取捨皆亡、方成二圓觀一。若存二能所一、即是偏邪。嗚呼。豈不下與二祖師一相反上乎。又云、以レ心想レ佛、此是取捨生死心。何能生二淨土一。（中略）不レ出二法性一故能所取捨無レ非二自心一。若爾以レ心取レ境則非二唯心義一邪。

答、祖師云、凡欲レ修レ觀先了二万法唯心一。但是了二達諸法一。非レ謂三唯心頑然不動都無二心念一。故攝論云、唯識義不レ失亦不レ無二能取所取一。當レ知終日想二彼淨土一取二彼淨業一、若能若所無レ非二自心一。皆非二他法一。乃至捨レ此生レ彼雖レ過二十萬億刹一、未三始出二於心外一。只由二淨穢唯心一故使二往來無礙一。譬如下江南江北雖二彼此往來一而不レ出中大宋天下上。非レ謂二唯心守レ心不レ動。非レ謂二理觀凝然寂住一。(83)

これはおそらく元照在世当時の人々の間で多かった、浄土教に対する疑義をとりあげたものであろう。それは、能所や取捨といった相対意識を泯亡してこそ円観が成立する。それゆえに、心で仏を想うなどと能所の関係を立てる偏った観を用いれば、浄土に往生することはできないのではないか。また、法性を出ないかぎり、能観も所観もともに必ず自心であるが、その場合でも、心で対境をとらえようと心念を動かしたら、唯心の義とはいえないのではないか、という疑問である。元照はこうした問に対し、湛然『止観義例』(84)を引用して答えている。湛然が「観を修するときには万法が唯心であることを理解しなさい」というのは、あくまで諸法のありようを知るためであって、万法が唯だ一心であるからといって、その心をまったく動かせず、自分の心念までなくなってしまうことはないとし、元照は、浄土を想うときには、自分の浄土を想う心念（能）も極楽浄土（所）もともに自心であるとしている。また、江南、江北間を往来しても宋国から出ることがないのと同様に、有相荘厳の極楽浄土が十万億刹離れていようとも自心の範疇にあり、自らの心念をもってこれを想うことが可能であると述べている。

有相荘厳の極楽浄土が十万億土離れていても自己の心中にあると説くことは、前項で挙げた『阿弥陀経義疏』における「十萬億刹」の解釈や、「無量寿仏讃」の言及とも符合する。元照のこうした浄土観を、簡略ながら図示すれば図3のとおりである。

このような浄土観は、当然のことながら元照の「唯心」思想に基づくものである。(86) 元照における唯心は、『観経

新疏』の次の箇所に代表される。それは、

與二十方如來法界含靈一體性平等無レ有二差異一。具二足無量河沙勝德一包二攝一切世出世法一。清淨本然廣大無際。十方法界微塵刹土大地山河依正因果悉是我輩自心中物、猶如三一漚浮二于大海一亦如三片雲點二太清裏一。(87)

図3　唯心己性にして西方有相の浄土(85)

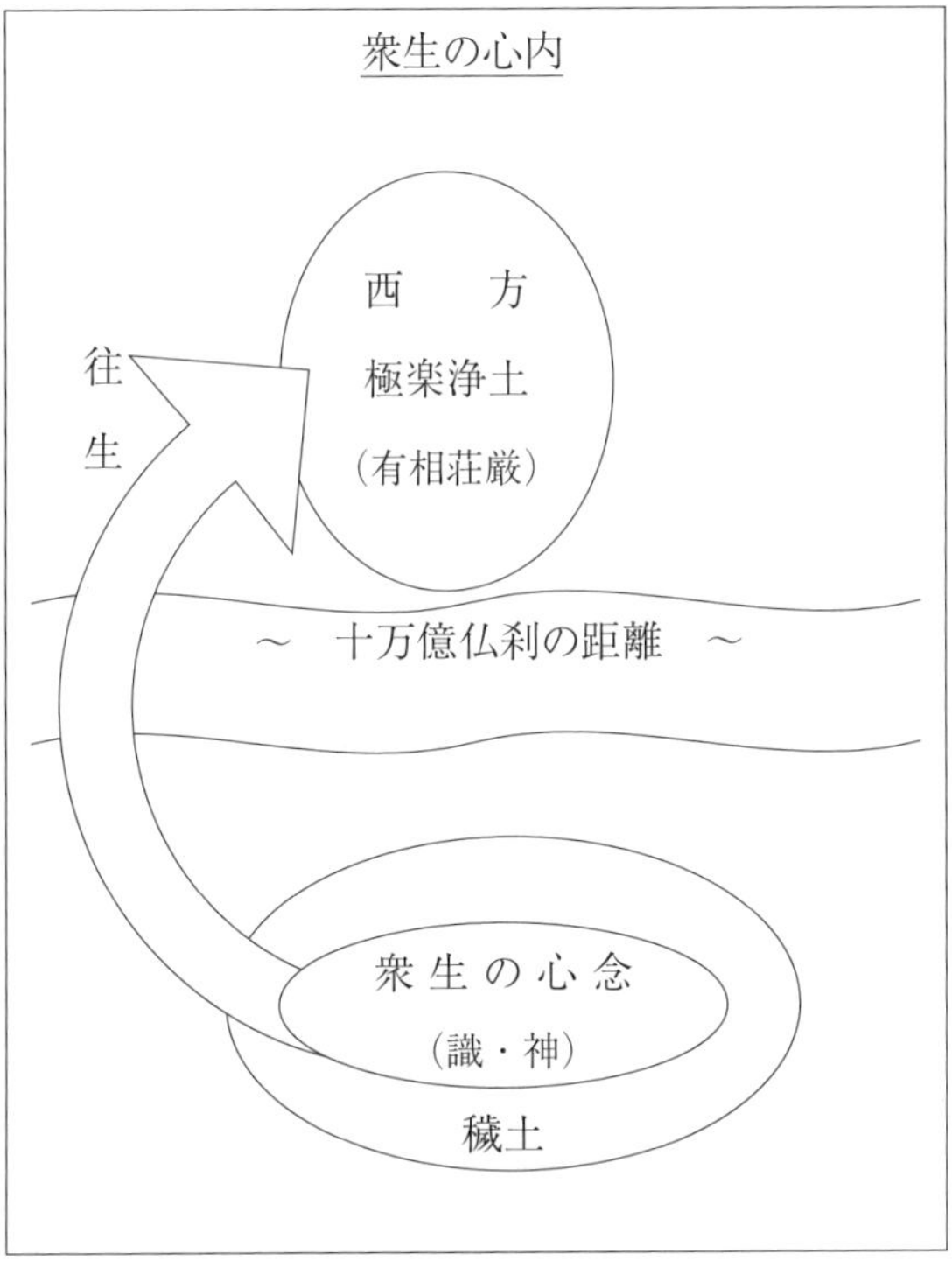

衆生の心内
西　方
極楽浄土
（有相荘厳）
往生
〜　十万億仏刹の距離　〜
衆生の心念
（識・神）
穢土

と、十方の如来と法界のあらゆる衆生が、体性としては平等であって、限りない勝徳を具足するとともに一切の世法・出世法を包摂しているため、十方法界にある数限りない国土の大地や山河などは、ことごとく自己心中の物である。そして、その様子はあたかも大海に浮かぶ泡や、大空に浮かぶ雲のようであると説いている。元照のこのような唯心の理解は、『起信論』に、

摩訶衍者、總説有二二種一。云何爲レ二。一者法、二者義。所レ言法者、謂衆生心。是心則攝二一切世間法出世間法一。依二於此心一顯二示摩訶衍義一。(88)

と、大乗と呼ばれるもの（法）が衆生心

を指し、この衆生心にすべての世俗のもの（世間法）と世俗を出でたもの（出世間法）とが含まれているとする説示、および『首楞厳経』に、

則此十方微塵國土非二無漏一者、皆是迷頑妄想安立。當知、虚空生二汝心内一。猶如三片雲點二太清裏一。況諸世界在二虚空一耶。(89)

と、十方の国土はみな衆生の迷妄によって仮設され、虚空もまた心内から生じており、およそ大空に浮かぶ雲のようなものであるという説示に基づくものである。これらの経論を根拠として、元照は広大無辺な法界を心としているのであり、心の非限定的な働きをもって、西方十万億刹先にある有相荘厳の極楽浄土をそのまま唯心（法界）ととらえたことが推察されるのである。

では、このような元照の極楽浄土観はどのように形成されたのであろうか。はじめに、元照が私淑する慈雲遵式の影響が挙げられる。『観経新疏』には、

言二了義一者了二彼淨土一即我自心非二他方一也。達二彼彌陀一即我自性非二他佛一也。如レ此則迴二神億刹一實生二乎自己心中一。孕二質九蓮一豈逃二乎刹那際内一。(90)

と、「了義」を説明するなか、元照は遵式『往生浄土決疑行願二門』(91)を用いて浄土は自心に他ならず、たましい（神）を十万億仏刹先にある西方浄土へ行き廻らせても、自己の心中に生ずることになるのであり、極楽の九品蓮台に色質を移しても刹那の一念からは出ることがないと述べている。また、この文のすぐ後に、

嗟今末學不レ達二唯心一、但認二點靈一便爲二淨土一。自謂二心淨土淨一、不レ假二他求一。佛即我心、豈須二外覓一。指二彌陀一爲二外物一、貶二極樂一爲二他邦一。故慈雲云、或曰、淨土在レ心、何須二外覓一。心淨土淨、豈用三迢然求二生他方淨土一耶。釋曰、子不レ善二心土之義一。將謂三我心局在二方寸一、便見三西方夐在二域外一。若了二一念心遍一、一塵亦遍。十萬

億刹咫歩之間、豈在二心外一。世人若談二空理一、便撥二略因果一。若談二唯心一、便不レ信レ有二外諸法一。豈唯謗レ法亦自謗レ心。殃墜二萬劫一、良可レ痛哉。妄搆二是非一障二他淨土一眞悪知識也。上皆彼文 古賢苦口慇レ物情深、儻屬レ意以研詳必因レ茲而超レ悟矣(92)。

と、今仏教を学ぶ者は真の唯心の教えに達することなく、ただ自身の胸中にある心のみを認め、これをそのまま浄土として受け取り、他方仏土を求めることをしない、もしくは、弥陀や浄土を心外の他土と貶めているなどと述べ、現状を嘆いている。そして、ここでも元照は遵式の言葉(93)を借りて一念の心が遍満していることを知れば、十万億刹の浄土もわずかの歩みに過ぎないことを述べている。これらの説示から、周囲の者が唯心浄土の受け取り方を誤り、結果として阿弥陀仏やその浄土を謗るような行為にはしるのをみて、元照が大いに悩んでいたことがうかがえる。そして、自分と同じ思いを懐きつつ苦心して説いている遵式の浄土の受け取りを、そのまま自分の思いと重ね合わせて説いているのである。

また、続いて元照の極楽浄土観に近似するものに、孤山智円の『西資鈔』がある(94)。従来、遵式からの影響は、その引用の多さから指摘されてきたのであるが、杭州西湖の付近で活躍した智円の影響はこれまで一度も指摘されていない(95)。しかしながら、元照と同じ杭州西湖の僧侶で、南山所伝の戒律を学び、浄土教著作を残し、『首楞厳経』に深く精通している智円の影響は(96)、考察の必要があるであろう。智円『西資鈔』には、

夫求レ生二淨土一、是假二他力一。彌陀願攝、釋迦勸讃、諸佛護念、三者備矣。苟有二信心一、往生甚易。如下度二大海一既得中巨航上。仍有二良導一加以二便風一、必能速到二彼岸一也。若其不二肯登レ舟、遲二留惡國一者、誰之過歟(97)。

とあり、往生浄土を求めることは仏の他力によることであり、阿弥陀仏の本願、釈尊の讃歎、諸仏の護念の三つによって、信心ある者は往生しやすいと述べられている。智円においてすでに阿弥陀仏の本願、釈尊の讃歎、諸仏の

護念が注目されていることが確認できる。元照が阿弥陀仏の本願力を重視したことは、善導を弥陀化身と信じた択瑛、楊傑などの影響であろうと指摘されてきたが、ここに善導とは直接関わりのない智円によって本願他力が注目されていることを確認できる。極楽浄土の有相荘厳が本願によることを明示している元照において、「釈迦は穢土を現じて厭わしめ、弥陀は浄土を現じて欣わしむ(98)」と阿弥陀仏が衆生に往生を願うような浄土を現じているとし、本願他力を説く智円の言及は、無関係なものではないだろう。そして、

> 世人或謂法界混同、誰分二彼此一。唯心一貫、何用二去來一。今謂世人有二如レ是解者一。所棲必求二好衆一、所親必擇二名師一、所服猶悦二名衣一、所飡或便二美食一。苟四者未レ妨二於法界混同一。唯心一貫者、則何妨下接二樂土之淨衆一、親二彌陀之名師一、服二上妙之天衣一、飡中純陀之美膳上。豈不レ愈二於此土一乎。世又有下聞二過十萬億佛土一而望レ途怯レ遠、説二生者多是補處一而恥中躬弗上逮。豈知二十方空界悉我自心一。心淨則十萬非レ遙。心垢則目睫猶遠。但期二心淨一、何算二程途一。豈不レ思。少頃睡眠、夢行二千里一、豈以二常時一爲二比較一耶。又豈不レ聞。首楞嚴云、十方虚空生二汝心中一。猶如三片雲點二太清裏一。況諸世界在二虚空一耶。今若畏二程遙一、是畏二自心一、非レ畏レ程也(99)。

という唯心に関する問答においては、元照と近似する浄土観を有していたことが確認できる。それは、法界にはあらゆるものが混在し、すべてのものはただ一心に通じている。そのような法界唯心のなかで、どうして浄土と穢土を分け、その間を往来することができるだろうか、という世人の疑義に対するものである。智円は、娑婆世界とはいえ、あらゆるものが混在する法界内で、自分に好ましい友人、師匠、服装、食物を選び求めることが可能であることを例に、唯心に通じているとはいっても、極楽において浄衆に接し、阿弥陀仏に見え、天衣や美膳を受けることができるはずであると答えている。そして、智円は、『首楞厳経』を経証として、十方虚空もみな自心であり、十万億刹離れた極楽も決してはるかにあるものではなく、心浄きときには夢で千里を進むように行くことのできる

ものであると述べている。[100]これらの見解は、娑婆も極楽も法界唯心のなかのものであることにかわりがないとの智円の理解を示すものであろう。前述の元照の見解と比較してみると、十万億刹先にある浄土のとらえ方など、ほとんど同じ見解であり、そのような唯心思想の根拠として引用する経典までも同じなのである。遵式のように、その言葉自体を用いてはいないが、元照の浄土観に智円の浄土教思想からの影響がみられるのである。

元照における唯心の理解は、『首楞厳経』に基づき、浄土も穢土も包含してしまうほど広大な法界としての心である。それゆえに、極楽浄土は西方有相でありながら唯心己性のものととらえることが可能となるのである。そして、このような浄土観は、おもに遵式や智円といった北宋代における著名な浄土教者の影響を受けることによって形成されたことが考えられるのである。

第五項　ま　と　め

元照における極楽浄土とは、天台の四土説によるならば同居浄土である。しかし、一方で遍満する法性（所依の土）に包摂されるものとして極楽浄土をとらえる立場からは、唯心の浄土ともいえるのである。この元照の極楽浄土観は、『首楞厳経』や『起信論』による唯心の理解を前提に成り立つものであり、極楽浄土が阿弥陀仏の願力により荘厳されて西方有相であることを妨げずに、そのまま自己の心中に存在することを許す内容の唯心浄土なのである。

元照のこのような極楽浄土の理解は、阿弥陀仏観において有相と無相の両側面を持ち合わせるものととらえていたことを想起させる。元照における有相無相をここで再度考えるならば、それはともに唯心であると理解されることによって、どちらも肯定されるべきものとなっていることが特色として挙げられるであろう。そして、唯心（法界）であれば必ず無相とはならない点に、元照の主張したい点があるのである。元照は、有相について本願力に基づいた荘厳であることを明示し、諸経典に述べられるような浄土と明確に峻別することで、極楽浄土が明確に衆生化益のための浄土であることを示すのである。

元照の極楽浄土観の形成は、まさに唯心であれば無相であるという、安易な唯心論の立場から西方有相の浄土を否定する者との幾多の衝突を背景としたものであった。特に、元照の浄土教著作のなかに登場する『維摩経』を典拠とする心浄土浄説を唱えるものは多かったと予測される。元照は、そのような主張とは異なる唯心の理解を『首楞厳経』などから得ている。『首楞厳経』は、宋代において非常に広く流通し、多くの注釈書が作られ、研究された経典の一つであり[101]、当時の教学の流行ともいえるものであったため、元照も深く学んだのであろう[102]。また、経典の修学だけではなく、遵式や智円などの浄土教も柔軟に取り入れている。そして、唯心己性にして西方有相の浄土観を形成し、それに基づいて唯心無相の浄土のみを主張するものに反駁したと考えられるのである。

元照の極楽浄土観の特色は、有相荘厳の阿弥陀仏の極楽浄土を明示しつつ、それがそのまま唯心己性であるとした点にある。そして、元照はそうした浄土観のもとに、唯心無相の浄土以外を認めない学者に対して、さまざまな浄土との違いを論理的に挙げ、その上で阿弥陀仏の極楽浄土の個別性を主張した。そのことは、宋代仏教という大きな枠組みのなかで浄土教を天台や華厳とは別に理論的に整理したことになるのであり、宋代浄土教の流れのなかで大きな意味を持つものといえるだろう[103]。

註

（1）「長量の無量」とは、衆生の理解を超える長さであることをもって「無量」ということ。浄影寺慧遠、ならびに天台『観経疏』所説の阿弥陀仏観を受けて、元照が阿弥陀仏を「無量」とはいっても実には「有量」有限の寿命しか持たない仏であるとしていると指摘している。

（2）元照の阿弥陀仏観に関する先行研究には、佐々木月樵氏『支那浄土教史』巻下（無我山房、一九一三年）四二二頁、岩崎敲玄氏『浄土教史』（白光書院、一九三〇年）二七六頁、原口徳正氏「宋代の浄土教について」（『浄土学』九、一九三五年）一二二―一二三頁、小野玄妙氏「慈愍三蔵の浄土教」（『仏教の美術と歴史』所収、大蔵出版、一九三七年）一一八七・一一九七頁、福島光哉氏「元照の天台浄土教批判」（『宋代天台浄土教の研究』所収、文栄堂書店、一九九五年）一八一―一八二頁、同氏「趙宋時代の『観経』理解」（『仏説観無量寿経』講究』所収、真宗大谷派宗務所出版部、二〇〇四年）一六六―一六七頁、佐藤成順氏「元照の『阿弥陀経義疏』について」（『宋代仏教の研究―元照の浄土教―』所収、山喜房仏書林、二〇〇一年）三四五頁、同氏「元照の『観無量寿仏経義疏』について」（佐藤氏前掲書所収）三五五頁、陳揚炯氏『中国浄土宗通史』（大河内康憲訳、東方書店、二〇〇六年）五七八―五七九頁等がある。また、石田充之氏「親鸞における浄土の問題」（『親鸞大系』思想篇第一巻浄土所収、法藏館、一九八八年）三九五頁には、親鸞の浄土教理解に大きな影響を与えたものとして元照の阿弥陀仏観に言及している。

（3）福島光哉氏前掲「元照の天台浄土教批判」（『宋代天台浄土教の研究』所収）には、元照が知礼・仁岳の仏身の相好に関する論争を熟知した上で、相好の多少によって報身か応身かを定める仁岳説ではなく、能観の智慧の差異によって見る仏身が異なるという知礼説に準じていると論じられている。

（4）知礼・仁岳の仏身に関する論争は、仏の相好が中心となって繰り広げられる。そもそも山家山外論争は、義寂や志因の法系において天台伝統の教学に華厳の性起説を取り入れたことに端を発する。そして、その論争のなか、『法華経』教主の釈尊と『華厳経』教主たる盧舎那仏の優劣を相好によって判じようとした仁岳が、知礼『観経疏妙宗鈔』に尊徳相として説かれる阿弥陀仏を引き合いに出したために、相好が重要な問題として扱われている。安藤俊雄氏「雪川仁岳の異議」（『天台学論集―止観と浄土―』所収、平楽寺書店、一九七五年）、ならびに福島光哉

氏前掲『宋代天台浄土教の研究』七一―七二頁参照。

（5）『芝苑遺編』所収、『卍続蔵』五九・六二六頁a。

（6）『芝苑遺編』所収、『卍続蔵』五九・六二六頁a。

（7）元照は、一体三宝・縁理三宝・化相三宝・住持三宝の四種三宝のうち、化相報身の仏を律部経典の教主としている。化相三宝の仏とは、機に応じて現じた姿のことであり、共と不共の二種がある。共は王宮誕生八相成道の応身の相を指し、不共はいわゆる他受用身を指す。今ここでは「化相報身」とあることから、明らかに後者を指すものと考える。徳田明本氏『律宗概論』（百華苑、一九六九年）一六〇頁参照。

（8）『卍続蔵』一〇二・四六〇頁a。

（9）『卍続蔵』一〇二・四六〇頁a―b。

（10）『卍続蔵』一〇二・四六〇頁b。

（11）『卍続蔵』一〇二・四六〇頁b。

（12）『芝苑遺編』所収、『卍続蔵』五九・六三〇頁b。

（13）梶山雄一氏は、「般舟三昧経―阿弥陀仏信仰と空の思想―」（梶山雄一他編『浄土仏教の思想』第二巻所収、講談社、一九九二年）二二三―二二四頁において、小乗経典における仏陀観が、他方現在仏を認めるものではなかったと述べている。

（14）『芝苑遺編』所収、『卍続蔵』五九・六三一頁b。

（15）ここで自心と別であるというのは、世間出世間のすべてを唯心とする立場からの言及ではなく、差別的世界において衆生と相対する存在として仏を認めるか否かについての言及である。

（16）『浄全』五・三五九頁上、『大正蔵』三七・二八二頁a。

（17）『浄全』五・三五九頁上、『大正蔵』三七・二八二頁a。

（18）法界身は、ここで法身とともに報身を兼ね備えたものとされている。しかし、また『観経新疏』法界身釈（『浄全』五・三九七頁上、『大正蔵』三七・二九五頁b―c）のなかで、

此中正説二彌陀一以二法身體同一故言二諸佛一。華嚴云、一切諸佛身即是一法身、一心、一智慧力、無畏亦然。此明三

諸佛果證法身無㆓所不㆒㆑遍。

と、『華厳経』に「あらゆる諸仏の身が一法身、一心、一智慧力である」などというとおり、法界身は阿弥陀仏の仏身でありながら、諸仏と同体の法身とも解釈されている。

(19) ここに「本跡」とあるが、これは誤字ではなく、元照において「本迹」と同義に使用されている。

(20) 『卍続蔵』一一・四六〇頁b。

(21) 仏身を本跡関係によって説いているものに、圭峰宗密の影響を色濃く受けている永明延寿の『宗鏡録』(『大正蔵』四八・九〇一頁a)がある。近年発見された延寿の最古の伝記「方丈実録」が元照によって撰述されていることを考えれば、元照が延寿に対して尊崇の念を抱いていたことが予想されるのであり、当然、その思想的影響を多分に受けていることが考えられるのである。

また、こうした法身を中心とする元照の仏身観については、ここに具体的経論名は出されていないものの、法身を他の仏身の根源に想定する点から『起信論』の思想も受容していると推察される。すなわち『起信論』(『大正蔵』三二・五七九頁c)には、

問曰、若諸佛法身離㆓於色相㆒者、云何能現㆓色相㆒。答曰、即此法身是色體故能現㆓於色㆒。所謂從㆑本已來色心不二。以㆓色性即智㆒故、色體無㆑形、説名㆓智身㆒。以㆓智性即色㆒故、説名㆔法身遍㆓一切處㆒。所㆑現之色無㆑有㆓分齊㆒。隨㆑心能示㆓十方世界無量菩薩、無量報身、無量莊嚴㆒各各差別、皆無㆓分齊㆒而不㆓相妨㆒。此非㆓心識分別能知㆒、以㆓眞如自在用義㆒故。

と、そもそも色と心は不二の関係にあり、色の性がそのまま智である形なき仏身を智身とし、智の性がそのまま色である一切処に遍満する仏身を法身としている。つまり、法身は色相の本体であってよく色相を現ずることができ、十方世界において無量の報身や無量の荘厳のような差別相を現ずることができるとしているのである。これはあらゆる仏菩薩の身の根源に法身をおき、この法身から報身や応身を現ずることになるということであり、先ほどの元照の阿弥陀仏観と符合するのである。元照は、『済縁記』(『卍続蔵』四一・二五九b)において『楞伽経』や『摂大乗論』とともに『起信論』を用いて識説を整理しており、また、『起信論』と同じく馬鳴造真諦訳とされる『遺教経論』の注釈書を作成するにあたり、『起信論』について触れている。その他、著述中には『起信論』の名前は

出さないが、『起信論』の如来蔵縁起と覚しき説示が散見される。以上のことを勘案すれば、元照が『起信論』の思想についてかなり造詣が深かったと考えられるのであり、その思想を受容していることは十分に考えられるのである。ただし、直接『起信論』の思想を受容したのではなく、先ほど挙げた延寿を含む華厳系の教学を学んだ者の影響も考えられる。

(22) 『楽邦文類』所収、『浄全』六・一〇〇四頁上。

(23) 『観経新疏』（『浄全』五・四〇〇頁上、『大正蔵』三七・二九六頁b—c）。

(24) 徳田氏前掲書四二二頁には、道宣の著作から「今家の意は理智冥合を以て法身と名づくる故形相有るべし」と、律宗においても法身を有相ととらえていることが指摘されている。

(25) 『浄全』五・二四二頁上、『大正蔵』三七・一九六頁a。

(26) 『大正蔵』四六・七一八頁c。

(27) 安藤氏前掲書四一五頁には「法身有相は当時の山家の学者にとってはいわば金科玉条ともいうべき鉄則であった」とあり、北宋代の知礼系天台僧において法身有相説が常識であったことが指摘されている。

(28) 『浄全』五・二九九頁上、『大正蔵』三七・二二一頁c。

(29) 『浄全』五・三〇三頁下、『大正蔵』三七・二二三頁c—二二四頁a。

(30) 福島氏前掲書七〇—七四頁、小林順彦氏「業識見仏について」（『天台学報』四〇、一九九八年）、同氏「三双見仏について」（『天台学報』四一、一九九九年）参照。仁岳の尊徳相に関する論難に対する知礼の対応は、『妙宗鈔』に増補された一三番の問答において詳細が知られる。

(31) 『浄全』五・三五九頁上、『大正蔵』三七・二八二頁a—b。

(32) 元照は機根の差異によって観見する仏身が異なるといい、凡夫の思慮分別を超える仏身について議論すべきではないと述べていながら、『観経新疏』作成の後に撰述した『阿弥陀経義疏』において「佛壽有㆑二。法報二佛一向無量。應佛皆具㆓長短二量㆒。今此浄土彌陀應身示㆓其長量㆒（『大正蔵』三七・三六一頁a）」と、慧遠同様に阿弥陀仏をはっきり応身と規定している。原口氏、岩崎氏、福島氏等は、元照が見仏の報・応の異なりを機根の違いによるとしながらも、一方で慧遠の阿弥陀仏応身説を肯定的に受け入れた説明をしている。これに対して、佐藤氏は元照が慧遠の阿弥陀仏応身説に否定的な見解を持っていると説明している。一見、矛盾のようにも感じられる。しかし、これはすでに『観経新疏』（『浄全』五・三六八頁下、『大正蔵』三七・二八六頁a）に、

初中大小観法並指二第六意識一為二能観體一。五陰之中善行陰攝。行前三心體唯無記。必取二行心成業一方能感レ報招レ生。準二下經文一、或名二想念一或號二思惟一。名異體同。莫レ不下皆指二意思一為中能觀上耳。

と、『起信論』所説の分別事識にあたる第六意識を能観の体とし、五陰のうちには識陰・受陰・想陰の三心をまとめる善の行陰（意思）をもって凡夫衆生が観見可能な仏身として、阿弥陀仏を応身と判じたと考えられるのである。

(33)『浄全』五・四〇〇頁下、『大正蔵』三七・二九六頁c。

(34)『卍続蔵』六一・一五七頁b。

(35)仏の麁相を応身、仏の微細相を報身とする説は、懐感『群疑論』通念三身章にみられる。元照における『群疑論』の受容に関しては、宋代における『群疑論』の流伝の問題と合わせて今後の課題としたい。

(36)『浄全』一・四二頁上—下。

(37)『観経新疏』（『浄全』五・三九五頁下、『大正蔵』三七・二九五頁a）。

(38)同様の説示は『阿弥陀経義疏』（『大正蔵』三七・三六〇頁a）にもみられる。ただし、これは、

二結示中、如是者、指二上多種殊妙之相一。皆是彌陀菩提願行從レ因至レ果歷レ劫熏二修之一所二成就一。故云二功德莊嚴一。故觀經云、如レ此妙華是本法藏比丘願力所成。自餘皆爾。豈唯華座乎。四十八願結云、彼佛於二大衆中一建二此願一已、一向專レ志莊二嚴妙土一等。

とあって、浄土の荘厳に限る説示であり、阿弥陀仏の仏身に関しては触れられていない。

(39)元照における本願の引用は、『観経新疏』『阿弥陀経義疏』「授大菩薩戒儀」（『芝苑遺編』所収）にみられる。使用される用語には、「四十八願」「誓願」「本願」「本誓」「本願力」などがある。引用される願文は、第一 無三悪趣願、第十二 光明無量願、第十三 寿命無量願、第十八 念仏往生願、第十九 来迎引接願、第二十一 三十二相願、第三十二 願国土厳飾願、第三十五 女人往生願、第三十九 受楽無染願の九願である（便宜的に願名は坪井俊映氏『浄土三部経概説 新訂版』（法蔵館、一九九六年）に記載されている名称を用いた）。元照には「本願」などの用語の他にも「他力」という表現もみられる。おそらくは、当時流布していた『十疑論』第五疑・第六疑所説の、阿

弥陀仏の本願力や他力の功徳の内容を受用したものと考えられる。いずれにせよ、元照が本願を重視していたことは間違いなく、阿弥陀仏の仏身仏土がその誓願に依ることを明示しているのである。

(40)『浄全』一・四三頁上―下。

(41)『観経新疏』(『浄全』五・三九七頁上、『大正蔵』三七・二九五頁b―c)。

(42)『観経新疏』(『浄全』五・四〇九頁下、『大正蔵』三七・二九九頁b)。「如先所説」から「必得成就」までは、『観経』の文であり、寛文本と天和本で字句の異同がある。ここでは『観経』の原文に即して直したと考えられる天和本に依った。

(43)『観経新疏』(『浄全』五・三九七頁下、『大正蔵』三七・二九五頁c)。『大正蔵』には、「小身丈六爲言」の下に「其功若此」という語がみられる。しかし、殿内恒氏「元照『観経義疏』についての一考察―文献学的立場から―」(『印仏研』五一―二、二〇〇三年)が、宋版に最も近いと指摘する明暦本にないため、後代の人の補足と考えられる。

(44)『大正蔵』三七・三六二頁a。

(45)「台州慈徳院重修大殿記」(『補続芝園集』所収、『卍続蔵』五九・六六八頁a)。

(46)「台州慈徳院重修大殿記」(『補続芝園集』所収、『卍続蔵』五九・六六八頁a)。

(47)「台州慈徳院重修大殿記」(『補続芝園集』所収、『卍続蔵』五九・六六八頁a)。

(48)『大正蔵』三七・三六二頁a。

(49)『浄全』五・三五四頁下、『大正蔵』三七・二八〇頁a。

(50)『大正蔵』三七・三六二頁a。

(51) この問答は持名について非常に詳しく説いている一段のなかにあり、また、『観経新疏』(『浄全』五・四二四頁上、『大正蔵』三七・三〇四頁b)に、

善友告曰、汝若不レ能レ念二彼佛一者應レ稱二無量壽佛一。如レ是至レ心令二聲不一レ絶、具二足十念一稱二南無阿彌陀佛一。心觀爲レ念、口誦爲レ稱。十念謂十聲也。四滅罪數。稱二佛名一故於二念念中一除二八十億劫生死之罪一。念念即約二佛聲一。

と、『観経』の「念念」を仏声のことであると注釈している。同様に、ここでの「念念」も持名と考えられる。

(52) 曇鸞『往生論註』では、「名即法」であり、名と義が相応するがゆえに、仏の名号を称え、念ずることによって、無明を破すことができると説いているが、仏名号がそのまま仏体であるという言及はみられない。管見の限り、阿弥陀仏の仏身が名号としてあらわれるといった説示は、元照においてはじめてみられるのであり、日本においても、鎌倉期に元照の浄土教が俊芿によって持ち込まれる以前には確認できない。藤堂恭俊氏「曇鸞の名号観」(『無量寿経論註の研究』所収、仏教文化研究所、一九八五年)参照。

(53) 元照は知礼・仁岳の阿弥陀仏の仏身に関する論争を熟知した上で、色相を否定することなく、相好の数量にこだわることもない阿弥陀仏観を構築しているのである。

(54) 『芝苑遺編』所収、『卍続蔵』五九・六四六頁aに、

又云、攬二彼依正一歸レ心觀レ之。此由レ不レ辨二兩土觀法各異一。但見三本宗多贊二唯心一。遂一混釋レ之。嗚呼。誤二却多少人一邪。毎二一思及一。不レ覺潸然。

とあり、当時元照の周囲には唯心を讃ずるあまりに阿弥陀仏と極楽までも己心のなかにおいて観ずる者が多かったことがわかる。これは観法の問題ではあるが、元照当時の多くの者が阿弥陀仏の仏身を己心にしか認めず、直接客体として観ずる対境としなかったことがうかがえる。

(55) 『観経新疏』(『浄全』五・三五九頁下、『大正蔵』三七・二八二頁b)に、「佛身體量叵レ得。尚非二言思所一レ及。豈容四擬三議於二其間一哉」とあるように、元照が仏身を凡夫の言思をもって計り知れないものではあると述べている。

(56) 原口徳正氏前掲論文四三七—四五三頁に、元照の伝記ならびに浄土教義についての考察がある。

(57) 福島光哉氏前掲「元照の天台浄土教批判」(『宋代天台浄土教の研究』第七章)。福島光哉氏はこの他にも、前掲『楽邦文類』の研究」や『仏説観無量寿経』講究』において元照の浄土教について論じている。

(58) 佐藤成順氏「元照の『観無量寿仏経義疏』について」(佐藤氏前掲書第九章)。

(59) 原口氏前掲論文四五一—四五二頁。

(60) 福島氏「元照の天台浄土教批判」一八六頁、および『仏説観無量寿経』講究』一六三頁。

(61) 佐藤氏前掲書三四五—三四六頁。

(62) 善導の浄土観は、曽根宣雄氏「浄土教における仏辺と機辺について」(『仏教文化学会紀要』一一、二〇〇三年)

一八頁、柴田泰山氏「善導所説の浄土論」（『善導教学の研究』山喜房仏書林、二〇〇六年）六一八頁に論じられているように、あくまでも阿弥陀仏の四十八願を根拠とした無漏真実の有相の浄土であり、有相の報身によって建立される報土である。元照が阿弥陀仏の本願によって西方有相の浄土が建立されていると説く点は善導に類似するが、天台所説の有量の無量である阿弥陀仏によって建立された同居浄土であるとし、阿弥陀仏の浄土を実には有限であるとする点は、善導所説の浄土と異なる。

(63)『観経新疏』（『浄全』五・三五五頁上、『大正蔵』三七・二八〇頁a）。

(64)『楽邦文類』（『大正蔵』四七・一八〇頁b）。

(65) 第二章第二節第四項参照。

(66)『観経新疏』（『浄全』五・三五九頁下―三六〇頁上、『大正蔵』三七・二八二頁b）。

(67)『観経新疏』における『阿弥陀経』（『浄全』五・三六〇頁上、『大正蔵』三七・二八二頁b）の引用に「十方各有㆓恒河沙數諸佛國土㆒」とあるが、これは元照が鳩摩羅什訳の他に玄奘訳を参照していることによる。元照『阿弥陀経義疏』も、鳩摩羅什訳を底本としながら、適宜玄奘訳を比較のために引用している。

(68) この説き方は、後代に天台道因の『輔正解』において智顗の説そのままではないと批判されるが、戒度はこの道因の批判を受け、『観経扶新論』（『浄全』五・五二一頁下―五二二頁下）、『霊芝観経義疏正観記』（『浄全』五・四五五頁上。以下、『正観記』と略す）において、『観経新疏』が『維摩経文疏』（湛然編『維摩経略疏』）の仏土論に準じ総・別に分けて説いていることを指摘している。

『維摩経文疏』　総―二種　「事」＝応形応土、「理」＝法身真国
　　　　　　　　別―四土　①染浄国凡聖共居、②有餘方便人住、③果報純法身居、即因陀羅網無障礙土、④常寂光即妙覺所居

『観経新疏』　総―二種　法性土、応化土
　　　　　　　別―四土　①法性土、②実報土、③方便土、④同居土（浄・穢）

(69)『観経新疏』（『浄全』五・三六〇頁上、『大正蔵』三七・二八二頁b）。

(70)『観経新疏』（『浄全』五・三六〇頁上、『大正蔵』三七・二八二頁b―c）。

(71) 二乗の者が法性身を受けるという説については、管見の限り『観経新疏』(『浄全』五・三六〇頁上、『大正蔵』三七・二八二頁c)に「智論云三界外有㆓浄土㆒。聲聞辟支出㆓生其中㆒受㆓法性身㆒非㆓分段生㆒是也」と述べられている他には見受けられない。ここに『大智度論』の文として引用されてはいるが、『大智度論』にこの文はない。おそらくは天台『観経疏』(『大正蔵』三七・一八八頁b)に「釋論云」として同文があるため、その孫引きであろう。一応、戒度は『正観記』(『浄全』五・四五六頁上)において、見思の惑がすでに尽きて三界外に生ずるのであり、もはや胞胎を経て生ずる分段の色質を受けないため、法性身と名づけるのであると解釈している。

(72) 天台『観経疏』(『浄全』五・二〇四頁上―下、『大正蔵』三七・一八八頁b―c)。

(73) 『観経新疏』(『浄全』五・三六〇頁下、『大正蔵』三七・二八二頁c)。

(74) 智顗は四土の相即を説くことはあるが、法性土とその他の土に能所の関係があると言及していない。智顗の四土説は『維摩経文疏』一巻(『卍続蔵』一八・四七〇頁)に三回ほど詳細に説かれている。

(75) 『観経新疏』(『浄全』五・三六〇頁下、『大正蔵』三七・二八二頁c)。

(76) 「上櫨菴書」(『卍続蔵』五九・六四五頁c)によると、元照在世当時に『維摩経』は禅宗などで迷妄を離れた心の本性、本体を浄土と考えるときの経証として用いられていたことがわかる。元照はそうした『維摩経』理解はあくまでこの世で迷いを断ち切り、仏道を成就するための理観であるとしている。また、このような浄土の理解を持つ当時の禅者により、西方浄土に対する批判が多かったためか、『阿弥陀経義疏』(『大正蔵』三七・三六二頁a)において『十疑論』第二疑(『大正蔵』四七・七八頁a)の内容を踏襲した見解を示している。その内容は、諸法の体が空であると悟った者であり、心が浄くその仏土も浄い者であっても、念仏を貶しめることなく浄土に生ずるための行業として行うべきであることを、『維摩経』を用いて説明するものである。諸法の体が空であると悟った者も、常に念仏して空に執着することなく、臨終に上品上生に往生するのであるから、これも「心浄土浄」といえる、としている。

(77) 『観経新疏』(『浄全』五・三六一頁上、『大正蔵』三七・二八二頁c―二八三頁a)。

(78) 『阿弥陀経義疏』(『大正蔵』三七・三五七頁a)。

(79) 『阿弥陀経義疏』(『大正蔵』三七・三六〇頁a)。

(80)『阿弥陀経義疏』(『大正蔵』三七・三五九頁a—b)。

(81)「無量寿仏讃」(『楽邦文類』所収、『大正蔵』四七・一八〇b)。

(82)戒度は「無量寿仏讃註」(『卍続蔵』七四・七三頁a—b)において、極楽浄土が同居浄土でありながら唯心の浄土である理由に、衆生現前の一心に一切諸仏や一切衆生、三世の虚空刹土等も本具されていることを挙げている。戒度はこの一心が三徳を本具して常寂光土と名づけられるものであり、十万億仏土を過ぎた極楽浄土もことごとく自心であるとするのである。

(83)「上櫨菴書」(『芝苑遺編』所収、『卍続蔵』五九・六四六頁b)。

(84)『止観義例』(『大正蔵』四六・四五二頁a)。

(85)図のなかで、往生の主体を「心念」「識・神」としたのは、元照が、去此不遠の理由に心念が迅速であることを挙げていること(『阿弥陀経義疏』〈『大正蔵』三七・三五九頁a〉)と、輪廻や往生の主体を識・神として論じていたこと(『観経新疏』〈『浄全』五・三六六頁下、『大正蔵』三七・二八五頁b〉)による。

(86)元照における唯心思想は、著作の随所にみられる。本書には浄土教著作中の唯心思想のみとりあげたが、戒律関係章疏にも多くみられる。例えば、唐道宣『四分律羯磨疏』の注釈書である『四分律羯磨疏済縁記』(『卍続蔵』四一・一九九頁a)には、元照が『羯磨疏』所説の小乗人・小菩薩・大菩薩の三種の観行に説明するなかに唯心思想がみられる。元照は大菩薩の観について「事とはこれ心なり」とあることを釈して、一切法とはただ心の変化したものであり、この心の他に法は無いことを観ずることであるとしている。また、心に思い、口に議論して「事」を分別することにより差別が生まれるのであり、万法はみなこの思議によっておこり、思議は自らの心を出でるものではないとしている。万法が結局のところ唯心に帰するものであることは、元照の基本的な思考にあり、戒律関係章疏にも浄土教著作にもこれを説くのである。

(87)『浄全』五・三五二頁下、『大正蔵』三七・二七九頁b。

(88)『大正蔵』三三・五七五頁c。

(89)『大正蔵』一九・一四七頁b。

(90)『浄全』五・三五四頁下—三五五頁上、『大正蔵』三七・二八〇頁a。

(91)『大正蔵』四七・一四五頁c。

(92)『観経新疏』(『浄全』五・三五五頁上、『大正蔵』三七・二八〇頁b)。

(93)「依修多羅立往生正信偈」(『天竺別集』所収、『卍続蔵』五七・二七頁b)。

(94)『西資鈔』は智円が自身の作成した『阿弥陀経疏』を釈したものとされる。もともと二巻あったと伝えられるが、散逸しており、わずかに『楽邦文類』などに所収されている断片的な記述でしか内容をうかがい知ることはできない。

(95)戒律の系譜に関して、智円と元照との交渉を指摘した論文はあるが、管見の限り、元照の浄土教に関して智円の影響を論じたものはこれまでにはない。

(96)智円『閑居編』(『卍続蔵』五六・八六五頁c―八六六頁a)には、『首楞厳経』の注釈書二疏(『首楞厳経疏』『首楞厳経疏谷響鈔』)の序文が残されている。『義天録』(『大正蔵』五五・一一六九頁b―c)には、他にも智円の『首楞厳経』注釈書があったことを伝えている。

(97)『大正蔵』四七・二〇一頁a。

(98)智円「西方浄土讃」(『楽邦文類』所収、『大正蔵』四七・一八八頁c)。

(99)『大正蔵』四七・二〇一頁b。

(100)「夢のなかで千里を行く」という表現から、智円が『十疑論』第九疑(『大正蔵』四七・八〇頁b)に、

西方去レ此十萬億佛刹、但使二衆生淨土業成一者、臨終在定之心即是淨土受生之心。動レ念即是生二淨土一時。爲レ此觀經云、彌陀佛國去レ此不レ遠。又業力不可思議、一念即得レ生レ彼。不レ須レ愁レ遠。又如下人夢身雖レ在レ床而心意識遍至二他方一切世界一、如二平生一不上レ異也。生二淨土一亦爾。動レ念即至。不レ須レ疑也。

とあるものを参照し、「十萬億刹」を解釈したことが推察される。

(101)元照と面識のあった義天がまとめた『新編諸宗教蔵総録』(『大正蔵』五五・一一六九頁b―c)に確認できるものだけでも、二七部一七四巻あり、宋代における『首楞厳経』研究が盛んであった様子がうかがえる。

(102)元照著作中における『首楞厳経』引用はかなり多い。また、『観経新疏』(『浄全』五・三六三頁下)には、『首楞厳経』の注釈書である弘沆『首楞厳経資中疏』(佚)の引用もみられる。

（103）もちろん、戒律や天台や華厳などの影響を受けてはいるが、天台教学や華厳教学の一環としての浄土教ではなく、阿弥陀仏の極楽浄土への往生を目的とする教義を樹立している点において、諸宗とは別であるとした。

第四章　実　践　行

第一節　往生行について――信願行三法具足説を中心に――

第一項　問題の所在

元照における持戒とは、本来、解脱を目的として行うべき行業であると元照がとらえていることは、第二章にすでに述べたところである。しかし、元照は一方で、持戒によって往生浄土が得られるとも言及している(1)。これに関して、先学は、元照「為義天僧統開講要義」に往生浄土に対する信願行の三法を具えて種々の行を修すべきであるという説示(2)、ならびに『阿弥陀経義疏』に一切の福業は正信回向願求がなければ往生の因とならないとする説示に基づき(3)、元照が信願行三法を具えれば諸行が往生行となるとしていることを指摘している(4)。

ところが、この先学による指摘は、元照が観想念仏や持名念仏以外の諸行による往生を認めるとしていることにとどまり、いまだ何を根拠に元照が戒律を含む諸行によって往生できるとしているのか不明である(5)。特に、信願行の三法を具足すれば往生できるとする説は、元照以後、南宋の慈照子元や元代の普度、明代の雲棲袾宏など、後代の中

国浄土教者によって広く用いられているものの、考察がなされていない。(6)

そこで、本節では信願行三法具足説を中心に、元照における往生行とはいかなるものであるかを考察する。方法としては、はじめに、諸種の往生行を認める説示の整理を通じて、信願行三法具足を往生の条件とする諸行往生説の構成や淵源を確認し、次に、信願行三法具足説と『観経新疏』所説の九品の行業との関係を検討し、最後に、諸種の往生行における持戒の位置づけを考察する。そして、以上のような作業を通じ、元照における往生行について明らかにしたい。

第二項　諸種の往生行

元照著作において、諸種の行業による往生浄土を説いている箇所は、先学の指摘する二箇所に『阿弥陀経義疏』の一箇所を加えた三箇所である。先学の指摘しているのは、どちらも経典の典拠を示すことなく諸行を往生行としている説示であり、もう一つは、明確に経典に典拠を求めている説示である。はじめに多種の行業に一々経典名を挙げている『阿弥陀経義疏』の説示からみていきたい。

『阿弥陀経義疏』において元照は、『阿弥陀経』の要旨を「教理行果」の四科をもって解釈している。(7)その「行」について述べるなかに、

就二浄業中一復有二多種一。諸經所レ示行法各殊。觀經三福妙觀。大本一日一夜懸二繒幡蓋一、十日十夜奉二持齋戒一。大悲經中一日稱名展轉相勸。般舟經中一日若過繫レ念現前、九十日中恒不二坐臥一。鼓音聲經十日十夜六時禮念。陀羅尼集誦二諸神呪一。大法鼓經但作二生意一、知レ有二彼佛一。權巧赴レ機行法不レ一。教門雖レ異無レ不二往生一。今經專示二

持名之法。正是經宗。於レ今爲レ要。(8)

と、浄土に往生するための種々の修行を経典に基づいて挙げている。列記すれば次のとおりである。

〈経典名〉　〈行業〉

『観経』　三福妙観を修す

『無量寿経』　一日一夜絹のかさをかけて、十日十夜斎戒を守る(9)

『大悲経』　一日称名念仏する(10)

『般舟三昧経』　浄土の阿弥陀仏を一心に念じ、九〇日間坐臥しない(11)

『鼓音声王陀羅尼経』　十日十夜六時に礼念する(12)

『陀羅尼集経』　諸々の神呪を誦す(13)

『大法鼓経』　ただ極楽に生ずる意をもって仏の存在を知る(14)

『阿弥陀経』　専ら持名念仏をする

この多種の行業は、典拠となっているはずの経典の内容と合致しないものが多いことから、元照に先立って、多種の経典によって行業を挙げている慈雲遵式の「依修多羅立往生正信偈」（以下、「往生正信偈」と略す）に依るものと推察される。(15)元照は、これらの行業すべてが衆生のために仏が用意した巧みな手立てであり、多種あってもみな往生できる行であることを説いている。遵式「往生正信偈」との同異を考えるならば、観想念仏や称名念仏を中心としてまとめている遵式の「往生正信偈」に対して、元照の場合は同じ行業が重なるのを避けて経典と行業を挙げている。例えば、『観経』や『無量寿経』の行業について遵式は「十念稱佛」や「十念即往生」などを挙げているが、元照は『観経』では三福妙観を挙げ、『無量寿経』では十念往生の説示に触れていないのである。これは、元照が

『阿弥陀経』の経宗である持名に限らず、他の行業も往生の要因となるという明確な意思があって、数種の行業を挙げたと推察されるのである。

このように明確に経典に基づいて諸種の行業により往生が得られると説く一方、元照は同じく『阿弥陀経義疏』のなかで、経典の典拠を挙げずに一切の福業が往生行となることを示している。それは、

> 初中如來欲㆑明㆓持名功勝㆒。先貶㆓餘善㆒爲㆓少善根㆒。所㆑謂布施、持戒、立寺、造像、禮誦、坐禪、懺念、苦行、一切福業。若無㆓正信迴向願求㆒皆爲㆓少善㆒。非㆓往生因㆒。若依㆓此經㆒執㆓持名號㆒決定往生。即知、稱名是多善根多福德也。(16)

と、持名念仏の功徳が勝れていることを示す一段にみられる。元照は、『阿弥陀経』が持名念仏を往生の因となる多善根の行としており、布施、持戒、造像、坐禅、懺念などのあらゆる善行や福業を往生の因とならない少善根であるとしていると解釈している。ただし、ここで持名念仏以外のあらゆる行業が少善根で往生の因にならない理由に、「正信廻向願求」がないことを挙げている。すなわち逆説的に考えれば、持名以外の一切の善行や福業が、「正信廻向願求」さえ具わっていれば往生の因となるとしているのである。

注釈書である戒度『聞持記』では、

> 若無下揀㆑非施戒等行皆可㆓莊嚴㆒、但無㆓信願㆒爲㆓今所揀㆒。若依下顯㆑是既能執持信向願求無㆑不㆓具足㆒、故稱㆓多善㆒。(17)

と、この「正信廻向願求」を「信」「願」に解釈し、阿弥陀仏の名号執持は、それらが必ず具足されるから多善根となるのである、としている。元照『阿弥陀経義疏』に「或披經典、或遇㆓知識㆒聞必生㆑信。信故持㆑名」(18)と、「信」があるからこそ持名念仏を行うのであると説いていることを勘案すれば、この戒度の解釈は妥当なものといえるだ

ろう。元照が念仏を含むあらゆる行業に、「信」と「願」を具足させることで生因の行業になると考えていたことが想定されるのである。

元照が「信」と「願」とを具えた行業を往生行としているという推測を裏付ける説示が、次に示す「為義天僧統開講要義」にみられる。

唯淨土法門是修行徑路。故諸經論偏贊二淨土一。佛法滅盡、唯無量壽佛經百年在レ世。十方勸贊。信不二徒然一。修二行此行一、須レ具二三法一。一曰信、二曰願、三曰行。信以入レ之、願以導レ之、行以成レ之。非レ信不レ入、非レ願不レ行、非レ行不レ至。故須下發二深信心一、立二大誓願一、修中種種行上。決定得レ生。更何疑惑[19]。

ここで元照は、浄土の法門こそ衆生のたどるべき修行の道であり、仏法が滅尽しても百年は世に残ると説き、十方諸仏も極楽浄土を讃歎しており、その言葉は誠に信ずべきものであると、浄土の法門を紹介している。その上で、この浄土の法門を修行するには、「信」「願」「行」の三法を具足すべきであるとしている。浄土の法門は「信」によって入り、「願」によって修行の道を進み、「行」によって往生を成し遂げるのであるから、浄土法門の修行には、この信願行の三法が必ず必要である。そのため、深き信心を発して、大誓願を立て、種々の行業を修すべきであると、元照は勧めているのである。

この信願行の「行」は、「種種行」とされているとおり、あえて特別な行業を勧めず、「信」と「願」と結びついて行われる行業すべてが往生行となることを示しているのである。つまり、元照における諸行往生説は、信願行の三法が具足しさえすればよいというものであり、その意味においては持名の行も例外ではないのである。

第三項　信願行三法具足説の淵源——智円『阿弥陀経疏』の影響——

元照の信願行三法具足説がいかなるものかについてみてきたが、この説がいったいどのような過程でできたかについてはいまだ指摘がない。また、元照が経証もなく信願行三法具足によって往生が可能であると説くのはいささか考えにくい。そのため、ここでは次に元照の信願行三法具足説の淵源について論じていきたい。

管見の限り、信願行が往生浄土の条件になると説くのは、元照がはじめてである。しかし、信願行三法の原形と思われるものが、孤山智円の『阿弥陀経疏』にみられる。元照は、『観経新疏』や『阿弥陀経義疏』作成にあたり、智円の著作を必ず参照しており、その浄土観において影響を受けている(20)。智円は、天台伝統の解釈法である五重玄義をもって『阿弥陀経』を解釈しており、その経宗を述べる箇所に次のようにある。

三明レ宗者、信願浄業爲二經宗致一。然則宗者要也。種種衆行言レ因則攝。無量功德言レ果則攝。當レ知因果竝宗要。經云レ應三當發願生二彼國土一、是明レ因也。又云下聞二是經一受持者皆得レ不レ退中轉於阿耨多羅三藐三菩提上、是明レ果也。雖二兩義兼有一而因正果傍。以下正勸二行人一求上生故。故經云、若有レ信者應三當發願生二彼國土一。又云、聞レ説二阿彌陀佛一執二持名號一、乃至七日即得二往生一。故以二信願浄業一爲レ宗也。明レ宗竟(21)。

智円は「信」「願」「浄業」を『阿弥陀経』の宗致とし、発願すれば浄土に生ずるという因と、菩提から退転しないという果の両義を宗要としている。その上で、『阿弥陀経』の正しく説かんとするところ、いわゆる宗致は、発願すれば浄土に生ずるという因についてであり、経に「若有レ信者應三當發願生二彼國土一」と示される「信」「願」、ならびに「聞レ説二阿彌陀佛一執二持名號一乃至七日即得二往生一」と説かれる「浄業」であると述べている。

智円が「信」「願」「浄業」をもって経宗とし、これによって浄土に往生できるとする点は、前述した元照『阿弥陀経義疏』における持名念仏の解釈と重なる。元照の場合、『阿弥陀経』の経宗に「持名」のみを挙げている。しかし、元照においてこの「持名」は「信」「願」と無関係ではなく、この二つを具足して修されるものである。そのため、『阿弥陀経』の経宗に「信」「願」「浄業」を挙げる智円と、「持名」のみを挙げている元照と、表面的解釈は異なるものの、持名の行に対する実質的な取り扱いは同じといえるのである。

また、両者は「願」についての見解が一致している。智円は、

經云レ應三當發願生二彼國土一、是明レ因也。[22]

得レ機而説稱レ悦。佛懷二此經一即得二彼物機一。與二彌陀有縁者一乃讃二彼依正一令二發願往生一。既生二彼國一則不二退轉一、而終趣二菩提一稱レ悦。[23]

遂勸二衆生發願生一レ彼。[24]

舍利弗下二明二願生功德一又二。一擧レ願顯レ益。若已生等者過去、已發願者已生。現在今發願者今生。未來當發願者當生。是故下二約レ信結勸。佛法大海信爲二能入一智爲二能度一故。[25]

と、『阿弥陀経』「應當發願生彼國土」を経証として「発願」を往生の因としており、衆生に発願して往生することを勧めるなど、『阿弥陀経疏』の随所に、発願による往生を説いている。この解釈に対して、元照は、

初中已即過去。今即現在。當即未來。發願是因。生即是果。三因三果別對可レ知。欲レ顯二淨土一。唯恐レ無レ願。有レ願必生定無二漏失一。[26]

次結勸中。若有信者。簡二彼不信一。任不レ發レ願自甘二塗炭一。是誰之咎。[27]

と、『阿弥陀経』「若有人已發願」から「若有信者應當發願生彼國土」を注釈するなかで、やはり智円と同じく「發

願」を往生の因としている。そして、発願さえすれば間違いなく往生できるが、発願をしなければ塗炭の苦しみを味わわねばならないとも述べている。ここに、智円と元照の両者が『阿弥陀経』の同一箇所を経証として、発願による往生を説いていることを看取することができる。

このように、『阿弥陀経』の経宗についての解釈とそれに付随する「願」の取り扱いについてみていくと、元照が智円の「信」「願」「浄業」の三種の具足を説くとする説を、形を変えて使用していることがうかがえる。具体的には、智円の「信」「願」「浄業」を具足して往生するという『阿弥陀経』の解釈を、元照は「信」「願」「行」の三法具足による往生説として、『阿弥陀経』に説かれる持名の行に限らず、他の行業に対しても援用しているのである。

ただし、智円とやや異なるのは、智円が「佛法大海信爲能入」と述べるにとどまり、余り強調しなかった「信」について明確な言及がみられる点である。元照は『観経新疏』に、

> 而況我佛大慈開二示淨土一。慇懃觀囑遍二諸大乘一。目見耳聞特生二疑謗一。自甘二沈溺一不レ慕二超昇一。如來説爲下可二憐憫一者上。良由レ不レ知三此法特異二常途一。不レ擇二賢愚一不レ簡二緇素一。不レ論二修行久近一不レ問二造罪重輕一。但令二決定信心一即是往生因種。(28)

と、釈尊が大悲をもって丁寧に、憐愍すべき衆生のために説き示されたのが浄土教であると説いている。そして、その上で、この浄土の法門においては能力の差異も出家の有無も修行の長短も造罪の軽重も関係なく、ただ決定の信心を往生の因とすると述べている。つまり、元照は智円と異なり、憐愍すべき衆生に対する理解の深まりから「願」だけでなく「信」についても明確に往生の因となることを明かしているのである。

信願行三法具足説の淵源を智円『阿弥陀経疏』に求め、両者の思想の同異点を考察するなか、元照が、智円の

『阿弥陀経』経宗釈を吸収し、単に『阿弥陀経』の解釈としてではなく、すべての往生行に共通の因として、新たに信願行三法具足説を展開していることが明らかとなった。また、元照は「信」「願」のそれぞれを明確に往生の因と定め、「行」については智円のように「浄業」と限定しないことにより、より柔軟にあらゆる行業を往生行とする可能性を持たせているのである。

第四項　信願行三法具足説と三福九品の行業

次に、『阿弥陀経』の解釈より導き出されている信願行三法具足説と、『観経』三福九品の行業に対する解釈が、どのように結びついているかについて確認していきたい。

はじめに、三福についてみていくこととする。『観経新疏』には、

所三以先明二三福一者即是修二観行一人合二行事業一。非レ観無三以導二其福一非レ福無三以成二其観一。有レ観無レ福則闕二於荘厳一。有レ福無レ観則牽二於異趣一。闕二荘厳一則護レ報非レ勝。牽二異趣一則往生莫レ由。(29)

とあり、三福のみでは異趣に牽かれて往生できないために観行が必要であり、観行によって往生しても三福を行じていなければ浄土の荘厳を欠くことになるため、事相の行業として三福を兼行すべきことを説いている。今その三福の概要を挙げれば次のとおりである。(30)

〈三福〉…三世の仏因にして菩薩の大行

A（一）孝養父母…生育の恩に対する報恩行であり、凡夫も共に行える業

（二）奉事師長…教導の恩に対する報恩行であり、二乗も共に行える業

（三）慈心不殺修十善業…身の三邪、口の四過、意の三悪を離れる大乗菩薩の行う業

B（一）受持三帰…邪の三帰を翻して、衆戒を受けるにあたり三帰を兼ねて受く

（二）具足衆戒…在家は五戒八戒、出家は十戒具足戒の戒法を受持し欠くることなし

（三）不犯威儀…威儀もまた戒であるため、標しておく

C（一）発菩提心…大心を発す、すなわち無上道心のことである

（二）深信因果…大信を発す、また、善悪の因果はみな自心であると知りて畏れ慎む

（三）読誦大乗…大解を生ず、教えとはつきつめれば智慧であり、読誦して生ず

（四）勧進行者…大行を修す、修行を勧誘して退堕ならしめず

ここで三福に挙げられている行業のなか、傍線を引いている行業はそのままこの後検討する九品往生人の行業と重なる。そして、元照は、これら三福の行業を三世の仏因にして菩薩の大行と評している。ところが、この行だけでは往生できないために観行を修すべきであるとしているのである。このことは、元照が同じ行業であっても、「信」と「願」が含まれていないために往生できないとしていることがうかがえるのである。つまり、信願行三法が具足しなくては往生できないとする原則を、ここにも示しているのであり、その姿勢を一貫して崩していないことが推察されるのである。

次は、九品往生人の行業についてみていきたい。元照は、上品上生から中品中生に「修因」の項目を設け、造罪のみの下品については「臨終遇縁」、もしくは「遇知識」の項目を設けて解釈している。そして、世間的な善根しか積まない中品下生には、「修因」と「遇縁」の両方が設けられて解釈されている。ここにその逐文解釈部分における九品の行業の一覧を挙げれば次のとおりである。(31) なお、傍線部は前述の三福と重なる行業を示している。

〈九品の階位〉	〈往生の因となる行業〉
上品上生	発三心（至誠心・深心・廻向発願心）＝菩提心・三聚浄戒・三徳・三仏因 修三行（大乗の行＝菩薩戒・大乗の解＝経典の学解と智慧の発生・大乗の願＝大乗の六念）
上品中生	行業（上品上生の行業から大乗の行を除くすべての行業） 発願（行業の功徳を回向し、願求する）
上品下生	有信発心（上品上生の行業から大乗の行と解を除くすべての行業） 回向願求（上品中生の発願に同じ）
中品上生	行業（在家の二衆は五戒八戒を持し、出家五衆はさらに具足戒を持す） 願求（善根を因として彼に生まれるのを果とする）
中品中生	行業（五戒・八戒・十戒・具足戒の四戒を具す） 願求（持戒の浄業によって浄報を求めれば、徳を成じて名称遠くに広まる）
中品下生	修因（父母に事えて世話をし、仁愛をもって人に接し、ひろく恩を施して人をすくうなどの善を積む）[32] 遇縁（妻子が善知識となって浄土の楽事や法蔵菩薩の四十八願について説いて聞かせ、開導する）
下品上生	法を聞いて業を除き、仏号を称して罪を滅す
下品中生	阿弥陀仏の仏徳を聞いて一念信受する
下品下生	観想念仏を勧められるも病苦によりかなわず、口に仏号を十声する

本当にさまざまな行業を往生の行業として挙げている。ちなみに傍線を引いている箇所が三福の行と重なるもので

ある。三福と重なるどの行業も「願」がともに修されていることが確認できる。また、このようにみてみると、中品下生が「信」「願」を具えておらず、さらに、すでに「信」「願」が具足されている持名も修していないことがわかる。しかし、中品下生は、ただ世間的な善を積んだだけであるが、他の中品生と異なり、善知識により阿弥陀仏の浄土や四十八願について開導されたことにより、往生できるとしている(33)。

ここで着目したいのは、最も多くの行業が説かれている上品についてである。上品にはさまざまな行業が示されているためか、元照は次のように、自ら上品の行業を逐文解釈の前に整理している。

> 第十四上輩有レ五。一發菩提心大乘心也。二解第一義大乘解也。三修行諸行大乘行也。四深信因果大乘信也。五迴向往生大乘願也。如レ此五法上三品中出沒互見。上品上生具レ五。經明二三心三行一是也。上品中生有レ四。唯缺二大行一。經云二善解義趣一是也。上品下生有レ三。缺二於解行一。經云二但發無上道心一是也。若無二第一一不レ爲二上品一。若無二四五一即不二往生一。故上三品即攝二補處不退初心諸大菩薩一也(34)。

元照はここで上品の往生人の行業を大きく五種に分けて説いている。それは、

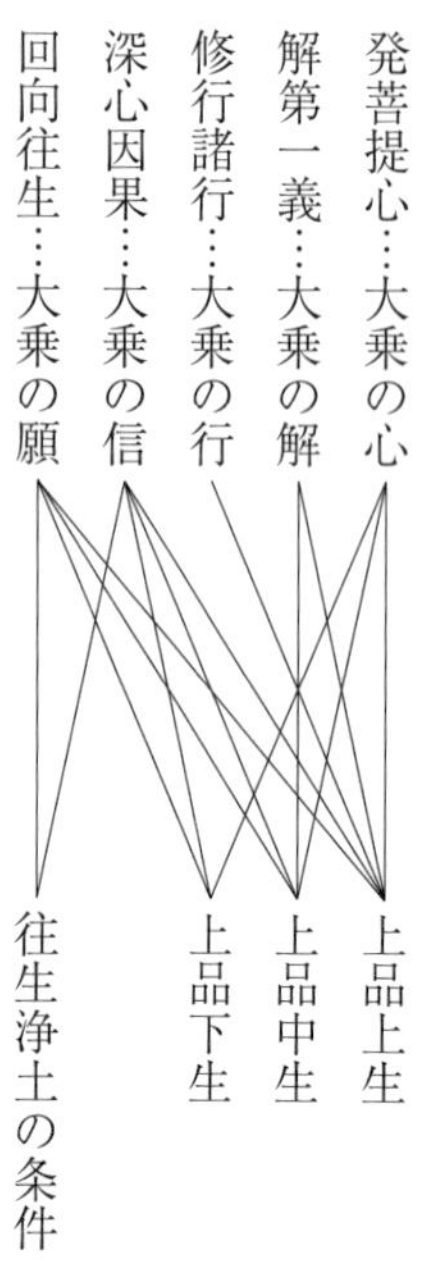

一、発菩提心…大乗の心
二、解第一義…大乗の解
三、修行諸行…大乗の行
四、深心因果…大乗の信
五、回向往生…大乗の願

上品上生
上品中生
上品下生
往生浄土の条件

である。上品上生は五法すべてを具え、上品中生は大乗の行を除く四法を具え、上品下生は大乗の行と大乗の解を除く三法を具えるとしている。これら上品の条件は、菩提心を発しているか否かである。先学のなかには、元照が

浄土願生の行人の必須の行業として発菩提心を挙げていると指摘する者もあるが、ここに明らかなように、娑婆世界で菩提心を発す衆生は上品に括られている(35)。そして、傍線部のように、元照は上品に限らず「信」と「願」がない者は往生できないとするのである。つまり、元照が、信願行三法具足の原則に照らし合わせて九品の行業をみていることが、ここに知られるのである。

以上、確認してきたとおり、信願行三法具足説は元照の生因行を考える上での基本となっており、三福九品の行業も例外ではない。同一の行業を含みながら、三福の行業を往生行とせず九品を往生行としていることの理由も、この信願行三法具足説に求められるのである。

第五項　往生行としての持戒

ここまで信願行三法具足説を中心に、元照の往生行をみてきたが、ここであらためて注目したいのが、持戒の位置づけである。持戒は観想念仏や持名念仏と異なり、それだけで往生行とならないため、「信」と「願」とを具足させなくてはならない。すなわち、「信」と「願」が具わり、はじめて往生行となるのである。ここでは、最後に元照が信願行三法具足説を用いることによって、結果的に往生行としての持戒を説き得た上品上生の説示をみていきたい。

元来『観経』に説かれている九品の行業において、持戒は中品上生と中品中生の行業としてとりあげられるのみであり、戒律を往生行とする中品上生、中生はともに小乗の行人の往生としてとりあげられていた。ところが、元照は、ここに持戒が上品上生の往生人の行業であることを述べるのである。それは、

發二三心一者菩提心也。亦名二無上道心一。一至誠者、求二佛菩提一決定堅固至レ佛不レ移也。二深心者、於二大乘法一聞思修習至レ佛不レ已也。釋論云、智度大海唯佛窮レ底故云レ深也。三迴向發願、所修功德普施二衆生一至レ佛無レ盡。若對二三聚一初即攝律儀無二惡不レ斷故必至誠。二即攝善法無二善不レ修故必漸深。三攝衆生無二生不レ度故必迴施。若對二三佛一。初是斷德法身佛也。二即智德報身佛也。三即恩德應身佛也。果有二三佛一因必三心。不レ可レ缺レ一。餘廣如レ別。(36)

とある。元照は、三心を菩提心と同意とした上で、三心それぞれの説明を行い、さらにその三心に菩薩の三聚浄戒と三仏の因を配当している。ここにその内容の一覧を挙げれば次のとおりである。

〈三心（菩提心）〉	〈概要〉	〈三聚浄戒〉	〈三仏の因〉
一、至誠心	…仏菩提を求むる決定堅固な心	—摂律儀戒	—断徳法身仏
二、深心	…大乗の法において聞・思・修習する心	—摂善法戒	—智徳報身仏
三、回向発願心	…所集の功徳を衆生に施す心	—摂衆生戒	—恩徳応身仏

元照は、善導の解釈を受けて娑婆世界における九品の人をみな凡夫であるとしているが、この三心の内容に関しては大きく異なる。(37)元照の三心は菩提心であるばかりでなく、大乗の戒律である三聚浄戒を兼ね具えるものであり、九品すべてに共通のものとした善導の解釈とはその修行の困難さにおいて大きく隔たりがある。なによりも、三心を上品上生固有の行業としていることから、おのずと内容の厳しいものになったことが予想されるのである。元照における上品上生は、まさに大乗の菩薩行を修する者なのである。そのような上品上生人の解釈は、三心の解釈に三聚浄戒を配当するにとどまらず、続く三行も修すべきであるとしている。ここにいう三行とは、『観経』上品上生に説かれる三種の衆生の行業であり、元照は三心（三聚浄戒）と結びつけて、

發二上三心一必修二三行一。然有三徑修二三行一義具二三心一、故云二復有三種衆生等一。一不殺是諸戒之首、故別標レ之。具諸戒行此上品中須レ納二大乗菩薩戒一。依二善戒經一先受二五十具一後受二菩薩戒一、故云二諸戒一此即對二上至誠心一也。二讀誦經典不二唯讀誦一必須二學解一發二生智慧一。此即對二深心一也。三迴向發願對レ上可レ知。仍加二六念一即念二三寶
及戒施天一名二大乗六念一也。(38)

と説いている。その行の第一は、大乗の菩薩戒の受持であり、第二は、経典を読誦、学解して智慧を発すことであり、第三は、大乗の六念法であるとしている。

ここで着目したいのは、そもそも上品上生における持戒の説示が、この第一の「具諸戒行」とあるのみであったにもかかわらず、元照はこれを大乗の菩薩戒と解釈し、なおかつ、三心と結びつけて説くことによって、持戒こそ上品上生の往生人の行業であることを示している点である。そのように持戒を上品上生の往生人の往生行であったと解釈できる根拠には、もちろん信願行三法具足の原則があるのである。元照は、この信願行三法具足説を往生行の原則とすることによって、わずか一節「具諸戒行」としか説かれていない上品上生の解釈において、大いに持戒を取り入れた説明を施し、中品の小乗の往生人ではなく、上品上生という一番高い階位にあたる大乗の往生人の行業が持戒であることを示そうとしたことが推察されるのである。

三心三行の逐文解釈には、どちらにも回向発願のみが説かれている。しかし、前項において示したとおり、元照は上品の行を解釈する前提として、大乗の信と大乗の願が具わっていると説くのであり、持戒が往生行となるための説明が明確に施されているのである。このように、元照における持戒は、信願行三法具足の原則によって、往生行としてもかなり高い位置づけがなされているのである。

第六項　ま　と　め

以上、元照における往生行について信願行三法具足説を中心としてみてきた。元照は少なくとも『阿弥陀経義疏』執筆のときには、自身が『阿弥陀経』の経宗と定めた持名念仏以外にも、多種の行業があることを示そうとする意図があった。元照の考える往生行は、単一の行業に特化するのでなく、浄土教にさまざまな入口があることを示そうとしたものである。それは特に、元照自身が生涯研究と研鑽を重ねた持戒について、解脱のためでありながらも、臨終のときには往生浄土への大切な行業となることを明かす必要性があったのであろう。そして、そのために見出された往生行の原則こそ、信願行三法を具足するというものであったと考えられるのである。

元照は、『阿弥陀経』の「若有信者應當發願生彼國土」を経証としている、智円の『阿弥陀経疏』経宗「信」「願」「浄業」を援用して、信願行三法を具足するという往生行の原則を説いている。元照の主要な浄土教著作である『観経新疏』も『阿弥陀経義疏』もともにこの原則をもって行業が解釈されていることを確認した。また、『観経新疏』に説かれる三福九品の行業との比較においては、「信」と「願」がなくては往生がかなわないことを、元照が一貫した姿勢で述べているのをみることができた。元照は、いかなる行もこの信願行三法具足の原則にかないさえすれば往生行となると理解していたと推察されるのである。

そして、『観経新疏』の上品上生の解釈は、往生行としての持戒に高い位置づけを与えるものであり、元照が大乗の戒律受持に大きな意義を見出そうとした結果ともいえるものであろう。『観経新疏』には「菩薩大行一念能行猶爲佛種、況一日七日寧不往生耶(39)」と、菩薩の大行は一念でも仏となる可能性を持つものである。当然、菩薩の大行を一日でも一週間でもなせば必ず往生できるであろうと述べている。元照における持戒とは、この菩薩の大行のように、あくまでも解脱を目的とするものである。しかし、生きている間に菩薩の大行として励んだ持戒の功徳は虚しいものとはならず、臨終には往生のための功徳とかわり、九品の上位に迎え入れられるための資糧となることを、元照は目指したのであろう。

第二節　観想念仏について

第一項　問題の所在

元照『観経新疏』は、浄土往生の教観としての念仏、すなわち観想念仏がその主題として説かれている。元照『観経新疏』において『観経』の宗旨を弁ずるなかには、

遠師善導並云、諸經所辨宗趣各異。此經以觀佛三昧爲宗。此則通就能所而立也。觀雖十六依正不レ同而主在二觀佛一。即下經云、於二見身中一得二念佛三昧一。念即是觀。但語通二餘佛一。尚濫二他經一。可レ如二首題一簡別斯盡。[40]

とあり、浄影寺慧遠や善導が観仏三昧を『観経』の経宗とする説を用いて念仏三昧と観仏三昧を同義であるとし、『観経』中に登場する「念仏三昧」の「念」は「観」のことであると解釈するなど、念仏を観仏のことであると理解している。また、同じく『観経新疏』には「言作想者想即是觀[41]」や「令念佛者作二觀想一也[42]」などと述べられており、観仏の「観」と作想の「想」を同義とし、仏を「観」じ「想」う観想の念仏（観仏）を説いているのである。

こうした観想念仏を説く『観経新疏』や「上樝菴書」において、元照は知礼等天台諸師の『観経』十六観の解釈

に批判を加えている。元照は仁岳やその弟子可久のもとで修学したほか、知礼の法孫にあたる処謙のもとにも択瑛とともに参じている。仁岳等の影響にかかるものか、弥陀浄土の観法に関しては、知礼系天台諸師の解釈では浄土に往生できないと批判し、自説を展開するのである。ここでは、その批判の内容を整理し、何ゆえに元照が知礼系天台諸師による弥陀浄土の観法を批判しなくてはならなかったかを考察することで、元照の観想念仏（観仏）の内容を明らかにしていきたい(43)。

ちなみに、元照の観法に関する批判は大きく二つに分けられる。一つには、『観経』の観法を事理二観のどちらに属せしめるかの問題、二つには、『観経』の観法の所観の境を心法と仏法のどちらに定めるべきかの問題である。ここではその問題を考察して元照と諸師の見解の相違を明瞭にし、最後に観法に関する問答をとりあげて、元照の観想念仏の特色をみていきたい。

第二項　元照の事理二観の理解

はじめに事理二観の問題について『観経新疏』には次のように述べている。

> 然古今判釋互説不同。一云十六妙境無レ非二理觀一。一云據二經始末一皆是事想。一云前後十五是事唯第九佛觀爲レ理。今謂初釋則遺二於中下一、次解則抑二彼上根一、後説兩分最非二通論一。夫達レ理者則諸法皆理。安有二此是而彼非一乎(44)。

ここで元照は、古今の事理の判釈として三者を挙げ、それぞれに批判を加えている。この三者は、ここに直接名前は挙げられていないものの、宋代に成立した『観経新疏』の注釈書『正観記』によれば、知礼、択瑛、智円の解釈であるという。[45]元照は、知礼『妙宗鈔』の十六観すべてが理観であるという解釈では[46]、中下根の者がもれてしまい、択瑛『修証義』の十六観すべてを事観とする解釈では、上根の者を抑えてしまう。また、智円は『刊正記』において第八観[47]のみを理観として、その他十五観を事観とするが、このように二つに分ける考えは通説ではないと述べている。そして、

甞考二經文一、但出二所觀之境一不レ分二理事之殊一。得レ非下能觀之人根有二利鈍一見有二通塞一、任二其分量一、皆可中趣入上乎[48]。

と、そもそも『観経』は所観の境を出すのみで事理を分けていないことを指摘している。元照は、能観の人の機根に利鈍があれば、それぞれ観ずる内容も異なることになるため、各人の機根に合った観におもむくべきであるとする[49]。元照は経文に直接所観に事理を分けて説いていないことから、先の三者と異なり、所観の境に関係なく能観の側の機根により事理を解釈したのである。

本来、事理二観は不二であって分けるべきものではないという原則のもと、諸師によってそれぞれの説が展開されている。当然、智円・知礼・択瑛の三者において『観経』十六観を判ずることも、そもそも各人の「事観」と「理観」の定義に基づいたものである[50]。択瑛の場合、『弁横竪二出』などの現存する資料からはこの内容を確認できないが、智円等山外派の場合、「理観」は内心（心性・真心）を所観とするものであり、「事観」は外色を所観とするものである。知礼の場合、「理観」は現前の一念陰心の上に直ちに円融三諦の理法を観ずるものであり、「事観」は現前の一念陰心に生起する諸相において、事相が理法に即して成じていることを観ずるものである。いわゆる理具三千を観ずることが理観であり、事造三千を観ずることが事観であるとしている[51]。このような諸師の事理二観の見解を考えれば、所観の境に関係なく能観の側の機根により事理二観を分ける元照の解釈が、当時いかに特殊なも

のであったかがうかがわれよう。

続いて、元照における事理二観の詳しい内容をみていきたい。『観経新疏』には、

理是虚寂之強名事乃施爲之總目。名雖二兩立一體實一如。其猶下水動爲レ波墨書成上レ字。波雖二萬狀一水濕何殊。字有二千差一墨色無レ二。[52]

とあるとおり、理と事は名によって二つとしているが、水と波、墨と字のようにその本体は一如無二なものととらえている。また、

今依二天台十疑論一云、智者熾然求レ生二淨土一達二生體不可得一。此乃眞無生。愚者爲レ生所レ縛、聞レ生作二生解一聞二無生一作二無生解一。而不レ知二生即無生無生即生一。不レ達二此理一横相是非、幾許謬哉。是知、達二事即理一理非二事外一。是眞無生。故稱二妙觀一。又準二南山理事二懺一須レ分二兩根一。利根達レ理則一切唯心。鈍根未レ達則專依二事行一。餘經理觀唯被二上根一。今經觀法通攝二利鈍一。利根修者莫レ非二理觀一。鈍根修者皆歸二事想一。利鈍雖レ異皆得二往生一。但生レ彼已階位淺深、進レ道遲速耳。[53]

とある中、『十疑論』所説の智者が真の無生にありながら浄土を求めるように、能観人によっては事観もそのまま理観となるのである。そのため、南山道宣の「理事二懺」[54]に準じて事理に利根と鈍根を配当して考えるときには、利根人の修観は必ず理観となり、鈍根人の修観はすべて事想となる。ただし、『観経』の観法は両者をともに摂するため、理に達して一切唯心と了知する利根人も、理に達せず専ら事行による鈍根人も、極楽での修道の階位や進み具合に差異があるのみで、みな往生ができるとしているのである。ここで注目されるのは、「利・鈍の両者がともにそれぞれにあった観で往生可能であるとした点」と、『十疑論』所説の智者が真の無生に通達しても浄土を求生するように、「利根人も事観を即理観と了知して浄土の観を行うべきことを示した点」である。特に前者は、知

礼が『妙宗鈔』に、

良以愍レ物情深適レ時智巧。故多談二事相一。少示二觀門一。務在三下凡普霑二縁種一。方今嘉運、盛演二圓乘一。慕學之徒、皆欲二得レ旨而修證一矣。故竭二鄙志一。鈔二數千言一。上順二妙宗一、略消二此疏一。適レ時之巧、非二我所一レ能。願共二有情一。即レ心念レ佛。乃此鈔所二以作一也。[55]

と、当時、下凡の人々を憐れみ、彼らを対象として事相を談ずることが多かったことを嘆き、心に即して仏を念ずる天台止観の観門実践を示そうと考えて『妙宗鈔』を著した姿勢とは大きく異なるものである。[56]また後者については、これに続く理観に関する問答の中にも、

問、起レ心取レ境那名二理觀一。答、了二此心境一皆因縁生。縁生無二生體一非二生滅一即無生理。十疑論云夫不生不滅者於二縁生中一諸法和合不レ守二自性一。求二於生體一了二不可得一。此生生時無レ所二從來一故名二不生一。此滅散時去無レ所レ至故言二不滅一。非レ謂三因縁生外別有二不生不滅一也。今明二理觀一一準二論文一。以二縁生心一觀二縁生境一。心境雖レ殊縁生不レ異。能觀是心所觀即佛。心法佛法皆不思議。華嚴云心佛衆生三無差別即其義也。故諸行者先開二智解一通達無レ疑。然後晨夕念念繫二想彼方依正勝境一熾然求レ生不レ妨二心境一。體自無生。非レ謂三造作使二之然一也。是知世出世間諸所有法出處語默莫レ非二妙理一。非二唯此觀一一代大乘所立觀法莫レ不二皆爾一。[57]

とあるように、『十疑論』所説の縁生無生の理に準じて、能観の心も所観の境（仏）もともに因縁生起する点で異ならず、不可思議であるという智解を開いて後に、念々に勝境たる西方浄土に想いを繋け、盛んに浄土を求生すべきことを説いている。[58]つまり、事相を観じていても、理に達した者であれば、おのずから理観となるのであるから、阿弥陀仏や西方浄土の事相を観ずることは理観ではないといってこれを避けてはならず、利根の人も鈍根の人も、ともに西方の事相を観想すべきことを説くのである。

以上、元照における事理二観の考察から、元照が『観経』の観法を知礼のように上根を対象とした理観に限定するのでもなく、択瑛のように下根にあわせてすべて事観とも規定せず、能観の側の機根に応じて事想でありながら理観ともなることを示すことで、この『観経』十六観が、修する行者の機根を選ばない観法であると説示しようとしたことが推察される。元照における事理二観は、利根・鈍根の衆生がともに西方浄土の事相を観想するなかで、能観の人それぞれの分際によって異なるものである。そして、結果的に事理の観の異なりにかかわらず、両者同じく浄土へ往生できるとするのである。元照のこのような解釈は、天台『観経疏』には一切触れずに『十疑論』のみに深く依った結果であろう。『十疑論』の説示に依るからこそ、浄土の事相を観想しても縁生無生の理法に達することが可能であると示せたのであり、そのように西方浄土の事相を観想することの正当性を示したからこそ、その結果として機根にも事理二観にも左右されずにみな浄土へ往生できるといいえたのである。(59)

第三項　元照の観法説

次に元照の観法説についてみていきたい。「上櫨菴書」には、

> 大抵諸師章記並以二十六妙観一混二同止観観法一。故有二観心観佛之諍、約心観佛之漫一耳。嘗考二諸大乗観法一、能観心雖レ一而所観境隨レ機不同。(60)

と、一応「諸師」とはしているが、『観経』の「観仏」について「摂心帰仏」と解釈した広智尚賢と、「摂仏帰心」と解釈した浄覚仁岳の諍いを「観心観仏の諍」といい、その決裁にあたった知礼の観法を「約心観仏の漫」であるといい、どちらの解釈も『観経』十六観を止観と混同していると批判している。(61) また、

今人説二十六観反令レ観レ心、乃是攝レ想。豈名レ送レ想耶。[62]

といい、

諸師反以二十六観一爲二陰境一。故云二是心作佛是心是佛一等。且彌陀願力積劫修成清淨境界。豈得三反同二衆生生死陰一邪。又云、攬二彼依正一歸レ心観レ之。此由レ不レ辨二兩土観法各異一。但見三本宗多贊二唯心一、遂一混釋レ之。嗚呼、誤二却多少人一邪。毎二一思及一、不レ覺潸然。自二諸師章鈔行レ世、學レ教者多不レ生二淨土一。郷中諸老講員、講二却多少彌陀観經一、臨終只在二人家一託生。是爲二苦事一。却是行翁行婆不レ知二教相一、直信而生者多矣。[63]

というように、諸師が『観経』「是心作佛是心是佛」の文をもって極楽の依正を自己の陰妄心に帰し、これを所観の境とすることは、娑婆と極楽の観法がそれぞれ異なることを知らず、唯心を讃ずるあまり混同してしまっていると指摘している。『観経』十六観を自らの陰妄心を観ずる観心とするならば、阿弥陀仏が本願力と積劫の修行によってつくりだした清浄な境界と衆生の持つ迷いの生死の陰とを混同する、まったく誤った見解となるという。そして、この見解は多く他人を誤らせるものであり、元照においては「そのことに思いが及ぶたびに思わず涙する」ほど大きな問題であり、学ぶ者は多いが浄土に往生できないとも述べている。

ここでの元照の批判は「諸師」に向けられている。一応、実名は出さないものの、その内容から、この「諸師」が知礼やその門人を指すことは間違いないであろう。知礼は、天台『観経疏』が『観経』の経宗について「此經心観爲レ宗、實相爲レ體」[64]、「以レ修二心妙観一、能感二淨土一、爲二經宗一也」[65]としていることを受けて、『妙宗鈔』において次のように『観経』の観法を解釈する。

観者總擧二能観一、即十六観也。無量壽佛者擧二所観要一、攝二十五境一也。且置二能説一略明二所説一。能観皆是一心三観、所観皆是三諦一境。[66]

『観無量寿仏経』の経題を釈して、「觀」を能観の十六観とし、「無量壽佛」を他の十五境を包摂する所観の要であるとしている。この能観の十六観は一心三観であり、所観の無量寿仏他十五境は三諦一境であるとし、まさしく天台の止観でこの『観経』十六観を解釈している。また、同じく『妙宗鈔』に、

> 二此經下叙二經宗體一。心觀者、經以二觀佛一而爲二題目一、疏今乃以二心觀一爲レ宗。此二無レ殊。方是今觀。良以圓解全異二小乘一。小昧二唯心一佛從レ外有。是故、心佛其體不レ同。大乘行人、知三我一心具二諸佛性一。託レ境修レ觀佛相乃彰。今觀二彌陀依正一爲レ縁熏二乎心性一。心性所レ具極樂依正由レ熏發生。心具而生。豈離二心性一。全レ心是佛全レ佛是心。終日觀レ心終日觀レ佛。是故、經目與二疏立一レ宗語雖レ不レ同其義無レ別。又應二須了一。若觀レ佛者必須レ照レ心。若專觀レ心未二必託一レ佛。如三一行三昧直觀二一念一。不下託二他佛一而爲中所縁上。若二彼般舟及此觀法一發軫即觀二安養依正一。而觀二依正不一レ離二心性一。故曰二心觀一。須レ知此觀不二專觀一レ心内外分レ之。此當二外觀一、以レ由下託二彼依正一觀上故。是以經題稱爲二觀佛一。若論二難易一今須レ從レ易。法華玄云、佛法太高衆生太廣初心爲レ難。心佛衆生三無二差別一。觀レ心則易。今此觀法非二但觀一レ佛乃據レ心觀。就レ下顯レ高。雖レ修二佛觀一不二名爲一レ難。是知今經心觀爲レ宗、意在レ見レ佛。故得二二説一義匪二殊途一。(67)

とあるように、阿弥陀仏の依正荘厳を縁として、自らの「心性本具の理」を熏習すれば、「心性所具の極楽」が生ずるのであり、仏といっても心性を離れるものではない(68)。それゆえに、心を観じることは仏を観じることになるのであり、『観経』がその経題とする「観仏」と、天台『観経疏』が経宗とする「心観」は同じものであると説いている。ただし、観仏と観心は同じであるとはいえ、『法華玄義』所説の行の難易に準じ、修する側の利便性から観心を易修とし、この『観経』十六観をただ仏を観ずるのではなく、心によって観ずるものと解釈するのである(69)。

元照の批判は、このような知礼の『観経』十六観を止観と同様に観心ととらえる見解に向けられているのである。

そもそも元照は『観経新疏』において、

宗是主義。一經之主義須二辨示一。天台云、此經以二心觀一爲レ宗。此則單就二能觀一爲レ言也。觀二佛依正一得レ非二心觀一乎。遠師善導並云、諸經所レ辨宗趣各異。此經以二觀佛三昧一爲レ宗。此則通就二能所一而立也。觀雖二十六一依正不レ同而主在二觀佛一。[70]

といって、天台『観経疏』の「心観爲宗」をただ能観について語ったものであり、「心観」は仏の依正荘厳を観ずる能観の心を挙げたに過ぎないとしている。そして、能観と所観に通じて『観経』の経宗を立てた慧遠と善導に準じ、経宗を「観仏三昧」とするのである。つまり、天台の法門をかつて学んだ元照であるが、天台『観経疏』の説にしたがって単純に『観経』十六観を「心観」とせず、あくまでも能所に通じて経宗を立てることになる「観仏」でなくてはならないとしたのである。また、元照は『観経』の経宗を「観仏」と断定した直後に、

觀佛三昧經云、佛告二阿難一、此觀佛三昧是一切衆生犯罪者藥、破戒者護、失道者導、盲冥者眼、愚癡者慧、黑暗中燈、煩惱賊中是勇猛將諸佛世尊之所二遊戲一。首楞嚴等諸大三昧始出生處。又云、若能觀二佛一毛孔一是人名爲レ行二念佛定一。以二念佛一故十方諸佛常在二其前一爲説二正法一。此人即能出二生三世諸如來種一。何況具足念二佛色身一。又云、若四部弟子謗二方等經一作二五逆罪一、犯二四重禁一偸二僧祇物一、汚二比丘尼一破二八戒齊一、作二諸惡事種種邪見一。若能至レ心一日一夜繫念在レ前觀二佛一相好一者諸惡罪障皆盡滅等。準知觀佛功德難レ思。良由下攝二虚妄心一冥中眞實境上。假二彼福慧一濟二我貧窮一。藉二彼慈悲一拯二我沈溺一。是却惡之前陳爲二入道之初門一。[71]

と、『観仏三昧経』中で観仏三昧の功徳を宣説する箇所を引用し、言及している。『観仏三昧経』には、観仏三昧を一切衆生中の犯罪の者、破戒の者、失道の者、盲冥の者、愚痴の者等ひろく利益を施す者であり、諸々の大三昧の生処であるとしている。その功徳は、仏の一毛孔を観ずるのみでも念仏定を行ずることになり、その念仏によって

諸仏が現前して法を説くほどであり、たとえ五逆罪などの種々の悪事を作っても、一日一夜繋念して仏の一相好を観ぜば罪障は滅するとされる。そして、元照は、観仏三昧の功徳は計り知れず、虚妄な自心を真実の境たる仏に冥合する観仏三昧によってこそ、仏の福慧や慈悲をかりて生死の苦に沈溺する自身を救うことができると説くのである。これらの内容から察するに、元照は罪障を重ねてしまう衆生にとって観仏（観想念仏）こそが仏の慈悲や福慧を直接受けることができる法門である点を重視し、「観仏」を『観経』の経宗に据えたことが考えられるのである。

「観仏（観想念仏）」を経宗とする元照は、次に示す観法の分類においても明確に「心観」と区別している。釈尊一代の観法について「上櫨菴書」には、

> 嘗考㆓諸大乘觀法㆒能觀心雖㆑一而所觀境隨㆑機不同。且説㆓二種㆒。一以㆑心爲㆓所觀㆒。如㆓天台止觀、賢首法界觀・還源觀、南山淨心觀、以至少林壁觀等㆒。並指㆓現前覺心體性㆒爲㆓淨土㆒。如㆓淨名心淨土淨、圓覺地獄天宮皆爲淨土㆒。誌公六祖等皆云、即心是淨土、不㆑須㆑求㆓西方㆒等。此指㆓理體㆒爲㆑土。唯佛一人居㆑之。衆生雖㆑不㆑離、而未㆑能㆑顯。圓覺・楞嚴・占察等諸大乘經所詮觀法、皆是此方破惑入道無生理觀。二以㆓諸佛菩薩修成功德依正色像㆒爲㆓所觀㆒。如㆓觀佛相海經・普賢行法經・觀彌勒上生經・觀無量壽佛經等㆒。題中標定能所分明。此又三別。一者、觀佛相海經即觀㆓釋迦㆒。普賢行法經即觀㆓普賢㆒。皆不㆑離㆓此界㆒而觀。亦爲破㆑障滅㆑罪助㆓成理觀㆒。非㆑求㆑生也。二者、上生經即以㆑心想㆓天界彌勒内院㆒求㆑生㆓彼天㆒（此二者不。出娑婆）。三者、觀無量壽佛經十六種觀、並以送㆓想西方十萬億刹之外彌陀依正莊嚴㆒、求㆑生㆓淨土㆒。[72]

と、（1）心をもって所観とするもの、（2）諸仏菩薩の修成の功徳・依正の色像をもって所観とするものの二種に分類している。加えて（1）を現前の覚心の体性を指して浄土とする観と、理体を指して土となす観に二分し、（2）を、①この界を離せずに観じて破障滅罪して理観を助成する観と、②心をもって天界の弥勒の内院を想して

彼天を求生する観、そして、③想を西方十万億刹の外、弥陀の荘厳に送って浄土を求生する観に三分している。また、『観経新疏』においては、

一代時教所レ明觀法略爲二五例一。一總觀二諸法一、如二經觀一切法空等一。二別觀二自心一、如二止觀還源觀法界觀淨心觀等一。三或但觀レ色、經云觀二身實相一觀レ佛亦然。及不淨白骨等。四兼觀二色心一、經云照二見五蘊一空十二入十八界數息等。五對二觀勝境一、即如三諸經觀二佛菩薩一等。今此觀經即當二第五一。就レ觀二勝境一復有二五別一。一觀二佛相海一、即觀二諸佛三十二相一也。二觀二普賢行法一、即觀二六牙白象菩薩身相一也。三觀二藥王藥上一、即觀二二菩薩行願色相一也。四觀二彌勒上生一、即觀二兜率天宮一求レ生二內院一也。五即今經觀二彌陀依正一求レ生二淨土一也。上三滅レ業破レ障下二忻願求レ生。又下二中第四是娑婆天界第五即極樂淨方。然此方入道要在二觀心一。淨土往生義須レ想レ佛。(73)

と、（1）総じて諸法を観ず、（2）別して自心を観ず、（3）但だ色を観ず、（4）兼ねて色と心を観ず、（5）勝境を対観するの五例に分類し、さらにその（5）勝境を対観するを、①仏相海を観ず、②普賢の行法を観ず、③薬王薬上を観ず、④弥勒上生を観ず、⑤弥陀の依正を観ずに分けるなど、とても細かく整理している。今これを図示すれば図1のとおりである。

そして、図1の「上樝菴書」の（1）心をもって所観とするものと、『観経新疏』の（2）別して自心を観ずるものを「此方破惑入道無生の理観」とし、此方（娑婆世界）で断惑証理して悟りを得るための観心と位置づけている。それに対して、「上樝菴書」の（2）諸仏菩薩の修成の功徳・依正の色像をもって所観とするもののなかの③想を西方十万億刹の外、弥陀の荘厳に送って浄土を求生すると、『観経新疏』の（5）勝境を対観するなかの⑤弥陀の依正を観ずというのが『観経』の観法であり、仏を想して浄土往生を求める観と位置づけている。先ほどの批判にあった止観はこのうちの「此方破惑入道無生の理観」であり、浄土往生のための観法とはまったく異なる観門

図1　元照による観法分類の図

『観経新疏』		「上樝菴書」	
（1）総じて諸法を観ず	『法華経』「観一切法空」		
（2）別して自心を観ず	天台止観、賢首法界観・還源観、南山浄心観等	（1）心をもって所観とするもの：現前の覚心の体性を指して浄土とする観	天台止観、賢首法界観・還源観、南山浄心観、少林壁観等
		（1）心をもって所観とするもの：理体を指して土となす観	『維摩経』「心浄土浄」、『円覚経』「地獄天宮為浄土」、誌公・六祖等の「即心是浄土不須求西方」
（3）但だ色を観ず	『維摩経』「観見実相観仏亦然」、不浄観、白骨観		
（4）兼ねて色と心を観ず	『般若心経』「照見五蘊」、空、十二入、十八界、数息等の観		

（2）諸仏菩薩の修成の功徳・依正の色像をもって所観とするもの		
①この界を離せずに観じ、障を破し、罪を滅して理観を助成す	②心をもって天界の弥勒の内院を想って、彼天を求生する	③想を西方十万億刹の外、弥陀の荘厳に送って浄土を求生する
（5）勝境を対観する		

諸経に仏菩薩を観ずる等				
①仏相海を観ず	②普賢の行法を観ず	③薬王薬上を観ず	④弥勒上生を観ず	⑤弥陀の依正を観ず

であることをここに強調している。そしてさらに、

今擧㆓此方觀心一種㆒對㆓校今經㆒略爲㆓六別㆒。一觀心則攝㆑想歸㆑心、今經則送㆓心他境㆒（經云一心繫念諦觀彼佛天台。疏云落日懸鞁用標送想之方）。二觀心不㆑局㆓四儀㆒、此經則要須㆓正坐㆒（義通㆓餘儀㆒）。三觀心則不㆑拘㆓方所㆒、此經則定須㆓西向㆒。四觀心則不㆑簡㆓餘時㆒、此經則須㆑除㆓便食㆒（觀佛經云除便轉時地觀云唯除食時等）。五觀心則斷㆑惑證㆑理、此經則成㆑業感㆑生。六觀心則魔業發現、此經則聖德護持。略明㆓六異㆒、則知、淨土觀門迥然天別。(74)

と、娑婆で行う観心と往生浄土のための『観経』の「行相」との相違を六つ挙げている（表1参照）。（一）から（四）までは観法の行相の相違であり、（五）は観法の目的の相違であり、（六）は観法における仏の護念の有無である。一見すると、観心の方が制約も少なく良いように感じるが、（五）のように目的が往生にあり、

表1　観心と『観経』の「行相」との相違点

	観心	『観経』十六観
（一）	想を摂して心に帰す	心を他境に送る
（二）	四儀にかぎらない	かならず正座すべし
（三）	方処をとらえず	定めて西に向かうべし
（四）	余時を簡ばない	便食を除くべし
（五）	惑を断じて理を証す	業を成じて生を感ず
（六）	魔業発現する	聖徳の護持あり

（六）のように観法を修するにあたって仏の護念を直接得られる点が重要な相違点であり、同時に大きな利益としているのであろう。例えば、（六）のように観の最中で魔業が現じてしまえば、観そのものの意味がなくなってしまう。しかし、諸仏の護念があれば魔を近づけず、観が成じやすいのである。十六観を「観心」とする知礼の『妙宗鈔』には行者に諸仏の護念があるなどの言葉はみられない。それに対して、元照は釈尊が仏の他力をたのむ往生浄土の教えを説いており(75)、その往生浄土の教えを行ずる念仏の人がみな仏の護念を受けられることを明かし、その他にも種々の仏力の利益があることを述べている(76)。以上のことを勘案すれば、元照が「観心」に対する「観仏」の利益の一つとして、このような仏の護念等を挙げていることが予想されるのである。

以上、観法の問題についてみてきたが、元照は知礼が『観経』十六観を止観と混同して「観心」とすることに対してきわめて強い反論を試みており、「観心」と「観仏」の異なりについて事細かに説明を加えるのである。なかでも何度も繰り返し説明されるのは、

①此方入道のための「観心」＝止　観　↓　陰妄の一念心を所観の境として三諦円融の理を悟る

②往生浄土のための「観仏」＝十六観　↓　阿弥陀仏と極楽の荘厳を観じて往生を得る

と、「観心」と「観仏」では観法の目的が異なるということである(77)。元照からすれば、知礼が混同している止観は

「此方破惑入道無生の理観」であり[78]、娑婆世界で断惑証理して悟りを得るための「観心」である。しかし、『観経』の観法は「往生浄土の観」であり、自らの心想を西方十万億土先にある阿弥陀仏の依正荘厳に送って、浄土に往生することを求める「観仏（観想念仏）」であると分類するのである。そして、この「観心」と「観仏」を比較すれば行相・目的・諸仏護念の有無に相違があると指摘し、知礼のいう止観では得られない諸仏護念の利益をその相違の最後に挙げて、浄土の観門と観心とは、はるかに異なるものであることを主張するのである。

第四項　弥陀浄土の有相荘厳を観ずる正当性

元照は、詳細な「観心」と「観仏」の異なりを論じた後に、さらにこの観法に関する問答を設けている。ここでは、その観法に関する種々の問答を考察することで、元照の観仏思想における特色をみていきたい。

四問答あるうちのはじめには、

問、今十六觀可レ名二觀心一否。答、若乃達二境唯心一則彼彌陀身土孰非レ心乎。但恐反求二本陰一局認二點靈一、則盡屬二他經一。非二今正觀一矣。[79]

とあり、十六観を心観と名づけるべきか否かという問いに対して、もし唯心に達する、つまり阿弥陀仏も自己の自性であって他仏ではないと了知すれば、阿弥陀仏の身土も心といえるであろう。ただ、観心と名づければおそらく自己の現前の五陰心に求めてしまう他経の観法となってしまい、『観経』の正観ではなくなるとしている[80]。元照は唯心に達した者においては対境となる仏を心と受け取れるであろうが、おそらくは多くの人がただ自己の五陰心を観ずる別経の観法となってしまうことを指摘している。このように元照は教化において「唯心浄土」「自性弥陀」

を認め、心と仏は同体であるとしながらも、あくまで「観仏」でなくてはならないというのである。

この一見矛盾ともとれる問題に関連する問答がある。それは次のとおりである。

有人云、心若清淨即是自性西方何必求レ生二他方淨土一。今謂、非レ無二此理一。斯乃教中法性理土而非二今經所レ明一也。然具縛凡夫未レ登二忍地一。假令頓悟二自心一孰能恒守二清淨一。法雖二高妙一不レ攝二群機一。但有二虚言一何由造入。(81)

心が清浄であればそのまま自性が西方浄土であるのだから、どうして他方の浄土を求める必要があろうかという問いに対し、その理解は一応間違いではないが、今いう浄土は法性理土のことであり、この『観経』に説く浄土とは別のものであると答えている。加えて、具縛の凡夫はいまだ無生法忍を得ておらず(82)、たとえ頓速に自心を悟ったとしても、その清浄な状態を誰がよく守っていられようか。どんなに教えが高妙なものであっても機根に合わなければ、多くの人々を救い取ることなどできない虚言であるとしている。このなかで元照は、一時的に唯心を悟ることもあるかも知れないが、無生法忍を得ていない者にそれを維持することは難しく、高妙な教えであっても機根がついていかなければ大勢の人を救い取るにはいたらないと、自性西方説に対する見解を述べている。つまり、心と仏とが同一であると達観するのは、無生法忍を得て以後の菩薩であれば可能であるが、具縛の凡夫には到底難しいものであることを指摘しているのである。元照は知礼の観法を「約心観仏の漫」としているが、元照にとって往生浄土のための観法を観念的理解から「観心」に属させることは、慢心のなせることと映ったのであろう。ともかく、元照は無生法忍をまだ得ていない者に、唯心を悟ってそれを維持することは難しいため、みな「観仏」によって往生浄土を求めるべきであるとしていたのではなかろうか。

続く第二問答では、

問、或謂佛法太高衆生法太廣唯観心爲要。今經観佛豈不二相違一。答、観法被レ機各有レ所レ主。若此方入道斷レ惑證レ眞則觀心至要。若往生淨土修レ因感レ報則觀佛最優。彼明二斷證一正取二觀心一、故有二此語一。非レ謂下生佛二法永不上レ通レ觀。觀佛三昧皆被二未來一義非二徒設一。[83]

とある。観ずることが難しい仏法や衆生法ではなく一番身近な心法を観ずることを勧めている『法華玄義』の説に『観経』の観仏は相違しないかという問いに対して、観法は修する人が利益を被るものであり、それぞれの観法には各々の目的がある。此方で断惑して悟りを得るためには観心を肝要とすべきであるし、往生浄土のためには観仏こそが最優なのであると答えている。『法華玄義』の言葉は前者を目的としたものであり、決して仏法や衆生法を観じることができないという意味ではない。また、観仏三昧は未来の衆生が益を被るもので、その意義はいい加減なものではないとしている。ここで元照は「観仏」と「観心」という観法の目的を明確化することによって、『法華玄義』の行の難易説を会通し、やはり、知礼の説を斥けているのである。

そして、第三問答では、

問、心佛無差上乘了義。今明二觀法一何必強分。答、理本雖レ融行相宜レ別。將使二造修一有下託必須二境智相應一。古德有レ言、觀佛有レ二。一者自心三昧所見佛。二者西方從因感果佛。諸經觀心即觀二自心所見佛一也。今十六觀正觀二西方感果佛一也。據二此兩分一求無二疑濫一。故天台十疑論云、凡求レ生者希レ心起レ想緣二阿彌陀佛相好光明一。又觀二彼土七寶莊嚴一備如二無量壽十六觀等一。今經觀佛斯爲二明據一。[84]

と、心と仏とは差別なしとする教えは大乗了義の教えであるのに、観心と観仏を強いて分別するのはなぜなのかという問いに対し、本来、理体としては心と仏は融通するものであるとはいえ、行相としては分別すべきである。修して仏に心を託すならば、所観の境と能観の智が必ず相応すると答えている。加えて、湛然の『止観輔行伝弘決』に「仏を観ずるに二種あって、一つは自心三昧所見の仏、二つは西方従因感果の仏である」[85]という説示を用い、自心所見の仏を観ずるのが観心であり、西方感果の仏を観ずるのが『観経』十六観であると、二種の観法所観の仏についても明確に分けるのである。元照はここに自心所見の仏とは別に西方の阿弥陀仏を認めるのである。『十疑論』第十疑に「『無量寿経』や『観経』のように、心想をもって阿弥陀仏の相好・光明を縁じ、極楽の七宝荘厳を観ぜよ」[86]とあることをもって、その西方浄土の阿弥陀仏の相好や光明、および国土の荘厳を観想することが『観経』十六観であり、「観仏」であると断定している。

続く第四問答では、

問曰、經云、若以レ色見レ我以二音聲一求レ我是人行二邪道一不レ能レ見二如來一。今觀二佛境一豈非二色見聲求一耶。答曰、三十二相猶三皎月落二於百川一。四辨八音若三清響發二於幽谷一。然有下披レ潭捉レ月入レ谷尋上レ聲。不レ了二性空一故不レ見レ佛。達士不レ爾。了二色非色一何妨レ端二想於聖容一。達二聲非聲一豈礙レ側二聞於妙法一。故華嚴云、色相不二是佛一音聲亦復然。亦不レ離二色聲一見二佛神通力一。覩二茲妙論一寧復疑乎[87]。

と述べ、『観経』の観仏が西方阿弥陀仏の依正を観想するものであれば、『金剛般若経』に色相や音声をもって仏を求めることは邪道であり、仏を見ることができないといわれていることに反していないかという問いを出している。これに対し元照は、仏の三十二相や説法の音声のあり方は、あたかも白く輝く月が百川に姿を映し、清らかな声を暗くしずかな谷に響かせるようなものであると説明する。物の道理を知らず、水面の月をとらえ、谷に声を尋ねる者のように、一切諸法の本性が空であると理解しないから仏を見ないのであり、仏の色相と音声についても正しく性空であることを理解すれば、『華厳経』に「色相も音声も仏ではないが、色相と音声を離れることなく仏の神通力を見る」とあるように、見聞できるとするのである。つまり、先ほど論じた理観の内容をとりあげることによって、『観経』の観法が色相を観ずるとはいっても、決して邪道ではないことを示しているのである。

以上、観法に関する種々の問答を考察することによって、元照の『観経』における観仏思想をみてきた。これらの問答は当時当然周囲から受けたであろう批判を想定している内容であり、心と仏が本来無差別であるのにあえて仏を観じることに対する疑義や、『法華玄義』の所説との会通、仏の色相を観ずることの正当性を論ずることは、元照が考える『観経』所説の十六観を説くために越えなくてはならない問題であったことが推察されるのである。そして、その越えようとした内容こそが、元照の観想念仏（観仏）の特殊性を表すものといえるのではなかろうか。

今、これらの内容を勘案するに、元照における観想念仏（観仏）とは、『観経』や『十疑論』の説示にしたがって、往生浄土のために西方感果の阿弥陀仏とその浄土の色相を観じることである。たとえ、心と仏が本来無差別なものであるといっても、行相としては必ず分けるべきであり、ましてや無生法忍を得ていない具縛の凡夫であれば、色相を観想する観仏によって往生浄土を求めなくてはならなかったのである。また、天台の教観を学び、周囲にも天台僧が多かった元照が、師匠筋にあたる知礼説を否定し、『観経』十六観を「観心」ではなく「観仏（観想念仏）」であると強く主張しなければならなかった理由の一端も、ここにうかがえるのである。

第五項　ま と め

本節では、天台諸師における弥陀浄土の観法に対する元照の批判内容をとりあげて整理し、諸師の見解との相違より元照の観想念仏の内容を考察してきた。『観経』の観法に関する元照の天台諸師批判の内容を整理すれば、所観による事理二観の判定と、十六観を止観と混同して観心としたことにある。元照における事理二観は、『観経』十六観を修する能観の心の利鈍によって異なるものであり、どちらも所観の境を西方浄土の依正荘厳とするのである。往生浄土のためには、利根・鈍根の差別にかかわらず「観仏（観想念仏）」すべきであり、それは阿弥陀仏を自己の自性と了知する「唯心の境」に達しても観ずるべきであるとしている。そして、事理二観のどちらであっても往生できると説くのである。元照は『観経』の観法を知礼のように上根を対象とした理観に限定するのでもなく、択瑛のように下根にあわせてすべて事観と規定せず、『十疑論』所説の理の概念や道宣の理事二懺説をもって、能観の側の機根に応じて事想でありながら理観ともなることを示すことで、この『観経』十六観が機根をえらばない観法であると説いている。さらに、知礼のように『観経』十六観を止観と混同して観の対境を心とすることについては、強く否定し、十六観は「観仏（観想念仏）」に他ならないことを主張する。元照は『観経』の経宗を「観仏（観想念仏）」とし、止観等「観心」は釈尊が此方入道のために説いた観法であり、『観経』はこの「観仏（観想念仏）」によって浄土に往生するための観法であるとしている。また、この「観仏（観想念仏）」は他力をたのむ教えであり、諸経にあるとおり、本来心と仏が無差別なものであるといっても、無生法忍を得た菩薩でない具縛の凡夫であれば、やはり行相としては「観心」ではなく「観仏（観想念仏）」をとり、これによって往生浄土を求めるべきであると説いている。そして、このときに観ずる対境は、ただ往生浄土のため西方感果の阿弥陀仏とその浄土の色相を観想しなければならないとするのである。

このような元照における観想念仏（観仏）説は、ただいたずらに天台諸師を批判するためのものではなく、あくまでも群機が救われるべき法を求め、機根の差異なく成仏可能な法門を探そうとした元照自身の信念からできたものと考えられる。[88]だからこそ、釈尊が生死に沈溺する衆生のために特別に開いた往生浄土の法門たる『観経』の観法を、修行中に魔業が発現しうるような「観心」ではなく、誰もがさまざまな仏の他力・功徳を受けることができる「観仏」であるとしたと推察されるのである。[89]

ただし、元照は事理二観について自説を展開して機根の高下にかかわらず往生できる教えであることを示しながら、一方で「細詳二此説一深會二經宗一。但未レ悉三此經通收二中下一耳」(90)と、自説は『観経』の経宗に深くかなうが、それでもこの経は、いまだ中下の機根の者を収め尽くすことはできないとも述べている。たとえ「観心」ではなく「観仏（観想念仏）」の行であり、西方浄土の事相を観ずる『観経』の「妙観」(91)であっても、いまだすべての機根を収め尽くす行ではないことを問題としているのである。これに類する言及は他にみられない。そのためこれ以上の考察はできないが、『観経新疏』の下々品解釈などを見る限り、こうした行相についての課題は『阿弥陀経義疏』において宣説される「持名念仏」へ持ち越されているように見受けられるのである。(92)元照におけるこうした行相の問題は、それを修する衆生のとらえ方や、加被・護念する仏身のとらえ方なども重ね合わせて考えなければならないものであろう。

第三節　持名念仏について

第一項　問題の所在

第三章で有相と無相の阿弥陀仏について論ずる際にも触れたが、元照における念仏には二種類ある。その一つは、前節で論じた阿弥陀仏の有相荘厳を観ずる観想念仏（観仏）であり、もう一つが、本節で論ずるところの持名念仏である。この二種の念仏は、二種の阿弥陀仏観と相応するものであり、元照の浄土教実践の特徴的な行業として位置づけられるものである。ところが、従来の元照の念仏に関する研究は、元照の教学全体から整理を行って導き出されたものではなく、「元照は善導の影響を受けている」という漠然とした意識のもと、持名念仏（称名念仏）の考察を中心に進められてきた。そのため、元照の念仏に二種類の念仏があることを明確に示した研究はない。したがって、冒頭のように、元照における念仏とは観想と持名の二種があるというためには、今一度元照著作における念仏の内容整理を行う必要があるのである。

また、元照の説く「持名」の内容についても、特に何の考察もなく、多くの先学によって無批判に善導所説の「称名」とまったく同義として取り扱われている。しかし、元照が、善導や尊敬する遵式にまったく見られない「持名」という表現を多用していることには、元照が「称名」と異なる意味合いを「持名」に見出していると考えるべきであり、それが元照浄土教思想の一つの特色とも考えられる。元照における念仏の整理に加え、元照の浄土教思想を正確に把握するためにも、元照における「念仏」や「持名」の整理を行うことは、不可欠であろう。

加えて、先学より元照の持名念仏は、唐代を代表する浄土教者である善導の本願念仏説の影響を受けて形成されているとの指摘がある。しかし、そもそも元照が本願念仏思想を有していたのかどうかという点についても、明確に考察した研究はない。元照における本願念仏説の有無も確認することが必要であろう。

こうした問題点は、元照の念仏が、従来の諸研究において律系の浄土教思想としてとりあげられながら、宋代における善導浄土教の影響の一端として論じられ、宋代天台浄土教との相違や、元照の持名念仏説の独自性が論じられてこなかったことによる。もちろん、元照の持名念仏には善導の影響がみられないわけではない。しかしながら、元照における善導は、あくまでも浄土教諸師のなかの一人に過ぎず、まして善導浄土教思想を宣揚する意図など元照にはなかったのである。ここでは、宋代の浄土教者として元照をとらえ、その念仏思想をあらためて考察することにより、元照の念仏思想の独自性を明確にしていきたい。

そこで、本節では、はじめに、元照が思想的に影響を受けていると考えられる天台浄土教者や南山道宣の念仏思想と比較しながら考察し、「持名」と「称名」の相違や本願思想などに留意しながら、元照における持名念仏説の特色を検討していきたい。

第二項　遵式における「但称仏名」の念仏

宋代を代表する天台浄土教者の一人である遵式に対し、元照は『観経新疏』において、

> 淨土教法起レ自二古晋廬山白蓮社一。自後善導懐感慧日少康諸名賢逮レ至二今朝一。前代禪講宗師亦多弘唱。唯天竺慈雲法師精窮二教理一盛振二一時一、出二大小彌陀懺儀、往生傳、正信偈、念佛三昧詩並諸圖幢一。見行二于世一。自後鮮二能繼者一。(93)

と述べ、絶大な賛辞を贈っている。元照によると、浄土教は古く廬山慧遠の白蓮社より、唐代の善導・懐感・慧日・少康等の諸師を経て宋朝にいたっており、その教えは脈々と受け継がれてきた。そして、宋以降の禅や天台等の浄土教諸師は多くいるが、ただ遵式のみが浄土教の教理を究め、浄土教の正義を振るい、その教義は世の人々に盛んに用いられたようである。元照は、遵式のみが宋朝以降に正しく浄土教を宣説していることを述べており、これを継承する者は少ないと嘆いている。ここに元照は遵式の浄土教思想を受け継ごうと考えていることがうかがえるのである。

『観経』下々品の十念を、遵式は「十氣名爲十念(94)」とし、元照は「十念謂十聲」としている。元照がこのような解釈を行った契機となったものが、遵式の説であると考えられるのである。すでに元照の浄土観においても遵式の

浄土教の影響を確認することができたが、この念仏観についても、その影響を検討する必要があるといえよう。そこで、はじめに遵式の念仏説について概観したい。

遵式がその念仏観を示したものに「示人念仏方法并悔願文」という著作がある。そのなか遵式は、

> 夫大覺世尊以二四種法一度二諸衆生一。一者示二視相好一。令三觀察者發二菩提心一。二者示二視説法一。令二得レ聞者開悟入レ道。三者示二視化事一。令三見聞者獲二諸法利一。四者名號流二布十方一。令三其聞者執持繫念罪滅善生而得二度脱一。今言二念佛一者、或專緣二三十二相一繫レ心、得レ定開レ目閉レ目常得レ見レ佛。或但稱二名號一執持、不レ散亦於二現身一而得レ見レ佛。此間現見多。是稱二佛名號一爲レ上。如下懷感法師一向稱二阿彌陀佛名號一而得中三昧現前見上佛。(95)

と、仏の衆生済度の四種の法と念仏の二種を簡潔に説明している。それを整理すれば次のとおりとなる。

度衆生の四種の法

①　相好の示現…観察する者に菩提心を発させる
②　説法の示現…聞く者を開悟入道させる
③　化事の示現…見聞する者に諸々の法利を得させる
④　名号の流布…聞く者に執持・繫念させ、罪を滅して善を生ぜしめ、得脱させる

念仏の二種

（1）「専縁三十二相」…専ら仏の三十二相を縁じて繫心し、定を得て見仏する
（2）「但称名号」…ただ名号を称えて執持し、現身に見仏する

遵式は、仏の衆生済度の方法の四番目にその名号の流布を挙げており、これを聞く者に執持させることを得脱の縁由としている。すなわち、遵式は、仏が衆生済度のために意図して流布せしめたのが名号であり、名号自体にその

価値を見出しているのである。そのため、この名号の流布と説法の示現以外は悟りを得るためのものとはしていない。このような点から、遵式が仏の済度の方法において、名号の流布の功徳を非常に重視していたことを看取することができる。そして、その名号の流布は、衆生に「但称名号」の念仏を行じさせるものとして説かれるものであり、これによって現身に見仏できると説くのである。遵式における念仏は、「専縁三十二相」の念仏と「但称名号」の念仏の二種であり、この二種の念仏はいずれも見仏を目的としたものである。ただし、念仏三昧を得て見仏した懐感の実証を根拠として、現身に見仏するには「但称名号」の念仏の方が、「専縁三十二相」の念仏よりも上であると、遵式は明言するのである。

このような「但称名号」の念仏の方法について、遵式は次のように具体的な説明を行っている。

> 故今普示二稱佛之法一。心須下制レ心不レ令二散亂一、念念相續繫二緣名號一、口中聲聲喚二阿彌陀佛一、以レ心緣歷字字分明使二心口一相繫上。若百聲若千聲若萬聲若一日若二日若七日等、但是稱二佛名一時無レ管二多小一、並須二一心一意心口相續一。如レ此方得三一念滅二八十億劫生死之罪一。若不レ然者滅レ罪良難。若恐二心散一須二高聲疾喚一。心則易レ定三昧易レ成。故感法師決疑論中引二大集日藏經一云、小念見二小佛一大念見二大佛一。論釋曰大念者大聲稱レ佛也。小念者小聲稱レ佛也。斯則聖教有二何惑一哉。奉レ勸二今諸學人一。唯須二厲レ聲念佛一。三昧易レ成。小聲稱レ佛遂多馳散。此乃學者方知、非二外人能曉一也已上正文。（中略）大聲稱レ佛雖レ少而功多。若小聲稱レ佛雖レ多而功少。故云三十念能勝二百年一。今時多見二世人稱レ佛、都不二精專一、散心緩聲。遂致下現世成レ功者少、臨レ終感應事稀上。故今特示二此法一切勸。凡念佛時一心不亂高聲唱レ佛、聲聲相續不レ久成レ功也。[96]

心を散乱させることなく一念一念持続的に阿弥陀仏の名号を繫縁し、口には一声一声「阿弥陀仏」という仏の名号を喚ぶというのが、この称仏（念仏）の方法であると説いている。遵式は、このように心・口二業をもって名号を相続する念仏を、「但称名号」の念仏とするのであり、この念仏を行うときの心は、散乱することなく定心であるべきであるとしている。また、その念仏が百声でも万声でも、一日であろうとも七日であろうとも、時間の多少に関わりなく一心一意に名号を自己の心・口に相続させることができるかが重要なのであり、それができてこそ、八十億劫生死の罪を除滅することができるとしている。遵式における「但称名号」の念仏は、心の散乱を防ぎ、入定して三昧を得ることに重点が置かれており、懐感の『群疑論』に説く、声を励まして念仏すれば三昧を得やすく、小声での称仏は散乱しやすいという文を引用して、三昧を得やすい高声での念仏を勧めている(97)。遵式は「我今稱念阿彌陀眞實功德佛名號(98)」と述べるとおり、阿弥陀仏の名号自体に阿弥陀仏の真実功徳が具わっているとするものの、その修行の方法としては、定心となるために、その名号を一心不乱に高声に称え、励むことが必要であるとしているのである。

遵式がそのように定心の念仏を説くことは、『往生浄土決疑行願二門』において十念を説明するなかにもみられる。それは、

> 第二十念門者、毎日清晨服飾已後、面レ西正立合掌連レ聲、稱二阿彌陀佛一。盡二一氣一爲二一念一。如レ是十氣名爲二十念一。但隨二氣長短一不レ限二佛數一。惟長惟久氣極爲レ度。其佛聲不レ高不レ低、不レ緩不レ急調停得レ中。如レ此十氣連屬不レ斷。意在レ令二心不レ散專精爲レ功故。名レ此爲二十念一者、顯二是藉レ氣束レ心也。作二此念一已、發願迴向云、我弟子某甲一心歸二命極樂世界阿彌陀佛一。願以二淨光一照レ我、慈誓攝レ我。我今正念稱二如來名一、經二十念頃一、爲二菩提道一求レ生二淨土一。佛昔本誓、若有二衆生一欲レ生二我國一、至心信樂乃至十念、若不レ生者不レ取二正覺一。唯除三五逆誹二謗正法一。我今自憶此生已來、不レ造二逆罪一、不レ謗二大乘一。願此十念得下入二如來大誓海中一、承二佛慈力一、衆罪消滅、淨因增長上。若臨レ欲二命終一自知二時至一、身不二病苦一、心無二貪戀一、心不二倒散一、如レ入二禪定一。佛及聖衆手持二

金臺一來迎接レ我、如二一念頃一生二極樂國一、華開見レ佛、即聞二佛乘一、頓開二佛慧一、廣度二衆生一、滿二菩提願一作此願已、便止不必禮拜。要盡此一生不得一日暫廢。[99]唯將不廢自要其心得生彼國。

とある。ここで遵式は、西に向かって合掌し、一回の気息のうちに、声を連ねて「阿弥陀仏」と四字の名号を称えることを一念とし、同様に行う十回の気息を十念としている。仏名の数を定めずに、気息の長短にしたがって称える一念を十回繰り返すことが、遵式の十念の念仏であることが示されている。この十念は、声の調子を高からず低からず、遅からず早からず、程よく調整して行うもので、十回の気息を連続させ、中断してはならないとしている。このように声の調子を整え、気息を安定した状態で連続させることは、心を散乱させず、専一に集中させて功能を得させるためであると遵式は説明している。すなわち、この遵式の十念は、気息によって心を専一にさせるものであり、数息観のように呼吸を用い、心を静めて統一させるためのものでもあることが確認できる。文中に「我今正念稱二如來名一、經二十念頃一、爲二菩提道一求レ生二淨土一」とあるが、まさしく気息によって正念となって仏名を称えることにより、極楽への往生を願う方法なのである。このように、遵式における「但称仏名」の念仏は、十念にしても同じく定心をもって行われるべきものとされている。

ただし、ここで注目しなくてはならないのは、遵式が定心をもって名号を称えなくてはならないと説明する一方で、阿弥陀仏の名号を称える十念が、仏の本願に誓われている行業であると認識している点である。それは、遵式が『無量寿経』所説の阿弥陀仏の第十八願文を引用し、そこに救いの対象から除外すると説かれる五逆罪や謗法罪を犯しておらず、逆に救うと誓われている十念を称えるのであるから、仏の大誓願の海に入り、仏の慈力によって罪障を消滅し、浄因を増長させてほしいと、願っている言葉からうかがえる。遵式は、十念の念仏が阿弥陀仏の本願に順じた行業であるとの認識にたった上で、この念仏を勧めているのである。

こうした十念の念仏が阿弥陀仏の本願に順じた行業であると説いている点は、次に示す『往生西方略伝新序』にもみられる。

彼佛本願云、設我得佛十方衆生至心信樂欲レ生二我國一乃至十念、若不レ生者不レ取二正覺一。唯除三五逆誹二謗正法一（五逆者出佛身血破和合僧殺阿羅漢殺父殺母也）。今既幸無二逆罪一不レ謗二大乘一、豈有二願求而不レ遂也。況復十六觀經云、下品下生者具二足諸罪四重五逆一、謗二方等法一、地獄火現。十念稱レ佛、地獄猛火化二清涼風一。即生二彼土一。斯則又許二逆罪之輩十念得レ生、況無者乎。推レ此而言宜二各自信一。凡願レ生者無レ不レ遂レ心。(100)

遵式はここでも第十八願文を引用して、五逆と謗法を犯していない衆生は必ず十念の念仏で往生を遂げることができると説いている。さらに、先ほどとは異なり、『観経』下々品の内容を取意して、五逆・謗法の罪を犯した者であっても十念の念仏で往生することができるという説示を付加している。十念の念仏は、阿弥陀仏の本願にかなった行業であるだけでなく、五逆や謗法の罪を犯した重罪の衆生も救う力を持つものであることを、遵式は示しているのである。『往生西方略伝新序』には、この他、第二十願を引用して名号の功徳によって救われることを説く箇所もみられる。(101) このように遵式が、阿弥陀仏の本願力によって念仏の衆生が摂取されると説くことは、善導や懐感の影響も考えられる。しかし、天台僧である遵式の場合は、やはり伝天台とされる『十疑論』に「他力者若信阿彌陀佛大悲願力攝取念佛衆生」(102) などと、阿弥陀仏の本願力により救われると散説されていることに依る言及なのであろう。ともかく、遵式も本願に基づいて念仏を行ずれば救済されると説くのである。

元照は自身が謗法罪を犯したことを自覚しており、それに対する深い懺悔から浄土教信仰を深めている。(103) そのような元照にとって、このように遵式が五逆や謗法の衆生も十念の念仏で救われるとしていることは、大きな意味を持つものであろう。元照が遵式を浄土教者として尊敬し、その教義を受用するにいたったのも、このような点によるものであろうか。

この他、『往生西方略伝新序』には、

又應レ校下量念佛功徳比二餘善根一優劣之相上者、經云、若人以二四事極好之物一供二養三千大千世界滿レ中阿羅漢辟支聖人一、所レ得福徳不レ如三有レ人一合掌一稱二南無佛陀一。如二彼大千聖福一、假使百分千分百千億分筭數、譬喩皆所レ不レ及下一稱二佛名一者功徳無量上。一稱二佛名一功徳尚爾。況復十念佛者、況復一日一月一年一生念二阿彌陀佛一者所得功徳耶。(104)

とあり、三千大千世界を満たすほどの極上の四事（衣・食・薬・臥具）で阿羅漢や聖人に供養することの、たとえ千億倍の功徳であっても、一称の念仏の無量の功徳に及ばないと、一称の念仏の功徳を説明している。また、一度の念仏でさえ、これほどの功徳があるのであるから、十念、一日、一月、一年、一生と、より長く阿弥陀仏の名号を念ずるならば、その功徳は計り知れないものとなると、念仏を修する期間の増長に比例して、功徳も倍加することが説かれている。引用する経典は不明であるが、余の善根と比較にならないほど「但称名号」の念仏に大きな功徳があることを遵式は述べるのである。遵式以前の宋代浄土教者のなかで、仏名を称えること自体にここまでの功徳があることを説いている例はみられないものであり、(105)遵式の念仏観の特色として注目すべき点であろう。

遵式における「但称名号」の念仏とは、「専縁三十二相」の念仏、すなわち観想の念仏と、「但称名号」の念仏、いわゆる称名念仏である。遵式は、そのうち称名念仏が三昧を得るには勝れているとし、これを行うにあたっては、定心にて行うことが重視されるのである。また、一方で仏の名号は、仏の側から衆生の救済のために流布させてあるものであり、この名号を称える功徳は、阿弥陀仏の本願に基づき、他の善根とは比較にならない無量の功徳を得られるとするのであり、五逆・謗法の者も、その罪業も除滅することができて往生ができると説かれるのである。

第三項　元照における二種の念仏

元照は、確認できる遵式の浄土教著作のほぼすべてを受用している。[106] このようなことから考えても、元照が遵式の浄土教思想の影響を受けていることは間違いのないことであり、それは元照における念仏観の形成にも及ぶことが予想されるのである。そこで、次に元照における念仏とはいかなるものであるかを確認していきたい。

前節でとりあげたとおり、一つは、『観経新疏』において説かれる観想念仏（観仏）である。元照は、『観経』十六観をこの観想念仏（観仏）として説き、また、『観経』下々品に、

如レ此愚人臨二命終時一遇下善知識種種安慰爲説二妙法一教令中念佛上。此人苦逼不レ遑二念佛一。善友告曰、汝若不レ能レ念二彼佛一者應レ稱二無量壽佛一。如レ是至心令二聲不レ絶、具二足十念一稱二南無阿彌陀佛一。[107]

と、善知識が下品下生の人に念仏を教えるも、その人は苦のために修することができないため、十念「南無阿弥陀仏」と称えさせたとあるうちの、最初の念仏を「令念佛者作觀想也」[108] といって、観想念仏（観仏）であると説明している。

観想念仏については、前節ですでに論じているため、ここでは、元照によって説かれるもう一つの念仏について掘り下げていきたい。元照は『阿弥陀経義疏』において釈尊の『阿弥陀経』説示の意図を説くなか、

三令下攝レ心安中住念佛三昧上。故下云下聞レ説二阿彌陀佛一執二持名號一一心不亂等上。[109]

と、『阿弥陀経』に説かれた意味の一つは、心を散乱させずに念仏三昧に安住させることであると述べている。この念仏三昧の内容を指す経文として、元照は「聞レ説二阿彌陀佛一執二持名號一一心不亂」を挙げている。このことを

考えれば、元照における念仏は、ここでは名号を執持することであることが確認できる。また、元照は同じ「聞㆑説㆓阿彌陀佛㆒執㆓持名號㆒一心不亂」の文を説明するにあたり、「初（舎利弗）至㆓不亂㆒專㆓念持名㆒」[110]と、持名に専念するべきことを説いている箇所であると述べている。すなわち、元照における念仏は、名号を執持する「持名」の念仏なのである。そして、元照は『阿弥陀経義疏』に「今經專示㆓持名之法㆒。正是經宗。於㆑今爲㆑要」[111]と述べ、持名の法こそが『阿弥陀経』の経宗であることを説いているのである。

このようにみていくと、元照における念仏には、『観経』で説かれる観想の念仏と、『阿弥陀経』に説かれる持名の念仏の二種のあることが確認できる。観想も持名も両方とも念仏三昧を得ることのできる行業であり、元照においてはどちらも仏の経説のうちに説かれたものととらえている。元照は経典によってこの二種の念仏を説き、遵式に依ったことは明確にしていない。しかし、宋代において、このような二種の念仏を元照以前に明確に説き示しているのは遵式の他になく、元照が、自らの私淑する遵式の二種の念仏説に影響を受けて、自己の念仏説を形成するにいたったものと考えられるのである。

第四項　持名と称名

遵式の念仏説の影響を受けて元照は自己の念仏説を形成したものと予想されるのであるが、遵式の説く念仏は観想念仏と称名念仏であるのに対し、元照は観想念仏と持名念仏を説いている。元照は、余行に超出した行としての価値を持名念仏に見出している。それは『阿弥陀経義疏』冒頭に「一乘極唱終歸咸指㆓於樂邦㆒。萬行圓修最勝獨推㆓於果號㆒」[112]や「萬德總彰於四字」[113]とあることから容易に看取できる。万行において最勝の行であり、万徳を具えた四字の阿弥陀仏の名号を持する持名念仏こそ、いかなる余行にも勝る行であることを元照は述べるのである。観想念仏についても「皆是圓頓一佛乘法、更無二餘途一」[114]などと、きわめて高度な実践行であると位置づけるのであるが、元照によって「一仏乗の極唱」であり、「最勝をひとり果号にゆずる」とまで述べられる持名念仏には及ばないものと推察される。浄土教の実践行のなかでも、持名念仏がひときわ素晴らしい行であることを元照は強調する。持名念仏については、『阿弥陀経義疏』と『観経新疏』の両疏において論じられている。ここでは、両疏を中心に元照における持名念仏とはいかなるものかを明らかにするとともに、持名念仏と称名念仏の相違について言及したい。

元照は『阿弥陀経義疏』において『阿弥陀経』の題号について論じるなか、

> 據レ宗取レ要別建二此題一略有二五意一。一則上符二經旨一。經中唯示二持名方法一。故取二佛名一用標二題首一。二則下適二機宜一。彌陀名號衆所レ樂レ聞。故用標レ題。人多信受故。三理自包含。但標二佛名一、稱讃護念任運自攝故。四義存二便易一。梵號兼含耳聞淳熟故。五語從二簡要一。後世受持稱レ道不レ繁故。[115]

と、経宗によって「阿弥陀経」という経題が立てられていることについて五つの意味を挙げている。ここにいう経宗とは先程述べたとおり、持名念仏を説くことにある。すなわち、「阿弥陀経」という経題が立てられたことは、持名念仏の肝要を示すためであり、経題を「阿弥陀経」としたことの五つの意味は、元照における持名念仏の内容とその特徴を説明するものとなっている。元照が挙げた五つの意味を列記すれば次のとおりである。

①経旨にかなう………仏名を標題とすることで、持名の方法を示すという経旨をあらわすことができるため

②機宜にかなう………阿弥陀仏の名号は多くの人が聞きたいと願っているものであり、標題とすることによってその人に信受させることができるため

③理を自ら包含する…標題とする仏名に、諸仏の称讃や護念などの功徳を得させる道理そのものが包摂されてい

るため

④義に便易を存す……梵語による名号を標題に含むことで、耳に聞くだけで平易にその人を清らかに成熟させることができるため

⑤語は簡要に従う……後世においてたやすく仏名を受持させるものであり、しかも仏の示す道理に相応することができるため

持名とは、その名のとおり仏の名号を持つ（たもつ）という意味である。それゆえ、①のように、仏名をそのまま経の標題に用いることで、持名の方法を示すことが経旨である『阿弥陀経』一経の内容をすべて表すことになるのであり、②のように、阿弥陀仏の名号を聞きたいと願う者には、経題をもって信受させることもできると、元照は説いている。また、③のように、元照は阿弥陀仏の名号自体に諸仏の称讃や護念といった功徳を認めているため、④や⑤のように、耳に聞き、受持するだけで功能があるとしている。

この五つのなか、特に注目されるのは、③のように、阿弥陀仏の名号に功徳や功能があると説明している点と、その③の内容を受けて、功徳を具えている名号を衆生がいかにして持つのかが具体的に示されている④と⑤の内容である。元照は遵式同様に名号そのものに功徳を認めており、その功徳を衆生が受用するためには、「耳に聞く」という方法と、「受持する」という二種の持名の方法があることを示しているのである。ちなみに『阿弥陀経義疏』に⑤の説明を補足して、

且如二唐譯一、従レ本立レ題而未レ聞二流布一。又如二大本一、従レ華標レ目、而罕レ見二誦持一。乃知、秦本深體二聖心一。故得二四海同遵一百代無レ古。感通傳説、羅什法師七佛以來翻レ經。信レ非レ虚矣。[116]

とあり、唐訳『称讃浄土仏摂受経』や『無量寿経』のように華語で名を標したものは、ほとんど誦持されていない

ことが述べられている。このことは、梵語のままの仏名を経題に立てている『阿弥陀経』が、その名を誦持されることによって流布していることを指摘するものであり、名前の「誦持」が大切であることを、元照は説いているのである。すなわち、持名念仏の二つ目の方法である「受持する」とは、「誦持する」ことであり、口に経題（仏の名号）を称えることなのである。(117) このことからも、名号の功徳を得るために行う持名の方法が、「耳に聞く」ことと「口に称えて受持する」ことの二種類を含むものであることが理解できよう。

「耳に聞く」ことと「口に称えて受持する」の二種の持名念仏のうち、「耳に聞く」持名念仏を説くことは、遵式にはみられない元照独自の説であり、従来指摘されてこなかった点である。この「耳に聞く」持名念仏について『観経新疏』には、

　是則淨土彌陀一歷二耳根一。即下二大乘成佛種一。不レ聞不レ信、豈非二大失一乎。(118)

とある。(119) すでに前章で論じたとおり、元照は名号を阿弥陀仏の無相の仏身としてとらえている。この言及はその最も特徴的なものであり、この名号としての阿弥陀仏が衆生の耳を歴て仏となるための種子を得させるとしている。詳細な解釈が施されているわけではないが、元照が、阿弥陀仏の名号は衆生の耳根から心内に入り、成仏のための増上縁となることを説こうとしたものと推察される。また、『阿弥陀経義疏』では、

問、四字名號凡下常聞。有二何勝能一超二過衆善一。答、佛身非レ相。果德深高。不レ立二嘉名一莫レ彰二妙體一。十方三世皆有二異名一。況我彌陀以レ名接レ物。是以耳聞口誦、無邊聖德攬二入識心一、永爲二佛種一頓除二億劫重罪一、獲二證無上菩提一。信知、非二少善根一是多功德也。華嚴云、寧受二地獄苦一得レ聞二諸佛名一。不下受二無量樂一而不上レ聞二佛名一。藥師經云、若彼佛名入二其耳中一墮二惡道一者無レ有二是處一。阿難諸佛境界誠爲二難信一。皆是如來威力。非三聲聞支佛所二能信受一。唯除二補處菩薩一耳。瞻察經云、欲レ生二他方現在淨土一者應下當隨二彼世界佛名一專レ意念誦一心不亂決

定得レ生中彼佛淨土上。善根增長速獲二不退一。當知、一切善根中其業最勝等。餘諸佛名聞持尚爾。況我彌陀有二本誓一乎。末俗障重多忽二持名一。故委引二聖言一。想レ無二遲慮一也(120)。

とあり、『観経新疏』と同じく無相の仏身としての名号を耳に聞く持名念仏について述べている。阿弥陀仏はその名号によって衆生救済を行っており、この名号は耳で聞いて口で称えた者の識心に限りない聖徳を取り入れ、さらにそれが永く仏となるための種子となって、速やかに億劫の重罪を除いて無上菩提を悟らしめるとある。したがって、持名念仏は少善根などではなく多功徳である、と元照は説明している。加えて、諸経に説かれるように諸仏の名号といえども聞持していれば大きな功徳がある、ましてや四十八願を有している阿弥陀仏であればその功徳の大きなことはいうまでもないだろう、と阿弥陀仏の名号を聞き、称える行が阿弥陀仏の本願に裏付けられていることについても言及している(121)。このように元照は、聞持と口称の持名念仏が衆善に超過し、多功徳であることを説明するのである。

ここでは、耳に聞く聞持の持名念仏のみならず、口に称えて受持する口称の持名念仏も説かれているが、両者ともに阿弥陀仏の無相の仏身であり、阿弥陀仏の教化の形態である名号を通じてその功徳を衆生が得られると示されている。これは、元照が名号自体に非常に大きな功徳を認めているとともに、阿弥陀仏自身が自己の姿を名号としてあらわし、その妙体を衆生に得させようとする教化方法をとっていることを明示したものであると考えられる。

元照のこうした見解は、前述した遵式「示人念仏方法幷悔願文」所説の度衆生の四種法のうち、名号流布によって仏は衆生を済度しようと考えているとする説に近似する内容であり、その影響がうかがえる。ただし、遵式の場合は、この名号が相を持たない仏身であり、その聖徳が聞持や口称によって識心に取り入れられるなどという具体的な言及はない。この点については、おそらく、宋代華厳の復興者浄源や祥符寺の通義などの師であった長水子璿

『首楞厳経義疏注経』の次の文の影響が考えられる。(122)

我今白二世尊一、佛出二娑婆界一。此方眞教體、清淨在二音聞一。欲レ取二三摩提一、實以聞中入、離レ苦得二解脱一。娑婆世界耳根最利。故用二音聲一以爲二佛事一。由下從二耳根一發レ識聞上レ聲、引レ生第六識中聞慧。縁二名句文一、熏二成解心種子一、納爲二教體一。故云、教體在二音聞一也。(123)

子璿は、『首楞厳経』の「佛出娑婆界。此方眞教體、清淨在音聞」を解釈して、娑婆世界中において耳根が最も利便がよいため、仏は音声をもって教化を行うとしている。仏は、衆生の耳根より識を撃発し、衆生は仏の音声を聞くことによって、第六識のなかの聞慧を生じるのである。すなわち、衆生が仏の名・句・文に縁じ、それを信解する心種子を薫成して自らの心に納めたものを仏の教体であると子璿は説明しているのである。(124) この子璿の言及では、阿弥陀仏の名号のことに限定していないものの、時代的に所覧可能であり、なおかつ華厳教学者と交流を持っていた元照であれば、この説を援用して、阿弥陀仏の名号が仏の現した音声としての教化であると解釈したことも十分に考えられる。(125) このような阿弥陀仏の名号を聞持する功徳の解釈については、元照は遵式と異なった独自の見解を示しているのである。

また、遵式は名号流布による衆生の仏の済度を、「但称名号」の念仏、すなわち称名念仏によって得られるものと説くにとどまるのに対して、元照の場合は、持名念仏という言葉を使用することによって、聞持と称名（口称）の二種の行業をもって名号の功徳を得ることができると説いているのである。一応、両者の異なりを図示すれば図2のようになる。

以上のように、元照における持名念仏は、聞持と口称の二様を指す言葉であり、単純に称名念仏というときも、名号の聞持というときもどちらも持名念仏ということになるのである。

図2　遵式と元照の念仏

このように、聞持と称名の二種の行業を持名念仏とする元照であるが、周知のごとく浄土教者であるとともに厳格な律僧でもある。少し議論が前後するようであるが、ここで律僧としての元照における持名念仏の位置づけについても確認しておきたい。

第五項　律僧における持名の位置づけ

元照は、浄土教者として遵式を最も尊敬している一方で、律僧としては、道宣を祖師と仰いでいる。このことを念頭に置くならば、道宣著作に対する元照の諸注釈における持名念仏についての言及を確認する必要があろう。律宗関係典籍における積極的な浄土教思想の宣説がなされている箇所としては、従来より『資持記』瞻病篇がとりあげられるのみである。しかし、元照『済縁記』にも、あまり積極的な説明ではないものの、道宣の仏名に関する言及がみられ、これに元照は注釈を施している。それは次のとおりである。

道宣【羯磨疏】

二者事懺如二世常行一。或依二堂塔一、或依二繕造一、佛名經教、禮誦諸業、皆緣レ事起。依レ此運レ心隨レ所二興起一計レ功分レ課。稱レ情愛戀、違レ意憎嫌。此不淨心未レ足レ除レ罪。要先折二伏人我貪竟一。銜二悲自咎一曲レ身退レ迹推二擧於他一。以レ事抑故、由二我惑壯一不レ解レ思レ微、屈苦低抑猶不レ可レ伏、何況特懺用以爲レ功。

元照【済縁記】

事懺敘意中初科初示二依處一。繕造即經藏。佛下明二所修一。佛名經教即持名讀誦也。依下明二用心一。初總示。稱下別釋。又二。初明レ過。要下顯レ正。心レ善伏レ惡。故云二事抑一但知二禮誦一不レ兼二折伏一。謂二之特懺一。特猶レ獨也。

道宣【羯磨疏】

所以大聖布二此良規一正治二我等麤重人一也。萬五千佛日須二一偏一阿彌陀佛日十萬偏、如レ是讀誦營事、諸業並定二頭數一計レ功自勵。

元照【済縁記】

次科云二治我等一者欲レ使下晚學自知二分量一生中慚恥上故。萬五千等略擧二持名一。以示二功行一限レ時計レ課以レ事繫レ心。(126)

道宣は理懺・事懺の二種の懺法を説くなか、鈍根の者が行う事懺の行業として、『仏名経』の礼拝・読誦を挙げ、この善業の多少を数えることを説いている。ただし、これを修するとき、人我見に依る愛恋や憎嫌などの不浄心が起こると罪障を除滅することができないので、この心を折伏し、自ら悲しみ身を咎め、他を敬うようにすべきことを教えている。釈尊はこれをもって劣悪な機根の人を規正させるのであって、『仏名経』所説のごとく一万五千仏称名一日一遍、阿弥陀仏称名一日十万遍、経文読誦などの行業をもって事懺を行うべきであり、諸業の回数を定め、数えて自らを策励すべきであると、道宣は事懺を説明する。

これに対して元照は、あまり詳細な解釈を行っていないが、道宣が『仏名経』により礼拝・読誦としている行業を、持名・読誦のことと解釈している。このように元照が『済縁記』において、事懺の行業として持名念仏を挙げていることは、これまで一切指摘されてこなかった点である。元照は、道宣が『仏名経』等に基づいて、阿弥陀仏の名号を称えることを劣機の行業である事懺に位置づけていることを受けて、事懺として持名念仏を受け取っているのである。そして、道宣が「阿彌陀佛日十萬徧」と、「阿弥陀仏」という四字の名号を日に十万遍称えるとしていることをもって持名としているのである。

ただし、元照は劣機のための事懺として持名念仏を認識しているものの、『阿弥陀経義疏』に、

> 如來欲ㇾ明二持名功勝一。先貶二餘善一爲二少善根一。所ㇾ謂布施、持戒、立寺、造像、禮誦、坐禪、懺念、苦行、一切福業。若無二正信迴向願求一皆爲二少善一。非二往生因一。若依二此經一執二持名號一決定往生。即知、稱名是多善根多福德也。[127]

とあるように、持名念仏を持戒にも勝る多善根であるとし、また、その目的を往生としている点において、劣機の滅罪のために称名を用いる道宣とは内容的に相違する点には注意しなくてはならないだろう[128]。元照における事懺としての持名念仏は、『済縁記』に「以示二功行一限ㇾ時計ㇾ課以ㇾ事繫ㇾ心」とあることから、道宣の説示に順じて時間と数量を課して劣機の者に心がけさせる具体的な行法であるには違いない。しかしながら、元照はここに『阿弥陀経』に対する独自の理解を加味し、持名念仏を阿弥陀仏の無相の仏身である名号を持する多善根の行業であり、劣機の者にも可能な具体的実践行であるゆえに、みな一様に往生を得ることができるものであると説いているのである。このように、道宣と元照とは、同じ律僧であり、両者ともに持名念仏を事懺と捉えているものの、その名号に対する認識や、持名念仏による功徳のとらえ方において大いに異なるのである。

第六項　元照の持名念仏説の特色

元照の持名念仏説は、南山律宗の教義に準じつつ、天台浄土教の影響下において形成されているものである。主に遵式の所説に基づいて形成されているのであるが、一方で、「持名」という呼称を用いる点をはじめ、さまざまな元照独自の思想が展開されている。ここでは、さらに元照の持名念仏説の特色をみていきたい。

1、四字名号の受持について

前項においてとりあげた道宣の影響によるものなのであろうか、元照は阿弥陀仏の名号を「四字」としていることが多く見受けられる。『観経』には「稱南無阿彌陀佛」と六字を称えることが示されているにもかかわらず、元照は「一志專持四字名號(129)」や「四字名號凡下常聞(130)」などといって、「南無」を抜いた「阿弥陀仏」という四字を受持すべきことを説いているのである(131)。はじめに、元照が名号を「三字」でもなく「六字」でもなく「四字」とする点に着目して、その理由を考察したい(132)。

私淑する遵式の『往生浄土決疑行願二門』には、

十念門者、毎日清晨服飾已後、面レ西正立合掌連レ聲、稱二阿彌陀佛一。盡二一氣一爲二一念一。如レ是十氣名爲二十念一。

但隨二氣長短一不レ限二佛數一(133)。

とあり、元照と同じく「阿弥陀仏」の四字を称えるとしている箇所を確認できる。しかし、一方で、同じく『往生浄土決疑行願二門』に、

口稱云、南無阿彌陀佛、南無觀世音菩薩、南無大勢至菩薩、南無清淨大海衆菩薩摩訶薩。或三或七或多、如レ是稱念。隨レ意所レ欲不レ拘二遍數一。(134)

とあり、『往生浄土懺願儀』にも

然後口稱念云、南無佛、南無法、南無僧、南無釋迦牟尼佛、南無世自在王佛、南無阿彌陀佛、南無觀世音菩薩、南無大勢至菩薩、南無文殊師利菩薩、南無普賢菩薩、南無清淨大海衆菩薩摩訶薩。(135)

とあるように、口称の際には「南無」を付していることを確認できる。遵式は、「阿弥陀仏」という四字の名号を称えると説くと同時に、具体的な行儀を行うにあたっては「南無」を付して称えているのである。このような姿勢は、別段所論に矛盾を孕むわけでもないので、自然に行われていたことが予想される。

元照が遵式と同様に、行儀を説明するときには「南無阿弥陀仏」と六字を称えることも予想されるが、残念ながら行儀を説明していると考えられる『求生浄土礼懺行法』や『礼十二光（仏）文』などは散佚して確認することはできない。

四字の名号に関しては、前述の道宣『羯磨疏』にも「阿彌陀佛日十萬徧」とあり、「阿弥陀仏」という四字の名号を日に十万遍称えるとしている。しかし、ここにも具体的に文字数に関する言及はみられないため、元照が道宣の影響によって四字の名号としたともみなしがたい。そのため、元照が持名念仏を行う際に受持する名号を四字であると規定する理由は、道宣や遵式、またその他の諸師の影響によるものではなく、元照独自の見解であると考えられるのである。

それでは、いったい何を根拠に元照は四字の名号を勧めたのであろうか。その答えは、前にとりあげた元照の『阿弥陀経義疏』経題釈にあると考えられる。ここで元照は、『阿弥陀経』の経題に六字ではなく四字の梵語の名号が含まれることをもって、その功徳が得られることを明確に述べている。すなわち、『阿弥陀経』のように「南無」

を抜いた四字の名号のみの経題を聞くだけでも、聞いた人に諸仏の称讃や護念などの功徳があると説いているのである。この『阿弥陀経義疏』経題釈の内容を勘案するならば、元照は『阿弥陀経』という経題にしたがって、四字の名号のみ受持した場合でも多くの功徳が得られることを示す意図から、盛んに名号を「四字」としたことが推察されるのである。[136] すなわち、口称でも聞持でも「南無」という帰命を表す言葉を付さない「阿弥陀仏」という四字の名号を受持するだけで功徳が得られるとしているのである。

2、本願口称の十念説

持名の功徳については、『阿弥陀経義疏』を中心に展開しているかのようであるが、「十念」の解釈をめぐっては、『観経』の下品下生の内容が議論の中心となる。これは『観経』の経文に、たった十念で五逆罪の者が救われることが説かれていることによる。十念往生については、古来逆謗除取の問題や名号自体に具わる功徳の問題などとともに議論されている内容であり、元照の場合も同様に、重要な問題としてとりあげている。ただし、従来の研究で元照の逆謗除取説について論じられたものはなく、十念説についても善導浄土教の影響であると指摘されるにとどまり、あまり深い考察が加えられていない。ここでは、宋代浄土教者元照における、a逆謗除取説、b十声十念説を検討したい。

a、逆謗除取説

元照が『観経新疏』において多く引用し[137]、その分科を取り入れている天台『観経疏』において逆謗除取の問題は、

問、大本五逆謗法不レ得レ生。此經逆罪得レ生。釋有二兩義一。約レ人、造レ罪有レ上有レ下。上根者如二世王一。造レ逆必

有重悔、令罪消薄。容使得生。下根人造逆多無重悔。故不得生。一者約行、行有定散。觀佛三昧名定。修餘善業説以為散。散善力微、不能滅除五逆。不得往生。大本就此故言不生。此經明觀故説得生。(138)

と述べられており、五逆罪のものは、定心によって行われる観仏三昧でなければ救われず、散心で行う余行（持名念仏も含む）では救われないことが明確に示されている。

次に、元照が私淑する遵式における逆謗除取の問題は、(139)『往生浄土決疑行願二門』に次のように述べられている。

問曰、我是博地凡夫世縁纒蓋。云何此身生諸淨土、入賢聖海同正定聚耶。釋曰、若了如上法性虚通、及信彌陀本願攝受、但勤功福寧俟問津。況十念者得生。唯除五逆及謗正法。又定心十念逆謗亦生。今幸無此惡。而正願志求。夫何惑矣。(140)

遵式は、定心の十念に依らなければ五逆のものは往生できないとしている。遵式の十念は、一回の気息のなかにおいて何度も阿弥陀仏の名号を称える称名念仏であり、一回の気息を一念として十回の気息を十念とするものである。また、阿弥陀仏の本願力による摂受が十念往生の前提とされている。(141) ただし、天台『観経疏』同様に定心で行わなければならないことが述べられている。

以上のような見解に対し、元照における逆謗除取の問題は、『観経新疏』に、

【観経】

下品下生者或有衆生作不善業五逆十惡具諸不善。(142)

【観経新疏】

問、大本云、下至十念不生我國不取正覺。唯除五逆誹謗正法。今經五逆亦得生者。今解若據彌陀願

力㆒豈遮㆓造逆之徒㆒。方便趣㆑機言乖趣合。彼則顯㆓樂邦殊妙㆒欲㆑進㆓於善人㆒。此明㆓淨業功深㆒不㆑遺㆓於極惡㆒。但使㆓持㆑名迴願㆒無㆑不㆓滅㆑罪往生㆒。故觀佛三昧經云、四部弟子謗㆓方等經㆒作㆓五逆罪㆒犯㆓四重禁等㆒。如㆑是等人若能至㆑心一日一夜繫念觀㆓佛一相好㆒者。諸惡罪障皆悉消滅。引㆑彼證㆑此罪滅何疑[143]。

と問答を設けて説明されている。元照の問答は、『観経新疏』義門に集中しており、逐文解釈部分に設けられた問答はわずかに三つしかない[144]。これはそのうちの一つであり、元照が古来の浄土教者同様に、逆謗除取の問題を重視していることが察せられる。問いの内容は、『無量寿経』では五逆謗法の人を除くとあるが、『観経』で往生できると説かれるのはなぜか、というものである。元照はこれに対して非常に明快な答えを示している。それは、阿弥陀仏の願力が下十念の者まで救うのに、どうして五逆罪の者を遮って救わないことがあろうか、と十念往生を誓う阿弥陀仏の願力によって五逆罪の者が救われない道理はないと述べている。

元照は、仏の方便が衆生のために行われるものであれば、経典に相反するようにとれる言葉があっても、その目的とするところは同じ衆生済度にあるはずであるとするのである。そして、『無量寿経』は極楽の殊妙な荘厳を示して善人に向かわせるのであり、『観経』は浄業に甚深の功徳があることを明かして極悪の人も遺さず救うことを示していると説明する。このように元照は、『無量寿経』に逆謗の除外を説くのは、善人奨励の意であるとし、『観経』に逆謗の往生を説くのは、極悪人をも遺さない浄業の功徳の広大なることを示す意であると解釈するのである[145]。元照における逆謗除取の問題は、阿弥陀仏の本願力に結帰するのであり、十念の衆生を救うという阿弥陀仏の第十八願によるがゆえに、逆謗の衆生も阿弥陀仏の名を受持し、極楽往生を回向願求することで、罪障を消滅して必ず往生ができると説くのである[146]。一応経証として、『観仏三昧海経』に一度仏の相好を観見することで逆謗の者も往生できるとする説が用いられている。しかし、これは観想念仏を中心としている『観経新疏』の説示であるために付け加えられたものと考えられる。やはり、元照の逆謗除取説の中心は、こうした阿弥陀仏の本願の十念による往生であると推察される。

　ここで元照が阿弥陀仏の願力を十念往生成立の根拠としているが、そもそも元照における浄土の法門とは、「為義天僧統開講要義」に、

　末世衆生惑業深重自疑自障不レ生二深信一。或以レ理難レ事或將レ凡擬レ聖。遅疑而不レ決聞レ説而不レ信。蓋不レ知二此門一全假二他力一。彌陀世尊本誓願力、積劫熏習功德之力、威神光明攝取之力。故經中造二衆惡業一火輪相現遇二善知識一教稱二十念一尚得二往生一。何況畢レ世修二行淨業一、復何疑乎。常持二此説一以示二於人一。[147]

とあるように、阿弥陀仏の本誓願力・積劫熏習功徳力・威神光明摂取力といった他力によって成立するものであり、十念の往生もこの阿弥陀仏の本願力等の他力によるとしているのである。[148]そして、元照はこの阿弥陀仏の本願他力の十念によれば、必ず逆謗のものも往生できると説くのである。

　b、十声十念説

　持名の十念による逆謗の往生を説く元照であるが、具体的に持名の十念とはいかなるものであろうか。次に、元照における十念の内容をみていきたい。『観経新疏』には、

【観経】

　善友告言。汝若不レ能レ念者應レ稱二無量壽佛一。如レ是至心令下聲不上レ絶具二足十念一稱二南無阿彌陀佛一。[149]

【観経新疏】

　心觀爲レ念、口誦爲レ稱。十念謂十聲也。[150]

とある。ここでは『観経』「不能念彼佛」の念を「心観」とし、「應稱無量壽佛」の称を「口誦」として[151]、善知識が臨終の間際に勧めた「十念」を「十声」としている。つまり、元照は、下品下生の者の往生が、観想念仏による十念ではなく、称名念仏による十念によらなくてはならないことを明確に説いている。このように十念を十声と解釈する記述は『阿弥陀経義疏』にもみられる。それは、

初二句索ニ持機一不ㇾ簡ニ男女一。次二句勸ニ信受一。或披ニ經典一、或遇ニ知識一聞必生ㇾ信。信故持ㇾ名。次七句示ニ期限一。一日七日隨ㇾ人要約。今經制法。理必依ㇾ承。若準ニ大本觀經一。則無ニ日限一。下至ニ十念一皆得ニ往生一。十念即十聲也。後一句教ニ繫想一。此一句經正明ㇾ成ㇾ業。先須下斂ㇾ念面向ニ西方一合ㇾ掌正ㇾ身。遙想中彼佛現坐ニ道場一依正莊嚴光明相好上。自慨ニ此身一久沈ニ苦海一、漂ニ流生死一孤露無ㇾ依。譬如下嬰兒墮ニ在坑穽一叫ニ呼父母一。急救ニ危忙一。一志依投懇求中解免上。聲聲相續念念不ㇾ移、雖ニ復理事行殊定散心異一、皆成ニ淨業一盡得ニ往生一。不ㇾ然則無記妄緣定成ニ虛福一耳。善導問曰、何故不ㇾ令ㇾ作ㇾ觀、直遣三專稱ニ名號一、有ニ何意一耶。答曰、乃由ニ衆生障重境細心麁一識颺神飛觀難ニ成就一。是以大聖悲憐直勸專稱ニ名號一。正由ニ稱名易一故相續即生。又云、彌陀世尊本發ニ深重誓願一、以ニ光明名號一攝ニ化十方一。但使ニ信心求念一。上盡ニ一形一下至ニ十聲一聲等一、以ニ佛願力一易ㇾ得ニ往生一[152]。

とある。ここでは『観経新疏』同様に「十念即十声」と説かれ、経文の「一心不乱」をはるかに離れたところに在す仏の相好や光明を想うことと解釈している[153]。また、『阿弥陀経』では一日から七日と持名念仏を行う日数が示されるが、『無量寿経』と『観経』の所説に準じるならば日数を定める必要はなく、下十念の者までみな往生できることを説いている。そして、元照は、自らの身が久しく生死の苦海に沈み、拠りどころのない身であると慨嘆し、穴に落ちた幼児が必死に救いを求めて父母を呼ぶように、専一な志をもって阿弥陀仏の名を称え、その相好や光明を念じたならば、理行でも事行でも、定心でも散心でも必ず往生できると述べている。

ここで注目されるのは、元照が「十念」を「十声」と解釈しながら、同時に阿弥陀仏に心を繋けることも説いている点と、理事二行の差異も定散二心の相違も関係なく十声念仏すれば往生できると説いている点である。元照が説く十声の十念説は、ただ声に出して阿弥陀仏の名号を称えるだけではなく、心を西方の阿弥陀仏に向けることが必要とされる。ただし、ここには「観ずる」といった語句が使用されることもないため、観想念仏のように、阿弥陀仏の観見を目的としているのではなく、あくまでも持名（称名）を行う上で心を仏に差し向けるというほどの内容であると考えられる。

二点目の理事二行や定散二心が問われることなく往生できると説く点は、後に詳しく述べるが、当時の諸釈にみられない画期的な見解である。事行と散心の者の持名（称名）による往生を説くことは、修行にそれほど時間を割くことのできない在家信者や病気のために修行に集中できない病人の存在を考慮したものであるとも考えられる[154]。また、ここで元照が生死の苦海に沈んで出離の拠りどころがない身であることを述べていることを考えるならば、末世の凡夫をも救済する浄土教であればこそ、事行・散心の者も嫌うことなく往生できるはずであると考え、そのように説くにいたったものとも考えられる。いずれにせよ、元照は事行・散心という劣機の人の往生を明確に説いているのである。

こうした元照の見解は、次に引用される善導『往生礼讃』の影響と考えられる[155]。善導は、何ゆえに釈尊は観想ではなく称名をさせるのか、という問を出し、仏の微細な境界を粗雑な衆生の心で観ずることはきわめて困難であるため、釈尊はそんな衆生を憐れんで、ただ名号を専ら称えることを勧めたのであると、答えている。すなわち、称名は衆生が行じ易いばかりでなく、光明と名号によって十方の衆生を救うという阿弥陀仏の深重の誓願に基づいたものであり、信心をもって求め念ずれば、十声一声を称えたに過ぎない者までも、仏の願力によって容易に往生できるとしているのである。元照は、このような善導の見解を根拠として、十念を十声と解釈し、事行・散心の者までも往生できると説いているのである。

以上、元照が影響を受けている天台『観経疏』や遵式『往生浄土決疑行願二門』における十念の解釈もみてきたが、天台『観経疏』には、阿弥陀仏の願力に関する説示がまったく見られず、さらに行業としては定心の観仏三昧以外に逆謗の往生は認められていない。このような見解は、元照の見解とまったく異なるものである。また、遵式においては、称名の十念による逆謗の往生を認め、その根拠を阿弥陀仏の本願力に置くものの、その称名の十念は、天台『観経疏』と同じく定心で行わなければならないと説かれるのであり、この点で元照の十念説と異なるのである。

天台『観経疏』や遵式の影響を受けている元照が、定心で行う観仏三昧以外の散善の善業では五逆罪を滅除できないとする天台『観経疏』の解釈に依ることなく、持名念仏による五逆罪の滅除を説いている点は、元照が阿弥陀仏の本願力による持名念仏の功徳を認めていたことの証左といえよう。加えて、そのような阿弥陀仏の本願に基づいた持名（称名）念仏による逆謗の往生を説く点は、念仏説において共通する点が多く、私淑していた遵式の解釈に準じたものであったのであろう。しかし、定心の称名十念を説く遵式の説に依らず、元照は善導の『往生礼讃』の説示を受けて事行・散心といった劣機の人の十声十念の往生を説くのであり、この点は、同時代の諸師に見られない元照十念説の特徴といえるのである。

3、持名念仏多善根説

元照の持名念仏を説明する上で最も重要なのが、この念仏多善根の説であろう。元照の著作中『阿弥陀経義疏』にのみみられる説示であるが、その内容は、他の諸行との優劣を明確に判ずるものであり、元照の実践行に対する姿勢がきわめて明瞭にされている。次に、元照以前に『阿弥陀経』「舎利弗不可以少善根福徳因縁得生彼國」の文に注目し、解釈を加えている智円・仁岳の説示を確認した上で[156]、元照における念仏多善根説をみていき、その特質を明らかにしたい。

はじめに、智円『阿弥陀経疏』には[157]、

初文不可以小善得生、則反下顯可中以二多善一得生上也。少善謂等閑發願散亂善稱名。多善謂執持名號要二期日限一。舎利弗下二正示又四。一修因二感相三顯益四得生。初文執持名號者、執謂執受、持謂任持。信力故執受在レ心。念力故任持不レ忘[158]。

とある。智円は、少善根の行業を等閑の発願・散乱の称名とし、多善根に修する日数を定めて行う名号の執持を挙げている。いわゆる『阿弥陀経』に説かれる「執持名号」が多善根であり、これは散乱の称名と異なり、信力と念力によって心に執受・任持して忘れることがないとしている。先述した遵式の逆謗除取説とはやや意味合いが異なるが、やはり智円の場合も天台『観経疏』の説示に準じて、散乱した心での称名では往生できないと説いているのである。そして、そのような散心の称名は少善根に過ぎないことを説明している。

仁岳『阿弥陀経新疏』には[159]、

福徳雖レ多、大略如二觀經中三種淨業可也。天台判二三種淨業一爲二散心一、十六妙觀方名二正受一。以レ彼例レ此、福徳因縁即散心、一心不亂即正受。孤山判三此經是散善、觀經屬二定善一。予不レ韙二彼説一。且普門品疏、釋二一心稱

名有レ事有レ理。若用心存念不レ間、名二事一心一。若達二此心一四性不生、與二空慧一相應、是理一心。用レ彼驗レ此、一心亦然。普門品中、無二不亂二字一。智者尚作二空慧一釋レ之。今云二一心不亂一。何苦貶爲二散善一。[160]

とある。仁岳の場合、往生できないとされる「福徳因縁」を『観経』の三種浄業（三福）と同様のものととらえている。そして、天台『観経疏』に三福を散善として、十六観を正受としていることと同様に、『阿弥陀経』の「福徳因縁」を散心とし、「一心不乱」を正受とするという見解を示している。ここで仁岳は、三福などの行業は、たとえ福徳が多くとも散心のうちに行うものに過ぎず、一心不乱という正受の状態で行われる執持名号とは、質的に異なることを、天台『観経疏』を根拠に述べているのである。

加えて、仁岳は、智円が『阿弥陀経』を散善とし、『観経』を定善と判ずることと、自己の見解は相違するものであると明確に述べている。天台『観音経疏』に事理二種の一心称名を説くうち、事の一心は、心を用いるに念を相続して間断のない状態であり、理の一心は、自性・他性・自他性・無因縁性の四性を離れた境界に心が達し、空慧と相応する状態であるとしている。[161] 仁岳は、この智顗が空慧をもって解釈した『観音経』の「一心」と同じく、『阿弥陀経』の「一心」にも事理二種の義があると述べており、智円のように『阿弥陀経』の「一心不乱」を散善と貶めて説くのは誤りであると、批判するのである。仁岳のこの解釈は、少善根・多善根という言葉を使用していないが、往生できない「福徳因縁」を散心とし、往生がかなう「執持名号」を正受としている。智円のように経典による定散の異なりを論じないものの、結局のところ、仁岳も執持名号は正受という定心において行われると述べているのであり、この点では同様の見解といえよう。ただし、「一心」に事と理があることを説くことで、「執持名号」という行業が、事行となるか理行となるかは行者の心によることを示した点は、智円にはない新しい展開であったといえる。

戒度は、前引の仁岳『阿弥陀経新疏』の続きとみられる部分を引用している。それは、

> 若但事無レ理則抑二大士三昧之心一、若唯理缺レ事則絶二初心念佛之行一云云。霅川之説其義頗優雅合二今疏一故略録レ之。[162]

とある。仁岳は、事行のみで理行がなければ菩薩の三昧の心が抑えられてしまい、ただ理行のみで事行を欠くようであれば、初心の者の念仏行を謝絶してしまうと述べ、一心不乱に名号を執持することは、事理に通じ、上根にも下根にも通ずる行業であるとしている。戒度は、この仁岳の見解がすこぶる優雅であり、元照の見解と合致するものであると述べている。はたして、戒度のいうとおり、元照は仁岳説に近い見解を示しているのであろうか。

次に、元照の見解をみていきたい。元照『阿弥陀経義疏』には、次のように解釈されている。

> 如來欲レ明二持名功勝一。先貶二餘善一爲二少善根一。所レ謂布施、持戒、立寺、造像、禮誦、坐禪、懺念、苦行、一切福業。若無二正信迴向願求一皆爲二少善一。非二往生因一。若依二此經一執二持名號一決定往生。即知、稱名是多善根多福徳也。昔作二此解一人尚遲疑。近得二襄陽石碑經本一、文理冥符。始懷二深信一。彼云、善男子善女人聞レ説二阿彌陀佛一一心不亂專持二名號一。以二稱名一故諸罪消滅。即是多功徳多善根多福徳因緣。彼石經本梁陳人書。至レ今六百餘載。竊疑今本相傳訛脱。[163]

ここで元照は、襄陽石刻の『阿弥陀経』に説かれる念仏多善根の文[164]を根拠として、他の行に対する持名念仏の超勝性を説明している。すなわち、正しい信心をもって回向願求することなき、布施・持戒・立寺・造像・礼誦・坐禅・懺念・苦行などの一切の行業は、少善根であって往生の正因とならないが、『阿弥陀経』によって名号を執持すれば必ず往生ができるとするのである。このように元照は、「正信・回向・願求」がなければ往生できない持名念仏以外の諸行を少善根の行業であると明確に位置づけ、『阿弥陀経』の説示どおりに名号を執持するのみで往生

できる称名念仏こそが多善根であり、多福徳であることを示すのである。そして、ここで注目したいのは波線部の内容である。元照は「以前にも念仏こそ多善根であるという説を胸に懐く者はいたがまだためらいがあった。しかし、最近襄陽石刻『阿弥陀経』の念仏多善根の文を得ることができ、またその内容が自分の考えと一致するものであり、始めて深く信じる心を起こした」と述べている。このなかにいうところの始めて懐いた深信とは、上の内容から考えるに称名念仏に対する深い信心であることが推察される。つまり、元照は「専ら名号を持す、称名を以ての故に、諸罪消滅す。即ち是れ多功徳、多善根、多福徳の因縁なり」という、二五字多い襄陽石刻『阿弥陀経』に出会うことによって、以前にも増して深い称名念仏への信心を懐くようになったと考えられるのである。もしもこのように考えるならば生涯戒律の研究と護持につとめた元照が『阿弥陀経義疏』において戒律を少善根と位置づけていることも、納得がいくのである。

このような持名念仏を多善根であるとする見解は、元照に先行する文献にはみられない特徴的な解釈である。戒度『聞持記』によると、元照が信を得た石刻『阿弥陀経』は、六〇〇年以上前に朝散郎の陳仁稜によって書されたもので、襄州の龍興寺にあったが、これを宋朝にいたって襄州の守官であった李公が銭塘に持ち帰ったようである。また、元照がこの二五字多い『阿弥陀経』を得て、その喜びのあまり霊芝崇福寺大殿の後ろに石碑を立てたが、元照没後にあった兵火で失われてしまったことを伝えている[165]。この襄陽石刻『阿弥陀経』の経本は、当時流布していたものと考えられるが、これを経証として明確に念仏を多善根であると解釈するものは、元照以前になく、元照を嚆矢とするのである。

今述べてきたごとく、称名念仏を他の諸行を超出した多善根の行であると位置づける元照は、さらにその念仏の行の対象とする機根について次のように述べている。

念佛法門不レ簡二愚智一、不レ擇二豪賤一、不レ論二久近一、不レ選二善悪一、唯取二決誓猛信一臨終悪相十念往生。此乃具縛凡愚屠沽下類刹那超越成佛之法。[166]

元照は、念仏の法門が愚智、貴賤といったその人の持つ資質や、修行の久近、善悪といったその人の行いに関係なく、ただ決定往生を誓って猛信すれば、たとえ臨終に悪相があっても十念で往生できるとしている。加えて、煩悩に縛られた凡夫や戒律で戒められているところの行いである殺生、酒販の者であっても一刹那の間にこの世界を超越して浄土にて成仏することができる教え[167]であることを説いている。[168]このように、元照は資質や行業の差別も、殺生、酒販といった戒律においてきわめて重いとされている罪さえも、決定往生を誓って信じて十念（十声）すれば往生できると、あらゆる機根の衆生を対象とした法門が念仏の法門であるととらえているのである。[169]

以上のように智円・仁岳・元照における『阿弥陀経』「不可以少善根福徳因縁得生彼國土」の解釈をみてきた。智円や仁岳は天台『観経疏』に準拠して「少善根福徳因縁」と「執持名号」の内容を解釈しているのに対し、元照は石刻『阿弥陀経』を経証として解釈を行っているのである。そして、智円や仁岳は、天台『観経疏』に準じて、「少善根福徳因縁」を散心・散善であると判じ、「執持名号」を智円は散善であるが多善根とし、仁岳は正受の状態とするのである。また、仁岳は天台『観経疏』を根拠に「執持名号」を正受とするものの、その行自体は理事二行に通ずるものとしている。こうした智円・仁岳の見解に対して、元照は石刻『阿弥陀経』の説示のとおり、明確に諸行を少善根とし、称名念仏を多善根と位置づけ、それが衆生の機根を選ばない法門であることを示すのである。戒度のいうとおり、念仏法門の対象となる機根に事理・上下を選ばない点は合致するものと思われる。しかしながら、元照の見解は、念仏法門が対象となる衆生の機根を選ばないというだけにとどまらない。元照は、智円や仁岳と異なり、明確に称名念仏を阿弥陀仏の本願に裏付けられた行であり、往生したいという猛信さえあれば十声の十念によって幅広く衆生救済が可能な法門であり、衆善に超過する多善根であることを示しているのである。(170) 元照のこうした見解は、いずれも阿弥陀仏の名号を執持する持名念仏の超勝性を示す説示であり、称名念仏が多善根であることを説示する、石刻『阿弥陀経』を経証とすることによって示し得たものといえるであろう。

第七項　まとめ

以上、元照における念仏説の整理、および持名念仏説を考察してきた。元照は、遵式が念仏に観想念仏と称名念仏の二種があると説いていることと同様に、念仏に観想念仏（観仏）と持名念仏の二種を説くが、持名念仏を称名と聞持の二種を含むとする点において、遵式の念仏説とは異なる独自の見解を示している。

この持名念仏のうちの称名には、十声の十念も含まれており、この十声の十念によって逆謗の衆生も往生できることを説いている。天台『観経疏』や遵式の見解に依れば、逆謗の衆生は定心で行われる観想や称名に依らねば救われないとしているのに対し、元照は事行や散心で行われる十声の称名念仏でも、阿弥陀仏の本願に依るゆえに、往生が可能であると説明しているのである。このように本願口称の念仏を説くのは、元来遵式に依ったことが考えられるが、散心の称名でも往生がかなうとしている点は、善導の影響がみられるのである。

また、『阿弥陀経』「不レ可下以二少善根福徳因縁一得上生二彼國土一」を解釈するにあたっては、智円や仁岳が少善根に散乱の称名や三福を挙げていることと異なり、石刻『阿弥陀経』の念仏多善根の文を根拠として明確に念仏以外の諸行を少善根とし、称名念仏をもって多善根であると説いている。石刻『阿弥陀経』にしたがい、称名念仏のみを多善根とし、諸行に超過すると説く元照の見解は、他の宋代浄土教諸師の著作にみられない独特な解釈である。

そして、元照は念仏の行を、愚智や貴賤などといった資質や、修行の久近、行いの善悪などの異なりに関係なく、平等に往生することができる行業であることを示している。すなわち、『梵網経』の十重禁戒にあたる殺生・酒販を守れない者も、持戒の者も関係なく、往生を誓い信じて十声十念すれば必ず往生できるということを、元照は説いているのである。道宣が劣機鈍根の罪障の消除を目的とした行業として持名念仏を説いているのに対して、元照は事懺として持名念仏を認識しながらも、その目的を浄土への往生とし、機根の優劣に左右されることなく平等に往生できる往生行として事懺である持名念仏を昇華させている点に、元照の持名念仏の特色がみられるのである。

本節において考察した元照の持名念仏説における特徴を簡潔にまとめるならば、次の六点となる。

①聞持名号説
②四字名号説
③十声十念説
④本願念仏説
⑤念仏平等往生説
⑥念仏多善根説

このうち、③④を除く四点は、中国宋代の浄土教のなかで、元照がはじめて明示したものである。元照のこうした持名念仏思想は、基本となる南山律学の上に天台浄土教の影響を受けて構築されるのであるが、さらに、善導浄土教思想や石刻『阿弥陀経』との出会いによって一層深められたことが確認できるのであり、当時としてはかなり特殊な思想であったことが予想されるのである。

註

（1）佐藤成順氏『宋代仏教の研究―元照の浄土教―』（山喜房仏書林、二〇〇一年）二四一頁に、「授大菩薩戒儀」における授戒の目的が往生浄土にあることが指摘されている。

（2）『卍続蔵』五九・六四五頁a。

（3）『大正蔵』三七・三六一頁c。

（4）元照の諸行往生に関して触れている研究に、佐々木宣正氏「元照律師の念仏」（『六条学報』九四、一九〇九年）、花園映澄氏『諸宗念仏教義の概観』（興教書院、一九三〇年）、高雄義堅氏「宋代浄土教に関する一考察」（『日仏年報』一一、一九三九年）、同「宋代以後の浄土教」（『支那仏教史学』三-三・四、一九三九年）、中山正晃氏「元照の仏教観」（『印仏研』一九-二、一九七一年）、日置孝彦氏「霊芝元照の浄土教思想」（『印仏研』二四-二、一九七六年）、佐藤成順氏前掲書三〇四頁などがある。しかし、どの研究も信・願・行三法具足を条件として、諸行が往生行となるという元照の思想をとりあげるも、詳しい考察はなされていない。

（5）ここでは「諸行」を先学と同じく「念仏以外の行」というように使用した。

（6）「信願行」について触れている研究には、望月信亨氏『中国浄土教理史』（法藏館、一九六四年）四一三―四二一頁、四九一―四九八頁や、荒木見悟氏『雲棲袾宏の研究』（大蔵出版、一九八五年）一三二頁、一四四―一四五頁、岩城英規氏「雲棲袾宏の阿弥陀経解釈―信・願・行の三資糧を中心にして―」（『印仏研』四四-一、一九九五年）がある。しかし、これらは慈照子元や雲棲袾宏を中心としたものであり、わずかに岩城氏によって信願行三資糧の説の淵源が元照にあると述べられているにとどまる。

（7）教理行果の四つに分類する解釈方法について、佐藤成順氏は前掲書において五重玄義に類似していると指摘されているが、この解釈法は慈恩基の諸著作にみられる教理行果に淵源があると考えられる。

（8）『大正蔵』三七・三五七頁a。

（9）康僧鎧訳『無量寿経』（『浄全』一・三三頁）には修善を十日十夜とあるが、『大阿弥陀経』や『無量清浄平等覚経』では齋戒の期間を十日十夜としている。

（10）『大悲経』（『大正蔵』一二・九五八頁a―b）には、「一稱佛名」「有稱言南無佛」等と、一日という期限はないものの、仏名を称することが説かれている。

（11）『般舟三昧経』（『大正蔵』一三・八九九頁a―c）には、浄土の阿弥陀仏を念じて見仏することと、九〇日間不眠不休で過ごすなどの行により、三昧を得る行法が示されている。

（12）『鼓音声王陀羅尼経』（『大正蔵』一二・三五二頁c）には、「十日十夜六時専念、五體投地禮二敬彼佛一」と、十日十夜の間六時に上品礼を専念に行うことが説かれている。

（13）『陀羅尼集経』（『大正蔵』一八・八〇〇頁a）には、阿弥陀仏印と陀羅尼を受持しての往生と、阿弥陀仏へ散華して発願誦呪によって往生する方法が説かれている。

（14）『大法鼓経』（『大正蔵』九・二九四頁c）には、仏名を受持し、『大法鼓経』を宣揚することで安楽国に生まれることは説かれるものの、文意と異なる。

（15）元照が挙げている経典にその行業の内容がみられない、もしくは文意が異なるものがある。そのため、ここに挙げている行業と経典名と同一内容を挙げているものに、遵式「往生正信偈」（『天竺別集』所収、『卍続蔵』五七・三四頁c）がある。これには、

稽二首西方安樂刹一　彌陀世主大慈尊一　我依二種種修多羅一　成二就往生決定信一
住二大乘一者清二淨心一　十念念二彼無量壽一　臨終夢レ佛定往生　大寶積經如レ是説
五逆地獄衆火現　値二善知識一發二猛心一　十念稱レ佛即往生　十六觀經如レ是説
若有二歡喜信樂心一　下至二十念一即往生　若不レ爾者不二成佛一　四十八願如レ是説
諸有聞レ名生二至心一　一念廻向即往生　唯除二五逆謗二正法一　無量壽經如レ是説
臨終不レ能二觀及念一　但作二生意一知レ有レ佛　此人氣絶即往生　大法鼓經如レ是説
一日一夜懸二繒盖一　專二念往生一心不レ斷　臥中夢レ佛即往生　無量壽經如レ是説
晝夜一日稱二佛名一　殷勤精進不二斷絶一　展轉相勸同往生　大悲經中如レ是説
一日二日若七日　執二持名號一心不レ亂　佛現二其前一即往生　阿彌陀經如レ是説
若人聞二彼阿彌陀一　一日二日若過等　繫念現前即往生　般舟經中如レ是説
十日十夜六時中　五體禮レ佛念不レ斷　現見二彼佛一即往生　鼓音王經如レ是説

十日十夜持㆓齋戒㆒　懸㆓繒幡蓋㆒然㆓香燈㆒　繫念不㆑斷得㆓往生㆒　無量壽經如㆑是説
若人專念㆓一方佛㆒　或行或坐七七日　現身見㆑佛即往生　大集經中如㆑是説
若人自誓常經行　九十日中不㆓坐臥㆒　三昧中見㆓阿彌陀㆒　佛立經中如㆑是説
若人端坐正西向　九十日中常念佛　能成㆓三昧㆒生㆓佛前㆒　文殊般若如㆑是説
我於㆓衆經㆒頌㆓少分㆒　如㆑是説者無㆓窮盡㆒　願同聞者生㆓正信㆒　佛語眞實無㆓欺誑㆒

とあり、『陀羅尼集経』を除く他の経典の浄業は、すべて遵式の「往生正信偈」に依っていることがうかがえる。

(16)『大正蔵』三七・三六一頁c。
(17)『浄全』五・六八一頁下。
(18)『大正蔵』三七・三六一頁c。
(19)『卍続蔵』五九・六四五頁a。
(20)元照は、『観経新疏』(『浄全』五・三五六頁下、『大正蔵』三七・二八一頁a)に智円『刊正記』の第九観のみを理観とする説をとりあげている。また、『阿弥陀経義疏』(『大正蔵』三七・三五七頁b)には、孤山智円の注釈書を参照していることを述べている。元照の浄土観形成に関する智円の影響については、第三章第二節に述べた。
(21)『大正蔵』三七・三五二頁a。
(22)『大正蔵』三七・三五二頁a。
(23)『大正蔵』三七・三五一頁b。
(24)『大正蔵』三七・三五五頁c。
(25)『大正蔵』三七・三五六頁a。
(26)『大正蔵』三七・三六三頁b。
(27)『大正蔵』三七・三六三頁b。
(28)『浄全』五・三六六頁下、『大正蔵』三七・二八五頁b。引用文中の「沈溺」「憐愍」は、寛文本には「沈弱」「憐愍」とあるが、ここでは明暦本に依った。
(29)『浄全』五・三八〇頁下、『大正蔵』三七・二九〇頁b。

(30)　三福についての原文（『浄全』五・三八〇頁下―三八一頁下、『大正蔵』三七・二九〇頁b―c）は、煩瑣となるため割愛した。
(31)　九品往生人の行業の原文（『浄全』五・四一〇頁上―四二五頁下、『大正蔵』三七・二九九頁c―三〇四頁c）についても煩瑣となるため、三福同様に割愛した。
(32)　『正観記』（『浄全』五・五〇六頁下）を参照した。
(33)　『浄全』五・四一六頁下、『大正蔵』三七・三〇一頁c。
(34)　『浄全』五・四一〇頁下、『大正蔵』三七・二九九頁c。
(35)　望月信亨氏が前掲書三七八頁に、「元照は浄土往生の人は通じて皆菩提心を発さねばならぬとし云々」といっているのを、現世における生因行と理解されている先学があるが、これは、元照も望月氏もすでに極楽へ往生した人の行業についての言及であり、純一大乗の極楽世界において菩提心を発さない者はないという意味である。
(36)　『浄全』五・四一一頁上、『大正蔵』三七・二九九頁c―三〇〇頁a。
(37)　『観経新疏』義門（『浄全』五・三六二頁上、『大正蔵』三七・二八三頁b）に善導『観経疏』玄義分の説を受けて、九品を凡夫と判じている。
(38)　『浄全』五・四一一頁下、『大正蔵』三七・三〇〇頁a。
(39)　『浄全』五・四一一頁下、『大正蔵』三七・三〇〇頁a。
(40)　『浄全』五・三五五頁下、『大正蔵』三七・二八〇頁b。
(41)　『浄全』五・三八四頁上、『大正蔵』三七・二九一頁c。
(42)　『浄全』五・四二四頁下、『大正蔵』三七・三〇四頁b。
(43)　元照の観仏思想、ならびに天台批判についての先行研究には、望月信亨氏前掲書所収「元照の二土教観併に称名多善根説」、福島光哉氏「元照の天台浄土教批判」（『宋代天台浄土教の研究』所収、文栄堂書店、一九九五年）、佐藤成順氏前掲書所収「元照の『観無量寿仏経義疏』について」等がある。
(44)　『浄全』五・三五六頁下、『大正蔵』三七・二八〇頁c―二八一頁a。
(45)　戒度『正観記』（『浄全』五・四四七頁上―下）には、

初説即四明妙宗鈔。彼云、以二法界心一観二法界境一、生二於法界依正色心一。故十六境豈不二一一皆是圓妙三諦三観一
云云。次説即桐江修證儀。彼文問曰、般舟観佛與レ今何殊。答彼是先観二事境一後修二理観一此経直観二事境一而取二
往生一等。後説即孤山刊正記。彼亦問曰、佛身観云二是法界身入心想中一豈非二理観一耶。答此一雖レ理餘皆是事。
従レ多以判倶事觀也。

とある。この三者の著作のうち、択瑛『修証儀』と智円『刊正記』は散佚しており、『妙宗鈔』のみ現存し、内容を確認することができる。

(46) 知円が所観の対境の事理によって行者の観ずる心意を事理に分けていることに対して、知礼は『妙宗鈔』（『浄全』五・二八九頁上、『大正蔵』三七・二一七頁a—b）で、

今依下大師用二三妙観一観中十六境上、豈是行人自用二観意一。應レ知、四種三昧無レ不三於レ事観二三諦理一。（中略）今経
観法豈可レ異二於四三昧一邪。故知、十六正是従行歴レ事観レ理也。應レ知、十六皆用二三観一爲二想相之法一。

と、十六観は行者における事観、理観といった心意を用いず、ただ一心三観によって事を歴て三諦円融の理を観ずるものとしている。知礼としては、十六観をただ単純に「理観」と位置づけたわけではないとしていることがうかがえる。

(47) 『観経新疏』南宋版・明暦版・寛文版・天和版のすべてが智円説の理観を「第九観」としているが、『正観記』に引用されている『刊正記』の内容から考えれば、智円が「第八観」のことを「仏身観」とし、この第八観を理観としていたことは明らかである。

(48) 『浄全』五・三五六頁下、『大正蔵』三七・二八一頁a。

(49) この機根の分際によって観ずる内容が異なることは、『十疑論』第五疑（『浄全』六・五七四頁上）に、有漏の凡夫はその分際にしたがって仏身の粗相をみ、菩薩は微細の相をみると説かれることに依ったのであろう。

(50) 福田尭穎氏『天台学概論』（誠光社、一九五四年）、安藤俊雄氏『天台学—根本思想とその展開—』（平楽寺書店、一九六八年）、林鳴宇氏『宋代天台教学の研究—『金光明経』の研究史を中心として—』（山喜房仏書林、二〇〇三年）等の事理二観に関する言及を参照。

(51) この事理二観の内容については、山家山外の論争に関わる煩瑣な議論となりかねず、加えて本論文の趣旨と離れ

てしまう恐れもあるため、ここでは先学の研究を参考とした簡潔な言及にとどめたい。福田尭頴氏前掲書二一二三—二二七頁、安藤俊雄氏前掲書三二三—三二八頁、林鳴宇氏前掲書三七五—三九六頁等を参照。

(52)『浄全』五・三五六頁上、『大正蔵』三七・二八〇頁c。

(53)『浄全』五・三五六頁上—下、『大正蔵』三七・二八〇頁c。

(54) 道宣『行事鈔』（『大正蔵』四〇・九六頁a—b）には、

今懺悔之法大略有レ二。初則理懺、二則事懺、此之二懺通レ道含レ俗。若論二律懺一、唯局二道衆一。由三犯託レ受生二汚本須淨。還依二初受一次第治レ之、篇聚立儀悔法準レ此、並如二後列一。若據二通懺一、理事二別。理據二智利一觀二彼罪性一。由二妄覆レ心便結二妄業一。還須識二妄本性無生一、念念分レ心業隨レ迷遣。若論事懺、屬二彼愚鈍一。由レ未レ見レ理、我倒常行、妄業翳心隨レ境纒附、動必起レ行、行纒二三有一。爲説二眞觀一、心昏智迷。止得下嚴二淨道場一、稱歎虔仰、或因二禮拜一、或假二誦持一旋繞、竭レ誠心縁中勝境上。則業有二輕重定不定別一。或有レ轉レ報、或有二輕受一、並如二佛名方等諸經所一レ明。言二理懺一者既在二智人一。則多方便隨所二施爲一、恒觀二無性一。以二無性一故、妄我無レ託、事非二我生一、罪福無レ主、分見、分思、分除、分滅、如三人醒覺則不二眠醉一。

とあり、事懺は愚鈍な者、理懺は智人を対象としている。

(55)『浄全』五・二四〇頁上、『大正蔵』三七・一九五頁a。

(56) 福島氏前掲書七五頁によると、知礼『観経融心解』第九問答に下根人の浄業に関する言及があるも、それは弟子の崇矩の進言によるもので、本来上根人の往生のみ承認しようとしたことが、「四明付門人矩法師書」（『四明教行録』、『大正蔵』四六・九〇五頁b）に記録されているようである。

(57)『浄全』五・三五七頁上、『大正蔵』三七・二八一頁a—b。

(58) 元照「上樝菴書」（『芝苑遺編』下巻所収、『卍続蔵』五九・六四六頁a）にも、

當レ知、能觀心、所觀境、修成淨業、蓮胎淨報、皆是因縁生法。縁生無生、即空假中。何妨二理觀一。

とあり、観法に関わるすべてが縁生無生であり、三諦円融するものであると説いている。

(59)『十疑論』は佐藤哲英氏『天台大師の研究—智顗の著作に関する基礎的研究—』（百華苑、一九六一年）六四三頁に指摘されるとおり、智顗の名をかりた偽撰であるが天台教学的な要素がみられないものであり、内容的には道綽

『安楽集』に依るところが多い書物である。初出は唐代に活躍した飛錫の『念仏三昧宝王論』であり、そのなかにすでに「天台十疑論（『大正蔵』四七・一四一頁a）」とあることから、『十疑論』は作成後のかなり早い段階で天台智顗の書物とされていたことがわかる。ここでは、当時、天台智顗の著作とされた『十疑論』を根拠とすることで、天台系の浄土教者達に自説の正当性を示す意味もあったのであろう。

(60)『卍続蔵』五九・六四五頁c。

(61) 宗暁『四明教行録』巻六の浄覚の伝（『大正蔵』四六・九一六頁b）や、懐則『浄土境観要門』（『大正蔵』四七・二九〇頁b）には、広智尚賢・浄覚仁岳の二師が『観経』の観法についての解釈をめぐって諍いとなり、その決裁を両者の師である四明知礼が行ったことが伝えられている。

(62)『卍続蔵』五九・六四六頁a。

(63)『卍続蔵』五九・六四六頁a。

(64)『浄全』五・二〇〇頁上、『大正蔵』三七・一八六頁c。

(65)『浄全』五・二〇四頁下、『大正蔵』三七・一八八頁c。

(66)『浄全』五・二四〇頁上、『大正蔵』三七・一九五頁a。

(67)『浄全』五・二四五頁下―二四六頁上、『大正蔵』三七・一九七頁c。

(68) 慧澄痴空『観経疏妙宗鈔講義』（東叡山蔵版、嘉永三年）巻上、十一丁を参照。

(69)「観心」と「心観」と二つの表現があるが、平了照氏「観心と心観」（『天台学報』一二、一九七〇年）に「観心は能観の照用に約して論じ、心観は所用の観法に約して論ぜられたもの」であると述べられるとおり、表現は相違するが不異であり、実質的には両者ともに一心三觀を指すものである。

(70)『浄全』五・三五五頁下、『大正蔵』三七・二八〇頁b―c。

(71)『浄全』五・三五五頁下―三五六頁上、『大正蔵』三七・二八〇頁b。

(72)『卍続蔵』五九・六四五頁c―六四六頁a。

(73)『浄全』五・三五七頁下、『大正蔵』三七・二八一頁b。

(74)『浄全』五・三五八頁上、『大正蔵』三七・二八一頁b―c。

(75)　『観経新疏』（『浄全』五・三五三頁上、『大正蔵』三七・二七九頁b）には、

但以二衆生無明癡暗熏習因一縁レ妄現二境界一。令下生二念著一計中我我所上。沒二溺生死一不二自知覺一。我佛如來先覺二此心一憫二諸未悟一。慈悲方便演二説諸經一。華嚴頓示鹿園漸誘、歸レ源無レ二方便多レ門。經云、小智樂二小法一不三自信二作佛一。又云、雖レ説二種種道一其實爲二佛乘一。或於二此土一破レ惑證レ眞、則運二自力一故談二大小諸經一。或往二他方一聞レ法悟レ道、須レ憑二他力一故説二往生淨土一。

とあり、衆生は無明痴暗によって真如を熏習して迷いの世界を現し、我に執着して生死の苦海に没溺しながらそれに気がついていないという衆生の認識のもとに、釈尊が、大乗小乗の諸経において娑婆世界での断惑證理を説いたのが自力の教えであり、往生浄土を説いて他方世界に往生してから悟りを得ることを説いたのが他力をたのむ教えであるとしている。

(76)　仏の護念については、『観経新疏』中の「解魔説」（『浄全』五・三六三頁上、『正蔵』三七・二八三頁c）という段落において、楊傑や択瑛、慶文などの説を用いて詳細に論じられている。そこで元照は、念仏や浄業を修す者は仏の功徳や威神力といった他力によって魔事がないとしている。また、心と境が相応せずとも正しい境界が現前する念仏に対して、余観は心と境が相応しないと魔に陥ってしまうことを指摘するなど、自力余観の修習は魔に陥りやすく、他力念仏の修習は行者の心の如何を問わず仏の境界が現じると考えているところは注目すべき点である。詳細については、第五章第一節に述べた。

(77)　観法を「此方入道」と「往生浄土」の二つの目的に分類する見解は、択瑛『修証儀』にもみられる。おそらくは、元照と択瑛における共通の問題としてとらえられていたのであろう。

(78)　「入道」は一般的に仏門に入るという意味で用いられるが、ここでは「此方破惑入道」とあるように、この娑婆世界で惑業を破して入道するため、「入道」の原意である「無漏の聖道に証入すること」という意味で用いられている。『望月仏教大辞典』四一二四頁下参照。

(79)　『観経新疏』（『浄全』五・三五八頁上、『大正蔵』三七・二八一頁c）。

(80)　『正観記』（『浄全』五・四五一頁下—四五二頁上）によると、「達境唯心」は「達三彼彌陀即我自性非二他佛一」のことであり、「本陰」と「點霊」は「現前赤肉團心」、つまり心臓を指すものと解釈されている。

(81)『観経新疏』(『浄全』五・三六四頁下、『大正蔵』三七・二八四頁b)。

(82)『観経新疏』(『浄全』五・三八二頁上、『大正蔵』三七・二九一頁a)に「得無生忍位當初住」とあることから、元照は無生法忍を初住と理解していたことがうかがえる。おそらくこの見解は、天台『観経疏』(『大正蔵』三七・一九一頁b)に「即得無生忍是初住初地」と説かれていることに依るのであろう。ちなみに、知礼は『妙宗鈔』(『大正蔵』三七・二二六頁b)において、

初住初地者、圓住別地倶破二無明一。是無生忍位。妙玄一實位云、若入二初住一正破二無明一。是明二圓教無生忍位一。今意在レ圓。引二仁王五種忍位一者、用顯三無生居二三忍上一。若依二別教一、十信伏忍、十住信忍、十行去順忍、十地無生忍。妙覺寂滅忍。若約二圓位一、五品伏忍。六根清淨信順二忍。初住至二等覺一名二無生忍一。妙覺名二寂滅忍一。然別初地即圓初住。故引二仁王一以證二今位一。行者應レ知。如來將レ説二十六觀法一、預彰二所説是圓妙觀一。故云二、一切衆生觀於極樂、觀成即得無生法忍一。是故韋提聞レ説二十六一、隨レ語觀成。説訖即證二此之妙位一。經示下此觀是取二初住一徑捷之門上。故不レ可レ云二想事而已一。

と述べており、智顗『法華玄義』(『大正蔵』三三・七三六頁a)に依って天台『観経疏』で述べられる「初住初地」を円教の初住、別教の初地であるとし、いずれも無明を破して無生忍と名づけられる位であるとしている。

(83)『観経新疏』(『浄全』五・三五八頁上、『大正蔵』三七・二八一頁c)。

(84)『浄全』五・三五八頁上—下、『大正蔵』三七・二八一頁c。

(85)『大正蔵』四六・一八七頁b。

(86)『十疑論』第十疑の取意文(『浄全』六・五七八頁上、『大正蔵』四七・八一頁b)。

(87)『観経新疏』(『浄全』五・三五八頁下、『大正蔵』三七・二八一頁c—二八二頁a)。

(88)元照は『観経新疏』や『阿弥陀経義疏』等の著書において、釈尊の教えは断惑証理の教えも往生浄土の教えも最終的に自心を悟らせることを目的としていることを説いており、往生浄土も衆生の成仏を目的とするととらえている。

(89)『観経新疏』(『浄全』五・三六六頁下、『大正蔵』三七・二八五頁b)には、

而況我佛大慈開二示淨土一。慇懃觀レ囑遍二諸大乘一。目見耳聞特生二疑謗一。自甘二沈溺一不レ慕二超昇一。如來説レ爲下可二

憐愍一者上。良由レ不レ知三此法特異二常途一。不レ擇二賢愚一不レ簡二緇素一。不レ論二修行久近一不レ問二造罪重輕一。但令三決定信心一即是往生因種。

とあり、元照は往生浄土の教えが、生死に沈溺する者のために釈尊が大慈悲の心より特別に開かれたものであり、この教えのみ、機根の賢愚や出家在家、修行の長短、造罪の軽重に関わりなく、決定の信心を往生の因とするものであると説いている。

(90)『観経新疏』(『浄全』五・三五六頁a、『大正蔵』三七・二八一頁a)。

(91)元照『阿弥陀経義疏』(『大正蔵』三七・三五七頁a)には「就淨業中復有多種。諸經所示行法各殊。觀經三福妙觀」と、『観経』の示す行法を「三福妙観」ととらえている。

(92)元照は『観経』下々品の

如レ此愚人臨二命終時一遇下善知識種種安慰爲説二妙法一教令中念佛上。此人苦逼不レ遑二念佛一。善友告曰、汝若不レ能レ念二彼佛一者應レ稱二無量壽佛一。如レ是至心令二聲不レ絶、具二足十念一稱二南無阿彌陀佛一。稱二佛名一故於二念念中一除二八十億劫生死之罪一。

という文について、『観経新疏』(『浄全』五・四二四頁下—四二五頁上、『大正蔵』三七・三〇四頁b)に、

説妙法者讃淨土也。令念佛者作二觀想一也。二病苦不レ能。遑暇也。三教レ修二十念一。心觀爲レ念、口誦爲レ稱。十念謂十聲也。四滅罪數。念念即約二佛聲一。

と、臨終を迎えようとする愚人がはじめに善知識から勧められる念仏を「観想」とし、次に苦しくて念仏できない愚人に勧めた十念を「十声」と解釈している。このことから元照が、『観経新疏』執筆時には『観経』の経宗とする「妙観」が下根の者に通じない場合があることを認識していたことが考えられる。

(93)『浄全』五・三六四頁上、『大正蔵』三七・二八四頁a。

(94)『往生浄土決疑行願二門』(『大正蔵』四七・一四七頁a)。

(95)『金園集』所収、『卍続蔵』五七・五頁b。

(96)『金園集』所収、『卍続蔵』五七・五頁b—c。

(97)引用文中では「感法師決疑論」とあるが、これは懐感の『群疑論』を指すものとみて間違いない。元照と同じく

宋代に活躍した遵式「往生西方略伝新序」（『天竺別集』所収、『卍続蔵』五七・三六頁b）にも「懐感法師得念佛三昧造決疑論七巻」とあることから、宋代では『群疑論』を「決疑論」とも呼んでいたことを確認できる。

(98) 『金園集』所収、『卍続蔵』五七・五頁c。

(99) 『大正蔵』四七・一四七頁a—b。

(100) 『天竺別集』所収、『卍続蔵』五七・三五頁c。

(101) 『天竺別集』所収、『卍続蔵』五七・三五頁c。

(102) 『大正蔵』四七・七九頁a。

(103) 第二章第一節第四項にて論じた。

(104) 『天竺別集』所収、『卍続蔵』五七・三五頁c—三六頁a。

(105) 念仏の功徳の説相をみれば、もはや定心で修する必要がないようにも感じられるが、遵式は天台『観経疏』の影響から、定心の念仏を説くにいたったものと考えられる。すなわち、天台『観経疏』（『大正蔵』三七・一九三頁b）における逆謗除取の説明に、

二者約レ行、行有二定散一。観佛三昧名レ定。修二餘善業一説以爲レ散。散善力微、不レ能レ滅二除五逆一。不レ得二往生一。大本就レ此故言二不生一。此經明レ観故説二得生一。

とあり、観仏三昧という定心の行業でなければ五逆の罪を除滅させることはできないと説かれている。遵式の場合、すでに観仏ではなく「但称名号」の念仏とするのであるが、定心中に行わなければならないとする点で、天台『観経疏』の釈に準じようとしたことが推察されるのである。

(106) 元照における遵式典籍の受用については、『観経新疏』（『浄全』五・三六四頁上、『大正蔵』三七・二八四頁a）に「唯天竺慈雲法師精窮二教理一盛振二一時一、出二大小彌陀懺儀、往生傳、正信偈、念佛三昧詩並諸圖憕一」とある他、『往生浄土決疑行願二門』なども諸所において引用していることが確認できる。

(107) 『浄全』一・五〇頁。

(108) 『浄全』五・四二四頁下、『大正蔵』三七・三〇四頁b。

(109) 『大正蔵』三七・三五六頁c。

(110)『大正蔵』三七・三六一頁c。引用文中の（舎利弗）は筆者の付した註。元照は、『阿弥陀経』（『浄全』一・五四頁）の「舎利弗若有二善男子善女人一聞レ説二阿彌陀佛一執二持名號一若一日若二日若三日若四日若五日若六日若七日一心不乱」を指して、「専念持名」を説く内容であると述べている。

(111)『大正蔵』三七・三五七頁a。

(112)『大正蔵』三七・三五六頁b。

(113)『大正蔵』三七・三五六頁b。

(114)『浄全』五・三五四頁下、『大正蔵』三七・二八〇頁a。

(115)『大正蔵』三七・三五七頁b。

(116)『大正蔵』三七・三五七頁b。

(117) 戒度は『聞持記』（『浄全』五・六五五頁下）において、

今題立意中、初隠レ題在レ后。二據下明據宗別立。五意出レ之。例皆初句標起、隨レ後釋レ義。四約二耳聞一、五取二口稱一。在レ文自異。

と、④と⑤を「耳聞」と「口称」という二種の行業に解釈している。

(118)『浄全』五・三五四頁下、『大正蔵』三七・二八〇頁a。

(119) 無相の阿弥陀仏として元照が名号をとらえていることについては、第二章第一節第四項にて論じた。

(120)『大正蔵』三七・三六二頁a—b。

(121) 元照の本願念仏思想については佐藤成順氏前掲書三〇九—三一〇頁、三一六頁において指摘されている。佐藤氏の指摘によれば、「為義天僧統開講要義」（『卍続蔵』五九・六四五頁b）を著した元豊八年（一〇八五）、元照三八歳の時点ですでに本願念仏思想がみられるも、『阿弥陀経義疏』成立の年時が不明のため、その思想的な連絡はわからない。また、元照の場合は称名念仏が阿弥陀仏の本願に基づいた行であり、多善根であることには言及しているが、少善根である諸行では往生できないということまでは述べていない。

(122)『義天録』には、宋代の多くの人師によって『首楞厳経』の注釈書が作成されていることを確認できる。このことから、『首楞厳経』が、宋代において流行した経典であったことが推察される。子璿以外にも、元照への影響が考えられるものに、弘沇『首楞厳経資中疏』、洪敏『首楞厳経資中疏証真鈔』六巻、智円『首楞厳経顕賛鈔記』一四巻、同『首楞厳経疏』一〇巻、同『首楞厳経谷響鈔』五巻、仁岳『首楞厳経集解』一〇巻、同『首楞厳経文句』二巻、同『首楞厳経熏聞記』五巻、同『首楞厳経説題』一巻、同『首楞厳経礼誦儀』一巻、浄源『首楞厳経道場修証儀』一巻などが考えられるが、このうち仁岳『首楞厳経熏聞記』五巻以外は散佚しているため、内容を確認することはできない。元照における『首楞厳経』の引用は多く、『観経新疏』には弘沇『首楞厳経資中疏』も引いており、この経典についての造詣の深かったことが察せられる。ちなみに、本文にとりあげた子璿は、『観経新疏』に引用される『首楞厳経資中疏』の注釈である『首楞厳経資中疏証真鈔』を著述した洪敏の弟子にあたり、この子璿疏は、仁岳へ多大な影響を与えている。このような背景からも、元照が子璿疏の影響を受けていることが十分に考えられるのである。

(123) 『大正蔵』三九・九一〇頁b。

(124) このような説示は、子璿の影響を受けて成立している仁岳『首楞厳経熏聞記』にはみられない。

(125) 元照がこのような聞持としての持名念仏を説くことの背景には、『摂大乗論』や『摂大乗論釈』に登場する聞熏習の教説に影響を受けたことが考えられる。しかし、子璿疏では『首楞厳経』の観音円通において説かれる「聞薫」を中心に説明がなされているのであり、これが宋代の華厳教学者によっていかに理解されていたのかについては、また別の機会に考察したい。

(126) 『卍続蔵』四一・三三三頁a—b。

(127) 『大正蔵』三七・三六一頁c。

(128) 元照『阿弥陀経義疏』における念仏多善根説は、石刻『阿弥陀経』に依拠して論じられている。

(129) 「浄業礼懺儀序」(『楽邦文類』所収、『大正蔵』四七・一七〇頁a—b)。

(130) 『阿弥陀経義疏』(『大正蔵』三七・三六二頁a)。

(131) 「南無阿弥陀仏」という六字の名号を用いている箇所は、管見の限り会本となっている『浄全』本や『大正蔵』本に『観経』下品中生の文として一箇所載せられているのみであり、最も古い形を残し、会本となっていない明暦版ではそれすら確認することはできない。

（132）受持する阿弥陀仏の名号の文字数の異同については、古来さまざまな議論がある。善導は『観経疏』において、「南無」という願と「阿弥陀仏」という行が合わさることで、願行具足の念仏となるとし、称名念仏が唯願の行ではないことをもって摂論学派の別時意説を会通したことは有名である。また、日本中世においても、阿弥陀仏の別号「阿弥陀」の三字にその殊勝な功徳が含まれているという説が多数みられ、この説を用いる永観に対し、法然は『逆修説法』において、通号の「仏」の一字があるからこそその功徳が殊勝なものであると述べている。名号を三字、四字、六字のどの形式に依るかによってその浄土教思想にも特色がみられる。

（133）『大正蔵』四七・一四七頁 a。

（134）『大正蔵』四七・一四七頁 a。

（135）『大正蔵』四七・四九四頁 a―b。

（136）ここではことさらにとりあげなかったが、元照は次のように持名と持経の功徳と変わらないことを説いている箇所が確認できる。それは『観経新疏』（『浄全』五・四二八頁上、『大正蔵』三七・三〇五頁 b）に、

【観経】佛告㆓阿難㆒。汝好持㆓是語㆒。持㆓是語㆒者即是持㆓無量壽佛名㆒。

【観経新疏】意令㆓對說㆒。持名功大持經亦然。

とある。ここで元照は、釈尊が経の語句と仏名を対にして説くことで、「持名」の功徳と「持経」の功徳がともに大きいことを述べている。これだけをみるならば、本願力によって功徳があるとされる名号も、単純に経文の読誦をすることと変わりがないことになる。しかし、これについて戒度は『正観記』（『浄全』五・五一二頁上）で、

令對說者佛意令㆘將㆓持名持經兩種㆒對校㆖。名字雖㆑少經文雖㆑多若能憶持其功一等。以㆑此欲㆑彰㆓持名功大㆒。何以然耶。蓋由㆓彌陀四字名號従㆑因至㆑果歷劫熏修無量行願之所㆑莊嚴擧㆑念一稱萬德俱備。況經所説十六妙境依正兩報復由㆓彌陀願力所成㆒。故知、持名與㆓持經㆒等。

といい、名号も経文に説かれる十六妙境もともに阿弥陀仏の願力に荘厳されているため、持名と持経とは文字数の多少に関わりなく、憶持すればその功徳は等しいのであると説明している。元照は、持名以外の阿弥陀仏の有相荘厳についても願力によって功徳を得られるとするのであるが、願力所造の有相荘厳を説いている経文の受持まで願力による功徳を与えるかどうかは、不明である。ただ、少なからず経題と同様に、阿弥陀仏という名号が経文に盛

んに登場するのであれば、それも名号受持の功徳と同じ功徳が得られるものと考えられる。

(137)『観経新疏』(『浄全』五・三六七頁上、『大正蔵』三七・二八五頁b—c)には、

又前代解釋凡有二數家一。隋朝慧遠法師、天台智者大師、皆有二章疏一。唐善導和尚亦立二玄義一、並行二於世一。而各尚二宗風一、互形二廢立一。故今所レ釋、擇レ善從レ之。必有二差訛一不レ無二紀正一。

とあって、過去の諸注釈書の良いところにはしたがい悪いところは糺していくと述べており、諸注釈のどれにも偏らないようにも受け取れる。しかし、元照『観経新疏』の引用の中で最も引用が多いのは天台『観経疏』である。明確な引用は一二箇所であるが、「智論云」や「般舟経云」などと述べていながら天台『観経疏』の孫引きの箇所(『浄全』五・四〇一頁上・『大正蔵』三七・二九七頁a、『浄全』五・四〇二頁上・『大正蔵』三七・二九七頁b)や、引用といわずに引用している箇所などを含めると三〇箇所近くになる。その引用姿勢は、細かな語句の説明にとどまらず、『観経新疏』(『浄全』五・三六九頁上、『大正蔵』三七・二八六頁b)に、

經文爲レ三。即序正流通三分。從レ初至二清淨業處一爲二序分一。爾時世尊放眉間光至二無量諸天發無上道心一爲二正宗分一。爾時阿難白佛當何名此經下盡二末文一爲二流通分一。

とあり、天台『観経疏』(『浄全』五・二〇五頁上、『大正蔵』三七・一八八頁c)に、

分レ文爲レ三。序正流通。從二如是一訖二清淨業處一序分。爾時世尊放眉間光。訖二諸天發無上道心一正説。當二機益一分。爾時阿難白佛當何名下。訖レ經流通分。

とあることを見比べればわかるように、細かな字句は異なっていても、元照は分科を天台『観経疏』に依っている。この他にも分科の細目にいたるまで元照は天台『観経疏』に準じている。その他、仏身論において『天台戒疏』(『浄全』五・三五八頁下、『大正蔵』三七・二八二頁a)を用いるなど、天台智顗撰とされていた章疏が重要なところに用いられている。このようなことから、元照における天台典籍の受用のなかでも、『十疑論』と同じくらい天台『観経疏』も多く使用されており、その影響を強く受けていると考えられる。

(138)『大正蔵』三七・一九三頁b。

(139)『観経新疏』で浄土教が了義か否かを論ずるときや唯心浄土の解釈など、かなり重要な場面で長文引用されるのが遵式の著作である。明確に遵式著作として『観経新疏』に引用する数は、『往生浄土決疑行願二門』『往生浄土懺

願儀』『釈華厳経賢首菩薩讃仏偈』の三著作合わせても六箇所である。しかしながら、引用の一々が大きいため、分量的にはかなり大きい。この他、遵式の著作を模して作成されたと思われる著作もあるなど、いかに元照が遵式に私淑していたかがうかがえる。

(140)『大正蔵』四七・一四六頁a。
(141)遵式における十念の念仏は、本願（第十八願・第二十願）に基づいたものである。
(142)『浄全』一・五〇頁。
(143)『浄全』五・四二四頁上、『大正蔵』三七・三〇四頁a。
(144)『観経新疏』逐文解釈部分の三問答は、①不念仏の人も仏光は摂するのか否か（『浄全』五・四〇一頁上）、②『無量寿経』では五逆謗法の人を除くとあるが、『観経』で往生できると説かれるのはなぜか（『浄全』五・四二四頁上）、③『往生論』に女人と根欠は極楽に生ずることができないとするのに対して、『観経』には五〇〇人の侍女の往生を説く。この異なりは何なのか（『浄全』五・四二六頁上）である。いずれも古来浄土教の祖師によってさまざまに解釈された問題であり、非常に大切な議論である。
(145)戒度『正観記』（『浄全』五・五一〇頁上）には、

彼下二正示二二經收簡一。諸佛願體周二遍法界一。況復彌陀願力尤深、一切衆生平等普攝。若或簡除、反顯二彌陀慈悲誓願猶是生滅一、未レ為レ稱レ性抑使三逆謗之徒永沈二惡道一。仁人君子尚不レ忍レ爲況佛心乎。霅川法師云、二文皆是舉レ劣況レ勝以顯二彌陀願力之深一也。示二收簡一中、初句明二彼簡除一者蓋由二彼經爲レ彰二極樂境界殊勝一。衆生生者莫レ非二純一清淨良伴一、豈容二逆謗而來參預一。意在下激二勸末世衆生一、遷レ善改レ惡攀中附上賢上。次句明二今收取一者蓋由二今經所談淨業乃是究竟一佛乘法一。是心作佛是心是佛出二自今經一、即同二法華開佛知見一、了義頓教、無二復過レ此。但能一念迴向願求、滅業破障不レ勞二彈指一。若使二逆謗不レ生、則與二偏權不了之教一何異。所以彼抑此揚、無レ非二化物一。兩經收簡有レ異故曰二言乖一。佛意善惡無レ偏故云二趣合一。

とある。これによると、元照以前にも、仁岳によって、阿弥陀仏の本願力の深いことを示すものとして、逆謗除取が解釈されていたことが確認できる。また、戒度は、元照の解釈を説明して、『無量寿経』は末世衆生を励まして悪を改めて善に向かうことを意図した説示であり、『観経』は浄業が『法華経』と同じく一仏乗の法門であり、仏の知見を開示した了義頓教の教えであることを示す説示であるとしている。そして、一念でも回向願求すれば、罪障を生滅して必ず往生ができるとしていると、元照における逆謗除取説を解釈している。

(146) 元照における本願十念説は、この逆謗除取の問に引用されている『無量寿経』の第十八願と、『観経』の下々品の説示によるものである。『阿弥陀経義疏』(『大正蔵』三七・三六二頁c)に第十八願とは明記しないものの、「若準大本観經、則無日限。下至十念皆得往生。十念即十聲也」とあることから、元照が『無量寿経』第十八願ならびに第十八願成就文所説の十念と、『観経』の下々品所説の十念を十声とし、この十声の十念によって、みな浄土へ往生できると説いていることが確認できる。ちなみに、善導の十念が、四十八願一々の建立時において誓われる第十八願を根拠とし、罪悪生死の凡夫に対して釈尊と阿弥陀仏によって開示された十遍の称名念仏としていることとは、本願のとらえ方において異なる。柴田泰山氏『善導教学の研究』(山喜房仏書林、二〇〇六年)四五七—四七四頁参照。

(147)『卍続蔵』五九・六四五頁a—b。

(148)「為義天僧統開講要義」以外にも、『阿弥陀経義疏』(『大正蔵』三七・三五七頁b、同三六二頁b)には、「經所レ説依正莊嚴稱名往生、皆是彌陀修因感果威神願力不思議功徳也」や「持名脱苦莫非彌陀大悲願行」と述べており、元照が、阿弥陀仏の極楽浄土も称名の往生も、阿弥陀仏が修因感果によって得た威神や本願力の不思議功徳であるとしている。

(149)『浄全』一・五〇頁。

(150)『浄全』五・四二四頁下、『大正蔵』三七・三〇四頁b。

(151)「心観爲レ念口誦爲レ稱」という場合の「心観」とは天台『観経疏』(『大正蔵』三七・一八六頁c)の「心観爲宗」を意識してのことであろう。これに関連する元照の天台『観経疏』依用、ならびに元照における『観経』の経宗の問題等については、後日別稿にて検討したい。

(152)『大正蔵』三七・三六一頁c—三六二頁a。『大正蔵』本には「定散機異」とあるが、金沢文庫所蔵『阿弥陀経義疏』鎌倉期写本には、「定散心異」とある。ここでは、現存最古であり、資料的価値の高い写本にしたがって、引用文の表記も「定散心異」とした。

(153) 第二章第二節において、『観経新疏』が著述されて以後、『阿弥陀経義疏』の著述までの間に、持名念仏に対する思想的変化があったか否かの問題をとりあげたが、両疏がともに「十念」を「十声」と解釈しており、先に成立した『観経新疏』において逆謗の衆生の往生を説いていることが確認されることから、両疏の間に持名念仏に対する思想的な変化があったとは認めがたい。

(154) 「無量院造弥陀像記」などに伝えられるように、元照には、結社念仏を行っている僧俗との交流が認められる。また、『資持記』瞻病篇で臨終行儀について論じているが、律の大徳として著名であった元照は、実際に臨終行儀を行う清浄な僧として招かれることが多かったものと予想される。

(155) 善導は『往生礼讃』（『浄全』四・三七六頁上）において「十念」を「十声」に置き換えている。また、この引用箇所に明らかなように、下は一声の者までも仏願力によって往生できることが示されている。元照の十声即十念説は、遵式のみならず、こうした善導の影響も考えられる。

(156) 遵式には、『阿弥陀経』「不可以少善根福徳因縁得生彼國」を解釈した説示はみられないため、ここでは『阿弥陀経』の注釈を行っている智円と仁岳の説示をとりあげた。

(157) 『義天録』（『大正蔵』五五・一一七二頁a）によると、智円には『阿弥陀経』の注釈書として、『阿弥陀経疏』一巻と『阿弥陀経西資鈔』一巻（欠）があったようである。

(158) 『大正蔵』三七・三五五頁b—c。

(159) 『義天録』（『大正蔵』五五・一一七二頁a）によると、仁岳には『阿弥陀経新疏』二巻（欠）と『阿弥陀経新疏指帰』二巻（欠）があったようである。しかしながら、これらは現存せず、『聞持記』や『楽邦文類』などに引用される断片より内容をうかがうことしかできない。本書に引用した仁岳『阿弥陀経新疏』は、『楽邦文類』に「霅川踵曰」といって収載される仁岳『阿弥陀経新疏』の文である。ちなみに、仁岳は法師号である「浄覚」以外にも、しばしば生誕地である「霅川（現在の浙江省呉興県）」、もしくは「霅渓」と呼ばれており、『楽邦文類』には「霅川疏」、「霅川新疏」という名で『阿弥陀経新疏』が引用されている。

(160) 『楽邦文類』所収（『大正蔵』四七・一五三頁c）。これと同様の文が、『聞持記』に収載されている。成立としては『聞持記』の方が早いが、引用箇所には「略云」「略録之」などとあり、内容に戒度の手が加わったとみられる点もあるため、引用を正確に行っていると考えられる『楽邦文類』所収の文を用いた。

(161)「四性」とは、次に示す智顗『維摩経玄疏』(『大正蔵』三八・五五〇頁a)において、不思議解脱の名について説明する際に用いられる自性・他性・共性・無因縁性の四種の概念。

今明不レ従二自脱起一故不レ約二自性一以立レ名。不レ従二他脱起一故不レ約二他性一以立レ名。解脱不レ従二自他起一故不レ約二共性一以立レ名。解脱不レ従下離二自他一無因縁上起故不レ約二無因縁性一以立レ名。従二因縁起一立二解脱名一尚不レ可レ得。何況無因縁起以立レ名。解脱不レ依二四邊起一、不レ依二四性義一而立二解脱名一者。即是解脱之相不レ在二内外両中間一。名字之相亦不レ在二内外両中間一。名字相離即是解脱也。解脱者即諸法也。

この『維摩経玄疏』に示された「四性」は、天台『観音玄義』(『大正蔵』三四・八八三頁c)に、

今明観世音亦不レ従二此境智因縁一得レ名也。次明不思議境智者、若自他共無因等四句倶非二境智一者。

と使用され、知礼『観音玄義記』(『大正蔵』三四・九〇六頁a—b)には、

今文通二以外道及四教起見之徒一。皆名二思議理外境智一。故引二中論一以為二能破一。若思議理内境智者、既破二四性一観レ理證レ眞。正在通教義兼三藏。若不思議境智者、正唯圓教亦兼二別教一。圓該二六即一別在二後心二一。一天下釋相二。初明二思議二一。初約二理外二一。初立レ四。謂天然相待因縁絶待。此四即是四性異名。用二此名一者略有二二意一。一示二名言一通二於邪正一。須以レ理惑定二其是非一。且如二天然及以絶待一、本圓極名今在二理外一。故知、不レ可下以レ名定上レ理。二明二理外一不二全外外一。意令二内人一勿二於正法一生二於性計一。故立二此名一定其見レ過。又四句中皆雙檢者、蓋以二境智一倶有二自生等過一故也。初天然中、言レ由レ智故境由レ境故智者、借二彼相待一顯二此天然一。二相待者、境待智成智待境立也。三因縁者、非二是單自單他一而成二於境一、乃自他和合方成二於境一。因縁即是自他故也。智亦如レ是。此即共性。四絶待者、單自單他及自他共。此待皆絶。約無三句情謂。

と説明されている。ここで仁岳の使用する「達此心四性不生」とは、自性・他性・共性・無因縁性の四性を離れて不思議境に達することであると考えられる。

(162)『浄全』五・六八三頁下。

(163)『大正蔵』三七・三六一頁c。

(164)元照『阿弥陀経義疏』には、「彼云。善男子善女人聞レ説二阿彌陀佛一一心不亂専持二名號一。以二稱名一故諸罪消滅。

即是多功徳多善根多福徳因縁（『大正蔵』三七・三六一頁c）」と、石刻『阿弥陀経』の念仏多善根の文を引用している。石刻『阿弥陀経』は一般に流布する『阿弥陀経』と異なり、称名念仏を多善根と説く一節を有していることから、日本では法然上人の著作に引用されて有名である。念仏多善根の文をめぐっては金子寛哉氏「念仏多善根説について」（『仏教文化研究』四四、二〇〇〇年）、および林田康順氏「法然上人における「念仏多善根の文」渡来の意義」（『印仏研』五〇-二、二〇〇二年）等を参照した。

(165) 王日休『龍舒浄土文』に収載される襄陽石刻『阿弥陀経』が二一文字多いのに対して、この元照所伝の襄陽石刻『阿弥陀経』は二五文字多い。『龍舒浄土文』には「字畫清婉、人多慕玩」とあるように、その文字が流麗で素晴らしく、多くの人がこの経に親しんだことが伝えられている。また、『阿弥陀経義疏』には「襄陽石碑經本」「彼石經本」とあり、元照が直接襄陽の石碑の経文をみたのではなく、石碑を書写した本を得ていたことが推察される。おそらくは、『聞持記』に李公が書写して持ち帰ったように、複数の人によって幾種も拓本や写本が作成され、流布していたのであろう。『龍舒浄土文』の場合は、陳仁稜の文字を称讃していることから、襄陽の石碑の拓本、もしくは臨本を用いたことが考えられる。これに対し、『阿弥陀経義疏』の場合、『聞持記』の記述が正しければ、石碑からの拓本ではなく、李公の書写本を用いていることになる。『龍舒浄土文』所載の文と『阿弥陀経義疏』の所載の文を比較すると、『阿弥陀経義疏』所載の文には、「多善根」の前に「多功徳」の三字、「福徳」の前に「多」の一字が加えられている。相違する文字の内容から考えれば、『阿弥陀経義疏』所載の文は、石碑を書写する過程、またはその複製を作成する際に、『念仏鏡』（『大正蔵』四七・一二四頁a—c）の「一日七日念佛功徳無量無邊、由□多功徳□往□生浄土□。（中略）念佛一門是多善根多福徳」という内容を踏まえて、意図的に挿入されたことが予想される。ただし、経文の取り扱いに厳しく、諸本と相違する点が一字でもあれば確認作業を行う（『観経新疏』、『浄全』五・三八六頁下）元照が、自ら経文を改作することは考えがたいため、元照が経本を手にする以前のことと考えられる。

(166) 『大正蔵』三七・三六三頁c。

(167) 元照は『阿弥陀経義疏』（『大正蔵』三七・三五七頁a）において、同居浄土である極楽に往生することを近果とし、極楽で成仏して法性土に居すことを遠果としている。

(168) 元照の屠沽人往生説は遵式の著作を通じて得た善導伝記に依るものである。これについては、佐藤成順氏前掲本（三一三頁）において指摘されている。

(169) 『観経新疏』（『浄全』五・三六六頁下、『大正蔵』三七・二八五頁b）にも、

而況我佛大慈開二示浄土一。慇懃觀レ囑遍二諸大乘一。目見耳聞特生二疑謗一。自甘二沈溺一不レ慕二超昇一。如來説レ爲下可二憐憫一者上。良由レ不レ知二此法特異二常途一。不レ擇二賢愚一不レ簡二緇素一。不レ論二修行久近一不レ問二造罪重輕一。但令二決定信心一即是往生因種。

とあるように、往生浄土の道が賢愚・道俗・修行の久近・造罪の軽重によらないものであることを説いている。

(170) 善導と元照の十念を簡略に比較すると次のように示すことができる。

善導―本願力（四十八願の一々の建立時に誓われる第十八願）＋三心＋十声の十念

元照―本願力（第十八願）＋衆生の猛信＋十声の十念

元照の場合、三心は上品上生の人の行業であり、菩提心や三聚浄戒をその内容としており、善導の三心と異なる。

第五章　往生に関する諸問題

第一節　臨終来迎説

第一項　問題の所在

本節でとりあげるのは元照の臨終来迎説である。宋代天台浄土教者には多く臨終来迎を願う記述がある。しかしながら、それを理論的に説明しているものは決して多くはない。そのような意味において臨終に来迎する仏菩薩が魔事(1)ではなく、現前して衆生と感応道交するものであるとする元照の臨終来迎に関する記述は、宋代の浄土教者における臨終来迎思想を知る上で貴重なものといえる(2)。

宋代には禅宗が発展分派し、非常に盛んであった。そのため、自らの心中以外に仏を認めない禅僧から、仏菩薩の臨終来迎について批判を受けていた浄土教者は多かったことが予想される。元照の臨終来迎に関する説示は、そうした禅僧の批判をくみ取って反駁を試みたものと考えられる。元照の反論は次の二点に絞られる。

一、臨終来迎を魔事とすることへの反論

二、臨終来迎を自心が業によって変現した姿をみているに過ぎないとすることへの反論

このうち第一点目は、特定の人物を想定したものではないようであるが、第二点目については永明延寿（九〇四—九七五）の『宗鏡録』や『万善同帰集』の説示を想定していると考えられる。(3) 元照は延寿を大変尊敬しており、その伝記まで作成している。(4) その延寿の説示であっても否定せねばならなかったことから、臨終来迎説が元照にとって極めて重要な問題であったと推察されるのである。本節では、はじめに元照の批判の対象と考えられる延寿の臨終来迎説を考察し、次に元照と同時代の諸師の臨終来迎説を確認して、最後に元照における臨終来迎説を検討していきたい。

第二項　延寿における不来而来の来迎説

はじめに、元照が批判したと予想される延寿の臨終来迎に関する説示を確認していきたい。延寿『万善同帰集』には、

問、唯心淨土周二遍十方一。何得下託二質蓮臺一寄中形安養上。而興二取捨之念一、豈達二無生之門一。欣厭情生、何成二平等一。
答、唯心佛土者了レ心方生。如來不思議境界經云、三世一切諸佛皆無二所有一、唯依二自心一。菩薩若能了二知諸佛及一切法皆唯心量一、得二隨順忍一。或入二初地一、捨レ身速生二妙喜世界一、或生二極樂淨佛土中一。故知、識レ心方生二唯心淨土一。著レ境秖墮二所縁境中一。既明二因果無一レ差。乃知、心外無レ法。又平等之門、無生之旨、雖二即仰一レ教生レ信、其乃力量未レ充、觀淺心浮、境強習重。須下生二佛國一以仗二勝縁一、忍力易レ成速行中菩薩道上。(5)

と、唯心の浄土が十方に遍満しているのであれば、ことさらに色質を極楽の蓮台に託して安養浄土の姿形を得よう

とする必要があるのかという問いを出し、自ら答えている。延寿は『如来不思議境界経』の「諸仏と一切法が唯心の量であることを知れば、初地に入り、妙喜世界や極楽世界に往生できる」という一節を用いて、唯心の浄土は、心を了することで生ずるところであると述べている。すなわち、諸仏を含む一切の存在は衆生の心にあり、心外無法であることを了解すれば、衆生の識心が唯心の浄土へ生ずるというのである。そして、厭欣や取捨などの念を起こし、対境となる浄土に執着するべきではないとする。延寿は心の外には何も存在しないため、浄土往生を諸仏や一切法が唯心であると了解・認識することととらえているのである。ただ、その一方で、平等の法門・無生の理は、教えについて信を起こしても、観が浅く、心が落ち着かない者には難しいため、浄土往生という勝縁によるべきであるとも述べている。

煩瑣となるためここに挙げないが、延寿はこれに続いて、自説を挟まずに『起信論』『往生論』『十疑論』『群疑論』などの引用を行い、浄土を求むべきことを説明する。それは、『起信論』によって、心の劣弱な衆生にも如来の勝方便たる専意念仏の因縁があり、阿弥陀仏の浄土へ往生すべきことを勧め、『往生論』によって苦の衆生を教化するために浄土往生を求めるべきであることを示し、『十疑論』によって、往生とは真の無生に達することであり、生即無生・無生即生の理を説いて、いたずらに有相無相を論ずるべきではない、とする。このように延寿は、心の劣弱な衆生に対して浄土往生の道を求めるべきことを説き、生即無生であって実には生ずることのない浄土への往生を勧めているのである。

そして、『群疑論』を抄出し、

群疑論問云、諸佛國土亦復皆空。観三衆生如二第五大一。何得下取二著有相一捨レ此生上レ彼。答、諸佛説法不レ離二二諦一。以レ眞統レ俗無二俗不一レ眞、以レ俗會レ眞萬法宛爾。經云、成二就一切法一而離二諸法相一。成二就一切法一者世諦諸法也。

而離二諸法一者第一義諦無相也。又經云、雖レ知二諸佛國及與衆生空一、常修二淨土行一、教二化諸群生一。汝但見下說二圓成實性無相之教一破二遍計所執一畢竟空無之文上、不レ信下說二依他起性一因緣之教上。即是不レ信二因果一之人。說二於諸法斷滅相一者。(6)

真俗二諦と唯識の三性説によって有相の浄土を説明する。因縁生起している存在（依他起性）は、世俗諦（俗）からみれば有相であるが、第一義諦（真・円成実性）からみれば無相・空であるとする。それゆえに、有相に対する執着（遍計所執性）を払うために用いられる、すべての存在を空であるとする第一義諦（円成実性）の立場からの言葉をもって、因縁生起している浄土（依他起性）までも完全に否定してしまうのであれば諸法断滅の見となると、浄土の有相を否定すべきではないことを説明している。(7)

このように延寿は、唯心でありながら有相の浄土を一応認めている。自己の心内に有相の浄土の存在を認めることは、元照と似ているが(8)、その内容はまったく異なる。その相違点の一つは、元照が阿弥陀仏の浄土とその他の浄土を分けて考えているのと異なり、延寿の説く浄土は阿弥陀仏の国土も含めたあらゆる諸仏の国土を想定している点が挙げられる。延寿は、引用経論中に阿閦仏の妙喜世界や阿弥陀仏の極楽浄土、『維摩経』の諸仏浄土の説示が混雑していても、「自心」の言葉でどの浄土のことを指して論を進めているかを明確にしない。また、先述の『群疑論』の引用についても、懐感が「今觀經等所レ說西方淨佛國土、勸二諸衆生往生二其國一。此亦是於眞佛言教。既倶佛說並爲眞語。何爲將二彼空經一難二斯淨教一。信レ彼謗レ此、豈成レ理也」(9)と、他の経典に説かれる諸仏浄土についての説示と、『観経』に説かれる阿弥陀仏の西方浄土に関する説示は、ともに仏説であるから一方の説示に偏るべきではないと述べている箇所を省いている。『万善同帰集』の浄土の有相に関する問答から『群疑論』のこの部分を省くことにより、延寿が阿弥陀仏の西方浄土についての議論から浄土一般の議論にしようとしたことが推察される。

元照の浄土観と延寿の浄土観のもう一つの相違は、阿弥陀仏の浄土が阿弥陀仏の願力によって建立されていることを、延寿が説かない点である。延寿の『万善同帰集』や『宗鏡録』には、浄仏国土の行が願力をもって成就することは説かれるものの、極楽が本願所成の浄土であることは一切述べられていない。これは元照と異なり、延寿が本願をもって衆生を救済しようとする阿弥陀仏の浄土と他の諸仏土を分けずに考えるという一つ目の相違と密接な関わりがある点であろう。

そして、もう一点の相違が、ここで問題としている臨終来迎の有無にみられる。『万善同帰集』には、

問、心外無レ法佛不二去來一。何有二見佛及來迎之事一。答、唯心念佛、以二唯心觀一遍該二萬法一。既了二境唯心一、了二心即佛一。故隨二所念一無レ非レ佛矣。般舟三昧經云、如下人夢見二七寶一親屬歡喜。覺已追念不上レ知レ在二何處一。如レ是念佛。此喩二唯心所作一。即レ有而空。故無二來去一。又如レ幻非レ實。則心佛兩亡。而不レ無二幻相一。則不レ壞二心佛一。空有無閡。即無二去來一。不レ妨二普見一。見即無見。常契二中道一。是以佛實不レ來。心亦不レ去。感應道交。唯心自見。如下造罪衆生感中地獄相上。唯識論云。一切如二地獄一同見二獄卒等一。能爲二逼害事一故。四義皆成。[10]

とある。心の外には何もないのであるから、心外から衆生心へ仏が往来することなどないのに、どうして見仏や臨終来迎などがあるのでしょうか、との問いに対し、延寿は、唯心念仏を説くことで答えている。[11] 延寿のいう唯心念仏とは、唯心観をもって万法をも含めて念じるものであり、これによって対境となる浄土が唯心であると了知し、心がそのまま仏であると了解するというのである。これは『般舟三昧経』に、夢で浄土の仏をみるごとく、現実には往っていない浄土で仏をみるといった、唯心の所作に喩えられる念仏である。すなわち、延寿は、実際には浄土への往来も見仏もないが、夢にはたしかに浄土へ往き見仏しているという、見即無見であることが中道にかなっており、感応道交して唯心のみを自ら見る状態であり、これが経典に説かれる見仏や来迎であると主張するのである。

前述のように、延寿は浄土の有相を認めていたが、これは夢にはたしかに浄土や仏の相を見るという意味での有相であり、実際には浄土も仏も空じられて存在しないというのが延寿の説く唯心浄土と考えられるのである。(12)心内ではあるが、衆生はその心念（識・神）を阿弥陀仏の有相の浄土へ移すと考える元照とは、その唯心浄土のとらえ方がまったく異なっており、そのような浄土観に基づいて、延寿は実質的に臨終来迎を認めていないのである。

延寿の臨終来迎に関する言及は、主著である『宗鏡録』にもみられる。

問、既心外無レ佛、見レ佛是心。云何教中有レ説三化佛來迎生二諸淨刹一。答、法身如來本無二生滅一。從レ眞起レ化接二引迷根一。以二化即眞眞應一際一。即不來不去隨二應物心一。又化體即眞説レ無二來去一。從レ眞流レ化現レ有二往還一。即不來相而來、不見相而見也。不來而來、似二水月之頓呈一。不見而見、猶二行雲之忽現一。(13)

ここでも延寿は心の他に仏はなく、仏は心にこそ見るものであるのに、どうして諸経に化仏の来迎や諸仏土への往生を説くのか、と問いを出し、『群疑論』仏来不来章における不生不滅の法身と、その法身より出る化身との関係についての言及を引用してその答えとしている。(14)この『群疑論』を用いた説明においても、延寿は意図的に阿弥陀仏の本願による救済についての懐感の言及を切り捨て、般若系経典に説かれる法身の立場からの来迎の説明のみを使用している。その内容は、真如（法身）より化身は起こり、迷妄の機根を救い取る。しかし、そもそもこの化身はそのまま真如（法身）であり、真如と衆生のために行われる応化は一体であるゆえに、仏の真如の側面からみれば来迎も往生もないというものである。すなわち、化仏の来迎などという仏の応化は、衆生の心にしたがって現し出されたものであり、真如より化身が出でるからこそ往生や来迎が心に現し出されるため、来迎がまったくないわけでもないとしている。すなわち、延寿における来迎は、水に映る月が、実際に水に月があるわけではない（不来）が、たしかに映っている（来）ように、不来而来のものとして一応あると説明するのである。

しかし、このように真如（法身）自体は動かず、化身が不来にして来たるとすれば、やはり心の外に仏の来迎を認めることになるため、延寿は続けて来迎についての問答を設けている。

問、如二上所説一眞體則湛然不レ動、化則不來而來。正是心外有二他佛來迎一。云何證二自心是佛一。答、一是如來慈悲本願功德種子增上縁力、令下曾與レ佛有レ縁衆生念レ佛修レ觀集二諸福智種種萬善一、功德力以爲二因縁一、則自心感中現佛身來迎上。不下是諸佛實遣二化身一而來迎接上。但是功德種子本願之力以二所化衆生時機正合一、令三自心見二佛來迎一。則佛身湛然常寂無レ有二去來一。衆生識心託二佛本願功德勝力一、自心變下化有レ來有上レ去。如レ面二鏡像一似二夢施爲一。鏡中之形非レ內非レ外。夢裏之質不レ有不レ無。但是自心。非レ關二佛化一。則不來不去、約二諸佛功德一所レ云。有往有還、就二衆生心相一所レ説。是知、淨業純熟目覩二佛身一。惡果將成心現二地獄一。如下福德之者執レ礫成レ金、業貧之人變レ金成上レ礫。礫非レ金而金現、金非レ礫而礫生。金生但是心生、礫現唯從レ心現。轉變是我。金礫何從。抱レ疑之徒可レ曉二斯旨一。(15)

どのようにしたら自心が仏であるということを証明できるであろうか、という問いに対し、延寿はまた懐感『群疑論』を用いて答えている(16)。如来の慈悲・本願の功徳の種子という増上縁力をもって、仏と縁のあった衆生が仏を念じ、観を修して種々の万善を集めれば、その功徳力によって自心において仏身の来迎を感じ現出させることになると答えている。すなわち、延寿は、諸仏が実際に化身を遣わして衆生のもとに来迎するのではなく、功徳の種子である本願の力（時節に相応する仏の力）と教化される衆生（修行する能力）の適合が、仏の来迎をみさせているのであり、このとき、仏身は常寂不動で心外より往来することなく、衆生は自己の識心を仏の本願功徳勝力に託すことで、自心に仏の往来があったように変化させているに過ぎないとするのである(17)。ここでは懐感の元々の文章にある「本願功徳力」という言葉は削られていないが、阿弥陀仏という特定の仏の名称を徹底して切り捨てることで、その「本願」の主体をあいまいにしているのである。このように延寿は、懐感の唯識的な説明の文章を換骨奪胎することで、懐感が示そうとした阿弥陀仏の本願の救いや来迎、念仏や十六観を切り捨て、特定の仏の救いを認めず、万善円修を行うべきであるという自己の主張を巧みに展開しているのである。

延寿において仏の往来をみることは、ただ自心をみることになるのであり、鏡のなかの自分の姿のように内とも外ともいえず、夢のなかの行いのように有とも無ともいえないものなのである。そして、それを諸仏の功徳よりみれば、仏の化益に直接関わることがないゆえ仏の往来なしといい、衆生の心相からみれば、往生も来迎もあることになると、延寿は説明するのである。延寿は、先ほど確認した浄土の有相同様に、この来迎についても、衆生の心内に現し出されるため仮にその存在を認めるが、来迎する仏や往生する浄土との直接的な関わりを一切認めないのである。

以上、延寿における来迎説を確認してきた。仏の来迎は、衆生が自己の心相にみることであり、実質的な仏の来迎を認めない。これが延寿の一貫した来迎に対する見解であろう。延寿の説相は、一見すると有相の仏や浄土、そして来迎を認めるようである。しかし、それはあくまでも「心」によって現出されたものでしかなく、衆生に直接救済を行う仏の存在を仮に認めているにとどまり、湛然常寂としたまま衆生と関わりを持たない仏を真実の姿として説くのである。また、仏の本願力が、その心相の変化を手助けする増上縁として認められているものの、それは阿弥陀仏の四十八願のような具体的な救済を約束した願を前提としたものではない。ただ、同じく『宗鏡録』に、

如二鴦崛摩羅一與二文殊師利一共遊二十方一。所見十方諸佛、彼佛皆稱二釋迦佛一者、即我身是。又法華經明十方諸佛皆是釋迦分身。則阿閦彌陀悉本師矣。本師即我心矣。釋云、非レ獨彌陀阿閦、十方諸佛皆我本師。海印頓現。且法華分身有二多淨土一。如來何不レ指二己淨土一、而令別往二彌陀妙喜一思レ之。故知、賢首彌陀等皆本師矣。復何怪

哉。(18)

と、『鴦崛摩羅経』や『法華経』を経証として、延寿は阿弥陀仏や阿閦仏など十方諸仏を釈迦仏と同一ととらえ、さらにその釈迦仏を自己の心であると説いている点や、

> 問、如二前剖析一理事分明。佛外無レ心心外無レ佛。云何教中更立二念佛法門一。答、只爲下不レ信二自心是佛一向外馳求上。若中下根、權令下觀二佛色身一繫レ縁麁レ念、以レ外顯レ内漸悟中自心上。(19)

と、「佛外無レ心心外無レ佛」を標榜し、念仏法門の必要性を「自心が仏であることを信ぜず、外へ救いを求める衆生があるため」であるとし、中下根の念仏を「仮に仏の色身を観じさせることで徐々に自心を悟らせる」ものであると述べている点を勘案するならば、延寿が阿弥陀仏を自己の心と同一の存在ととらえており、他者としての阿弥陀仏やその本願を想定していないと考えるべきであろう。(20) このようなことから、延寿における来迎は、浄業を修せば仏を見、悪業を行えば地獄を見るように、善悪の自業によって自心を変化させた結果、現し出される心相をみることであったと推察されるのである。

第三項　元照における来迎魔事説・来迎自心業現説に対する反駁

『観経新疏』における臨終来迎説は、a解魔説と題して主に自説ではなく他の人師の説によって「臨終来迎の仏を魔事とする説」に反論している箇所と、b延寿の「臨終来迎の仏は自業の結果自心に現されたもので、実際には外から仏が来るわけではないとする説」に反論をしている箇所にみられる。はじめに臨終来迎の仏を魔事とする説への反論からみていきたい。

a、「臨終来迎の仏を魔事とする説」への反論

四解二魔説一。或謂修二西方淨業一臨終感レ相。皆是魔者、斯由レ未レ披二教典一不レ樂二修持一、喜以二邪言一障二他正信一。爲レ害不レ淺故須レ辨レ之。且魔有二四種一。一五陰魔、二煩惱魔、三死魔、四天魔。上之三魔是汝身心。唯有二天魔一是外來耳。安得下不レ畏二己魔一但疑中外魔上乎。況魔居二欲界天一。乃是大權退レ惡進レ善有二大功行一。方可レ動レ之。凡夫修道内心不レ正必遭二魔擾一。若心眞實魔無二能爲一。是知、魔自汝非二他所一レ致。如三世妖治媚二惑於人一。端レ心正レ色必不レ能レ近。縱レ情顧眄定遭二所惑一。今引二衆説一以絶二群疑一。①一云大光明中決無二魔事一。猶如二白晝姦盜難一レ成。②一云此土觀心反觀二本陰一多發二魔事一。今觀二彌陀果德眞實境界一故無二魔事一。③一云念佛之人皆爲二一切諸佛一之所二護念一。既爲レ佛護安得レ有レ魔。④一云修二淨業一人必發レ魔者佛須二指破一。如二般若楞嚴等一。佛若不レ指則誤二衆生一墮二於魔網一。今淨土諸經並不レ言レ魔。即知、此法無レ魔明矣。⑤山陰慶文法師正信法門辨レ之甚詳。今爲具引レ彼。問曰、或有レ人云臨終見二佛菩薩放レ光持レ臺天樂異香來迎往生一。並是魔事。此説如何。答曰、有下依二首楞嚴經一修二習三昧一。或發中動陰魔上。有下依二摩訶衍論一修二習三昧一或發中動外魔上（謂二天魔一也）。有下依二止觀一論修二習三昧一或發中動時魅上。此等並是修二禪定一人約二其自力一先有二魔種一。被二定擊發一。故現二此事一。儻能明識各用二對治一即能除遣。若作二聖解一皆被二魔障一（上明三此方入レ道則發二魔事一）。今約三所修念佛三昧乃憑二佛力一。如下近二帝王一無中敢干犯上。蓋由下阿彌陀佛有中大慈悲力大誓願力大智慧力大三昧力大威神力大摧邪力大降魔力天眼遠見力天耳遙聞力他心徹鑒力光明遍照攝取衆生力上、有二如レ是等不可思議功德之力一。豈不レ能下護二持念佛之人一至二臨終時一令上レ無二障礙一耶。若不レ爲二護持一者則慈悲力何在。若不レ能レ除二魔障一者智慧力三昧力威神力摧邪力除魔力復何在耶。若不レ能二鑒察一被二魔爲一レ障者天眼遠見力天耳遙聞力他心徹鑒力復何在耶。經云、阿彌陀佛相好光明遍照二十方世界念佛衆生一攝取不レ捨、若謂三念佛臨終被二魔障一者光明遍照攝取衆生力復何在耶。況念佛人臨終

感レ相出レ自二衆經一、皆是佛言。何得三貶爲二魔障一乎。今爲決二破邪疑一當レ生二正信一（已上彼文）。⑥又楞嚴云、禪定心中見下盧舍那踞二天光臺一十佛圍繞等上。此名二心魂靈悟所染一。心光研明照二諸世界一、暫得レ如レ是。非レ爲二聖證一。資中疏曰、若修二念佛三昧一斯境現前與二修多羅一合名爲二正相一。若修二餘觀一設見二佛形一亦不レ爲レ正。以三心境不二相應一故。況觀二眞如一。不レ取二諸相一而有二所著一。豈非レ魔耶。資中棟判極爲二精當一。仍具引二前諸説一永除二疑障一。[21]

ここで元照は、往生浄土のための行を修して臨終に感ずる仏の相を皆魔事であるとすることは、教典を開くこともなく修行を願うこともなく、喜んでその邪言により他人の正しい信心を妨げるものであるとして反駁を加えている。そして、自己の身心の内に潜む五陰魔・煩悩魔・死魔の三魔と、自己の身心の外にいる天魔を合わせた『大智度論』所説の四魔説[22]を紹介した後に、身心の外の魔よりも自己の内に潜む魔に気をつけるべきであり、そもそも魔に遭うのは修行する人の心が正しくないことに起因していると述べている。続いて「今衆説を引いて以て群疑を絶す」といい、臨終来迎を肯定する諸師の六説を集めて説明している。それは原文の傍線部①〜⑥であり、その内容は次のとおりである。

①仏の大光明のなかには魔事がないとする説
②阿弥陀仏の悟りの果報である真実の境界を観じるのだから魔事などないとする説
③念仏行者は一切諸仏に護念されているから魔事などないとする説
④往生浄土の行を修す者が魔を発せば必ず仏が魔を破してくれるから魔事はないとする説
⑤自力によって禅定を修するときには魔障を被ることがある。しかし、念仏三昧を修して他力をたのむときには大慈悲力・大誓願力・大智慧力等の阿弥陀仏の不可思議功徳力によって、臨終にいたるまで護念されて魔障を被ることがないという説

⑥念仏三昧を修する場合は経典と相応した正しい境界が現前するだけであるが、それ以外の観を修した場合は能観の心と所観の境界が相応せず執着という魔を起こすことになるという説

このなか①〜⑤までは念仏や浄業を修する者は仏の功徳や威神力といった他力によって魔事がないということを説いており、⑥では修習する行の性質上、念仏は正しい境界が現前するが余観は魔に陥りやすいことを指摘している。このうち、元照が⑥の判釈を「精当」と評価し、⑥説と同様に自力余観の修習は魔に陥りやすく、他力念仏の修習は行者の心のいかんを問わず仏の境界が現じると考えているところは注目すべき点である。ここでは、元照が念仏は魔事をものともしない仏の力をかりる行であり、修習する行の性質において念仏は余観と分別されるべきものであるとし、さらに臨終来迎は来迎する阿弥陀仏に不可思議な力があってのことであるから、当然魔事などではないと考えていることが推察せられる。

これらの①〜⑥の説は元照『観経新疏』の注釈書である戒度『正観記』によると以下のような人師の説にあたる。(23)

①『直指浄土決疑集』序　楊傑
②『修証義』　択瑛
③『阿弥陀経』　有厳
④『浄土魔仏惑対』
⑤『正信浄行二門』　慶文
⑥『首楞厳経資中疏』(欠)　弘沇

このうち⑤慶文と⑥弘沇が具体的に元照とどのような関係であったか定かでないが、①楊傑、②択瑛、③有厳(24)については元照と同時代に活躍し、直接的な交流もあったことが知られている。(25)なかでも①楊傑、②択瑛の二師は元照

の善導浄土教思想受容の契機になったといわれている[26]。先に述べた衆説による反駁をみればわかるとおり、元照は臨終来迎説においてもこのような人師の思想を受容していることが理解できる。そして、それらの人師の意見を用いて、阿弥陀仏の強力な他力の功徳を受ける来迎が、魔事などであるわけがないと批判するのである。

b、延寿「臨終来迎の仏は自心に現された自業の結果で、他仏なしとする説」への反論

次にb延寿の「臨終来迎の仏は自業の結果自心に現されたもので、実際には外から仏が来るわけではないとする説」についての反論は以下のとおりである。

又云念佛人臨終感二佛菩薩來迎一。皆是自心業現實無二他方佛來一。今詳二此説一乃有二多失一。一則不レ信二佛語一。觀經九品臨終感レ相皆佛説故。二不レ信二佛力一。諸佛菩薩慈悲誓願拔苦與樂不レ遺レ物故。三不レ信二佛體一。佛與二衆生一體性平等有レ感必應。佛若無レ應三身不レ備則非レ佛故。此三不レ信孰可レ信耶[27]。

ここで元照は臨終来迎の仏を自らの心の現し出したものとする説に対して、大きく三失を挙げて批判を加えている。

それは、

（1）仏語を信じない過失

（2）仏力を信じない過失

（3）仏体を信じない過失

である。はじめに、（1）仏語を信じない過失から検討していきたい。元照は「一則不レ信二佛語一。觀經九品臨終感レ相皆佛説故[28]」と、『観経』に九品人がみな臨終に来迎の相を感得するとあるのは仏説であり、実には他方仏である阿弥陀仏が来迎することなどないとするることは、仏語を信じていない過失を犯していると責めるのである。前述し

た延寿の来迎説は、まさしく元照のいうとおり、自己の心内に現し出されるのみであり、実際には不来であるとしている。これに対して、元照は『観経新疏』において九品を解釈するなか、九品それぞれの来迎のありさまを説明している。その内容を並べれば次のとおりである（一部明示されない点は『観経』の内容によって補足した）。

『観経新疏』記載の九品往生人に対する来迎の様相

上品上生　感縁　一、衆聖来迎　二、弥陀光照　三、衆聖同音讃歎勧進
　　　　　仏菩薩と無数化仏大衆の迎えを受け、金剛台に乗る
上品中生　感縁　一、衆聖来迎　二、讃歎安慰　三、授手接引
　　　　　仏菩薩と千化仏の迎えを受ける
上品下生　感縁　具体的な説明なし
　　　　　仏菩薩と五百の化仏の迎えを受ける
中品上生　感縁　一、衆聖現前　二、光明照触　三、説法開悟
　　　　　仏諸眷属の迎えを受ける
中品中生　感縁　一、見仏衆聖　二、聞空讃歎
　　　　　仏諸眷属の迎えを受ける
中品下生　文を略すも、前の二生と同じく花に乗じて去る
　　　　　観音勢至の迎えを受ける
下品上生　化仏来讃　一、化衆来迎　二、讃歎接引
　　　　　化仏菩薩の迎えを受ける

下品中生　感聖来迎　仏徳を聞いて一念に信受し、火相が清風にかわる
　　化仏菩薩の迎えを受ける

下品下生　見金蓮華
　　日輪のような金蓮華のみ来る

元照は、非常に細かくそれぞれの来迎の様相の違いを説明し、中品下生のように来迎が説かれていないところも、中品の前二生にしたがって来迎があることを補足する。また、『観経』の注釈であるから当然ともいえるが、仏菩薩は阿弥陀仏と観音・勢至菩薩が来迎することを明示している。この点も延寿とは異なる点である。延寿が自己心中の仏に阿弥陀仏の存在をおさめとり、仏の具体的な衆生救済を説かないのに対し、元照は釈尊が説いた『観経』の言説とその仏徳に対して忠実に注釈しようと心がけ、そこに説かれる他方仏の来迎が正しく行われるものであると解釈しているのである。

次に、(2) 仏力を信じない過失について検討する。仏力は、今示したような九品往生人に対する来迎を可能とするために、必ず必要なものである。延寿も一応懐感の言葉を用いて、自己の識心を仏の本願力に託すことで、自己の心を変化させて来迎の様相を見ると説明し、その存在は認めている。ただし、これは阿弥陀仏の本願力に依るとは明確にされておらず、その本願力の内容には疑問が残る。元照がここで、仏力を信じない過失を挙げるのは、仏語を信じないことで来迎なしとするだけでなく、阿弥陀仏のようにその来迎の本願を成就している仏の仏力（本願力）も軽視していると考えたためであろう。元照は「二不ㇾ信㆓佛力㆒。諸佛菩薩慈悲誓願抜苦與樂不ㇾ遺ㇾ物故」[29]と、この過失を説明するなか、仏力を一人の衆生も漏らすことなき仏菩薩の慈悲や誓願と解釈している。すでに仏身仏土論においても触れたが[30]、元照は阿弥陀仏の本願力を重視している[31]。それは『観経新疏』に、

今經所レ明即是彌陀所取同居淨土。又復西方有二河沙淨土一、果佛有二同居彌陀一。今須二定指一。往昔法藏發願修成極樂淨土彌陀果佛光臺現土其致在レ茲。(32)

と、『観経』所説の身土が阿弥陀仏と極楽浄土であり、これを法蔵菩薩が願を発して修行し、成就したものであるとする言及や、

阿彌陀佛昔爲二國王一、遇二世自在王佛一棄レ國出家。法名法藏。發二四十八願一、彼國依報境界、身、壽、光明、種種莊嚴一切果相皆願所レ成。豈唯華座。寄レ此點示使レ知下淨土即佛願體上。願由レ心發即佛心體。故知、願力理絶二言思一矣。(33)

法藏比丘者彌陀因名。昔爲二國王一、遇二世自在王佛一棄レ國出家。即於二佛前一發二四十八願一具如二大本一。(34)

と、『無量寿経』の所説を用いて仏の身土と願の関係について述べるなかにもうかがえる。元照は、ここに阿弥陀仏が昔国王であったときに世自在王仏に出遇い、国を捨てて出家して法蔵菩薩となって四十八願を発し、極楽国土の荘厳と身・寿・光明など仏身の荘厳を本願によって成就したものであり、そのような浄土は、仏願を本体としていることを明確に示している。加えて、その仏願は仏心を本体とするゆえに、願力の理は衆生の言思を絶したものであると説明する。このように、元照は『無量寿経』の経説そのままに、法蔵菩薩による四十八願の成就によって成仏した仏身が阿弥陀仏であり、同じくその本願の力によって建立された仏土が極楽浄土であると理解しているのである。そして、阿弥陀仏の身土を成立させる根拠となる本願は、衆生の言思を絶したものである、ととらえているのである。元照は経説を重んじ、仏願の絶大な力を信じているのである。それゆえに、『阿弥陀経義疏』において元照は、

二感レ聖中、其人下是人幷指下上文執二持名一者上、臨終攝引彌陀本願。大經云、十方衆生至心發願欲レ生二我國一、

臨二壽終時一、假令不下與二大衆一圍繞現中其人前上者不レ取二正覺一。聖衆現前亦有二多別一。或眞佛化佛觀音勢至隨二其品位一。委在二觀經一。或謂臨終見佛以爲レ魔者。或云自心業現。實無二他佛來者一。斯蓋不レ知二生佛一體感應道交一。自障障レ他爲過不レ淺。如二別所レ明。(35)

と述べ、『無量寿経』の四十八願中第十九臨終来迎の願文を経証として、必ず来迎があることを指摘するのである。元照における仏力は、まさしく阿弥陀仏の本願力であり、衆生の言思を絶したその本願力によって臨終来迎は誓われているのであるから、たとえ仏菩薩の来迎現前の様子が九品ごとに異なろうとも、みな必ず臨終に来迎を受けられると説くのである。

最後に、（3）仏体を信じない過失について検討する。元照は「三不レ信二佛體一。佛與二衆生一體性平等有レ感必應。佛若無レ應三身不レ備則非レ佛故(36)」と述べ、衆生と仏の体性は平等であり、衆生に仏を想う感あれば仏は必ず応ずるのであり、また、そのような衆生に応ずる身がなければ仏とはいえないと指摘している。これついては、『阿弥陀経義疏』における臨終来迎の願文引用後にも同様の指摘がみられるため、元照において許しがたい過失であったことが推察される。元照が仏と衆生の感応道交の前提に挙げている、衆生と仏における同一の体性とは、『観経新疏』に、

與二十方如來法界含靈一、體性平等無レ有二差異一。具二足無量河沙勝德一、包二攝一切世出世法一。清淨本然、廣大無際。十方法界微塵刹土大地山河依正因果、悉是我輩自心中物。猶如三一漚浮二于大海一。亦如三片雲點二太清裏一。即下經云、是心作レ佛是心是佛。諸佛正遍知海從二心想一生。當レ知、此心即是菩提。涅槃元清淨、體即是大乘一實境界、非二他法一也。故占察經曰、一實境界者、謂衆生心體從レ本已來不生不滅自性清淨、圓二滿十方一究二竟一相一。但以二衆生無明癡暗熏習因一縁レ妄現二境界一。令下生二念著一計中我我所上。沒二溺生死一不二自知覺一。我佛如來先覺二此心一、

愍二諸未悟一、慈悲方便演二説諸經一。[37]

とあるなかで、無量の勝徳を具足し、世間出世間の一切諸法を包摂するとされる、衆生の心体・本来清浄な自性を指すものとみて間違いないであろう。

元照は、この本来清浄な自性を具えている点では衆生も仏も同一なのであるが、衆生は無明を熏習の因とし、妄心を縁じて、仏とは異なる妄境界を現出してしまうものであると、両者の異なりを説明している。すなわち、衆生が自己と自己の所有物に執着するあまり、迷いの生死に溺れていることにさえ自ら気がつけない存在であるのに対し、仏は清浄である自性・自心を先に悟っているため、いまだ悟っていない衆生を憐愍して、その慈悲心より方便の法門を諸経に述べていると説くのである。このように元照は、仏と衆生の関係を実存的側面からみたときには、先に悟った仏が迷妄の衆生を教えるという相対関係としてとらえられているのである。元照は、仏と衆生が元来同一の心体・清浄なる自性を持つが、それは個別に悟られるべきものであり、そのまま両者の存在が同一であることを示すものとはしていないのである。

ただし、一方で元照は、仏も衆生も自性清浄心という本性からみれば同一であるとする本質的側面から仏と衆生の関係を「生佛一體」[38]とも言い表している。この（3）仏体を信じない失で元照が述べる「佛與二衆生一體性平等有レ感必應」[39]や「不レ知二生佛一體感應道交一」[40]という内容は、そうした本質的に同一であることを理由として、両者の間に感応道交が成立することを示している。元照は、仏と衆生が本質的に同一であるからこそ、「彌陀世尊同體大慈悲善根力、隨レ縁赴レ感」[41]というように、仏は同体である衆生に対して同体の大慈悲善根力を起こし、衆生の機感に必ず応ずると説くのである。

元照は臨終来迎を、臨終における感応道交を指すものと認識していたことが推察される。そのため、延寿のように実質的に臨終来迎はないとすることは、元照において、臨終来迎という形で感応道交し、直接的に衆生を導かんとする能動的な仏の存在と、その仏の同体の大悲までも否定するものとして映ったのであろう。本質的立場に立つからこそ同体の大悲を起こして来迎し、実存的立場に立つからこそ相対関係にある衆生を直接導こうと来迎する仏の存在を、元照は説いているのである。

以上、『観経新疏』における考察を通じて、元照の臨終来迎思想が楊傑・択瑛・有厳といった人師等によって導かれたものであり、その内容は魔事を破す阿弥陀仏の不可思議力を受ける他力の念仏により、直接的な救済を行う身と力を具えた仏が臨終に衆生のもとに現前して感応道交するものであることを確認することができる。

また、臨終に来迎する仏を魔とみなし、来迎を自心における自業の発現として、実には他方仏の来迎はないとすることは、固有の仏の存在を認めず、同体の大悲をもって衆生を導こうとする阿弥陀仏の存在までも否定するものと、元照は批判するのである。延寿のように仏の来迎は実際にはないとすることは、直接衆生を導こうとする能動的な仏を否定することになるのであり、当然、その仏の有する仏力も認めないということになるのである。延寿があくまでも衆生の一心上において仏を解釈するのに対して、元照は衆生の一心のなかに他方国土があることを想定し、そこからの臨終来迎があることを説くのである。

第四項　正念来迎と来迎正念の問題

臨終に正念であるから来迎があるのか、臨終に仏が来迎するから正念となるのかどうかという点については、日本の浄土教において議論された問題である。臨終の正念を重視し、この正念によって来迎を受けるとした源信（九四二—一〇一七）などの説に対して、法然（一一三三—一二一二）は、阿弥陀仏が行者の前に来迎現前することにより、臨終に起こる三種の愛心（自体愛・当生愛・境界愛）は除かれ、正念となることができると説いている。また法然は、この他に来迎について、現前した仏が往生の先達となり、魔障を対治するといった化用があることも述べている(42)。

同様の議論は、本章でとりあげた延寿と元照の間にもみられ、同議論の先蹤をなすものとみられる。ここでは、延寿と元照の間にみられる臨終の正念をめぐる議論をみていきたい。

延寿は臨終の正念について『万善同帰集』に次のように述べている。

> 問、一生習惡積累因深。如何臨終十念頓遣。答、那先經云、國王問二那先沙門一言、人在二世間一作レ惡至二百歳一、臨終時念佛死後得レ生二佛國一。我不レ信二是語一。那先言、如下持二百枚大石一置中船上上、因レ船故不レ沒。人雖レ有二本惡一、一時念佛不レ入二泥犁中一、其小石沒者、如三人作レ惡不レ知二念佛一、便入二泥犁中一。又智論問云、臨レ死時少許時心云何能勝二終身行力一。答、是心雖二時頃少一、而心力猛利如レ火。如下毒雖レ少能作中大事上。是垂レ死時心、決定勇健故勝二百歳行力一。是後心名爲二大心一。及諸根事急故、如下人入レ陣不レ惜二身命一名爲上レ健。故知、善惡無レ定。因縁體空。跡有二昇沈一、事分二優劣一。眞金一兩勝二百兩之疊華一。爝火微光熱二萬仞之積草一。(43)

ここで延寿は、一生の間悪を積み重ねているのに、どうして臨終の十念だけでそれを超克することができるのか、という問いを出して答えている。延寿の答えは、『那先比丘経』や『智度論』の引用によっており、臨終の心は平生と異なり、死を前にして勇猛であることから、このときに行う念仏は一〇〇年の間の行いに勝るものであるとしている。このように、延寿は『観経』などに説かれる臨終時の十念によって往生できるとする説を、臨終の一念が平生の一念に比べて質的に勝れていることをもって答えており、臨終の一念を重視していることがうかがえる。

加えて、同じく『万善同帰集』には、

如或言行不レ稱、信力輕微、無二念念相續之心一、有二數數間斷之意一。恃二此懈怠一、臨終望レ生、但爲二業障一所レ遮、恐難レ値二其善友一、風火逼迫正念不レ成。何以故。如レ今是因臨終是果。應二預因實果則不一レ虚。聲和則響順、形直則影端故也。如要二臨終十念成就一、但預辦二津梁一。合二集功德一、迴二向此時一、念念不レ虧、即無レ慮矣。夫善惡二輪苦樂二報、皆三業所レ造、四縁所レ生、六因所レ成、五果所レ攝。若一念心、瞋恚邪淫即地獄業。慳貪不施即餓鬼業。愚癡闇蔽即畜生業。我慢貢高即修羅業。堅持五戒即人業。精修十善即天業。證悟人空即聲聞業。知縁性離即縁覺業。六度齊修即菩薩業。眞慈平等即佛業。若心淨即香臺寶樹淨刹化生。心垢則丘陵坑坎穢土稟レ質。皆是等倫之果、能感二增上之縁一。是以離二自心源一、更無二別體一。維摩經云。欲レ得二淨土一但淨二其心一。隨二其心淨一即佛土淨。又經云、心垢故衆生垢。心淨故衆生淨。華嚴經云、譬如二心王寶一。隨レ心見二衆色一。衆生心淨故得レ見二清淨刹一。大集經云、欲レ淨二汝界一但淨二汝心一。故知、一切歸レ心萬法由レ我。欲レ得二淨果一但行二淨因一。如下水性趣レ下火性騰上レ上。勢數如レ是。何足レ疑焉(44)。

とあり、日頃から信力が軽微であり、仏を念ずる心が間断してしまうような懈怠な者が、臨終に往生を望んでも、過去の悪業に遮られて善友に遇うことすら難しく、『観経』下品中生の人と異なり、業火に責められて正念を成就することはできないとしている。延寿は、平生の行業（因）の結果が臨終（果）に現れるのであるから、日頃懈怠に過ごした人間はその因果の道理にしたがって、浄土を勧める善友にも会うことはできないため、臨終の正念を得ることはできないと説くのである(45)。そして、もしも臨終の十念の成就を求めるならば、あらかじめ臨終の際（津梁）に備えておくべきで、臨終のときまでに功徳を集め、それを最期の時に回向して一念も欠けることのないようにすることが肝要であることを示している。延寿は、自心を清めることによって、清浄な境界や衆色をみるとしており、あくまでも平生からの浄因の修習により浄果を求むべきことを説くのである。

このように、延寿においては臨終の一念こそが重要なのであり、この一念に依って十界のどこを得るかが定まると述べるのである。延寿のここでの解釈には、具体的に来迎のことなどとりあげられていない。しかし、自心を清めて清浄な境界や衆色をみるとすることを勘案するならば、当然正念を得て後に来迎臨終の相を自心にみるということになるであろう。

次に、元照の見解をみていきたい。元照は『阿弥陀経義疏』において、『阿弥陀経』の行法を示す段の第二修法(「舎利弗若有善男子」～「阿彌陀佛國極樂國土」)を解釈するにあたり、次のような三段に分けている。

> 二中分レ三。初至二不亂一專二念持名一。其人下二臨終感レ聖。是人下三正念往生(46)。

「舎利弗」から「不亂」までを専念持名の段、「其人」から「現在其前」までを臨終感聖の段、「是人」から「極樂國土」までを正念往生と説明している。第一専念持名の段には、

> 初二句索二持機一不レ簡二男女一。次二句勸二信受一。或披二經典一、或遇二知識一聞必生レ信。信故持レ名。次七句示二期限一。一日七日隨レ人要約。今經制法。理必依承。若準二大本觀經一、則無二日限一。下至二十念一皆得二往生一。十念即十聲也(47)。

とあるように、経典や善知識に会うなどして阿弥陀仏への信を生じ、信を得るが故に阿弥陀仏の名を持つことが示されている。「十念即十聲」、すなわち、『阿弥陀経』のこの段落が、往生するために声に出して阿弥陀仏の名を称える念仏を勧めているのであると元照は解釈している。

第二段の臨終に聖を感ず(臨終感聖)とは、先ほどすでに引用した通りである。元照は来迎引摂の本願文を引用して、持名を修した人の臨終に阿弥陀仏と聖衆が現前するという来迎を指す一段と解釈している。

そして、第三の正念往生とは、来迎を受けた人が命終のときに心を顛倒させることなく極楽へ往生することを指

している。つまり、延寿が臨終の一念を重視し、正念から来迎や往生を想定しているのに対して、元照は阿弥陀仏と聖衆の来迎を受けてから正念に入り、往生すると説いているのである。

この臨終の来迎を受けてから得る正念について、

> 三正念中、凡人臨終識神無レ主、善悪業種無レ不二發現一。或起二悪念一、或起二邪見一、或生二繫戀一、或發二猖狂一。悪相非レ一。皆名二顚倒一。因二前誦佛一罪滅障除、浄業内熏、慈光外攝、脱レ苦得レ樂。一刹那間。(48)

と述べ、自力だけではなく他力によるゆえに正念に入ることができることを説明している。元照は、臨終に人の識・神というものがその主体性を失うと、その人が過去から蓄積してきた善悪の業種を発現させるため、悪業の種が多いある者は悪念を起こし、ある者は邪見を起こし、ある者は狂気の沙汰に及ぶなど、『阿弥陀経』に「顚倒」と呼ばれるさまざまな悪相を発すとしている。また、そのように顚倒の状態にあろうとも、『阿弥陀経』に説かれる仏名を誦する（持名念仏）功徳によって罪障を取り除き、生前の浄業による内熏習とその結果得られる阿弥陀仏の慈悲の光（外熏習）により苦を脱し、楽を得ることができるという。すなわち、元照は臨終の人が、浄業を修した自力の功徳と、阿弥陀仏の慈光という他力の功徳によって顚倒を離れ、正念となることができると説いているのである。このように元照は、明確に来迎の仏の他力によって正念に入ることを提示するのである。

第五項　まとめ

ここまで元照の臨終来迎説を、元照在世当時に流布していたと考えられる二種の来迎説に対する反駁から考察してきた。第一の反論の、仏の臨終来迎を魔事であるとする説に対して、元照は、念仏や浄業を修することによって仏の功徳や威神力・他力に護念されるため、その来迎に魔事はないと反論する。元照が所覧可能であった諸師の著作中にみられる、阿弥陀仏の仏力を認め、その力の大なることを述べている説を多く引用して説明している。なかでも、慶文の引用は阿弥陀仏の仏力についての記述が最も詳しく、長文を厭わずに使用している(49)。元照は、阿弥陀仏の仏力・他力が勝れており、魔事を寄せつけないことを根拠として、来迎を魔事とする説を否定するのである。

第二の反論は、延寿の臨終来迎説に対するものであった。そのため、元照が批判の対象としてあげている延寿の臨終来迎説と並べ論じることで、その内容を検討してきた。その結果、両者ともに唯心浄土を説きながら、その概念がまったく異なっているために、来迎に関する見解に差異が生じたことを確認することができた。すなわち、延寿は阿弥陀仏の固有の浄土という存在を、仮に自心のなかに映し出されるものとして認めるに過ぎず、実質的な他方仏の存在を認めない。これに対して元照は、『観経』等に説き示される阿弥陀仏や極楽をその言葉のとおりに受け止めており、釈尊の所説に違わない阿弥陀仏の固有の浄土が、広大な衆生の心内に存在するとしているのである。つまり、実際には自心の仏以外を認めない延寿は、他者としての阿弥陀仏の来迎を認めないのであるが、先に悟った仏として固有の阿弥陀仏の存在を認める元照は、実質的に阿弥陀仏が衆生のために来迎することを説くのである。

衆生の心中の浄土から、同じく心中の衆生のもとへ仏が来迎するというのは、元照「上樝菴書」に、

捨レ此生レ彼。雖レ過二十萬億刹一、未三始出二於心外一。只由二淨穢唯心一故、使二往來無礙一。譬如下江南江北雖二彼此往來一而不レ出中大宋天下上。(50)

とあるなか、十万億刹離れた浄土も唯心（真如・法界）の範疇であり、あたかも娑婆世界で江南地方から江北地方へ行こうとも宋国から出ないとあるように、実質的に心内の浄土という場所から、同じく心内の人界という場所にいる衆生のもとへ仏が来て迎摂するということなのである。これに対して、延寿における来迎は、あくまでも夢の

なかに阿弥陀仏の来迎をみるようなものであり、実質的にはその夢を見る自心以外に仏はいないとするのである。

また、延寿と元照の間には、臨終に正念を得ることに関する見解にも異なりがみられた。延寿は、臨終の一念心の内容によって十界のどの境界を得るかが決まるとしており、浄土を得るためには、その一念心を清浄にすることが大切であり、日頃から浄因を修して臨終に正念となることが求められるとするのである。延寿において来迎など衆色をみることは、臨終に清浄な一念を持って以後の問題であり、まさに最初に清浄な一念心・正念を得ることは重要なのである。元照の場合はこれと異なり、臨終に念仏や浄業を修することでまず阿弥陀仏が来迎するのであり、この来迎によって阿弥陀仏の慈光に接し、心の顚倒を除き、罪障を滅して、正念となり往生するとしている。こうした相違点もまた、他方仏である阿弥陀仏の能動的な他力救済を認めているか否かに依るのである。

元照は以上のように臨終来迎を説き、来迎する仏によって臨終の際の顚倒を除くことができると説くのである。宋代以降の仏教者に大きな影響を与えた延寿の意見に反して、元照が新たに自己の見解を提示し得たことは、自己の大病を得て死を意識した経験や、臨終の説法勧善に呼ばれ、臨終行儀の実践を行っていた経験に依るものと予想される[51]。当時、厳格に戒律を守る律僧は、臨終の際の罪障の懺悔に効果があると期待され、説法勧善に請われることが多かった。当然、戒律の高徳として有名であった元照も、臨終の説法に請われることが多かったと思われる。臨終は自己の罪業を意識して不安に陥りやすく、病による身体的な苦しさに加えて、不安からくる精神的な苦痛もともない、平静ではいられないことを、元照は自己の経験や他人の臨終に接したことを通じて理解していたのであろう。『阿弥陀経義疏』に、臨終時には自己の意思とは関係なく、さまざまな顚倒の悪相をおこすことを明確に元照は述べているのである。そして、そのような状況において、延寿のいう清浄な一念心を保つことなど、到底不可能なことであり、阿弥陀仏の来迎なしには正念など得られないとの結論にいたったことが考えられるのである。

このように阿弥陀仏の来迎を説諭することは、経説の上だけのことでなく、臨終に不安を抱える在家信者に対する説法勧善の場でも、その心を安慰する効果があって行われたのであろう。[52] 元照の臨終行儀が示される『資持記』瞻病篇には、

西方諸佛而獨歸二彌陀一者、誓願弘深結縁成熟故。是以古今儒釋靡レ不レ留レ心。況濁世凡愚煩惱垢重、心猿未レ鎖、欲馬難レ調。捨レ此他求、終無二出路一。[53]

と、阿弥陀仏一仏に帰依し、その救いを仰ぐことの理由が示されている。元照は、阿弥陀仏の誓願が弘深であり、煩悩垢重の衆生と縁あって時機が成熟しているゆえに、自心を調えることのできない衆生は阿弥陀仏の力によって往生すべきであると説明する。続けて、具体的に阿弥陀仏と西方の浄土に心を繋けるべきことが説かれ、「像面向レ西、病者在レ後」[54]と、仏の来迎引接を想定したしつらえが指示されているのである。

元照において阿弥陀仏は、心内（法界内）の仏でありながらも、その弘く深い本願にしたがって西方十万億土の浄土より、煩悩垢重の衆生の臨終のために来迎する仏なのである。それゆえに、仏の臨終来迎を魔事であるとし、延寿のように夢のような非実在とみなして不来の来迎を説くようなことは許されなかったのである。

第二節　二種の往生思想

第一項　問題の所在

周知のとおり、仏道修行の目的は、智慧の完成とそれにともなう解脱である。そして、その途上において、娑婆

世界での修行と完成の困難さを直視し、悟りやすい極楽浄土への往生を求めたものが、浄土教信仰である。浄土教信仰者における「往生」とは、まさに目的であり、帰結するところとしてとらえられるのである。本書でとりあげた元照の浄土教思想においても、それは同様である。すなわち、元照における「往生」の解釈にこそ、その浄土教思想の目指すところがあらわされているのであり、この「往生」の問題を論ずることなしには、その浄土教思想を真に明らかにしたとはいえないのである。しかしながら、管見の限り、これまで元照における「往生」がいかなるものであるかを直接取り扱った研究はみられない。

そこで、本節では、元照における往生思想をとりあげ、その内容を明らかにしたい。元照における往生の解釈は、大きく分けて二種あることが確認される。一つは、死せずして心が往生するという解釈であり、もう一つは、いわゆる臨終を迎えて後の往生である。中国宋代の浄土教者のなかで、このような往生に関する二種の解釈を行っている者は他になく、元照の浄土教思想における大きな特色の一つといえよう。

ここでは、はじめに往生の当体についての考察を通じて元照における往生のプロセスを確認する。次に、元照が説く未死の往生と臨終の往生の解釈を検討し、元照における往生がいかなる意味を有しているのかを考察する。そして、最後に、元照から直接学んだ弟子達の伝記における往生のありさまをみていき、元照の往生思想の後代への影響を確認する。

第一項　往生の当体について

唯心浄土思想が主流であった元照当時においては、唯心浄土といっても一様でなかった。先述のとおり、元照における極楽浄土は唯心浄土と説かれるのであるが、禅僧などが己の方寸（胸中）の心に浄土があるとする唯心浄土思想とは異なり、元照は、心内でありながら十万億の仏刹を離れた他土としての浄土を説くのである。[55] そのことについて元照は、道宣『釈門章服儀』の注釈である『釈門章服儀応法記』において、往生の前提である自身と極楽浄土の関係について、往生の理を明かすとして次のように述べている。

【釈門章服儀】

問如何立レ行用祈レ彼耶。答夫萬化在二於一心一。行成而終果剋如二影響一矣。義須下厭二斯胎報一、誓竭二貪源一、則受レ生依化上矣。身既化生、則飢渴寒熱絶二於心一矣。形服所レ資不レ傷二含識一。既安二柔忍一、則所服無レ外矣。

【釈門章服儀応法記】

問答中初明二往生之理一。萬化總收二十界依正一、一心即今現前思念。隨縁而動、動成二因果一。因如二形聲一、果喩二影響一。言二其不一レ差也。萬化既出二一心一。乃知一心具含二萬化一、又知二萬化體即一心一。則穢土淨邦固非二他法一。慈雲法師所謂、迴二神億刹一寔生二乎自己心中一、孕二質九蓮一豈逃二乎刹那際內一。唯心淨土其理炳然。必欲二同舟一更須二研考一。義下、次示二因果之相一。初明二受生淨一。上二句是因、下一句是報。蓮中託レ識、法性生レ身故云二依化一。身下、次明二內資淨一。雖レ有二珍味一聞レ氣而已、故絶二飢渴一形。下三明二外資淨一。衣從レ念生故知無レ外。[56]

元照は、十界の依正を収める万化は衆生の現前の思念である一心より出でたものであり、一心は万化を具していると、道宣『釈門章服儀』を解釈する形で述べている。すなわち、十界にあるすべての存在が衆生の現前の思念より出でているのであって、穢土である娑婆世界も浄土である極楽浄土も同様に一心に含まれるものであることを明確に述べている。加えて、『観経新疏』同様に遵式『往生浄土決疑行願二門』を引用し、自己の神（たましい）が十万億仏刹を廻ろうとも自己の心中に生じることになるのであり、色質を極楽の九品の蓮のなかに受けるとしても衆

生の一念を出でるものではないことを示している。(57)

この「問如何立行用祈彼耶」にはじまる道宣の問答は、「彼」すなわち浄土を祈る必要性を問うものであり、道宣の浄土観がうかがえる記述である。元照は、道宣の「万化は一心にある」という答えをもって唯心の浄土へ往生するという、往生の理の大きな枠組みを規定し、その上で、遵式の「神億刹を廻るとも、まことに自己の心中に生ず」という言及に依り、十万億刹離れても唯心である浄土へ「神」が往生するという、往生の理の具体的な内容規定を行うのである。そして、元照は往生を、「神」が自己の心中にある十万億仏土離れた浄土へ往き生まれることとすることで、当時の常識であった唯心浄土説に準じつつも、『阿弥陀経』などの経説に反しない往生の理を構築するのである。

ここで注目されるのが、元照の往生思想が道宣と遵式に依っている点と、「神億刹を廻り」や「蓮中に識を託す」などと説いている点である。元照は、往生の理を明かすについても道宣の思想を根本に据え、それと離れることなく私淑する遵式の浄土思想を取り入れている。この点は、元照が単純に天台浄土教を踏襲したのではなく、律僧として浄土教を受容していることを示す重要な説示といえよう。

また、元照は「神（たましい）」が娑婆世界から極楽浄土へ向かうのであり、「識」が極楽の蓮のなかに生じるとしている。このことは、元照が往生の当体を「神」や「識」と考えていたことを示している。この「神」と「識」の関係については、元照『盂蘭盆経疏新記』に、

【盂蘭盆経疏】

神霊則父母之識性。是顯二祖考之常存一。既形滅而神不レ滅。豈厚レ形而薄レ神乎。餘如二前辨一。

【盂蘭盆経疏新記】

上二句會レ異。前引二月令一云、四方之神宗廟之靈。儒謂二神靈一即佛教識性。靈識不レ滅所謂常存。下二句反責。儒教尚レ形。生事死葬及祭等禮皆爲レ重レ形。言レ厚レ形者謂但行二祭祀一。言レ薄レ神者謂不レ嚴二去識一。若稟二佛教一則厚レ神而薄レ形矣。形同二朽木一不レ足レ可レ貴。神是心靈特須二濟拔一。下句指レ前即明レ異中。[58]

とある。宗密は儒教で祭られる神霊は父母の識性であるとし、祖先の神霊が常に存在するのであるから、祭事などの形式ではなく不滅の神霊に対して手厚く接するべきであるとしている。元照は、この宗密疏の内容を受けて、儒教にいうところの「神」「霊」は、仏教に説くところの「識」「性」のことであると明言し、仏教ではこの「神（心霊）」を特に救うべきものであると述べている。すなわち、元照は仏教の「識」や「性」を儒教にいうところの「神」や「霊」と同様のものであると認識していたのである。

また、『観経新疏』には、

一云臨終作レ想奪二彼胎陰一、刹那換レ報不レ歴二胞胎一。今謂、色心報法宿業所レ成。安有三我神能奪二他報一。竊恐識神靈妙先托二彼胎一。報謝趣レ生、即非二他陰一。假令可レ奪、作レ想勞レ神求レ入二胞胎一未レ知二何意一。違二出家志一、背二解脱門一。[59]

とあり、臨終の作想によって、自己の受けるべき果報の内容を換え、六道の胞胎を歴ることなく、極楽の蓮胎と五陰を奪取するという説への反論がみられる。[60] 元照は、来生における色心の果報は、過去からの業因によって形成されるのであり、自己の神が、自己の業因と異なる果報を作想によって奪取することなどありえないとしている。そして、浄土に往生する場合、「識」「神」がまず極楽の蓮華に託すことで、自己の受けるべき果報を離れて新たな生におもむく（報謝趣生）のであり、自己と異なるものの五陰を得るわけではないと説明している。[61] 元照は浄土往生が輪廻転生における因果の道理に反するものではなく、自己の意志によって来生をかえることはできないとし、その上で、極楽の蓮台にまず「識」「神」を託すことによるからこそ、自己の業因の報いを断ち、浄土の陰を得ることができると述べているのである。「識」「神」が極楽の蓮胎に託されるとする説明は、まさに元照における往生が、衆生の「識」「神」を当体として考えられていることを示すものであろう。

このように、仏教における「識」を往生の主体とする元照であるが、そもそもその発想自体は、唯識教学に基づく転生説にあると考えられる。『盂蘭盆経疏新記』には、

【盂蘭盆経疏】

生二餓鬼中一是異熟果、酬二引業一故。不レ見二飲食一是等流果、酬二滿業一故。是慳食之業也。皮骨連立是増上果。

【盂蘭盆経疏新記】

所レ明三果二業理趣深微。故當二委示一。義門分レ三。初釋レ名。異類而熟故名二異熟一。以下因通二善惡一（善惡有記、造成因種）、果唯無記上故（至果成熟報法非記因果性別故云異類或約異趣或云異時記今並不取）。(62) 等流者レ與因同類故。増上者更甚二於因一故。二明レ體者、異熟有レ二。一眞異熟即第八識。最初結生、展轉相續、至二捨壽時一亦最在レ後。爲二總報主一名二眞異熟一（此局大教下通大小）。二異熟生之異熟。謂從二眞異熟中種子一發現。(63) 即今無記報得色心名二生之異熟一。今此具兼二二種一、不レ可二偏判一。等流増上並依二生之異熟一而分レ異耳（上三種果並通六趣不唯在鬼）。三明レ因中又三。初示(64)二二業名一。引業謂有二勝力一牽二引趣生一。滿業謂於二總報之上一莊嚴圓滿。因唯有レ一、果則有レ三。増上無レ因、即上二業餘勢所レ成。二辨二二業體一。凡善惡業皆有二三品一。三位明レ之。一約レ境。於レ劣不レ殺爲レ上、如二蚊蟻等一。於レ勝不レ殺爲レ下、如二父母等一。餘者爲レ中（不善反之）。二約レ心。猛利心作爲レ上、泛爾心作爲レ下、餘則爲レ中。善惡業皆爾。三約レ時。若善若惡但三時無レ悔爲レ上、二時無レ悔爲レ中、一時無レ悔爲レ下。今並取二上品一爲二引業一、中下皆滿業。(65) 三明二二業相一。(66) 大約三歸五戒生レ人、八戒十善四禪四定生二欲色無色天一、強勝多疑者生二修羅一、嗔心造二十惡業一引生二地獄一、貪心造者生二餓鬼一、愚癡心造

生二畜生一。引業所感名二總報一、滿業所感名二別報一。由レ此互作二四句一。一總善別不善（人受貧窮疾病）。二別善總不善（畜有肥好莊嚴等）。三總別俱善（人道受富貴等）。四俱不善（畜類有盲跛等）。俱舍云、一業引二一生一多業能圓滿是也（今目連母當第四句）。(67)

とあり、宗密『盂蘭盆経疏』において、目連の母が餓鬼道に生じたことを引業による異熟果であるとし、餓鬼となった母が飲食をみないのは満業による等流果であり、餓鬼としての皮と骨が連なるだけの姿は増上果であるという内容を、より詳しく唯識説に基づいた説明を行っている。元照は、いわゆる三果（異熟果・等流果・増上果）二業（引業・満業）について、名・体・因の三方面から解釈を行っている。そのうちの体を明かすなか、転生説の主体を真異熟である第八識としており、この識が最初に生起し、その命の終わるときには最後まで存続する基体であるとし、前六識や色質はその基体である真異熟より発現する異熟生であるとしている。また、その因を明かすなか、この真異熟（第八識）という次の生存のあり方（転生の基体）を牽引するのが引業であり、次の生存（転生の基体）の内容をかざる異熟生（前六識・色質）を生み出すものが満業であるとしている。そして、異熟果以外の等流果や増上果は、その異熟生によって内容を異にする果報であるとされ、これら三果を六道輪廻に共通する転生のあり方として示している。

　さらに元照は、転生そのものを行わしめる引業と満業の二業について、

問、此二種業何識所造。答、通二大小乘一並第六識造、以二強勝一故。前五識亦能造レ滿、不レ能レ造レ引、以二力微一故。第七識但與二前六一爲二染汙一。第八止能含藏二已成業種一、並不レ能レ造（二識不談）。文中三果二業分對。可レ知。是慳食業者即青提縁也。皮骨連立言二其枯瘁一。唯皮連レ骨而住耳。(68)

と、問答を設けて説明している。元照は、引業と満業の二業は、主として第六識により造られるとし、微力な前五識では満業は造れるが引業は造れないとしている。また、第七識はただ前六識を染汚するだけであり、第八識はす

でに形成された業種子を含蔵するだけであるので、二業を造ることはないと述べている。

元照における転生説は、はじめに、第六識によって造られた引業によって来生の基体となる真異熟（第八識）が生起し、次に前六識によって造られた満業によって来生の内容を彩る異熟生（前六識・色質）が発現し、これに付随して等流果や増上果が形成されていくという内容であることが確認できるのである。(69)

加えて、同じく『盂蘭盆経疏新記』に、

> 阿難問經説、識託㆓母胎㆒凡經㆓三十八箇七日㆒、毎㆓一七日㆒各有㆓一風㆒。吹令㆓變易㆒名爲㆓一轉㆒計㆓三十八箇七日㆒、總㆓二百六十六日成㆓九箇月㆒（五大四小。故少四日）。又準㆓五王經㆒、自㆑此已前與㆑母同㆑氣。爾後四日將欲㆑趣㆑産、與㆑母別㆑氣。則九月四日渉㆓於十月㆒。(70)

とあることから、第八識（真異熟）が母胎のなかに託されて月日を重ねる間に、諸識や色質（異熟生）が形成されるものと、元照が転生の過程を考えていたと推察される。(71)

以上のように、元照は唯識説を用いた転生説に基づき、通常の輪廻の場合でも識（第八識）が最初に母胎に託されることを説いているのである。これを勘案するならば、先ほど確認した、浄土受生のときに蓮胎に一度託される「識」「神」もまた、第八識を想定しているものと考えられるのである。すなわち、元照における往生の主体は、「識」「神」であり、第八識が相当すると推察されるのである。(72)

第三項　未死の往生

次に、元照における二種の往生解釈のうち、はじめに、死せずして心が往生するという説示からみていくことと

する。「上檣菴書」には、

三者、觀無量壽佛經十六種觀、並以送二想西方十萬億刹之外、彌陀依正莊嚴一、求レ生二淨土一。是故、初落日觀指二其路頭一。至二第三地想成已一、除レ疑破レ障。蓋心念已達二彼方一矣。天台疏序云、落日懸皷用標二送レ想之方一。豈非二明據一。今人説二十六觀一反令レ觀レ心。乃是攝レ想。豈名レ送レ想耶。故知、地觀纔成、身雖レ未レ死心已往生。修二淨業一人蓮池中已有二華生一。良由二於此一。(73)

とある。元照の考える『観経』十六観の観法が、自らの想念を西方十万億刹の外にある極楽浄土と教主阿弥陀仏へ送り(74)、浄土への往生を求めるものであることを示している。そして、その第三地想観が成就すれば、疑心や煩悩障を除滅して、その心念はすでに極楽浄土へ到達すると説いている。また、天台『観経疏』を典拠として、衆生の心に仏を摂し、その心内の仏を観ずるという説は誤っており、自らの想念を極楽浄土へ送る方が正しい『観経』の観法であると主張している。ここで元照は、その身は死せずとも、第三地想観を成就して自らの想念を極楽浄土へ到達させることをもって往生としている。すなわち、『観経』十六観の観法を行う心識自体が浄土へ到達することを往生であると、元照は説いているのである。

ここで元照が極楽へ到達するとしている「識」とはいかなるものであろうか。これについて言及している次の『観経新疏』の文をみてみたい。

初中、大小觀法並指二第六意識一爲二能觀體一。五陰之中善行陰攝。行前三心體唯無記。必取二行心成業一。方能感レ報招レ生。準二下經文一、或名二想念一、或號二思惟一。名異體同。莫レ不下皆指二意思一爲中能觀上耳。(75)

ここで元照は、観法の能観の体が第六意識、五陰中には善の行陰であるとし、これらが自己の業因を結成してその果報を感じ、来生を招くものとしている。元照は、その他の識陰・受陰・想陰は本体が無記で業を形成しないため、観法（善）を行うには善の行陰でなければならないとするのである。そして、観法を行う当体である第六意識・善の行陰が、果報を感じて来生を招くというのは、前述の唯識説における引業と満業を造るものが、第六識であり、この内容によって転生する際に受ける身が大きく異なることを意味するものと考えられる。すなわち、『観経』において「想念」「思惟」とも呼ばれる第六識は、転生する際に主体となる第八識をどこへ牽引するかを決める引業を造り出すものであって、第六識そのものが転生の主体とはいえないのである。これは往生を考える場合も同様であろう。第八識が往生、もしくは転生するとなれば、現世には戻れないことになる。元照がいう未死の往生は、極楽を「思惟」する自らの心そのものが浄土へ到達することとしているが、これは別の生を新たに得る意味での「往生」ではないのである。あくまでも、未死の往生は、現世において直接想念を極楽へ送ることで観見することを意味しているのである。

では、いったい何ゆえに元照は第三地想観の成就をもって、第六識である想念が浄土へ到達し、この世にありながら往生するとしたのであろうか。『観経新疏』の第三地想観解釈には、

【観経】

　佛告二阿難一、汝持二佛語一、爲二未來世一切大衆欲レ脱レ苦一者説二是觀地法一。

【観経新疏】

　勅二阿難一者、以二前二觀止是此方之物一、以爲二發觀之端一、及レ觀二寶地一心達二彼方一、定能脱レ苦破レ障除レ疑。重囑二轉教一意見二于此一。(76)

とある。元照は「苦を脱しようとするすべての人のために観地の法を説く」との『観経』における釈尊の言葉に注目し、これを重く受けとめて解釈している。すなわち、日想観と水想観は娑婆世界の物をもって行う観法の発端で

あり[77]、地想観に及んではじめて極楽浄土へ心がいたり、煩悩の障りや疑心を取り払うことができると、前二観と地想観との質の違いを説明している。そして、釈尊は、心が極楽に到達する地想観の成就が重要であることを、耆闍崛山に戻った後に再度述べるよう、阿難に命じたと解釈している。元照が地想観の成就をもって、心が極楽に到達するとした理由の一つに、釈尊が前二観ではなく、地想観の再説を阿難に命じていることを挙げることができる。

また、もう一つの理由として、『観経新疏』第三地想観解釈に、

【観経】

若得二三昧一、見二彼國地一了了分明。不レ可二具説一。是爲二地想一、名二第三觀一。

【観経新疏】

二正受中、三昧正音三摩地。此翻二正定一、或云二等持一。想成見レ地不レ待二作意一任運契合見レ境分明。如二人學一レ射。初生後熟發無レ不レ中。言思叵レ及、唯證方知。故云二不可具説[78]一。

とあるように、第三地想観がそれまでの二観と異なり、三昧を得て分明に見ることができる境地であり、衆生の言思を超えた、ただ証り得た者にのみ知ることができる境界であるとしていることが挙げられる[79]。元照は、この地想観を三昧・正受を得て、その境界を見ることができると解釈しているのである。さらに、弓矢に熟達した者が必ず的を射抜くように、一度宝地を見ることができれば、それ以後、見ようと意志を働かせずとも自然にその境界を分明に見ることができるようになると、『文殊般若経』の学射の喩えを用いて説いている。すなわち、元照は、一度三昧を得て宝地を見、この世にありながら心を浄土へ到達させた場合、二度目以降は作意なくこれを繰り返すことが可能であると、地想観成就の意義を述べているのである。

元照は、『観経』において釈尊が地想観の再説を阿難に命じたことと、地想観で三昧・正受を得てその境界を観

見することになることの二点により、地想観を前二観と区別し、身はこの世にありながら心のみ直接極楽へ到達する、心のみの往生を説いているのである。

このような往生の解釈は、宋代浄土教者の著書のなかに直接確認することはできないが、宋代に流布していた唐懐感の『群疑論』に類似する解釈がみられる。それは、

> 問曰、有下得二念佛三昧一見中彼西方淨土勝相上、雖レ未二身死一已見三其身在二於淨土一、或見二往生蓮華相迎一。未審。此境爲レ實爲レ虛。釋曰、此非レ虛也。且如二第十二普觀之中一、當下起二自心一、生二於西方一、於二蓮華中一結跏趺坐、作中蓮華合想開想上。如レ是等豈是謬耶。此三昧中見二身往生一。亦復如レ是。(80)

という箇所である。ここで懐感は、身はこの世にありながら、自身が浄土に往生する様子、あるいは往生のための蓮華が迎えに来る様を、念仏三昧を得ることで見ることができることを示している(81)。この懐感の問答は、念仏三昧の境界がいかなるものであるかに主眼が置かれており、第十二普観の内容を経証として論じている。念仏三昧を発得したと伝えられる懐感の言及だけに、宋代においても説得力を持ったものとして取り扱われていたことが予想される(82)。ただし、懐感が「雖未身死已見其身在於浄土」といって、この世にありながら自己の往生の様子を「見る」と解釈するにとどめているのに対し、元照が「身雖未死心已往生」といって、この世にありながらすでに「往生する」と述べている点は、若干ニュアンスが異なる。加えて、懐感が第十二普観をもって説明するのに対し、元照が第三地想観の成就をもって説明をしている点なども、両者の相違点として挙げられる。

元照は懐感を浄土教の祖師として高く評価していることから、元照が『群疑論』を見聞した可能性が考えられるのであり、『群疑論』の影響を受けて元照が類似する見解を示したことが予想される。そのため、その言葉のニュアンスは相違するが、元照の場合も懐感同様に、三昧・正受を得て観想している状態について「身雖未死心已往

生」と述べ、三昧発得の境界を得て往生の意に住することを表現しようとしたことが考えられるのである。さらに、懐感説ではことさらにとりあげられていないが、これを得ることで、臨終の往生も作意なく得ることができると、元照は明示する。

地想観の成就により、臨終の往生が確定することについて元照は『観経新疏』に次のように述べている。

> 此観若成往生已決。如二唐高僧大行一於二泰山一結レ菴修二浄業一。未二三七日一見二瑠璃地一心眼洞明。至二後得レ疾其地復現。乃曰吾無二観想一寶地復現。豈於二安養一無レ縁哉。即日終二于所居一。(83)

元照は、この地想観が成就すれば往生が決定するとし、戒珠『浄土往生伝』所載の唐大行伝をその証拠として説明している。(84) 唐の大行は、浄業を修して極楽の瑠璃地を一度観見していた。その後、大行は病を得たときに、ことさら観想をなさずに再び宝地を目の当たりにし、その日のうちに示寂したとある。元照はこの大行のように、一度自己の想念を極楽浄土へ送り、宝地を観ずることができたならば、その後は特別に観想を用いずとも同じ境界に自然にいることができる。つまり、一度三昧を得て心のみを極楽に送り、往生の意に住することができれば、臨終の往生も確実に得ることができるのであり、この世にあって三昧を得、地想観を成就することによって後の往生が決定するという意味で、元照は未死の往生を説いているのである。

以上のように、元照は三昧を得て地想観を成就することによって、この世にありながら心を往生の意に住せしめることを説くのであり、その意味するところは、観想するときの想念をそのまま極楽浄土へ送ることである。そして、三昧を得て地想観を成就し、この世にありながら往生の意に住する（未死の往生の）意義を、後の往生を決定するためと説くのである。元照における未死の往生とは、三昧を得て地想観を成就するという大変高い境界に入ることが必要なものであり、後に迎える臨終の往生を想定してのものであることが確認できるのである。

第四項　臨終の往生

次に、元照における臨終時の往生思想について考察していきたい。そもそも元照における往生の説示の大半は、この臨終の往生についてである。『阿弥陀経義疏』には、

　四明レ果者、果即教用。亦有二二別一。一者近果。經云、是人終時心不二顚倒一、即得レ往二生極樂世界一。由二前稱佛一結レ業成レ因、捨二此穢苦一感二彼淨樂一。即獲二法性淨身一、住二同居淨土一也。二者遠果。下云、衆生生者皆得レ不レ退二阿耨菩提一。此謂生二彼國一已、聞レ法得レ忍修二菩提道一。斷レ惑證レ眞究竟成佛。即證二清淨法身一、居二法性土一也。[85]

とあり、『阿弥陀経』の教えによる果を近果と遠果の二つに分け、その近果を臨終における往生浄土、遠果を往生後の成仏としている。元照において往生は、遠果である成仏を得るための手段である。しかし、手段とはいえ、この極楽浄土への往生が『阿弥陀経』の果報であり、この娑婆世界における目的といえるのである。そのため、仏名を称することによって、臨終時に心を顚倒させることなく穢土である娑婆の苦を捨てて極楽浄土の楽を受ける、すなわち法性浄身を得て断惑証真のしやすい同居浄土へ住することを、元照は求めたのである。臨終の往生とは先ほどみてきた未死の往生と異なり、このように臨終を迎えるに際して娑婆世界の身体を捨てて極楽浄土に往生し、極楽の身体を得ることを指している。

　そして、その臨終の往生のありさまは『観経新疏』に、

【観経】

　行者見已歡喜踊躍、自見二其身一乘二金剛臺一隨二從佛後一、如二彈指頃一往二生彼國一。

【観経新疏】

得レ生二所感聖境一故、必歡喜。形留神往。有レ如二蟬蛻一。十萬億土刹那即至彼佛威神、衆生業力易レ軀換レ報如レ反レ掌耳(86)。

とあるとおり、来迎において観音菩薩が持ってきた金剛台に乗じて一瞬で極楽へ往生するのである。元照は、蟬の脱皮のように娑婆世界に古い形体を留め、神（たましい）のみ極楽へ往くと説いている。そして、このとき、仏の威神力と衆生の浄業を修した力の結果によって、本来受けるべき来生の報いを換え、極楽での身体を受けることとなるとしている。同様の説示は『観経新疏』の次の文にもみられる。それは、

【観経】

行者見已心大歡喜。自見二己身一、坐二蓮華臺一。長跪合掌爲レ佛作レ禮。未レ擧レ頭頃、即往二生極樂世界一。

【観経新疏】

坐レ蓮禮レ佛、識神即脱(87)。

とあり、来迎のときに観音菩薩が持参する蓮台に座って仏を礼することで、「識」「神」が娑婆の穢苦の身を脱するとしている。元照における往生の主体は、臨終の往生においても変わることなく「識」または「神」であり、仏菩薩の来迎を受けることによって速やかに往生できると考えていたようである。元照における臨終の往生は、現世において生きたまま往生するときと異なり、想念（第六識）を送るのみならず、その「識」「神」が浄土に新たな生を受けるのである。

また、臨終往生のための行業については、『阿弥陀経義疏』に、

念佛法門不レ簡二愚智一、不レ擇二豪賤一、不レ論二久近一、不レ選二善惡一、唯取二決誓猛信一、臨終惡相十念往生。此乃具縛

凡愚屠沽下類刹那超越成佛之法。可レ謂、一切世間甚難レ信也。[88]

とあるとおり、念仏の法門が人の持つ資質や行いに関係なく、ただ決定往生を誓って猛信すれば、たとえ臨終に悪相があっても十念で往生できるとしている。元照における十念は十声であるゆえ、[89]持名念仏によって煩悩に縛られた凡夫や重罪のものが一刹那の間にこの世界から浄土へ往生することができると説くのであり、あらゆるものに実践可能な臨終の往生行としては、この持名念仏を考えていたことが推察されるのである。未死の往生では、『観経』十六観の第三地想観の成就が必要であったが、臨終の往生の場合こうした限定はなく、十声の十念でも往生ができるとされている。[90]この点は、その実践行の易行性から、元照が末世五濁の凡夫の臨終往生に、持名念仏が有効であることを示すものであり、注目される。

以上のように、元照は仏名を称する功徳によって、あらゆるものが臨終を迎えるときに往生することを得ると説いている。現世における地想観の成就が条件となる未死の往生と異なり、臨終の往生は、さまざまな行業による往生を認めている。また、煩悩に厚く覆われ、重罪を犯すようなものであっても、十声の持名念仏により娑婆の身体を捨てて、その「識」「神」のみ極楽浄土へ往くことができるとしている。元照における臨終の往生とは、臨終の十称の持名念仏にいたる、生前に積んだ往生のためのさまざまな行業の功徳によって仏菩薩の来迎を受けて往生することであり、機根の高下に関わりなく可能な往生であるととらえることができるのである。

第五項　元照門流の伝記における往生

これまで、元照における往生思想をみてきたが、次に、その思想が後世へいかに影響しているかを確認すべく、元照門流の伝記における往生の様相を検討していきたい。使用する伝記資料には、元照門流を多く収載する『仏祖統紀』を用いることとする。伝記資料は、その本人の思想を述べた著作と比べれば、信憑性の劣る副次的な資料と位置づけられる。しかしながら、こうした伝記がその本人をよく知る周囲の人物からの伝聞によって作成される性格のものであることを勘案するならば、まったく信憑性のないものと等閑に付してしまうのも誤りであろう。

元照には、慧亨、用欽、道言、思敏、行詵、宗利、道標、智交、則安など多くの弟子があったようであり、そのうちの慧亨、用欽、道言、思敏、行詵、宗利の伝記が『仏祖統紀』に収載されている。(91)

『釈四分戒本序』(92)が現存している道言について『仏祖統紀』には、

道言、會稽人、靈芝之高弟。専修二浄業一、臨終數日前見二二神人一長丈餘。報言、何不二繫念一。於レ是大集二道俗一念佛三晝夜。將畢自升レ座説法爲レ衆懺悔。至レ曉即レ座而化。(93)

とある。元照の高弟であった道言は、日頃から専ら浄土往生のための行業を修していたことが伝えられており、臨終の数日前には一丈を超す大きな神人二人から、どうして繋念しないのかと、繋念を勧められている。ここで道言が勧められた「繋念」とは、『観経』に「應下當專レ心繫二念一處一想中於西方上」(94)といわれるものと同じものと考えられるのであり、道言はこの言葉を受けて繋念、観想の念仏を三昼夜にわたって道俗とともに行ったようである。そして、最期は大衆のために説法懺悔して、翌朝座したまま浄土へ化生したとされている。繋念については、元照の『観経新疏』などでしばしば説かれるところであり、そうした元照の教導の影響が考えられる。

次に、思敏と行詵の場合は、

【思敏伝】

思敏、依二靈芝一增二受戒法一。專二心淨業一二十年。一日偶レ疾。請レ衆諷二觀經一者半月三日見二化佛滿レ室。臨終念

佛聲、出衆外。酷暑留龕七日不變。異香郁然。(95)

【行詵伝】

行詵、誦四分戒本三日通徹。學律於大智、住明慶二十年。偶寢疾。即設像命徒繫念數日。忽起索三衣。自唱彌陀經、厲聲念佛加趺而化。(96)

とあり、両者は道言のように高弟ではないが、戒法や律を元照より伝授されている。思敏は道言と同じく浄土往生の行業を専心に二〇年もの間修し、病を得て以後、人に『観経』を諷誦させた折に、化仏が部屋中に満ちるという奇瑞を得ている。また、臨終の念仏の声は集まった人々の外に越え出るほど大きかったことや、その遺体が酷暑に仏塔のなかへ留めておいても、七日間変わることがなかったことも伝えられている。行詵も病を得て以後、人に仏像を安置して繫念させている。その臨終には自ら『阿弥陀経』を唱え、声を励まして念仏し、結跏趺坐のまま浄土へ化生している。思敏と行詵はともに周囲の人間に浄業を修させ、自身は臨終に際して声に出す念仏を実践している。おそらくは、元照が『観経新疏』や『阿弥陀経義疏』でその功徳を宣説している持名念仏を行ったものとみられる。当時多くの浄土教者によって行われた観想や繫念だけでなく、仏名を声に出す持名念仏が、門下において多く行われていたことが予想される。

次に、『仏祖統紀』において持名念仏による教化の様子が記載され、(97)現存する「化導念仏頌」(98)においても持名念仏を説く慧亨についてみていきたい。『仏祖統紀』には、

慧亨、居武林延壽、號清照。依靈芝習律、專修淨業殆六十年。毎接對賓朋、必以念佛爲勸。建寶閣、立三聖像、最稱殊特。貴官江自任毎敬師。忽夢寶座從空而下云、是清照律師當升此座。社友孫居士報師乍違。即在家作印而化。師往炷香。回謂其徒曰、孫君已往、吾亦當行。即請衆念佛。復云、彌陀

口口稱、白豪念念想、持㆓此不退心㆒、決定生㆓安養㆒。即端坐脱去。(99)

とある。慧亭は元照に律を学び、六〇年間、専ら浄土往生の行業を修している。彼は平生から来客と接するときには必ず念仏を勧めたのであり、宝閣を建立し、阿弥陀仏三尊像を造立するなど、浄土教に対する信心は大変深いものであったようである。当時盛んに行われていた念仏結社に慧亭も関わっていたようで、在家の信者との交流もみられる。役人であった江氏は慧亭を尊敬しており、空から宝座がおりてきて、慧亭がこの宝座に登るであろうという声を聞いた夢を見たという。また、結社の友人である孫居士は、慧亭に別れを告げてすぐ、家で印を結んで浄土へ往った。慧亭は孫居士のために香を炷いて帰り、弟子に対して「孫君が浄土へ往ったので、私もまた浄土へ往く」といい、多くの人を呼んで念仏した。そして、「阿弥陀仏の名号を口々に称え、阿弥陀仏の白毫を念々に想う不退の心があれば、必ず極楽浄土に往生する」といって、座ったまま逝去したと、その往生の様相を伝えている。

慧亭の場合は、浄土往生のための行業を修した時間が六〇年間に及んでおり、出家してすぐに元照から戒律と浄土教の双方を学んだことが予想される。そして、結社念仏に参じ、多くの在家信者との交流があったことも認められる。その化導の様子は、慧亭「化導念仏頌」に「信願持名無㆓別想㆒、聲聲心住㆓白毫光㆒(100)」と、信願持名の他に別想なく、一声一声の持名念仏によって、その心が阿弥陀仏の白毫光のなかに住するとあるように、智円や元照が説いた信願行の三法具足の行を修するなか、特に持名念仏を中心に据えたものであったことがうかがい知られるのである。しかし、慧亭伝の最期の言葉に、観想念仏と考えられる一節が含まれていることから、慧亭は持名念仏を盛んに説く一方で観想念仏も伝えたことが推察される。このような慧亭の浄土教信仰の内容は、観想と持名の二種の念仏を説いた元照の浄土教思想に強い影響を受けたものといえよう。

次に、元照『観経新疏』と『阿弥陀経義疏』の注釈書である『白蓮記』と『超玄記』を著している用欽の伝記を

みていきたい。『仏祖統紀』用欽伝には、

> 用欽、居二銭唐七寶院一。依二大智一學レ律。聞二其示レ衆曰、生弘二毘尼一死歸二安養一。出家爲レ道、能事斯畢。即標二心淨土一、一志不レ退。日課佛至二三萬一。嘗神遊二淨土一、見二佛大士種種異相一。謂二侍者一曰、吾明日西行矣。即集レ衆念佛。黎明合掌西望、加趺而化。(101)

とある。用欽は、銭塘の七宝院にて元照に律を学んでいる。その元照の指導は「生きている間は律を弘め、死すときには極楽浄土に帰往する。出家者としてなすべきことはすべてこの二法門に尽きる」というものであった(102)。このような指導のもと、用欽は心に浄土をかかげ、その志を不退のものとし、日に仏名を三万遍称えたようである。また、そのように平生から浄土教信仰に篤かった用欽は、生きながらにして神を浄土に遊ばせて、仏や菩薩大士のさまざまな姿を見ることもあった。ある日用欽は、侍者に明日は西方浄土へ往くと告げ、多くの者と念仏し、明け方に西を望んで結跏趺坐のまま往生したことが伝えられている。

用欽もまた慧亨同様に、元照から律と浄土教を学んだのであり、日に三万遍の持名念仏を行うなど、大変深い浄土教信仰を有していたことを確認することができる。ここで興味深いのは、用欽が神を浄土に遊ばせたことを伝えている点である。三昧に入ることによって第三地想観を成就し、浄土の様相を観見できると元照は説くのであるが、用欽は『観経』第九観以降となる仏菩薩を観見したとされているのである。つまり、用欽は元照がいうところの未死の往生を遂げたことになるのであろう。ただ、用欽は臨終を迎えるにあたっても、日頃と同じように多くの人々とともに念仏して往生しているのである。このように、この用欽伝における往生の様相には、元照の往生思想が色濃く反映されているのである。

最後に、宗利伝をみていきたい。『仏祖統紀』には、

行人宗利、會稽高氏。七歳受二業於天華一、既具戒。往二姑蘇一依二神悟一、即入二普賢懺室一、要二期三載一。忽夢亡母謝曰、蒙二汝懺功一已獲二生處一。又見二普賢従レ空過レ前。懺畢、復往二靈芝一謁二大智律師一、增二受戒法一。夢大智在レ座呼二宗利名一。口吐二白珠一令レ吞レ之。又於二靜定中一神遊二淨土一、見二寶池蓮華寶林境界一。尋詣二新城碧沼一。專修二念佛三昧一、經二歷十年一。復遊二天台雁蕩天封一、皆建二淨土道場一。晚歸受二業天華一、建二無量壽佛閣一、接二待雲水一。政和元年天旱、詣二日鑄山帝舜祠一祈雨。感二龍王現二金色身一、甘雨沾足。建炎末入二道味山一。題二所居一曰二一相菴一。會稽道俗請レ師主二繫念一。至二第三夜一、繪像頂珠忽放二光明一大如レ箕。預レ會者益堅固。紹興十四年正月晦、告二弟子一曰、佛來也、吾將レ歸二安養一矣。書レ頌爲レ別曰、吾年九十頭已白。世上應レ無二百年客一。一相道人歸去来、金臺坐、斷二乾坤窄一、端坐即逝[103]。

とある。宗利は処謙のもとで三年間懺法を修し、亡き母がその懺法の功徳によって救われたことを告げる夢を見、普賢菩薩が空から目の前を過ぎるのを見るなど、若い頃からさまざまな奇瑞があったようである。その後、元照のもとで戒法を増受している。また、宗利は、元照が口から吐いた白珠を飲ませられる夢を見、入定中には神を浄土へ遊ばせて、浄土の宝池、宝林を見たとされている。宗利も慧亨や用欽などと同じく浄土教信仰に篤く、専ら念仏三昧を修すること一〇年、各地に浄土道場を建てるなど行業も伝えられている。この他、雨を祈れば、龍王の金色の身を感見して雨を降らせ、道俗とともに絵像を前に繫念すれば、三日目の夜に絵像が頂上の珠より光明を放つのを見るなど、さまざまな不可思議な体験をしている。その往生については、「仏が来るので、私は極楽に帰る」といい、周囲の人々に別れを告げ、帰去来の詩を詠んで座ったまま往生したと伝えられている。

これまで挙げた元照門流の五名とは異なり、宗利には奇譚が多く収載されている。このように、道教の神仙のような宗利であるが、元照に学び、専ら念仏三昧を修すること一〇年に及んでいるのであり、用欽と同じく神を浄土に遊ばせている。そして、最期はことさらに浄土往生のための行業をなすことなく仏の来迎を受けて往生している。宗利も元照の伝えた繫念など、観想念仏を修し、元照のいうところの未死の往生を経て、臨終には仏の来迎を得て往生しているのである。

以上、元照門流の道言、思敏、行詵、慧亨、用欽、宗利の六人の伝記をみてきたが、そのなか特に注目される点が三点ある。第一には、行詵と用欽を除く四名に「専修浄業」「専心浄業」「専修念仏」との記述が認められ、その多くに元照が注目し、重視した専修思想を受け継いでいる点である。元照の場合は、善導と異なり称名の念仏に限らず、あらゆる浄業に対する専修が大切であると述べている。このように、門流の伝に専修思想がみられることは、元照の後世への影響の大なることを示すものであろう。

第二には、六名のうち五名までが臨終に念仏することによって往生を遂げていることである。念仏の内容は、観想と持名の二種類が認められるが、どちらも元照が『観経』と『阿弥陀経』の注釈を通して強く修習することを勧めた往生のための行業である。このことは、元照における臨終の往生思想が門下において広く受容された結果を示すものであろう。

第三には、「神（たましい）浄土に遊ぶ」という記述を有する伝が六名のうち二名に認められることである。この表現は、『仏祖統紀』中四名にしかみられず、そのうち二名が元照門流であり、一名は宗本伝に登場する元照の師慧才であり、残る一名は詳細不明な人物であるが、元照と同じく銭塘で活躍した浄土教者の資聖慧誠である。(104)神が浄土へ往生すると明言しているのは、先に述べたとおり遵式と元照である。そして、この世にありながらその神のみ浄土へ到達せしめれば、臨終の往生は決定し、ことさらに臨終に行業を積まずとも往生できると、元照は説くのである。慧才は浄土教信仰を有する遵式の弟子であり、元照に菩薩戒を授けた人物である。すなわち、法系など一切不明な慧誠以外、三名はみな元照に直接関係のある浄土教者であることが確認できる。

そのなかでも、特に注目したいのは、元照門流である宗利の往生の様相についてである。宗利の場合、平生に極楽浄土の荘厳をみて、一〇年間を念仏三昧の専修に費やしているが、臨終にはことさらに何の行業も積んでいないのである。ただ、弟子にまもなく仏の来迎があり、自分は浄土へ帰ると告げて往生するのである。残念ながら、宗利が地想観を成就していたというはっきりとした言及はない。しかし、宗利は地想観の後に観見するであろう宝池や宝林を観見し、臨終に仏の来迎を受けて往生しているのである。この宗利の往生の様相は、元照が説く未死の往生の典型といえるものなのである。

『仏祖統紀』に収載された元照門流の伝記には、共通して元照の浄土教思想の影響が色濃くみられるのであり、その往生の様相には、元照の往生思想を具現化したものと考えられるものまでみられるのである。このように、元照の浄土教とその往生思想は、元照滅後にその門流において広く伝えられ、受容されていたことを確認することができるのである。

第六項　ま と め

元照における往生とは、道宣と遵式の思想に基づき、心内でありながら他土として位置づけられる阿弥陀仏の極楽浄土へ往き生まれることである。そして、その往生の主体を、儒教でいうところの「神」「霊」とし、宗密の説示に基づいて、それを仏教における「識」を指すものとしている。元照は衆生が阿弥陀仏や極楽を観じる心（第六意識）そのものを浄土へ送る未死の往生と、蟬が古い皮を脱ぎ捨てるように、古い形体を娑婆世界に残してそのの行業を奨励したことが予想されるのである。

浄土往生のために行われる諸々の行業を肯定する元照は、この二種の往生を得るために平生からの浄土往生のため

く元照の往生思想は、他に類を見ないものであり、元照独自の説である。観想と持名の念仏を中心としながらも、

この世にありながら心のみを極楽へ送り、往生の意に住する未死の往生を得れば、臨終の時の往生が決定すると説

が浄土へ往き、浄土の菩薩としての身心を得ることを臨終の往生とするのである。このように二種の往生を示し、

想念のみ極楽に到達する未死の往生と、臨終に念仏などの行業によって仏菩薩の来迎を受けて自己の「神」「識」

　そして、元照はその浄土への往生を、『観経』第三地想観以降の観法の成就をもってこの世にありながら自己の

往生する先である浄土を位置づけるのである。

宗密などの「一心」による諸法の能造を説いていることと合わせて、万法の唯心であることを理解し、そのなかに

れば、当然その影響があったものと考えられるのである。[106]元照は、遵式の心による諸法の能造の面のみを受容し、

において「一心」にあらゆる存在が包含されることを強調する宗密や延寿、智円などの存在があったことを勘案す

からである。[105]道宣が色に三千の諸法が具わるなどということを説かないことはもちろんであるが、元照の修学過程

ことなく、色にも三千の諸法が具わっていることを説いているのに対し、元照は心の能造の面のみを受容している

密や延寿、智円などに影響されていることが予想される。それは、遵式が一念心による諸法の能造だけを強調する

一心が縁に随って動じて展開したものと説く、万法と一心の関係のとらえ方については、道宣や遵式だけでなく宗

生や往生の主体についての認識を宗密に依ったことが確認できるのである。また、十界に存在するあらゆるものを、

　このような往生のあり方から、元照が心内の浄土へ往生するという基本的な構造を道宣と遵式の思想により、転

「識」「神」のみが来迎した仏菩薩とともに浄土へ向かい、新たに浄土の生を得る臨終の往生を説くのである。

そのことは、元照門流の伝記における平生と臨終の様相により、確認することができる。門流の多くが元照の重視した専修思想のもとに念仏や浄業を行い、そのことによってこの世にありながら往生の意に住する未死の往生、もしくは臨終の往生を得ている。当時三〇〇人ほどいたといわれる元照の門流においても同様に、こうした元照の往生思想に基づいて浄土教信仰を深めていたことが推察される。このように、宋代において常識とされた唯心浄土思想と相違することなく、元照は他土への往生を説いたのであり、その独特な往生思想は、中国北宋末期から南宋において、多くの弟子達によって受容され、伝播したと考えられるのである。

註

（1）「魔事」とは、『法華経』安楽行品（『大正蔵』九・三九頁a）に登場する五蘊魔・煩悩魔・死魔等、衆生を悩乱して苦しめる存在を指す。衆生の内面に潜む先ほどの三魔に、外在する天魔を加えて四魔という。元照における四魔については、本節第三項に取り上げる。

（2）管見においては、現存する宋代浄土教典籍の代表的な著作であり、多くの宋代浄土教者の著述を収録している『楽邦文類』、ならびに智円、知礼、遵式等の諸師の記述には、臨終来迎を願う記述をみることはできても、理論的にその内容を説明したものはみられない。

（3）『万善同帰集』（『大正蔵』四八・九六七頁a）や『宗鏡録』（『大正蔵』四八・五〇五頁c—五〇六頁a）において、延寿は「佛外無ㇾ心心外無ㇾ佛」という立場から「令三自心見二佛來迎一。則佛身湛然常寂無ㇾ有二去來二」と、自心に仏の来迎を見させるも、実に仏身は常寂であって去来することがないとしている。また「自心變二化有ㇾ來有ㇾ去。如ㇾ面二鏡像一。似二夢施爲二」とあるように、自心が変化して仏の来去があるだけであり、それはあたかも鏡のなかの自分を見たり、夢のなかでの行いのようなものであるとするなど、延寿は実際の仏の臨終来迎を認めていない。

（4）第一章第六節第一項にすでに述べたとおり、元照は「無量院造弥陀像記」（『大正蔵』四七・一八七頁a）において、延寿を善導・懐感・遵式と共に、浄土教祖師の一人として名をあげている。また、元照は延寿の伝記を流行させるべく、『永明智覚禅師方丈実録』を開板している。

（5）『大正蔵』四八・九六六頁b—c。

（6）『大正蔵』四八・九六六頁c—九六七頁a。

（7）懐感『群疑論』の有相の浄土を肯定する論理は、師僧である善導の浄土説を唯識の立場から説明したものである。そのため、懐感は心外無別法という唯識説を用いながらも、凡夫の自心変現でない阿弥陀仏を説き、「本性相」としての有相の阿弥陀仏を説くのである。金子寛哉氏『『釈浄土群疑論』の研究』（大正大学出版会、二〇〇六年）三九一—三九九頁参照。しかしながら、これを引用する延寿が懐感の阿弥陀仏の仏身仏土観をそのまま踏襲しているとは考えがたい。詳細な延寿の仏身仏土説については今後の課題にしたい。

（8）元照の浄土観については、本書の第三章において論じた。

（9）『大正蔵』四七・三五頁b—c。

（10）『大正蔵』四八・九六七頁a—b。

（11）ここに述べられる延寿の唯心念仏説が、中国華厳宗第四祖とされた澄観（七三八—八三九）の『大方広仏華厳経疏』（『大正蔵』三五・九二八頁a—b）に基づいたものであることを、次に示す澄観疏の原文を見ることで確認できる。

二我若欲見下、廣顯三隨レ心見二佛體相一、於レ中四。一明二隨レ心念レ佛諸佛現前一。二然彼如來下、正顯二唯心念レ佛觀レ體。三善男子當知下、以三唯心觀遍該二萬法一。四是故善男子下、結二勸修學一令レ證二唯心一。初中既了二境唯心一、了二心即佛一故。隨二所念一無レ非レ佛矣。何難レ見哉。二觀レ體中、初總明三相無二來往一。知一切下、釋二其所由一。所三以上言二普見諸佛。又無來去一其故何耶。了二彼相虛唯心現一故。於レ中前別顯、後結成。別中文有二四對一。意含二通別一。謂通顯二唯心一、喩レ無二來往一。別喩二唯心一、兼明二不出入等一。一如夢對。般舟三昧經云、如下夢見二七寶親屬一歡樂上。覺已追念不レ知レ在二何處一。如レ是念レ佛此喩二唯心所作一。即レ有而空。故無二來去一。又云、如下舍衞國有レ女。名曰二須門一。聞レ之心喜夜夢從レ事。覺已念レ之、彼不レ來我不レ往。而樂事宛然上。當二如レ是念レ佛。此正喩下體無二來往一。但隨レ心變上。二水影對中、若下月滿二秋空一隨レ水而現二澄潭一。皎淨則月影圓明。水濁波騰則光昏影散。有レ水月現曾何入來。無レ水影空未中曾出去上。雖二水中見一レ月誰能執持。心之定散準レ喩思擇。三如幻對。如幻非實則心佛兩亡。而不レ無二幻相一則不レ壞二心佛一。正喩二空有無礙一故。即無二來去一不レ妨二普見一。見即無見常契二中道一。

このように、傍線を付した部分をつなげると、そのまま延寿の臨終来迎の有無に関する問答の答えとなる。延寿の浄土教思想の形成には、こうした澄観の浄土教思想の影響が関わっていると考えられる。

(12) 延寿は、法身・実相・真如としての仏を想定していると推察される。

(13) 『大正蔵』四八・五〇五頁c。

(14) 懐感『群疑論』第二巻仏来不来章（『浄全』六・二〇頁下）には、

問曰、金剛般若言、如來者無所從來、亦無所去。故名如來。維摩經言、我觀如來、前際不來後際不去今即不住。文殊師利言、不住亦不去不取亦不捨、遠離六入。故敬禮無所觀。准此大乘諸聖教説、佛本不來、亦無有去。何因觀經説有化佛來迎隨化佛往。有來有去與前經相違。釋曰、甚深實相平等妙理、法身如來本无生滅、以佛本願无限大悲接引衆生。從眞起化十方世界。如來引接三輩九品。以化即眞、不來不去、隨機應物、有往有還。前經、據化體即眞説无來去。觀經、據從眞流化現有往還。

とある。傍線部分は、延寿が意図的に引用しなかったと考えられる部分である。ここでも延寿は、懐感が『金剛般若経』と『観経』の内容を会通するなかの、実相・法身から来迎を説明する『金剛般若経』の立場の説明だけを使用し、『観経』や阿弥陀仏の本願による救済については一切触れていない。

(15) 『大正蔵』四八・五〇五頁c—五〇六頁a。

(16) 懐感『群疑論』（『浄全』六・二〇頁下—二一頁上）には、

又西方有釋言、實无有佛從彼西方而來至此授手迎接、亦无有佛引彼衆生往生淨土。但是如來慈悲本願功德種子增上緣力、令諸衆生與佛有緣念佛修福作十六觀。諸功德力以爲因緣、自心變現阿彌陀佛來迎行者隨佛往。言彼佛遣來不是實遣。但是功德種子與所化生時機正合、令見化佛來迎。故言彼遣而實不遣。阿彌陀佛悲願功德、湛然常寂无去无來。衆生識心、託佛本願功德勝力、自心變現、有來有去迎接行人、見有往來。是自心相分。非關他也。故前經説不來不去約佛功德説也、觀經説有來有去約衆生心相説也。

とある。先の引用と同じく、延寿は阿弥陀仏という特定の仏の名称を用いず、『金剛般若経』と『観経』との見解の相違を会通しようとする懐感の意を切り捨てている。また、ここには「本願」の文字を使用するが、本願の主体はうやむやにされている。

(17) 延寿の来迎説については、服部英淳氏「永明延寿の思想と宋代禅僧の浄土観」（『浄土教思想論』所収、山喜房仏書林、一九七四年）に触れられており、延寿が「本願功徳力を認めて、有縁の時機正合する時、去あり来ありとした。是れ明らかに、事に約して本願功徳力の加被に依り、浄土に生ぜんことを求めた」と言及されている。

(18) 『大正蔵』四八・五四八頁b。

(19) 『大正蔵』四八・五〇六頁a。

(20) 延寿の本願力や仏力に関しては、より深い考察を要するが、ここでこれ以上論ずることは、本論の主旨を逸脱するおそれがあるため、今後の課題としたい。

(21) 『浄全』五・三六二頁下―三六三頁下、『大正蔵』三七・二八三頁c―二八四頁a。引用文中「是外來耳。安得不畏己魔但疑外魔乎。況魔」の十七字は、『浄全』にはあるが、『大正蔵』にはみられない。

(22) 『大正蔵』一二五・五〇三頁c。

(23) 『浄全』五・四六一頁上。

(24) 有厳は『浄土修因惑対』において『安楽集』を引き、有相を求める心によって往生する者と無相の心によって理観と相応する者の二種の往生人を挙げた上で、今世は中品下品にあたる鈍根の衆生ばかりで理観を行うのは難しいと述べている。このような点において有厳に道綽の影響をみることができる。

(25) 佐藤成順氏「元照の浄土教への帰依」（『宋代仏教の研究―元照の浄土教―』所収、山喜房仏書林、二〇〇一年）二〇八頁、および同氏「中国と日本における善導観」（『中国仏教思想史の研究』所収、山喜房仏書林、一九八五年）参照。

(26) 同右。

(27) 『観経新疏』（『浄全』五・三六五頁上、『大正蔵』三七・二八四頁c）。

(28) 『観経新疏』（『浄全』五・三六五頁上、『大正蔵』三七・二八四頁c）。

(29) 『観経新疏』（『浄全』五・三六五頁上、『大正蔵』三七・二八四頁c）。

(30) 元照が本願力を重視していることについては、第三章註(39)において述べた。
(31) 元照の本願観については佐藤氏前掲書『宋代仏教の研究』三〇九頁に指摘がある。
(32) 『浄全』五・三六〇頁下、『大正蔵』三七・二八二頁c。
(33) 『浄全』五・三九五頁下—三九六頁上、『大正蔵』三七・二九五頁a。
(34) 『浄全』五・四一九頁下、『大正蔵』三七・三〇二頁c。
(35) 『阿弥陀経義疏』(『大正蔵』三七・三六二頁b)。
(36) 『観経新疏』(『浄全』五・三六五頁上、『大正蔵』三七・二八四頁c)。
(37) 『浄全』五・三五二頁下—三五三頁上、『大正蔵』三七・二七九頁b。
(38) 『阿弥陀経義疏』(『大正蔵』三七・三六二頁b)。
(39) 『観経新疏』(『浄全』五・三六五頁上、『大正蔵』三七・二八四頁c)。
(40) 『阿弥陀経義疏』(『大正蔵』三七・三六二頁b)。
(41) 『観経新疏』(『浄全』五・三九七頁上、『大正蔵』三七・二九五頁c)の第八観釈における、元照の感応道交の解釈には、阿弥陀仏が同体の大慈悲善根力をもって、仏を念じる衆生の心に応じることを感応道交としている。
(42) 法然の来迎正念説は『逆修説法』初七日に説かれており、この説明が清慮院静照の釈義に依ったことが示されている。高橋弘次氏『法然浄土教の諸問題　改版増補』(山喜房仏書林、一九九四年)一一〇—一一二頁参照。
(43) 『大正蔵』四八・九六七頁a。
(44) 『大正蔵』四八・九六八頁c—九六九頁a。
(45) 『万善同帰集』(『大正蔵』四八・九六七頁c—九六八頁a)には、

聖境非レ虚眞談匪レ謬。何乃愛河浪底沈溺無レ憂、火宅焔中焚燒不レ懼。密織二癡網一、淺智之刃莫二能揮一、深種二疑根一。汎信之力焉能拔。遂即甘レ心伏レ意幸レ禍樂レ災。却非二清淨之邦一、顧二戀恐畏之世一。焦蛾爛繭、自處二籠レ鳥鼎レ魚翻稱二快樂一。故知、佛力不レ如二業力一、邪因難レ趣二正因一。且未レ脱二業身一、終縈二三障一。既不レ愛二蓮臺化質一、應レ須二胎藏稟レ形。若受二肉身一、全身是苦。既沈二三界一、寧免二輪迴一。

と、浄土の教えが誤りではないのならば、何故に愛河に沈み火宅に焼かれていることを懼れないのかという問答を設けている。この問いに対して延寿は、愚痴にあって智慧を用いることもなく、疑う心ばかりを深めている以上、鳥が籠にいることを快楽というように、自ら禍を幸いと思いこんで気がつこうともしないからだと答えている。延寿はこのように、たとえ浄土があったとして、自身でこの世の苦や身の過ちに気がつかなければそれを願うことすらなく、そこに向かおうとしないのは当然であるとする。そしてそれは、「仏力は業力にしかず、邪因は正因に趣がたし」と述べるとおり、たとえ仏の力を持ってしても無理であろうと言及するのである。

(46)『大正蔵』三七・三六一頁c。
(47)『大正蔵』三七・三六一頁c。
(48)『大正蔵』三七・三六二頁b。
(49)慶文は詳細不明な人物であるが、阿弥陀仏の仏力・本願力・他力や、念仏についてきわめて深い信仰を有していたものと考えられる。阿弥陀仏の他力を説く元照の浄土教信仰の形成に大きな影響を与えたことが予想される。
(50)『卍続蔵』五九・六四六頁b。
(51)佐藤成順氏前掲書『宋代仏教の研究』四五四頁—四六五頁には、宋代に行われた臨終行儀について、元照とその門流を中心として論じられている。そのなか、

(元照の)門下の慧亭は、道宣や元照の臨終行儀に説く説法勧善の師をしばしば務めている。慧亭がなぜ説法勧善にしばしば請招されたのか。その理由を『仏祖統紀』の往生伝のなかに求めると、先に関説した胡闔が、臨終に念仏を称えるだけで自己の罪障が消えて往生できるか否かに不安を抱いたので、慧亭が胡闔のために罪業を懺悔したことを伝えている。臨終には、自己が積んだ罪業を意識し不安が生じやすい。それゆえ、その人のために罪業を懺悔し消除する能力のある慧亭のような律僧が請招されたのであろう。また、銭塘于仏子の伝には、「戒行の人を請じ観経を諷じ」と述べている。これをみると、戒律を厳粛に実践する僧が臨終の説法勧善の師として一般的に人望があったことがわかる。

とあり、戒律を守る律僧に罪障を滅することを期待して臨終の説法勧善の師に律僧を請う傾向があったことを指摘している。直接元照の伝記にその事実を見つけることはできないが、元照面授の弟子において盛んに行われたことを考えれば、師である元照においても同様に、臨終行儀の実践に請われることが多かったものと考えられる。

（52）元照は、病者の臨終行儀を説明する『資持記』瞻病篇（『大正蔵』四〇・四一一頁b）において、

其堂中下、次明設像。立弥陀者帰心有処也。然十方浄土而偏指西方者、繋心一境想念易成故。西方諸佛而独帰弥陀者、誓願弘深結縁成熟故。是以古今儒釈靡不留心。況濁世凡愚煩悩垢重、心猿未鎖、欲馬難調。捨此他求、終無出路。請尋大小弥陀経十六観経往生論十疑論等諸文、詳究聖言、必生深信矣。

と述べて、道宣『行事鈔』瞻病篇に登場する無常院の仏像を阿弥陀仏に特定し、西方の一境に繋心させるべきことを説いている。これも、来迎引接する仏を明確に示すためのものであり、病者に死後の安楽を説かんとしたことに依ると考えられる。『資持記』瞻病篇も、いかに病者の不安を取り除くことができるかに重点が置かれているはずであり、臨終における実際の説法勧善の場を想定した上で作成されたものであろう。

（53）『大正蔵』四〇・四一一頁b。

（54）『大正蔵』四〇・四一一頁b。

（55）元照『観経新疏』（『浄全』五・三五五頁上―下、『大正蔵』三七・二八〇頁b）には、

嗟今末學不達唯心、但認點靈便爲浄土。自謂心浄土浄、不假他求。佛即我心、豈須外覓。指彌陀爲外物、貶極樂爲他邦。故慈雲云、或曰、浄土在心、何須外覓。心浄土浄、豈用迢然求生他方浄土耶。釋曰、子不善心土之義。將謂我心局在方寸、便見西方夐在域外。若了一念心遍、一塵亦遍。十萬億刹咫歩之間、豈在心外。世人若談空理、便撥略因果。若談唯心、便不信有外諸法。豈唯謗法亦自謗心。殃墜萬劫、良可痛哉。妄搆是非障他浄土眞悪知識也。上皆彼文 古賢苦口愍物情深、儻屬意以研詳必因茲而超悟矣。

とあり、元照は、遵式「釈華厳賢首讃仏偈」を引用して、唯心の浄土が、各人の胸中にある心に浄土があるという意味ではなく、一切諸法を遍く包含する心にある浄土であり、十万億刹離れた浄土も心内であることを説明している。

（56）『卍続蔵』五九・五九一頁a―b。

（57）ここに引用される遵式『往生浄土決疑行願二門』の文と同じ文が『観経新疏』にも引用されており、この文に対する戒度の注記がある。戒度『正観記』（『浄全』五・四四三頁上）には「己心刹那倶指當念也」とあり、原文にあ

る「自己心中」の「己心」と「剎那際内」の「剎那」とがともに衆生の現前の一念を指すものであるとしている。

(58)『卍続蔵』二一・四六三頁b。

(59)『浄全』五・三六六頁下、『大正蔵』三七・二八五頁b。

(60)自ら浄土を信じない障りについて元照は六種の説を挙げている。ここではその最後の一説のみをとりあげたが、『国清百録』所載の徐陵の五誓願のように、人中に生まれることを望むものなど、さまざまな説が批判の対象とされている。元照は、このような六道の胞胎に生ずることを望むなどということは出家者としては論外であるとするなど、浄土不信の原因となる所説に対して反論を加え、浄土教を求めるべきことを強く勧めるのである。

(61)原文に「托胎」とあるのは、元照が「上樝菴書」（『卍続蔵』五九・六四六頁a）に「蓮胎浄報」と表現するように、浄土往生の際に母胎のような蓮華に託されることを意味するものと考えられる。ここでは、『観経新疏』（『浄全』五・四〇八頁上、『大正蔵』三七・二九八頁c）の第一一勢至観を解釈するなかにおいて「不ㇾ處㆓胞胎㆒等者、脱㆓娑婆苦㆒、生㆓佛浄土㆒、寶蓮孕ㇾ質、永絶㆓胞胎㆒」と、元照が往生するときには胞胎に生ぜず、宝蓮に質を孕むとしていることに基づき、訳文では「蓮華に託す」と解釈した。

(62)『盂蘭盆経疏新記』天和二年版本によると、『卍続蔵』本と異なり、割注内の「非」字の下に「記」字がある。ここでは版本によって「記」字を挿入した。

(63)『盂蘭盆経疏新記』天和二年版本によると、『卍続蔵』本に「今即今無記」とあるうちの、最初の「今」の一字がない。ここでは版本によって「今」字を削除した。

(64)『盂蘭盆経疏新記』天和二年版本によると、『卍続蔵』本に「初云」とあるのと異なり、「初示」とある。ここでは版本によって「初示」とした。

(65)『盂蘭盆経疏新記』天和二年版本によると、『卍続蔵』本に「下皆満業」とあるのと異なり、「中下皆満業」とあって「中」の一字がある。ここでは版本によって「中」字を挿入した。

(66)『盂蘭盆経疏新記』天和二年版本によると、『卍続蔵』本に「二義相」とあるのと異なり、「二業相」とある。ここでは意味内容から考えても版本に依るべきであるため、「二業相」とした。

(67)『卍続蔵』二一・四七三頁a—b。

(68)『卍続蔵』一一・四七三頁b。

(69) ここに示される元照の唯識による転生説は、同じく第八識が最初に生起するという説を紹介し、新訳『倶舎論』の偈を用いて説明する延寿『宗鏡録』（『大正蔵』四八・八三一頁b—八三二頁c）の影響も考えられる。

(70)『卍続蔵』一一・四六〇頁c。

(71) 宗密疏の注釈である『盂蘭盆経疏新記』には、宗密『原人論』がしばしば引用されている。ここに述べた母胎に識が託されてより十月十日の間で身心を形成するなどの説を用いていることは、『原人論』の影響によるものと考えられる。『原人論』（『大正蔵』四五・七一〇頁b—c）には、

（此下方是第一人天教中亦同所説）故殺盗等、心神乘二此惡業一、生二於地獄鬼畜等中一。復有下怖二此苦一者、或性善者上、行二施戒等一、心神乘二此善業一、運二於中陰一入二母胎中一。（此下方是儒道二教亦同所説）稟レ氣受レ質（會彼所説以氣爲本）氣則頓具二四大一、漸成二諸根一。心則頓具二四蘊一、漸成二諸識一。十月滿足生來名レ人。即我等今者身心是也。故知、身心各有二其本一。二類和合、方成二一人一。天修羅等大同二於此一。然雖下因二引業一受中得此身上、復由二滿業一故、貴賤貧富、壽夭病健、盛衰苦樂。謂前生敬慢爲レ因、今感二貴賤之果一。乃至仁壽、殺夭、施富、慳貧、種種別報不レ可二具述一。是以此身或有二無レ惡自禍、無レ善自福、不仁而壽、不殺而夭等者一。皆是前生滿業已定。故今世不レ同二所作一。自然如レ然。（中略）然所レ稟之氣、展轉推レ本、即混一之元氣也。所レ起之心、展轉窮レ源、即眞一之靈心也。究レ實言レ之、心外的無二別法一。元氣亦從二心之所變一、屬二前轉識所現之境一。是阿頼耶相分所レ攝、從二初一念業相一分爲二心境之二一。（中略）業既成熟、即從二父母一稟二受二氣一、與二業識一和合、成二就人身一。據レ此則心識所變之境、乃成二二分一。一分即與二心識一和合成レ人、一分不下與二心識一和合上、即成二天地山河國邑一。

とあり、儒教・道教の思想を吸収した上で、仏教による人間論を展開している。元照の輪廻転生が、こうした宗密の人間形成論の影響を受けていることは間違いないであろう。小林圓照氏『原人論を読む—人間性の真実を求めて—』（ノンブル社、二〇〇七年）一七四—一八九頁参照。

(72) ただし、元照による唯識説を用いた阿弥陀仏や浄土の説示はみられないため、元照がどこまで浄土教を唯識的に解釈していたのかは不明である。この問題に関しては、今後、元照における「唯心」や「唯識」についての考察を行うなかで考えていきたい。

(73)『芝苑遺編』所収、『卍続蔵』五九・六四五頁c—六四六頁a。

(74)『観経新疏』（『浄全』五・三八三頁上—下、『大正蔵』三七・二九一頁b）にも、

浄土観門要在二専一一故。須下指二定一方一以為中投心之處上。故放光現土厥意在レ茲。故十疑論中名為二一相三昧一、文殊般若亦名二一行三昧一。比二諸観法一有二三不同一。餘観不レ定二方隅一、今此定須二西向一。餘観収レ神歸レ念、今此送二想彼方一。餘観遍歴二自他一、今此定縁二聖境一。義門備揀二心境一歴然。乖レ此別修終名二邪観一。

とあり、『観経』十六観とその他の諸種の観法とを比較して三つの相違を挙げるなか、諸観は神を収束して一念に帰向するが、十六観は極楽に想念を送るものであると言及している。

(75)『浄全』五・三六八頁上—下、『大正蔵』三七・二八六頁a。

(76)『浄全』五・三八七頁上、『大正蔵』三七・二九二頁c。

(77)『観経』水想観には、娑婆世界にもみられる水や氷の他、極楽世界の瑠璃地についても説かれている。しかし、『観経新疏』水想観解釈（『浄全』五・三八五頁上、『大正蔵』三七・二九二頁a）において元照は、瑠璃地を見るなどの内容以降を地想観に属するものと説明している。

(78)『浄全』五・三八六頁下、『大正蔵』三七・二九二頁b—c。この一節は、宋版に最も近い明暦版では「二正受中」という言葉からはじめられている。しかし、その他の版では「二正受」という分科が『観経』原文の前に付される形となっている。大きく意味は異ならないが、ここでは、元照がこの一節を、三昧と同義とする「正受」の内容として解釈していることを明瞭にするため、明暦版の表記に準じた。

(79)元照はこの一節を、第三観における「正受」の説明であるとしている。元照における「正受」とは、『観経新疏』（『浄全』五・三七九頁上—下、『大正蔵』三七・二九〇頁a）に、

初修二方便一作意観縁名二思惟一。観想既成任運妙契名二正受一。如二地観云一如レ此想者名為下粗見中極樂國地上即思惟也。若得二三昧一見二彼國地一了了分明不レ可二具説一即正受也。善導玄義據二華嚴經一思惟正受並是三昧。與二此地観文一證大同。

とあるとおり、観想が成就して自然にその境界に相応することであるとしている。また、善導『観経疏』の思惟と正受を三昧と同義語であるとする説を受用している。

(80)『大正蔵』四七・七五頁a。
(81)金子寛哉氏は、前掲書三九六頁においてこの問答に注目し、「この意は三昧発得すれば身はこの世にありながら既に往生の意に住していることを示す」ものであり、それは「懐感の三昧発得という体験」に基づいた言及であったであろうと推論している。金子氏は、懐感のこの言葉を念仏三昧の境界を示した言葉として取り扱っている。
(82)元照は、唐代に活躍した浄土教祖師の一人として懐感をとりあげており、明確な『群疑論』引用はみられないものの、『観経新疏』には『群疑論』にみられる表現と類似する箇所が三箇所みられる。『群疑論』は元照が尊敬する延寿や遵式に多く引用されているため、その存在は元照以後も広く知られている。元照と面識があった義天によって同時代に作成された『義天録』に書名を確認できないものの、『楽邦文類』や『楽邦遺稿』なども、『群疑論』を引用しており、宋代においても所覧可能な浄土教著作であったと考えられる。
(83)『浄全』五・三八七頁上、『大正蔵』三七・二九二頁c。
(84)唐大行伝は『宋高僧伝』にも載せられているが、原文の「心眼洞明」以降の文章がない。これに対し、他の箇所にも引用がみられる戒珠『浄土往生伝』(『大正蔵』五一・一二四頁c)には、ここで重要な意味を持つ大行の疾病中における宝地の観見の記事を収載している。
(85)『大正蔵』三七・三五七頁a。
(86)『浄全』五・四一二頁上、『大正蔵』三七・三〇〇頁b。
(87)『浄全』五・四一七頁上―下、『大正蔵』三七・三〇二頁a。
(88)『大正蔵』三七・三六三頁c。
(89)元照は『観経新疏』と『阿弥陀経義疏』の両疏において、「十念即十聲」「十念謂十聲」と述べている。
(90)第三章第一節で論じたとおり、元照は往生行として諸行を認めている。ここでは最も易行であると考えられる十声十念による往生を例として挙げた。
(91)元照の弟子については、志盤『仏祖統紀』や凝然『律宗瓊鑑章』などで確認することができる。また、弟子のうち則安、道標、道言に関しては、元照著作の注釈書が現存している。
(92)『卍続蔵』四〇・一七七頁a。

(93)『大正蔵』四九・二七八頁c。
(94)『浄全』一・四〇頁。
(95)『大正蔵』四九・二七九頁a。
(96)『大正蔵』四九・二七九頁a。
(97)慧亨の念仏教化については、佐藤成順氏前掲書『宋代仏教の研究』四六一―四六五頁に指摘されている。
(98)『楽邦文類』所収、『大正蔵』四七・二三〇頁b。
(99)『大正蔵』四九・二七九頁a―b。
(100)『楽邦文類』所収、『大正蔵』四七・二二〇頁b。
(101)『大正蔵』四九・二七九頁b。
(102)この元照の言葉の初出は戒度『観経扶新論』序文（『浄全』五・五一三頁上）であり、これに類する言葉は『釈門正統』元照伝（『卍続蔵』七五・三六二頁c）にもみられる。『仏祖統紀』は元照滅後からやや時代が下る著作ながらも、「為義天僧統開講要義」（『卍続蔵』五九・六四五頁a）に、諸学者に対して元照が戒律と浄土教の二門をもって指導していたことが確認され、元照の平生語っていた言葉としての信憑性は高いものと考えられる。
(103)『大正蔵』四九・二二一頁c。
(104)『大正蔵』四九・二八〇頁a。『仏祖統紀』において慧誠は、かつて神浄土に遊んで仏の尊容を拝し、山奥で薪を積んでできた龕のなかで念仏して、火をつけて自らを焚いたと伝えられている。この他についての記述はなく、その法系など一切不明である。
(105)『往生浄土決疑行願二門』（『大正蔵』四七・一四五頁c）に「一念色心羅列遍収二於法界一、並天眞本具非二縁起新成一。一念既然一塵亦爾。故能一一塵中一切刹、一一心中一切心、一一心塵復互周。重重無盡無障礙。一時頓現非二隱顯一。一切圓成無二勝劣一」とあり、「施食観想答崔育材職方所問」（『金園集』所収、『卍続蔵』五七・一一頁c）に「一色具二一切色一、亦具二聲香等一切諸塵及一切法一切心一」とあるように、遵式は知礼同様に心具三千とともに色具三千を説く。
(106)智円『維摩経略疏垂裕記』（『大正蔵』三八・八〇七頁c）には、「所レ言理者、十界之理同在二一心一。不レ一不レ多不レ無不レ有。十即是百、百即是千、千即三千而空假中。故空假中咸名二理法一」とあり、元照と同じく一心を一切の存在の根拠に置いている。智円の場合は、知礼と異なり、色心双具の三千を説かない。智円における色具三千は色即心が前提であり、心を根拠とした場合にのみ色具が許される。つまり、智円は心具を基礎としての色具しか認めない立場である。華厳と禅を教学の基調とする宗密や延寿は、いうまでもなく一心にあらゆる存在が包摂されるとする立場にある。

総　結——律僧元照の浄土教思想の特徴——

これまで本書を検討することにより知り得た内容を整理し、その上で、戒律を中心に修学研鑽した元照の浄土教思想の特徴と今後の研究課題について述べ、本書の結論としたい。

第一章では、まず、元照の修学状況を伝記や諸著作にみられる諸宗僧侶との交流に着目して考察を行った。これまでの先学の指摘は、南山律を慧鑑に、菩薩戒を慧才に、天台教学を処謙に学んだとされるのみであったが、元照修学当時の銭塘祥符寺に着目して考察した結果、仁岳や可久などのいわゆる天台山外派の人師や、浄源をはじめとする華厳学派の人々が活躍しており、元照は知礼の教学を受け継ぐ処謙や慧才に学ぶ以前に、その影響を受けていたことを確認することができた。そのため、元照が主として学んだとされる南山律学についても、慧鑑のみならず、祥符寺に伝わる希覚や智円、仁岳によって伝持された律学を学ぶことが可能であった。また、元照が慧才から受けた菩薩戒の内容については、その戒儀の構成から、知礼や遵式の戒儀に準じたものであったことを明らかにした。その他、禅思想の修学については、具体的な記事はみられないものの、延寿や宗頤などの著作から禅を理解していたことを確認した。そして、元照の浄土教思想は、諸宗の教学を学ぶことができ、自由闊達な議論が可能であった杭州において、遵式をはじめとする諸師の思想を柔軟に取り入れて構築されたものであることを指摘した。

第二章第一節では、元照の浄土教への帰入をその時機観に注目して考察を行った。ここでは、元照が道宣の思想に基づく末法観に加え、過去世より迷いの輪廻を繰り返し、自らの力で現世に悟りを得ることが不可能な凡夫という機根観を持っていたことを指摘した。元照は、そのような末法時の衆生の実践として、あるべき姿を示す戒律と、実質的な救済を得られる浄土教の二法門を、僧俗を問わず、機根の優劣に関係なく実践可能な修行として周囲に示していたことを確認した。そして、もともと浄土教に否定的であった元照が、このような時機観を有し、浄土教に深く帰入するにいたる契機となった心理的な変化として、自己の有限性の認識と謗法の自覚・懺悔があったことを明らかにした。

第二節では、現存著作に加えて、散佚した元照著作を整理することで、元照の著作の傾向を把握した。元照の著作活動が、道宣の思想の祖述を中心としながら、一方で、道宣にはない浄土教典籍の注釈を行っており、戒律の実践を説きつつ、浄土教を敷衍しようとしていたことを指摘した。また、元照の浄土教に関する著述は、元来理論と実践の両方に及ぶものであったことを明示した。

第三章第一節では、元照における諸仏に通底した仏身説を整理した上で、阿弥陀仏観を考察した。その結果、従来の研究とは異なり、元照がそもそも『梵網経』に立脚した大乗の仏身説を立てており、阿弥陀仏の仏身についても、『梵網経』の注釈書である天台『菩薩戒義疏』に依ったことを指摘した。元照の阿弥陀仏観は、知礼が説く天台の三身説と相違し、『梵網経』の仏身説を援用したものであり、衆生の思慮を超えた法身阿弥陀仏を本源に置く三身説〈本身（法身）・跡身（報身・化身）〉によって、方便示現の仏（有相）と本質としての仏（無相）を阿弥陀仏一仏上の二側面として説き示している点に特色が認められることを明らかにした。加えて、元照が知礼説を批判しながらも、一方でその影響を受けており、所見の仏身の相違を機根の差異によるとしている点など、共通する説示を行っていることも確認し得た。また、これまで一切検討されてこなかった、元照における有相と無相の阿弥陀仏を説示する意図についても考察を試みた。そして、元照が、有相の阿弥陀仏を、本願力に基づいて衆生の観想念仏の対象として示される相対的な仏身とし、無相の阿弥陀仏を、無相の法身であり、持名念仏の根拠となる名号としての仏身でもあると説いていることを指摘した。

第二節では、元照が諸仏浄土と極楽浄土を峻別している内容に注意を払いながら、元照における極楽浄土観を考察した。元照は四種の浄土説〈法性土・応化土（実報土・方便土・同居土）〉を説き、法性土（唯心浄土）はあくまでも応化土の所依であるとしており、極楽浄土は法性土（唯心浄土）を所依とした妙相荘厳の同居土であるとしていることを明らかにした。元照の極楽浄土観は、そのような独特な四種浄土説を用いることで、唯心浄土でありながら本願力に基づいた多種殊妙の荘厳相を示す点に特色が認められるのであり、遵式や智円の浄土理解の影響を受けて形成されたものなのである。すなわち、元照の説く唯心己性の有相浄土とは、広大な唯心（法界）の内にある西方有相の極楽浄土のことであり、自らの心内（法界内）にありながら、妙相荘厳を具えた浄土を意味しているのである。また、このような元照の極楽浄土観が、当時多かった、唯心であれば無相であるという、安易な唯心論の立場から西方有相の浄土を否定する禅者に対し、提示されたものであることを指摘した。

第四章第一節では、「信」「願」「行」の三法を具足すれば往生できるとする説示に注目して、元照の諸行往生の理解を考察した。その結果、元照における「信」「願」「行」三法具足による諸行の往生は、「信」「願」「持名」の三法を具足することによって往生できるという智円の説示を淵源としており、元照はこの「信」「願」「行」三法具足説を浄土往生の行を考える上での原則としているという、従来にはない新たな見解を示し得た。加えて、三福九品の行業も戒律もすべてこの原則に基づき往生行としており、元照がこの原則を用いることで諸行をすべて往生行と理解し、浄土教にさまざまな入口があることを示し、かつ往生を目指すものにとって平生の行業が決して虚しいものにはならないことを示していることを明らかにした。

第二節では、天台諸師の『観経』十六観解釈に対する批判の内容を整理することで、元照における観想念仏（観仏）の特色を考察した。元照における事理二観の理解は、道宣の理事二懺に準じており、能観の人の機根によって理事が異なるとされ、『観経』十六観は行者の機根を選ばない観法であると示していることを確認した。加えて、そのような事理二観の理解に基づき、元照が事理二観のどちらを行じても必ず浄土へ往生できると説くことで、観想念仏（観仏）が機根の上下に関係なく往生可能であるとしていることを指摘した。また、元照における知礼等の観法批判の整理により、その批判の中心が、『観経』十六観を止観と混同して「観心」としている点にあり、この世で悟りを得るための「観心」である止観と、浄土往生のための「観仏」である『観経』十六観とでは、その目的が異なるという、元照の主張を示し得た。そして、元照が、心と仏の無差別を前提とした観心説に対し、無生法忍（初住）を得ておらず、心仏無差別を達観できない衆生の立場から、『観経』十六観はあくまでも阿弥陀仏の有相荘厳を観ずる観想念仏（観仏）でなければならないとしていることを明らかにした。

第三節では、元照の持名念仏が、いかなる影響を受けて形成されているのか、またその独自性とは何かを意識して考察した。はじめに、元照が私淑し、最も影響を受けていると考えられる遵式における観想と称名の二種の念仏説や十気の十念説を概観し、遵式の称名念仏や十気の十念が、阿弥陀仏の第十八願・第二十願に基づいて説かれており、定心をもって十念すれば五逆謗法の重罪を犯した者も往生できるとしていることを確認した。次に、遵式の影響を受けて、元照が観想と持名の二種の念仏を説いており、そのうちの持名念仏の内容が、遵式と異なり、称名と聞持の二つの行業を含んだものであることを明示した。また、ここでは、元照における名号を聞持する持名念仏の内容が、遵式による仏の名号流布の功徳説と、子璿『首楞厳経義疏注経』における音声としての仏の教化説を援用して説かれた独自の説であることについても言及した。加えて、このような元照の持名念仏が、「南無阿弥陀仏」の六字ではなく、「阿弥陀仏」の四字の名号を持つ（たもつ）ものであり、道宣の解釈にしたがい、愚鈍劣機の事懺の行業とするが、その目的を罪障消除のためではなく、往生浄土のために説いているという相違を示した。次に、元照における本願口称の十念説を、逆謗除取の問題とともに論じた。元照の十念説は、第十八願に基づくものであり、天台『観経疏』や遵式と異なり、定心ではなく散心で行う十声の十念によって、五逆謗法の者も浄土往生が可能であるとしていることを指摘した。そして、智円や仁岳の『阿弥陀経』解釈にはみられない、石刻『阿弥陀経』を用いた念仏多善根説の考察を通じて、元照の持名念仏が、あらゆる機根に修することができ、なおかつ衆善に超過する功徳が得られ、浄土往生がかなうという、平等往生を可能ならしめるものであることを明らかにした。

第五章第一節では、元照による延寿批判の論点である、臨終来迎説について考察を行った。はじめに、延寿が湛然常寂として衆生と直接の関わりを持たない、真如法身の仏と浄土を説く立場より、来迎を衆生の心内に起こった変化ととらえ、実質的な仏菩薩の来迎を認めていないことを確認した。次に、唯心（法界）のなかに阿弥陀仏の有相荘厳の浄土の存在を認める立場である元照が、同時代の諸師の説を用いて、臨終の来迎が仏の護念を受け、魔事などのないことを主張していることを明らかにした。その上で、延寿の不来而来の来迎説に対して、元照が、『観経』において来迎を説く釈尊の言葉を信ぜず、すでに悟りを得ている阿弥陀仏の本願力を信ぜず、大悲をもって直接的に衆生を迎えようとする仏の存在を信じていないと批判し、あくまでも西方浄土から阿弥陀仏が衆生の臨終に現前すると説いていることを示した。また、臨終の正念を重視する延寿に対し、元照は仏の来迎を受けてから正念に入り往生すると説いており、日本の鎌倉期に議論される正念来迎と来迎正念の問題と同様の議論が、延寿と元照の間にも認められることを指摘した。延寿と元照の両者は、唯心の阿弥陀仏とその浄土の認識の異なりにより、来迎の有無に関する見解に相違を生み、さらにそれが、臨終時の正念について、自力であるか他力であるかという違いを生じたことを明らかにした。

第二節では、元照における「往生」という用語の使用例に着目し、従来一度も検討されてこなかった元照における二種の往生説についての考察を行った。元照の往生思想は、道宣と遵式の説示に依っており、神（たましい）が自己の心中にある十万億の仏土を離れた浄土へ往き生まれることとされ、その往生の主体は、唯識に基づく転生説に順じて第八識を想定していることを指摘した。すなわち、元照における往生は、臨終に仏菩薩の来迎を受けて極楽へ往き、娑婆世界の身体を捨てて新たに浄土の身体を受けることが第一義なのである。その一方で、元照は、『観経』十六観中の第三地想観の成就をもって得られる未死の往生を説いている。死せずして往生するこの未死の往生は、極楽浄土へ想念を送り、往生の想いに住する三昧正受の状態を指しており、これによって臨終の往生が決定するとしている。臨終の往生が、十声十念など、生前に積んだ諸種の往生のための行業により仏の迎えを受けて極楽浄土へ往くことができると説いているのに対し、未死の往生が臨終の往生を補完するものであることを確認できるのである。そして、このような元照の往生思想は、元照門流の伝記において確認することができ、その独特な往生思想が多くの弟子によって受用されていたことを明らかにした。

序論において述べたとおり、元照は多くの研究者によって律系浄土教者として位置づけられるのであるが、従来の研究において指摘されている元照の律系浄土教者としての特色は、①『資持記』瞻病篇の記述を中心とした浄土教的臨終行儀と、②菩提心と三聚浄戒をもって説明される『観経』の三心釈、③極楽往生を目的とした受戒の三点のみである。律系浄土教者と位置づけるにしては、十分とはいえないものであった。そこで次に、本書において知り得た内容の整理に基づき、あらためて律系浄土教者としての元照像を提示してみたい。

元照当時の仏教界は、世宗の廃仏以後約一〇〇年を経て、仏教教学も天台を中心に再び活況を呈するにいたり、論争も盛んに行われるようになった時代である。論争が繰り返されることによって、徐々に宗派意識が形成されていくなか、元照は諸宗を広く学ぶことが可能であった杭州銭塘の祥符寺において修学し、戒律を中心に研鑽するとともに、天台や華厳の教観も学んでいる。この間に元照が師事したのは、諸元照伝に紹介されている祥符寺の律僧慧鑑、知礼の教学を継承している処謙、知礼・遵式に学んだ慧才の三名だけでなく、仁岳の弟子可久など、いわゆる天台山外派の人々や、華厳学派の諸師にも学んでいたのである。また、元照には、慈愍三蔵撰『浄土慈悲集』開板をめぐる禅僧との争論もあったが、宗本や宗頤といったすぐれた禅者との交流も認められるのであり、禅に関する造詣も深かったことが察せられる。浄土教に関しては、遵式の著作を中心としながらも、当時行われていた諸宗における浄土教思想や、廬山慧遠、善導、懐感など、前代の浄土教思想も柔軟に受用している。その他、僧俗が集まってともに修する結社念仏にも関係しており、民衆化していく浄土教信仰を目の当たりにしていたことが確認できるのである。元照は諸宗教学を学び、その内容を自己の思想・信仰上で融会総合して、独自の戒律と浄土教の思想を構築していったのであり、まさに諸宗融合思想を基調とした宋代における典型的な仏教者であった。そのため、同じ仏教でありながら、自己の宗とする教えのみが勝れていると説く禅僧や、天台の教義に固執して華厳の経説を低くみる天台僧など、自宗に偏向した仏教者に対して批判的であり、どの宗旨にも固執することなく三学を兼修すべきことを説き、法華と華厳を同等に高く位置づけて説いている。元照が、宗旨に関係なくすべての仏教者において修されるべき教えとして戒律と浄土教の二つを挙げ、これを生涯にわたって弘めた背景には、こうした諸宗教学の修習による知見と、偏宗に対する批判意識があったと考えられるのである（第一章）。

加えて、元来浄土教に対して批判的であった元照が、浄土教に傾倒していく直接の要因となったものは、百千万劫の間流転し、今生も五濁悪世の末法時にあり、自らの力では悟り得ない薄地の凡夫であるという時機観の形成である。元照は道宣の戒律章疏により、惑業を離れられず、悪習慣を断ちがたい末法時の衆生という時代観を形成している。また、その上に、大病を得て自己の有限性の認識がなされることで、輪廻を繰り返しても娑婆で衆生を救済すべきであるという菩薩道実践者としての自覚が崩れ、かわりに、無生法忍を得ていない凡夫はまず阿弥陀仏の浄土へ往生すべきことを悟るのである。そして、大病を得る以前の浄土教に対する軽蔑の心に気づき、それを自己の謗法の罪と認識することで、そのような自己をも救う浄土教への信仰をますます深めていったのであり、さらに、念仏法門による衆生教化を発願するにいたるのである。元照は、現世において自力得道が不可能な末法時の凡夫という機根観から、あるべき姿を示す戒律と実質的な救済を得られる浄土教の二法門をもって、実践可能な行として周囲に示すのである（第二章第一節）。

元照に、戒律と浄土教の二法門を周知させようとする意図があったことは、その著作の傾向からも確認できる。元照は道宣教学の祖述と顕彰を行う一方で、自身の信仰に基づいた浄土教著作を残しているのである（第二章第二節）。

そのような元照における阿弥陀仏の仏身仏土説は、戒律経典である『梵網経』を用いることで、独自性を発揮している。元照における諸仏の仏身説は、『梵網経』に説かれる真身の盧舎那仏と化身の釈尊という二身説を基本としたものであり、この二身説を開いて三身説、四身説を説明する。阿弥陀仏の仏身に関しても、『梵網経』の注釈である天台『菩薩戒義疏』を用いている。そして、特筆すべきは、元照が『梵網経』の「汝是當成佛、我是已成佛」、または「自知我是未成之佛、諸佛是已成之佛」の文をもって、『観経』の「是心作佛是心是佛」を解釈し、衆生の心仏＝未成の仏、阿弥陀仏＝已成の仏としている点である。当時は禅が盛んに行われ、『観経』「是心作佛是心是佛」の文は、多く禅者によって自己胸中の心（方寸）と阿弥陀仏を同一のものととらえるための経証として用いられた。これに対し、元照は『梵網経』の文を用いることで、すでに悟りを得て衆生を救護する阿弥陀仏という他仏を認め、煩悩を具足していまだ生死を出ることのできない衆生とは異なる存在であることを明確に示すのである。『観経新疏』にみられる多くの問答が、阿弥陀仏と衆生心との関係や阿弥陀仏の有相荘厳について論じられているのも、こうした禅者との阿弥陀仏観の相違を前提としているのである。元照が阿弥陀仏とその浄土の有相荘厳を認め、諸種の浄土との相違を明らかにしていることは、この『梵網経』の説示に着目し、本質的には同じ仏であるといっても、現実的には隔たりのある阿弥陀仏と衆生の関係をとらえていることに起因するのである（第三章第一節、第二節）。

元照は、そのように他仏である阿弥陀仏の浄土へ往生するための行業として、信願行の三法具足の原則に基づく諸種の往生行と、観想と持名の二種の念仏を提示している。このうち、諸種の往生行における持戒は、上品上生の三心に三聚浄戒を配当するなど、上品上生という九品中最上位の往生人の行業が、大乗の菩薩戒の受持であると解釈している。諸種の往生行はいずれも信願行三法の原則に基づくため、内容的に大差はないのであるが、このように上品上生に持戒を位置づけることによって、平生の行業である持戒の意義を高め、持戒を勧奨する意図があったことが考えられる（第四章第一節）。また、観想念仏においては、事理二観の異なりを道宣の理事二懺を用いて説明している。すなわち、理観は利根人による修観であり、事観は鈍根人による修観であると説き、能観の機根によって事理二観があるのであり、行法そのものに事理、上下があるのではないとしている。元照は、道宣の理事二懺を用いることで、『観経』の十六観が阿弥陀仏と浄土の有相荘厳を観ずる内容であっても、劣機のための事観と限定されるべきではなく、利根の者も鈍根の者も修することで往生を得ることができる観法であることを示しているのである（第四章第二節）。

これと同様に、持名念仏においても、元照は道宣の理事二懺によって行法を把握している。道宣が『仏名経』等に基づき、阿弥陀仏の名号を称えることを劣機の行業である事懺に位置づけていることを受けて、元照は『済縁記』において持名念仏を事懺とするのである。そのため、定心の念仏を勧める天台浄土教諸師の影響を受けながらも、散心の持名念仏を許している。また、道宣が、劣機の衆生の罪障消除のために事懺の行業として持名念仏（称名）を行わしめるのと異なり、持名念仏（称名・聞持）を事懺であっても多善根であり、賢愚・貴賤・善悪に関係なく、必ず阿弥陀仏の本願力（第十八願）によって平等に往生できるとしている点に、元照の持名念仏の特色がみられるのである（第四章第三節）。

こうした鈍根劣機の者の往生を許す行法をもって、多種殊妙の相を具備した阿弥陀仏の極楽浄土へ往生することを元照が勧める理由については、臨終行儀を説く『資持記』瞻病篇にみることができる。それは、煩悩垢重にして自己の心を調えることのできない凡夫には、広大な誓願を有する阿弥陀仏一仏に帰依して往生を求める他に道がないというものである。すなわち、臨終には、賢愚、貴賤、善悪などを論ずる間などなく、煩悩垢重の衆生も救うと誓願を起こし、来迎すると誓っている阿弥陀仏をただ頼む他には、その人が助かる方法はないのである。当時の律僧は、臨終の際の罪障の懺悔に効果があると期待され、臨終の説法勧善に呼ばれ、臨終行儀をしばしば行っていた。戒律の大家として著名であった元照もこうした経験を持っていたことを推察し得る。また、元照は、自分自身も大病を患って死を意識して不安を覚えた経験を持っており、臨終にいたった者の不安や精神的な苦痛に対して理解が深かったものと考えられる。そのような経験を持つ元照にとって、来迎しない仏や、実には救い取られることのない無相の浄土では、臨終の苦しみに用をなさないと考えたのであろう。そして、釈尊が『阿弥陀経』『観経』『無量寿経』で説く阿弥陀仏とは、本願を建てて妙相荘厳の浄土をかまえ、臨終に来迎する仏である。延寿のように来迎は実にはないと説くことは、元照にとって仏語・仏力・仏体を信じない過失と映ったのである。律僧として、臨終行儀などに通じていた元照であるからこそ、延寿の臨終の一念や臨終の正念を重視する説に反して、仏菩薩の来迎を深く信じ、この来迎によって正念に入ることを提示し得たのである（第五章第一節）。

元照にとってまず目指すべき近い目的は浄土への往生である。元照は往生の理を道宣『釈門章服儀』の往生に関する問答と、遵式『往生浄土決疑行願二門』に依って説明するのである。十界にあるすべての存在が衆生の現前の思念（一心）より出でているのであって、娑婆も浄土も一心に含まれるものであることを示す道宣の説示をもって、元照は唯心（法界）にある浄土へ往生するという往生の大きな枠組みを規定し、十万億土離れた唯心の浄土へ神が往生するという遵式の説示をもって、往生の理の具体的な内容を規定している。その上で、元照はこの娑婆世界の身体を捨てて新たに浄土の身体を得る臨終の往生を基本としながら、一方で三昧に入り、生きたまま往生の思いに住する未死の往生も説いている。この独特な往生の思想は、戒律と浄土教を兼修する元照の門流の伝記において確認できるのであり、元照の浄土教は律僧の間において戒律とともに後代へ伝えられているのである（第五章第二節）。

以上のように、元照の浄土教思想を概観すると、戒律思想に基づいて解釈されている点が多くみられるのである。この内容から、元照の浄土教思想が、阿弥陀仏の仏身仏土論をはじめ、実践論や往生の問題に関しても、一応、戒律経典、もしくは南山律宗の開祖道宣の影響を受けて成立していることが確認できる。そのため、元照の浄土教は、単純に天台浄土教を踏襲したのでもなく、善導浄土教を継承しているのでもないのである。道宣が浄土教思想を積極的に説くことがないために、遵式や智円、善導などの浄土教思想や諸宗の教学を積極的に吸収して、独自の浄土教思想を構築しているのである。このことを勘案するならば、元照の浄土教思想は、戒律思想に基づく特徴的な解釈を有する浄土教という意味で「律系浄土教」と規定することができると考えるのである。

最後に、今後の元照研究の課題を提示して、本書を締めくくりたい。本書では、中国宋代に活躍した元照の浄土教思想の全体像を把握するため、従来の研究で多かった、天台や善導の思想を継承する者としての元照像を離れ、宋代の律僧による浄土教信仰の内実を明らかにすることを念頭に置いて検討を行った。結果的に、今まで鮮明にされなかった律僧ならではの浄土教思想を見出すことができたが、さらに正確な律僧元照像を明確にとらえるためにも、宋代における詳細な戒律学の状況把握が不可欠であることを指摘したい。本書でも少し触れたが、当時の戒律は、ほとんどが天台僧のなかで継承されていたものと思われる。智円や仁岳のような山外派に属する者以外にも、多くの天台僧に伝えられていたことが推察されるのであり、元照以前から、南山律宗の教義と天台『菩薩戒義疏』の内容、『摩訶止観』における戒体説の内容の同異に関する議論が行われていたと考えられる。そうした戒律学をめぐる交渉を知ることによって、より正確な元照の問題意識や、人物交流を把握することが可能になると考える。また、これに関連して、元照における戒律学の内容の把握が不可欠であるという点も、あわせて指摘しておきたい。当然のことであるが、元照の思想研究を行うにあたっては、すべての著作に精通するべきである。元照著作は、大変膨大な分量であるが、これを精読することにより、元照の浄土教理解の背景となっている思想を熟知する必要がある。今回触れることはできなかったが、元照における「心」の定義や「唯心」の理解の背景を探るためにも、道宣以来の南山律宗の教義にある唯識理解や、修学した華厳教学、天台教学の影響を、元照戒律関係著作から導き出す作業を行わねばならないのである。非常に時間のかかる作業であるが、今後、元照を含む宋代浄土教を明らかにするためにも、こうした問題点を踏まえた研究を進めていくことが、必要であると考えている。

参考文献

【著　作】

荒木見悟『雲棲袾宏の研究』大蔵出版、一九八五年。

――――『中国心学の鼓動と仏教』中国書店、一九九五年。

安藤俊雄『天台学―根本思想とその展開―』平楽寺書店、一九六八年。

――――『天台学論集―止観と浄土―』平楽寺書店、一九七五年。

安藤智信『中国近世以降における仏教思想史』法藏館、二〇〇七年。

石井教道『華厳教学成立史』石井教道博士遺稿刊行会、一九六四年。

石井修道『宋代禅宗史の研究―中国曹洞宗と道元禅―』大東出版社、一九八七年。

石田充之『鎌倉浄土教成立の基礎研究』百華苑、一九六六年。

石田充之編『俊芿律師―鎌倉仏教成立の研究―』法藏館、一九七二年。

石田瑞麿『日本仏教における戒律の研究』在家仏教協会、一九六三年。

――――『梵網経』（『仏典講座』一四）大蔵出版、一九七一年。

池田魯參『現代語訳　大乗起信論―仏教の普遍性を説く―』大蔵出版、一九九八年。

伊吹　敦『禅の歴史』法藏館、二〇〇一年。

入矢義高・梅原郁 訳注『東京夢華録―宋代の都市と生活―』岩波書店、一九八三年。

岩崎敲玄『浄土教史』白光書院、一九三〇年。

恵谷隆戒『円頓戒概論』大東出版社、一九三七年。

大久保良峻編著『新・八宗綱要―日本仏教諸宗の思想と歴史―』法藏館、二〇〇一年。

大野法道『涅槃経・遺教経・梵網経講義』仏教聖典講義刊行会、一九三五年。

――『戒学点描』浄土宗務所、一九五九年。

岡部和雄・田中良昭編『中国仏教研究入門』大蔵出版、二〇〇六年。

小笠原宣秀『中国浄土教家の研究』平楽寺書店、一九五一年。

――『中国近世浄土教史の研究』百華苑、一九六三年。

小野玄妙『仏教の美術と歴史』大蔵出版、一九三七年。

加地伸行『沈黙の宗教　儒教』（ちくまライブラリー九九）筑摩書房、一九九四年。

勝又俊教『仏教における心識説の研究』山喜房仏書林、一九六一年。

金子寛哉『『釈浄土群疑論』の研究』大正大学出版会、二〇〇六年。

鎌田茂雄『中国華厳思想史の研究』東京大学出版会、一九六五年。

――『宗密教学の思想史的研究―中国華厳思想史の研究　第二―』東京大学出版会、一九七五年。

――『新　中国仏教史』大東出版社、二〇〇一年。

木村清孝『中国華厳思想史』平楽寺書店、一九九二年。

桑田衡平編『宗鏡録要鈔』国母社、一八九六年。

小林円照『原人論を読む—人間性の真実を求めて—』（『東西霊性文庫』二）ノンブル社、二〇〇七年。

境野黄洋『戒律研究』上・下（『国訳大蔵経』付録）国民文庫刊行会、一九二八年。

佐々木月樵『支那浄土教史』巻下、無我山房、一九一三年。

佐藤達玄『中国仏教における戒律の研究』木耳社、一九八六年。

——『現代語訳　律宗綱要』大蔵出版、一九九四年。

佐藤成順『中国仏教思想史の研究』山喜房仏書林、一九八五年。

佐藤哲英『天台大師の研究—智顗の著作に関する基礎的研究—』百華苑、一九六一年。

——『宋代仏教の研究—元照の浄土教—』山喜房仏書林、二〇〇一年。

——『善導の宗教—中国仏教の革新—』（『浄土選書』三四）浄土宗、二〇〇六年。

佐藤春夫・石田充之『悲劇を機縁として—観無量寿経—』法藏館、一九五七年。

佐藤密雄『律蔵』（『仏典講座』四）大蔵出版、一九七二年。

色井秀譲『浄土念仏流伝考』百華苑、一九七八年。

周密『武林旧事』（『東京夢華録』〈外四種〉）上海古典文学出版社、一九五六年。

柴田泰山『善導教学の研究』山喜房仏書林、二〇〇六年。

島地大等『天台教学史』隆文館、一九八六年。

末木文美士・梶山雄一『観無量寿経・般舟三昧経』（『浄土仏教の思想』第二巻）講談社、一九九二年。

周藤吉之『宋代史研究』東洋文庫、一九六九年。

関口真大『天台小止観の研究―初学座禅止観要文―』天台学研究所、一九六一年。

関口真大校訂『昭和校訂　天台四教儀』山喜房仏書林、一九三五年。

曹剛華『宋代佛教史籍研究』華東師範大学出版社、二〇〇六年。

宋代史研究会編『宋代の社会と文化』（研究報告第一集）汲古書院、一九八三年。

――『宋代の社会と宗教』（研究報告第二集）汲古書院、一九八五年。

高雄義堅『宋代仏教史の研究』百華苑、一九七五年。

高崎直道『「大乗起信論」を読む』（岩波セミナーブックス三五）岩波書店、一九九一年。

高峯了州『華厳思想史』百華苑、一九六三年。

武覚超『中国天台史』叡山学院、一九八七年。

多田孝正『法華玄義』（『仏典講座』二六）大蔵出版、一九八五年。

多田厚隆述『摩訶止観講述―止観明静―』一・二、山喜房仏書林、二〇〇五年・二〇〇七年。

竺沙雅章『宋元仏教文化史研究』汲古書院、二〇〇〇年。

陳揚炯『中国浄土宗通史―中国仏教宗派史叢書―』江蘇古籍出版社、二〇〇〇年（大河内康憲訳、東方書店、二〇〇六年）。

玉城康四郎『心把捉の展開―天台実相観を中心として―』山喜房仏書林、一九六一年。

湯用彤『漢魏両晋南北朝仏教史』中華書局、一九五五年。

藤堂恭俊『無量寿経論註の研究』仏教文化研究所、一九八五年。

常盤大定『支那に於ける仏教と儒教道教』東洋文庫、一九三〇年。

徳田明本『律宗概論』百華苑、一九六九年。

――『律宗文献目録』百華苑、一九七四年。

長尾雅人『「維摩経」を読む』（岩波セミナーブックス一九）岩波書店、一九八六年。

中村　薫『中国華厳浄土思想の研究』法藏館、二〇〇一年。

二宮守人監修『天台小止観』柏樹社、一九六六年。

任継愈『中国仏教史』中国社会科学出版社、一九八一―一九八八年（丘山新他訳『定本 中国仏教史』柏書房、一九九二―一九九四年）。

野上俊静『中国浄土教史論』法藏館、一九八一年。

服部英淳『浄土教思想論』山喜房仏書林、一九七四年。

花園映澄『諸宗念仏教義の概観』興教書院、一九三〇年。

原田大六『阿弥陀仏経碑の謎―浄土門と宗像大宮司家―』六興出版、一九八四年。

平川　彰『インド中国日本　仏教通史』春秋社、一九七七年。

――『浄土思想と大乗戒』（平川彰著作集七）春秋社、一九九〇年。

平川彰他編『如来蔵思想』（『講座・大乗仏教』六）春秋社、一九八二年。

――『唯識思想』（『講座・大乗仏教』八）春秋社、一九八二年。

深浦正文『唯識学研究』下、永田文昌堂、一九五四年。

福島光哉『宋代天台浄土教の研究』文栄堂書店、一九九五年。

――『『楽邦文類』の研究―宋代浄土教の特性と『教行信証』―』真宗大谷派宗務所出版部、一九九九年。

福島光哉『『仏説観無量寿経』講究』真宗大谷派宗務所出版部、二〇〇四年。

福田尭穎『天台学概論』文一出版、一九五四年。

藤浦慧厳『支那に於ける天台教学と浄土教』浄土教報社、一九四二年。

藤善眞澄『道宣伝の研究』京都大学学術出版会、二〇〇二年。

牧田諦亮『中国近世仏教史研究』平楽寺書店、一九五七年。

道端良秀『中国仏教思想史の研究―中国民衆の仏教受容―』平楽寺書店、一九七九年。

蓑輪顕量『中世初期 南都戒律復興の研究』法藏館、一九九九年。

望月信亨『浄土教之研究』金尾文淵堂、一九二二年。

――『大乗起信論』東方書院、一九三四年。

――『仏教史の諸研究』望月仏教研究所、一九三八年。

――『中国浄土教理史』法藏館、一九六四年。

森三樹三郎『中国思想史』上・下（レグルス文庫九六・九七）第三文明社、一九七八年。

山口光円『天台浄土教史』法藏館、一九六七年。

横山紘一『唯識思想入門』（レグルス文庫六六）第三文明社、一九七六年。

吉津宜英『華厳禅の思想史的研究』大東出版社、一九八五年。

米山寅太郎『図説 中国印刷史』（汲古選書四〇）汲古書院、二〇〇五年。

林鳴宇『宋代天台教学の研究―『金光明経』の研究史を中心として―』山喜房仏書林、二〇〇三年。
D. L. Overmyer『中国民間仏教教派の研究』研文出版（林原文子監訳）、二〇〇五年。

『現代思想―総特集　禅―』青土社、一九八〇年。

『浄土宗典籍研究』山喜房仏書林、一九七五年。


【研究論文】


秋田光兆「天台教学と華厳教学における法界観の一考察」（『天台学論集』三、一九八八年）。

麻生履善「大智律師元照の業績」（『龍谷史壇』二三、一九三九年）。

安藤俊雄「俊芿律師と趙宋天台―俊芿撰・三千備撿を中心として―」（石田充之編『俊芿律師―鎌倉仏教成立の研究―』法藏館、一九七二年）。

石井修道「宗密と延寿」（鎌田茂雄博士古稀記念会編『華厳学論集』大蔵出版、一九九七年）。

石川琢道「『往生論註』にみられる自力・他力について―難易二道の引用意図を通じて―」（『仏教論叢』五〇、二〇〇六年）。

石島尚雄「知礼の授菩薩戒儀について」（『駒澤大学仏教学研究会年報』一六、一九八三年）。

石田充之「禅浄一致的浄土教と法然・親鸞の浄土教の立場」（『印仏研』一四‐一、一九六五年）。

――――「鎌倉浄土教と俊芿律師」（石田充之編『俊芿律師―鎌倉仏教成立の研究―』法藏館、一九七二年）。

――――「親鸞における浄土の問題」（『親鸞大系』思想篇第一巻浄土、法藏館、一九八八年）。

石田瑞麿「金沢文庫における浄土教典籍〔付解題〕」（『金沢文庫研究』二三‐二、一九七七年）。

市川隆士「霊芝元照の浄土教思想―伝記を中心に―」（『大正大学浄土学研究室大学院研究紀要』九、一九八四年）。

稲葉円成「観心と観仏」（『仏教研究』一‐一、一九一九年）。

岩城英規「雲棲袾宏の阿弥陀経解釈—信・願・行の三資糧を中心にして—」（『印仏研』四四-一、一九九五年）。

恵谷隆戒「俊芿律師の北京律を中心とした京都の戒律復興運動」（石田充之編『俊芿律師—鎌倉仏教成立の研究—』法藏館、一九七二年）。

大沢伸雄「道宣の出家学仏道観—四分律行事鈔沙弥別行篇を中心として—」（佐々木教悟編『戒律思想の研究』平楽寺書店、一九八一年）。

大谷旭雄「善導『観経疏』流伝考」（小沢教授頌寿記念『善導大師の思想とその影響』山喜房仏書林、一九七七年）。

大西磨希子「浄土寺阿弥陀三尊像の造立における重源の宗教的意図—元照の浄土思想の影響—」（『美術史研究』三四、一九九六年）。

大松博典「南宋天台と禅宗」（『宗学研究』二三、一九八一年）。

——「『楞厳経義疏注経』について」（『宗学研究』三二、一九九〇年）。

岡本一平「北宋代の律宗における会正家と資持家について」（『駒澤大学禅研究所年報』一〇、一九九九年）。

小笠原宣秀「四大部経考」（『支那仏教史学』七-三、一九四四年）。

沖本克己「戒律と清規」（岩波講座東洋思想一二、『東アジアの仏教』岩波書店、一九八八年）。

小野玄妙「慈愍三蔵の浄土教」（『仏教の美術と歴史』大蔵出版、一九三七年）。

柏倉明裕「霊芝元照の浄土教と天台浄土教」（『宗教研究』二九一、一九九二年）。

春日礼智「宋代の浄土教結社について」（『宗学研究』一八、一九三九年）。

——「支那浄土教研究の回顧—宋代以後現代迄—」（『支那仏教史学』四-二、一九四〇年）。

——「親鸞教学に影響を及ぼせる宋代の浄土教」（『支那仏教史学』五-三・四、一九四二年）。

香月乗光「華厳の弥陀浄土思想」（『浄土学』七、一九三四年）。

金子寛哉「念仏多善根について」（『仏教文化研究』四四、二〇〇〇年）。

鎌田茂雄「圭峯宗密の法界観」（平川彰博士還暦記念論集『仏教における法の研究』春秋社、一九七七年）。

――「宗密以後の華厳宗」（鎌田茂雄博士古稀記念会編『華厳学論集』大蔵出版、一九九七年）。

甘蔗円達「道宣の支那戒律史上に於ける地位」（『支那仏教史学』三-二付録、一九三九年）。

工藤量導「迦才『浄土論』における往生人の階位―浄影寺慧遠の九品説批判を中心に―」（『浄土学』四四、二〇〇七年）。

黄啓江「北宋時期両浙的弥陀信仰」（『故宮学術季刊』一四-一、一九九六年）。

――「浄土決疑論―宋代弥陀浄土的信仰與辯議―」（『仏学研究中心学報』一四期、一九九九年）。

――「Pure Land Hermaneutics: The Case of Zhanran Yuanzhao（1048-1116）」（『中華仏学学報』一三期、二〇〇〇年）。

――「浄土詮釈伝統中的宗門意識―論宋天台義学者対元照《観無量寿経義疏》之批判及其所造成之反響―」（『中華仏学学報』一四期、二〇〇一年）。

小林順彦「慈雲遵式の浄土教」（『天台学報』三六、一九九四年）。

――「天台の四土説について」（『天台学報』三八、一九九六年）。

――「天台浄土教における三心について」（『天台学報』三九、一九九七年）。

――「業識見仏について」（『天台学報』四〇、一九九八年）。

――「三双見仏について」（『天台学報』四一、一九九九年）。

齋藤智寛「悟れなかった人々—禅律双修者の祈りと救い—」(『東方学報』八二、二〇〇八年)。

佐々木功成「蓮社高賢伝に対する疑義(上)(下)」(『龍谷大学論叢』二五六・二五七、一九二四年)。

——「白蓮社の復興運動(上)(下)」(『龍谷大学論叢』二六一・二六二、一九二五年)。

佐々木宣正「元照律師の念仏」(『六条学報』九四、一九〇九年)。

——「元照の観経釈を論ず」(『六条学報』九六、一九〇九年)。

佐藤成順「中国仏教における臨終にまつわる行儀」(藤堂恭俊博士古稀記念『浄土宗典籍研究』研究篇、同朋舎出版、一九八八年)。

——「宋代浄土教の展開—善導観に注目して—」(『浄土学』四四、二〇〇七年)。

佐藤哲英「俊芿律師将来の天台文献—宋音金光明懺法と宋音弥陀懺法を中心に—」(石田充之編『俊芿律師—鎌倉仏教成立の研究—』法藏館、一九七二年)。

佐藤密雄「道宣の受具法—律蔵受戒法の解脱—」(『三蔵』六七、一九七三年)。

柴田　泰「中国浄土教における唯心浄土思想の研究(一)(二)」(『札幌大谷短期大学紀要』二二・二六、一九九〇・一九九四年)。

——「中国における華厳系浄土思想」(鎌田茂雄博士古稀記念会編『華厳学論集』大蔵出版、一九九七年)。

——「中国における禅浄双修思想の成立と展開」(『印仏研』四六-二、一九九八年)。

鈴木中正「宋代仏教結社の研究—元代以後の所謂白蓮教匪との関係より見て—(一)(二)(三・完)」(『史学雑誌』五二-一・二・三、一九四一年)。

曽根宣雄「浄土教における仏辺と機辺について」(『仏教文化学会紀要』一二、二〇〇三年)。

蘇瑤崇「南山律宗の祖承説と法系説」（『仏教史学研究』三九-一、一九九七年）。

平　了照「観心と心観」（『天台学報』一二、一九七〇年）。

高雄義堅「末法思想と諸家の態度（下）」（『支那仏教史学』一-三、一九三七年）。

――「宋代浄土教に関する一考察」（『日仏年報』一一、一九三九年）。

――「宋代以後の浄土教」（『支那仏教史学』三-三・四、一九三九年）。

――「不可棄法師俊芿の入宋に就て」（『支那仏教史学』五-三・四、一九四二年）。

高峯了州「首楞厳経の思想史的研究序説」（『龍谷大学論集』三四九、一九五五年）。

常盤大定「高山寺法鼓台所蔵宋版章疏大観　附、写本及缺本」（『宗教研究』新一二-六、一九三五年）。

――「宋代に於ける華厳教学興隆の縁由」（『支那仏教の研究』三、春秋社松柏館、一九四三年）。

徳田明本「俊芿律師と南京律について」（石田充之編『俊芿律師―鎌倉仏教成立の研究―』法藏館、一九七二年）。

利根川浩行「初期趙宋天台の戒学」（『天台学報』二一、一九七九年）。

殿内　恒「元照『観無量寿経義疏』四本対照翻刻（一）（二）」（『仏教文化研究所紀要』四〇・四一、二〇〇一年・二〇〇二年）。

――「元照『観経義疏』についての一考察―文献学的立場から―」（『印仏研』五一-二、二〇〇三年）。

土橋秀高「俊芿律師の提起せる菩薩戒重受の問題」（石田充之編『俊芿律師―鎌倉仏教成立の研究―』法藏館、一九七二年）。

――「元照戒観の展望」（『印仏研』三〇-一、一九八一年）。

中條道昭「長水子璿伝の考察（一）―伝記資料について―」（『駒澤大学仏教学研究会年報』一四、一九八〇年）

中條道昭「長水子璿伝の考察（二）―出生から慧覚との参見まで―」（『曹洞宗研究員研究生研究紀要』一二、一九八〇年）。

――「瑯琊慧覚と長水子璿」（『宗学研究』二二、一九八〇年）。

中山正晃「元照の仏教観」（『印仏研』一九‐二、一九七一年）。

――「祖師禅と浄土教」（『印仏研』二五‐二、一九七七年）。

――「趙宋天台と浄土教―その実践面について―」（『印仏研』三四‐一、一九八五年）。

沼倉雄人「良忠における善導伝考証について」（『佛教論叢』五二、二〇〇八年）。

納冨常天「宋朝教学と湛睿―華厳・戒律を中心として―（一）（二）」（『金沢文庫研究』二四‐一・二・四、一九七八年）。

野上俊静「慧遠と後世の中国浄土教―慧遠人間像の変遷―」（木村英一編『慧遠研究』研究篇、創文社、一九六二年）。

――「中国における末法思想の展開について」（『東洋史学論集』山崎先生退官記念会、一九六七年）。

長谷川昌弘「宋代居士における『華厳経』受容について」（『華厳学論集』大蔵出版、一九九七年）。

蓮実重康「日・宋文化交流と俊芿律師―泉涌寺の文化財―」（石田充之編『俊芿律師―鎌倉仏教成立の研究―』法藏館、一九七二年）。

林田康順「王日休『龍舒浄土文』の研究（一）―王日休の生涯考―」（『印仏研』四一‐一、一九九二年）。

――「王日休『龍舒浄土文』の影響―聖聰上人『當麻曼陀羅疏』を中心として―」（『仏教論叢』三六、一九九二年）。

――「王日休『龍舒浄土文』の研究（二）―その撰述年次と増広考―」（『宗教研究』二九五、一九九三年）。

――「王日休『龍舒浄土文』の影響（二）―巻第六「特為勧諭篇」を中心として―」（『仏教論叢』三七、一九九三年）。

――「王日休『龍舒浄土文』の研究（三）―巻第六「特為勧諭篇」の思想について―」（『印仏研』四二-一、一九九三年）。

――「王日休『龍舒浄土文』の影響（三）―浄土宗祖師の引用四類型概観―」（『大正大学大学院研究論集』一七、一九九三年）。

――「宋代浄土教者の人間観―王日休を中心として―」（『仏教文化学会紀要』二、一九九四年）。

――「法然上人における「念仏多善根の文」渡来の意義」（『印仏研』五〇-二、二〇〇二年）。

原口徳正「宋代の浄土教について」（『浄土学』九、一九三五年）。

日置孝彦「宋代戒律史上にあらわれた元照の浄土教」（『金沢文庫研究紀要』一三、一九七六年）。

――「霊芝元照の浄土教思想」（『印仏研』二四-二、一九七六年）。

――「長蘆宗賾にみられる念仏の理解」（『印仏研』二六-二、一九七八年）。

福島光哉「趙宋天台における唯心浄土論」（『日仏年報』五八、一九九三年）。

――「霊芝元照の浄土教―『観経義疏』と天台浄土教―」（『大谷大学研究年報』四五、一九九四年）。

福原隆善「善導教学と趙宋天台―特に知礼の浄土教をめぐって―」（『印仏研』二五-二、一九七七年）。

――「宋代における懺法―五悔を中心に―」（『天台学報』二三、一九八一年）。

普賢晃寿「俊芿系浄土教と親鸞との関連について―宋代浄土教と「教行信証」」（石田充之編『俊芿律師―鎌倉仏

教成立の研究―』法藏館、一九七二年）。

藤田俊教校訂「泉涌寺不可棄法師伝　信瑞撰」（石田充之編『俊芿律師―鎌倉仏教成立の研究―』法藏館、一九七二年）。

松野瑞光「慈愍三蔵慧日の浄土教思想―禅浄戒合行説の再検討―」（『浄土学』四二、二〇〇五年）。

村中祐生「芝苑における律儀と浄業」（『天台学報』二四、一九八二年）。

山本元隆「『四分律行事鈔資持記』における『四分律行事鈔会正記』批判―『行事鈔資持記序解並五例講義』を手がかりとして―」（『曹洞宗研究員研究紀要』三六、二〇〇六年）。

――「『四分律行事鈔資持記』に見られる禅宗批判―「禅門規式」に関連する記述を中心として―」（『宗学研究』四八、二〇〇六年）。

――「宋代仏教教団の檀越への対応について―『四分律行事鈔資持記』を中心にして―」（『宗教学論集』二五、二〇〇六年）。

――「宋代南山律宗における「遶仏左右」の問題について」（『曹洞宗研究員研究紀要』三七、二〇〇七年）。

吉田淳雄「鎌倉時代の「諸行本願義」について―『浄土法門源流章』記載の諸師の事蹟を中心に―」（『仏教文化学会紀要』一〇、二〇〇一年）。

吉田　剛「趙宋華厳学の展開―法華経解釈の展開を中心として―」（『駒澤大学仏教学部論集』二七、一九九六年）。

――「中国華厳の祖統説について」（鎌田茂雄博士古稀記念会編『華厳学論集』大蔵出版、一九九七年）。

――「北宋代に於ける華厳興隆の経緯―華厳教学史に於ける長水子璿の位置づけ―」（『駒澤大学禅研究所年報』九、一九九八年）。

――――「晋水浄源と宋代華厳」（『禅学研究』七七、一九九九年）。

――――「本崇『法界観門通玄記』について―華厳復興期の教観幷修論を中心として―」（『禅学研究』八〇、二〇〇一年）。

――――「杭州慧因院（高麗寺）における華厳学の動向」（『仏教学研究』韓国仏教学研究会、二〇〇四年）。

――――「永明延寿の華厳思想とその影響」（『禅学研究』特別号―小林圓照博士古希記念論集―、二〇〇五年）。

呂淑玲「慈雲遵式の生涯について―特に実践行儀面からみた遵式の生涯―」（高橋弘次先生古稀記念論集『浄土学仏教学論叢』二、山喜房仏書林、二〇〇四年）。

初出一覧

〔第一章〕

「元照の修学（一）―戒律の研鑽について―」（『浄土学』四六、二〇〇九年）

〔第二章〕

「元照の時機観」（『宗教研究』八一-四、二〇〇八年）

「霊芝元照の浄土教帰入」（『大正大学大学院研究論集』三四、二〇一〇年）

「元照『観経新疏』と『阿弥陀経義疏』との関係について」（『三康文化研究所年報』三八、二〇〇七年）

〔第三章〕

「元照の阿弥陀仏観」（『佛教文化学会紀要』一七、二〇〇八年）

「元照の極楽浄土観」（『佛教論叢』五二、二〇〇八年）

〔第四章〕

「元照における諸種の往生行―信願行三法具足説を中心に―」（『印仏研』五八-一、二〇〇九年）

「元照の観仏思想」（『佛教文化学会紀要』一六、二〇〇八年）

「霊芝元照の持名念仏説」（『佛教文化研究』五四、二〇一〇年）

〔第五章〕

「霊芝元照における臨終来迎思想について」(『印仏研』五五-一、二〇〇六年)

「元照における二種の往生」(『佛教論叢』五三、二〇〇九年)

あとがき

本書は二〇〇八年一〇月に大正大学へ提出した学位請求論文「霊芝元照の浄土教思想」をもとに、改題の上、加筆・訂正を加えたものである。博士論文執筆から七年を経て、拙いながらも本書をまとめることができたのは、ひとえにご縁をいただいた多くの人の支えによるものであると感じている。そこで、最後に、ここにいたるまでの経過と、ご指導を賜った先生やお世話になった方々への御礼の言葉を述べさせていただきたい。

浄土宗寺院で生まれ育った筆者は、何一つ疑問を持つことなく、自然に僧侶になることを決意し、高校を卒業してすぐに大正大学の道心寮（僧堂教育のための施設）へ入寮し、同じく僧侶を志す仲間とともに仏教を学ぶ道へ進んだ。わずか半年間ではあるが、僧侶としての最低限の心がけや身の所作を学ぶ道心寮での生活は、本当にかけがえのない友人や僧侶としての自覚を得ることのできる、素晴らしい環境であった。しかし、退寮後は、予想以上に楽しい大学生活のなかでいたずらに時間を費やしてしまい、筆者が浄土学を真剣に学びたいと考えるようになったのは、大学三年の夏になってからである。それは、浄土宗総本山知恩院での児童教化活動において、筆者は参加した児童から不意に「仏さまとは何か」と尋ねられて、自信を持って答えることができなかったことによる。これは本当に勉強も修行も足りないと、実感させられた出来事であった。仏と衆生とは、どのような関係にとらえるべきであるのか、という極めてシンプル且つ重要な問題意識を得ることができたのは、この時の児童と、その機会を与えてくださった知恩院のおかげであると感謝している。

以後、仏教学博士金子寛哉教授のご指導のもと、大学の卒業論文では、善導大師の阿弥陀仏観を課題とさせていただき、修士論文では、『観経』「是心作仏是心是仏」の文の解釈をめぐる中国唐代の諸師の相違を研究させていただいた。筆者が、まともに勉学に向き合うことができたのも、講義やゼミにおいて、じっくりと一緒に漢文のテキストを読み進めてくださった金子先生のご指導のおかげである。また、金子先生は、博士課程進学後もご指導くださり、博士課程二年の冬には、本論文のテーマである霊芝元照の浄土教思想を研究課題として、課程博士論文の執筆を勧めてくださった。さらに、金子先生のおはからいで、元照の名を冠する唯一の単行本である『宋代仏教の研究―元照の浄土教―』の著者、文学博士佐藤成順教授にご指導いただけたことは、この上ない喜びであった。浄土学という「信仰の学」に向き合う姿勢や方法を、基礎から丁寧にご教示くださった金子先生には感謝の念に堪えない。

金子先生がご退職された後には、廣川堯敏教授からご指導を賜った。廣川先生は、大学の講義や会議などの他、ご自坊のある新潟と東京を往来されていて、大変御多忙であるにも拘わらず、貴重なお時間を割いてくださり、誠に懇切丁寧なご指導をいただいた。時には、夜間の授業が終わって後に先生のお宅へおうかがいすることもあったが、お疲れの様子をお見せになることもなく、原稿に目を通してくださった。また、本論文提出の事務手続きや提出書類の作成に関しても、お力添えを頂戴した。そのように親身になってご指導をくださった廣川先生には深く感謝申し上げたい。

そして、お育てをいただいた大正大学浄土学研究室の小澤憲珠教授、林田康順准教授、曽根宣雄准教授、柴田泰山准教授、吉田淳雄先生、石川琢道先生、和田典善先生、郡嶋昭示先生、工藤量導先生、藤本浄孝元副手には、常にあたたかい応援とご助言をいただいた。なかでも、金子先生の門下生でもあり、すでに仏教学の博士号を取得されている石川先生には、博士論文作成に関する実務的で細やかなご教示を頂戴した。また当時、大正大学大学院に所属していた大橋雄人師、高橋寿光師、杉山裕俊師、長尾隆寛師、工藤大樹師には、論文作成時にお手伝いをいただいた。本当に、多くの方々のご支援があったればこそ、博士論文をまとめることができたと思っている。あらためて、みなさまに御礼申し上げたい。

他にも、高橋尚夫先生、木村周誠先生、小林順彦先生、霜村叡真先生、神達知純先生、鈴木行賢先生、藤田祐俊先生、宮部亮侑先生、舎奈田智宏先生など、大正大学の綜合佛教研究所や天台学、真言学に所属する先生方、東北大学齋藤智寛准教授、国際仏教学大学院大学上杉智英先生、浄土宗総合研究所西部研究員の曽田俊弘師、井野周隆師、臨床仏教研究所の神仁師には、博士論文に関する貴重なご指摘や格別なご配慮をいただいた。あらためて、謝意を表したい。

以上のように、本書の大本になっている博士論文についても、ずいぶんと多くの人に支えられて執筆することが出来たのである。実にたくさんのご恩を頂戴して研究させていただいたにも拘わらず、筆者は博士論文提出後、研究の世界から少しずつ距離を置くようになっていった。かわってホームレス状態の人々にかかわる活動を始め、「ひとさじの会（正式名称：社会慈業委員会）」を発足し、学びの場を学術研究から世間苦の現場へと移したのである。ひとさじの会の活動は、大正大学浄土学で共に学んだ今井英之師や金田昭教師、工藤量導師、大橋雄人師等とともに発足した、月一で別時念仏を行う「為先会」のメンバーや、小川有閑師や岡本尚午師、髙瀬顕功師、平間理俊師、宮田恒順師、鈴木宏彰師など、大正大学関係者が基軸となっており、今も一緒に活動を行っている。現場での学びにおいても、大正大学で出会った大勢の学友に支えられていたことに、今さらながら気づかされる。

ひとさじの会での炊き出し夜回りが安定し始めた頃、今度は東日本大震災が発生した。これ以後は、ひとさじの会として被災地支援に奔走することとなり、いよいよ博士論文出版の機会を逸してしまったように思われた。すっかり研究から遠のき、出版をあきらめようと思っていた筆者に、博士論文の出版を力強く勧めてくださったのは金子先生であった。慌ただしく過ごしていた二〇一二年の暮、金子先生から一通の葉書を頂戴した。葉書には次のように記されていた。

「寒いね」と話しかければ「寒いね」と答える人のいるあたたかさ」。天声人語で拾った俵万智さんの歌ですが、この寒さの中で寄り添って下さる方があるということは、不幸な人々が阿弥陀仏の光明を感ずる大きな機縁となることでしょう。百万言の光明摂取の言葉よりも。学位まで漕ぎ着ける人は多いけれど、問題はその先の展開だと思います。岳上人らしい展開を、出版を一里塚として祈念申し上げます。

そこには、博士論文提出から二年を経て研究や出版から遠ざかろうとしていた筆者を叱るのではなく、ただその背中を後押ししてくださる言葉がつづられていた。何をするにも中途半端な筆者に、まずは、これまでの学びをまとめる出版を「一里塚」として、自分の足もとを確認しなさい。自分の立つ位置が明確になるからこそ、次の目標に向けて活動を展開することができるはずだという、筆者の将来を真に案じてくださった金子先生の想いが述べられていた。振り返れば、自分の進む道が正しいのかどうかも分からず突き進む筆者を見放すことなく、その後も「あきらめずに続けなさい」とあたたかく見守ってくださった金子先生の存在があったればこそ、博士論文提出から七年も経って本書を出版することが出来たように思うのである。いま、ようやく本書が刊行されるにあたり、金子先生にはなんと御礼を申し上げてよいか、感謝の言葉もない。今は愚昧な筆者を信じてくださった師の恩に真に報いるべく、念仏を申しながら新たな道をいのちがけで進んでゆき、筆者なりに広く阿弥陀如来の光明を感ずる機縁を結んでゆきたいと考えている。

七年という時間が経過しても、変わらぬものは師の恩だけではない。諸先輩や友人、ボランティアの仲間にいたるまで、みなこの出版の応援をしてくれた。とりわけ、公私ともにお世話をいただいた曽根先生には常に励ましのお言葉を頂戴した。すでに博士論文を出版している同門の柴田先生や石川先生、工藤先生には、再び出版のご助言をいただいた。また、巻末の英文目次は、大正大学の佐藤堅正先生に作成していただいた。出版のことを何度も投げ出したくなる時があったが、師友の助けによって、どうにか本書の刊行までたどり着くことが出来たと思う。筆者をここまで教え導いてくださったみなさまに、この場をお借りして心から御礼申し上げたい。

出版にあたっては、株式会社法藏館の関係者各位、とりわけ長い間辛抱強く筆者の作業を待ち、一緒に進めてくださった編集部の岩田直子氏には大変お世話になった。論文執筆中の調査にて、筆者が生まれるまでの間、無事を祈って両親が毎日手を合わせてくれていた観音菩薩の写真が、元照浄土教を日本に伝えた俊芿ゆかりの泉涌寺楊貴妃観音であることがわかった。ご縁を感じた筆者が、楊貴妃観音をイメージして本書の表紙を作成して欲しいと願ったところ、岩田氏は装幀をデザインする高麗隆彦氏とともに真剣に考えてくださった。手のかかるお願いまでお聞き届けいただけたことは、誠にありがたい限りである。厚く御礼を申し上げたい。

末筆ながら、筆者の学究生活から社会活動にいたるまで、いかなるときも明るく笑顔で支えてくれた家族に対し、感謝の意を表したい。

合掌十念

平成二七年（二〇一五）一〇月

吉水岳彦拝

索　引

Ⅰ．人名

あ　行

か　行

さ　　行

た　　行

な　行

は　行

ま　行

や　行

ら　行

Ⅱ．事項

あ　行

か　行

さ　行

た　行

な　行

は　行

ま　行

や　行

ら　行

Ⅲ．書名

あ　行

か　行

さ　行

た　行

な　行

は　行

ま　行

や　行

ら　行

Língzhī Yuánzhào

The Pure Land Buddhism of a vinaya monk in the Song Dynasty

Contents

【著者略歴】

吉水岳彦（よしみず　がくげん）

1978年東京生まれ。大正大学人間学部仏教学科卒業。同大学大学院に進み、2009年に博士号（仏教学）を取得。現在、大正大学非常勤講師、淑徳大学兼任講師。浄土宗光照院副住職。
2009年に若手浄土宗僧侶有志と「社会慈業委員会 ひとさじの会」を発足。ホームレス状態にある人や身寄りのない人の葬送支縁、浅草・山谷・上野地域における炊き出し夜回り、東日本大震災被災地支縁などに取り組む。

霊芝元照の研究
——宋代律僧の浄土教——

二〇一五年一一月三〇日　初版第一刷発行

著　者　吉水岳彦
発行者　西村明高
発行所　株式会社法藏館
京都市下京区正面通烏丸東入
郵便番号　六〇〇—八一五三
電話　〇七五—三四三—〇〇三〇（編集）
〇七五—三四三—五六五六（営業）

装幀者　高麗隆彦
印刷・製本　亜細亜印刷株式会社

ISBN 978-4-8318-7360-6　C3015